志波彩子 著

現代日本語の受身構文タイプとテクストジャンル

和泉書院

目　次

序 …………………………………………………………………… 1
1　はじめに ……………………………………………………… 1
2　本研究の目的と方法 ………………………………………… 2
3　対象とするテクストデータ ………………………………… 3
　3.1　小説の会話文テクスト ………………………………… 4
　3.2　小説の地の文テクスト ………………………………… 4
　3.3　報道文テクスト ………………………………………… 4
　3.4　評論文テクスト ………………………………………… 5

第1章　体系、構造、要素

1　統合的な体系における構造と要素 ………………………… 10
　1.1　奥田靖雄の言語理論 …………………………………… 10
　1.2　Goldberg（1995）の構文について …………………… 11
2　動詞構文の分類 ……………………………………………… 14
　2.1　自動詞構文と他動詞構文の動詞リスト ……………… 15
　2.2　動詞の他動性と受身構文との対立について ………… 25
3　受身構文の構造と要素 ……………………………………… 27
　3.1　タイプ（構造の類型）を取り出す …………………… 28
　3.2　受身節の内部構造 ……………………………………… 30
　　3.2.1　主語 ………………………………………………… 31
　　3.2.2　行為者 ……………………………………………… 32
　　3.2.3　動詞の語彙的な意味 ……………………………… 32

3.2.4　文中成分の語彙的な意味と関係的な意味 ……………………… 33
　　3.2.5　能動文との対立の仕方 ……………………………………………… 33
　　3.2.6　行為者の標示形式 …………………………………………………… 34
　　3.2.7　テンス・アスペクト ………………………………………………… 35
　　3.2.8　主題性 ………………………………………………………………… 35
　3.3　受身節の外部構造 …………………………………………………………… 36
　3.4　構文タイプのレベル ………………………………………………………… 37
　3.5　構文（構造）の提示の仕方について ……………………………………… 40
　3.6　構文タイプをどこまで取り出すか ………………………………………… 41
4　受身構文の分類 …………………………………………………………………… 43
　4.1　受身構文の 4 大分類 ―主語と行為者の有情・非情の別による― ……… 44
　4.2　受身構文の 17 中分類 ……………………………………………………… 45

第 2 章　有情主語有情行為者受身構文

1　AA 直接対象型（AA 直接） ……………………………………………………… 54
　1.1　AA 変化型（AA 変化） ……………………………………………………… 55
　　1.1.1　AA 位置変化型「私は救急車で病院に運ばれた」………………… 56
　　1.1.2　AA 随伴型「私は友だちにその店に連れて行かれた」…………… 61
　　1.1.3　AA 生理的変化型「和夫は兄に殺された」………………………… 63
　　1.1.4　AA 社会的変化型「和夫は逮捕された」…………………………… 65
　　1.1.5　AA 強制使役型「私は上司に遅くまで働かされた」……………… 71
　1.2　AA 動作型（AA 無変化） …………………………………………………… 73
　　1.2.1　AA 接触型「私は和夫に（頭を）たたかれた」…………………… 73
　　1.2.2　AA 催促型「私は友達にそそのかされてそれを買った」………… 78
　1.3　AA 認識型（AA 認識） ……………………………………………………… 80
　　1.3.1　AA 知覚型「良子は駅前で和夫に（後ろ姿を）見られた」……… 81
　　1.3.2　AA 思考型「私は親に（将来のことを）心配された」…………… 83
　1.4　AA 態度型（AA 態度） ……………………………………………………… 86

1.4.1　AA 感情＝評価型「私は和夫に嫌われた」……………………88
　　1.4.2　AA 判断型（知的態度）「私は山田さんに独身と思われた」……90
　　1.4.3　AA 表現的態度型「私は母親に叱られた」……………………92
　　1.4.4　AA 呼称型「私は良子にお母さんと呼ばれた」…………………96
　　1.4.5　AA 評価動作的態度型「私は兄にいじめられた」………………98
　　1.4.6　AA 接近型「私はチンピラに追いかけられた」……………… 104
2　AA 相手の受身型（AA 相手）……………………………………… 109
　2.1　AA 譲渡型「私は彼に手紙を手渡された」…………………………… 109
　2.2　AA 相手への動作型「私は隣のおばさんに水をかけられた」……… 112
　2.3　AA 相手への発話型「私は彼にもう会いたくないと言われた」…… 114
　2.4　AA 相手への提示型「私は彼に報告書を見せられた」……………… 120
　2.5　AA 相手への要求型「私は母親に庭の掃除を頼まれた」…………… 124
　2.6　AA 相手への態度型「私は両親に干渉された」……………………… 129
3　AA 持ち主型（AA 持ち主）………………………………………… 130
　3.1　AA 奪取型「私は母親に本を取り上げられた」……………………… 131
　3.2　AA 所有物の変化型「私は彼に机を壊された」……………………… 133
4　AA はた迷惑型（AA 迷惑）「私はあなたに泣かれても困ります」…… 135
5　その他の有情主語有情行為者受身構文……………………………… 140
　5.1　やられる………………………………………………………………… 140
　5.2　慣用的な表現………………………………………………………… 142

第3章　有情主語非情行為者受身構文

1　AI 状態型（AI 状態）………………………………………………… 150
　1.1　AI 心理・生理的状態型……………………………………………… 150
　　1.1.1　AI 生理的状態型「良子は病におかされている」……………… 151
　　1.1.2　AI 心理的状態型「私は育児に悩まされている」……………… 153
　1.2　AI 陥る型「私は悲惨な状況に置かれた」…………………………… 160
　1.3　AI 不可避型「企業はコスト削減を迫られている」………………… 163

4　目　　次

　2　その他の有情主語非情行為者受身構文…………………………………… 166

第4章　非情主語一項受身構文

1　Ⅰ事態実現型………………………………………………………………… 170
　1.1　Ⅰ変化型（Ⅰ変化）………………………………………………… 171
　　1.1.1　Ⅰ状態変化型「机が折り畳まれた」「国民の権利が平等化される」………… 172
　　1.1.2　Ⅰ位置変化型「庭に木が植えられた」「指令が送られる」………………… 178
　　1.1.3　Ⅰ所有変化型「手紙が良子に渡された」「女性に選挙権が与えられる」…… 184
　　1.1.4　Ⅰ結果型「駅前にビルが建てられた」「文化が形成される」………………… 189
　　1.1.5　Ⅰ表示型「画面に絵が表示された」「金額が提示された」…………………… 193
　　1.1.6　Ⅰ実行型「明日学校で保護者会が開かれる」……………………………… 201
　1.2　Ⅰ無変化型（Ⅰ無変化）「ドアが叩かれた」……………………………… 209
　1.3　Ⅰ認識型（Ⅰ認識）………………………………………………………… 213
　　1.3.1　Ⅰ知覚型「細胞分裂が観察された」…………………………………… 214
　　1.3.2　Ⅰ思考型「実験を通して仮説が検証された」………………………… 217
　　1.3.3　Ⅰ発見型「山中で死体が発見された」………………………………… 222
　　1.3.4　Ⅰ発話型（Ⅰ言語活動型）「事件のいきさつが述べられた」………… 224
　1.4　Ⅰ態度型（Ⅰ態度）………………………………………………………… 227
　　1.4.1　Ⅰ判断型（知的態度）「その現象は突然変異と見なされた」………… 229
　　1.4.2　Ⅰ意義づけ型「ガウディの模型はみんなの手本にされた」………… 232
　　1.4.3　Ⅰ要求型「学校に対し、父兄から対策が求められた」……………… 236
　　1.4.4　Ⅰ表現型「水の電気分解は次の式で表わされる」…………………… 239
2　Ⅰ存在型（Ⅰ存在）………………………………………………………… 244
　2.1　Ⅰ存在様態受身型「窓際に花が活けられていた」……………………… 246
　2.2　Ⅰ抽象的存在型「動詞の分類に比重が置かれている」………………… 251
　2.3　Ⅰ抽象的所有型「彼女には多くのチャンスが与えられている」……… 255
　2.4　Ⅰ存在確認型「彼の性格に攻撃性が発見された」……………………… 256
　　2.4.1　具体的存在「雲の間に黒い物体が発見された」…………………… 257

2.4.2　抽象的存在「多くの国に共通の現象が見られる」……………259
3　Ⅰ習慣的社会活動型（Ⅰ社会）………………………………………264
　3.1　Ⅰ社会的思考型「肥満は現代病と考えられている」……………270
　　3.1.1　Ⅰ社会的対象思考型「縄文時代には、雲魂の存在が信じられていた」……270
　　3.1.2　Ⅰ社会的判断型「多くの行動は生まれつきと思われている」………272
　3.2　Ⅰ社会的言語活動型「視力は遺伝すると言われる」……………278
　　3.2.1　Ⅰ社会的対象言語活動型「近年、経済格差が盛んに議論されている」……278
　　3.2.2　Ⅰ社会的判断言語活動型「マラソンは、持久力勝負の種目と言われている」……282
　3.3　Ⅰ社会的呼称型「このビルはランドマークと呼ばれている」………286
　3.4　Ⅰ社会的評価型「素材が重視される」……………………………288
　3.5　Ⅰ社会的関心型「本部の対応が注目される」「国政の真価が問われる」………292
　　3.5.1　Ⅰ活動への社会的関心型「本部の対応が注目される」………295
　　3.5.2　Ⅰ結果への社会的関心型「エネルギー供給に大改革が予想される」………296
　　3.5.3　Ⅰあり方への社会的関心型「国政の真価が問われている」………298
　3.6　Ⅰ社会的約束型「人身売買は禁止されている」「国民の権利は守られている」…304
　　3.6.1　Ⅰ社会的規制型………………………………………………306
　　3.6.2　Ⅰ社会的保障型………………………………………………307
　3.7　Ⅰ社会的意義づけ型「その顔はよく漫画の材料にされる」………309
　3.8　その他の社会活動型…………………………………………………314
4　Ⅰ超時的事態型（Ⅰ超時）……………………………………………315
　4.1　Ⅰ特徴規定型「この箱は中が仕切られている」「洗練された人」………316
　4.2　Ⅰ論理的操作型「水に溶ける物質は大きく2つに分けられる」………320
　4.3　Ⅰ限定型………………………………………………………………322
　　4.3.1　Ⅰ条件限定型「製品化されるのは、小型のものに限られる」………323
　　4.3.2　Ⅰ縮小化型「時間が限られている」…………………………324
5　その他の非情主語一項受身構文………………………………………325

第5章 非情主語非情行為者受身構文

1 II現象受身型（II現象）「水面が陽に照らされてきらきらしている」……334
2 II関係型（II関係）……339
  2.1 II位置関係型「日本は海に囲まれた島国だ」……340
  2.2 II論理的関係型……344
    2.2.1 II内在的関係型「紫芋にはアントシアニンが豊富に含まれる」……344
    2.2.2 II構成関係型「バリオンは3つのクォークから構成される」……347
    2.2.3 II象徴的関係型「西欧先進国はイギリスに象徴される」……349
    2.2.4 II継承関係型「昔ながらの飛騨の風景が白川郷に受け継がれている」……351
  2.3 II影響関係型「人間の性格は環境に左右される」……355
3 その他の非情主語非情行為者受身構文……358

第6章 テクスト別 受身構文タイプの分布

1 4大分類の分布……362
2 小説の会話文テクストにおける分布……364
3 小説の地の文テクストにおける分布……368
4 報道文テクストにおける分布……372
5 評論文テクストにおける分布……376
6 まとめ……379

結——今後の課題……397

用例抽出資料……402
参考文献……405
語彙索引……413
あとがき……429

序

1 はじめに

　本著は、2009年に東京外国語大学に提出した博士論文『現代日本語の受身文の体系―意味・構造的なタイプの記述から―』及び『コーパスに基づく日本語受動文の実態　コーパスに基づく言語学教育研究資料5』(グローバルCOEプログラム「コーパスに基づく言語学教育研究拠点」東京外国語大学大学院総合国際学研究院刊行、2012年)の一部に加筆し、修正を加えたものである。

　本研究は、現代日本語の受身文を体系的に、網羅的に記述することを目的としている。4種類のテクストから収集した受身文を構文としてくまなくタイプ分けし、その意味・構造的な特徴を記述した。またそれぞれの構文タイプがいかなる構造的な条件の下で他の構文タイプに近づき、移行するのかという相互関係のあり方(ネットワーク)についても議論している。さらに、小説の会話文、小説の地の文、新聞の報道文、評論文という4つのテクストにおいて、受身構文タイプの現れ方がどのように異なるかを分析した。

　本著の目次を目にした読者は、受身文をこのように細かくタイプ分けすることにどのような意義があるのか、戸惑うだろう。ここには、言語の「記述」とは何かという問題が立ち現れる。

　近年、「理論」よりも「記述」の側面を重視した日本語文法の研究が数多く出されている。中でも、日本語記述文法研究会(編)(2009)は、特徴的な構文や受身文のさまざまなタイプについて言及している。例えば、従来の受身文研究ではあまり扱われてこなかった、行為者が非情物である「田中投手はプレッシャーに押しつぶされ」のような受身文や、主語も行為者も非情物の「その古

寺は、竹藪に囲まれている」のような受身文についても説明している。

一方で、その記述はいまだ徹底されておらず、特殊な構文が単発的に指摘され、大雑把な枠組みの中で一般化されている感も否めない。それらの特殊な受身構文が他の受身構文とどのように関係し、体系の中に位置づけられるのかということが明らかではない。このように、従来の受身文研究では、受身文タイプの立て方が不十分であり、取り残された受身文も数多く存在する。そして、それぞれの受身文タイプの間の相互関係も不明である。

本研究は、4種類のテクストに現れた受身文を動詞の結合価と語彙的な意味に基づいてくまなくタイプ分けし、それらの相互関係を分析することで、体系的な記述を目指した。そして、記述の方法論として、奥田靖雄が提唱する「体系、構造、要素」という構文理論を採用している。構造と要素は常に同時に存在し、相互に働きかけあいながら統合的な体系を形作っている。そして、この構造は、意味を持った型＝パターンとしてレキシコンに登録されている。この構造を、受身文の「構文」として、構文のタイプ＝パターンを取り出した。

本著の記述の中では、構造とは何か、要素とは何かという問いが常にあらわれ、そのつど、具体的な分析を通して読者に理解されるだろう。本著の記述の方法論が他の文法研究に多少なりとも貢献することがあればと切実に願いながら、本論の記述を進めていきたいと思う。

2　本研究の目的と方法

本研究は、現代日本語における受身構文を網羅的に記述することを目的としている。さらに、4つの異なるテクストジャンルにおいて、どのような受身構文が特徴的に現れるのかということを考察した。

テクストは、小説の会話文、小説の地の文、新聞の報道文、評論文という4つのテクストコーパスを用いた。そこから抽出した受身構文の用例から、いくつもの構文タイプを取り出し、その意味・構造的な特徴について記述した。また、構文同士は相互に関係し、ネットワークをなしているという理論に基づき、

どのような構造的な条件の下で、構文が相互に近接し、移行し合うのか、という構文間のネットワークについて考察している。

それぞれの受身構文タイプについては、まず主語と動作主の有情・非情の別で大きく4つに分類したうえで、主に動詞の語彙的な意味と結合価に基づいて、細かいサブタイプを取り出した。こうした手法は、いわば語彙・構文論的に受身構文を分析していると言える。このような方法で、受身構文を細かくタイプ分けし、記述した研究は、従来の研究には見当たらない。

さらに、取り出された受身構文タイプの各テキストにおける分布（割合）を示し、それぞれのテキストに特徴的な受身構文について考察した。動詞の語彙的な意味と結合価に基づいて立てたサブタイプの各テキストにおける分布を見ると、テキストの構造と受身構文タイプとの関係が興味深く見えてくるだろう。

3　対象とするテキストデータ

今回扱ったデータは、小説の会話文、小説の地の文、新聞の報道文、評論文（ノンフィクション）である。データについては、できる限り典型的な「話しことば」の特徴と「書きことば」の特徴を持つものを扱いたかった。よって、「話しことば」としては、生の自然会話コーパスを用いることができれば最良であったが、今回はその余裕がなかった。今後の課題としたい[1]。今回扱ったのは小説の会話文テキストで、これにはエッセイとシナリオ作品も含まれるが、これを「話しことば」に近いテキストと見なすことにする[2]。評論文と新聞テキストについては、「書きことば」の特徴を持つテキストと見なす。また、小説の地の文テキストは、登場人物の視点から当該人物の内面描写や直接的な感情表現をしたり、客観的に場面を描写したりと、様々な文脈構造が表れる特殊なテキストと見ている。

なお、本来であれば、4つのテキストの分量（文字数、バイト数など）をそろえるべきであったが、今回のデータはそのような配慮がなされていない。4つのテキストの分量がおよそそろっていれば、どれだけのラレル文ないし受身

構文が得られたかということも、比較の対象にできたが、こうした作業は今後の課題として残った。

以下、どのような作品からどのくらいの受身構文をデータとして抽出したかについて述べていく。

3.1 小説の会話文テキスト

「小説の会話文テキスト」としてものは、昭和戦後に出版された小説、エッセイのカギ括弧部分とシナリオ作品のト書きを除いた科白部分である。扱った作品は、『CD-ROM版新潮文庫の100冊』から23作家の39作品、シナリオ作品から3作家の3作品、また、手作業による収集によって小説から5作家の8作品を選び、合計で31作家の全50作品からデータを収集した。その結果、1382例の受身構文[3]が得られ、これを統計の対象とした[4]。

3.2 小説の地の文テキスト

「小説の地の文テキスト」は、『CD-ROM版新潮文庫の100冊』から、9作品の小説を任意に選び、その地の文からラレル文を抽出した。なお、会話文と区別するために、地の文テキストについては、作品名（の略称）の横に「.地」という記号を付した。

各作品について、最高100例のラレル文を抽出した結果、全896例が得られた[5]。この896例中、受身用法が790例（88.2%）、可能用法が47例（5.2%）、自発用法が56例（6.3%）、尊敬用法が3例（0.3%）であった。この、受身用法790例を主な考察の対象とした。

なお、用例数の少なかった受身構文タイプについては、上の作品における100例以上の例や他の作品の地の文からも用例を抽出している。こうした用例については、作品名の後ろに＋をつけている。＋をつけた追加作品については、本著末の「用例抽出資料」を参照されたい。

3.3 報道文テクスト

「報道文テクスト」としては、『CD-毎日新聞2000データ集』を資料とした。当初、この1月1日の朝夕刊（東京・大阪本社）のデータからラレル文を抽出し、分析を進めたが、1月1日の記事は新聞記事として特殊である[6]ことが分かり、再度、通常の日付の新聞記事からデータを収集した。曜日が偏らないように、任意に選んだ日付は次の4日である。この4日分の東京本社の朝刊を主な考察の対象とした。

2000年2月20日（日）、3月14日（火）、4月5日（水）、5月25日（木）

この4日間の記事から、ラレル文のデータを収集し、得られたデータのうち、コラム（囲み記事）、社説、スポーツ欄、情報欄、新聞小説、各種紹介、見出しなどの記事を削除し、報道記事のみを残した。また、報道記事の中でもカギ括弧のついた発言部分は除いている。報道記事とは、実際に起きた（起きる）出来事を事実として伝える文体である。

4日分の報道記事からは、479例のラレル文が得られ、このうち受身用法が467例（97.5％）、可能用法が11例（2.3％）、自発用法が0例（0％）、尊敬用法が1例（0.2％）であった。この、受身用法467例を統計の対象とした。

なお、引用された用例において、「（毎日）」とのみ表記されている例は、「1月1日」の記事であることを表わしている。それ以外の日付のものは、すべて日付を明記している。

3.4 評論文テクスト

「評論文テクスト」とは、社会や歴史、文化、科学に関する事情や解説、評論といったノンフィクションのテクストを指す。本研究で扱ったデータは、「日本語教育支援システム研究会（CASTEL/J）」が作成した電子化資料で、講談社の新書である6作品を任意に選んでラレル文を抽出した。

各作品について、114例[7]のラレル文を抽出した結果、全684例が得られ、ここから章や節の見出し（タイトル）とカギ括弧部分（会話部分）を除いた。

その結果、全673例のラレル文が得られた。このうち、受身用法が618例（91.8％）、可能用法が38例（5.6％）、自発用法が13例（1.9％）、尊敬用法が4例（0.6％）であった。この、受身用法618例を主な考察の対象とした。

なお、評論文テキストでも、用例の少なかった受身構文タイプについて再度用例を収集するために、他の作品を扱った。追加作品については、作品名の後ろに＋をつけた。＋をつけた追加作品については、本著末の「用例抽出資料」を参照されたい。

注
1) なお、国立国語研究所の「日本語話し言葉コーパス（CSJ）」は、その9割が講演であり、一般に話し言葉のステレオタイプと認識されている話し言葉とはかけ離れている。音声を媒介にした言語活動ではあるが、次の注にあるような話し言葉として他の特徴を欠いている。講演とは、その内容にもよるが、本研究のジャンルではむしろ「評論文テキスト」に近いジャンルであろう。
2) そもそも、どのようなテキストを「話しことば」と定義すればよいかという問題は、それほど明らかではない。音声メディアを媒介にしていても、①話し手1人vs.聞き手1人の対話であるのか、1人が大勢に向かって話しているのか、②個人的な具体的経験を語るものであるのか、一般的な抽象論を語るものであるのか、③話し手が私的な立場で個人的感情をこめて語っているのか、公の立場で客観的に中立的に語っているのか、といった様々な要因が「話しことばらしさ」を決定している。しかし、今回の調査では、こうした点までを考慮する余裕がなかった。今後、より厳密にテキストの種類別にデータを考察していく上での課題としたい。
3) 他のテキストについては、ラレル文すべてを抽出し、受身、可能、自発、尊敬と分類したが、会話文テキストについては、分類当初から、受身用法以外の用法を削除してしまった。再度19作品のみの会話文から542例のラレル文を抽出した結果、受身用法が394例（72.7％）、可能用法が77例（14.2％）、自発用法が5例（0.9％）、尊敬用法が66例（12.2％）であった。参考までに記しておく。
4) なお、今回抽出したのは、小説のカギ括弧でくくられた会話文のみである。地の文の中に、会話文相当の文脈が混じっている作品もあるが（『草の花』など）、こうした会話文は対象にしていない。また、カギ括弧内の書かれた文章（新聞、書物、書簡など）の朗読部分、および、TVやラジオのニュースの朗読部分については、話し言葉ではなく書き言葉であると見なして、データから削除した。

また、今回扱った会話文テキストの中には、いわゆる標準語ではない、方言による用例も少なくなかった。こうした用例については、特に別扱いせず、標準語の用

例と同列に扱っている。しかし、特にラレル文の可能用法などを分析する際には、こうした方言差には注意を払わねばならないだろう。今後、受身用法についても違いが認められるようであれば、厳密に区別していかなければならない。

5）『ブンとフン』のみ、作品の最後までで96例のラレル文しか得られなかった。その他の作品は100例を抽出できたところで検索を打ち切っている。

6）1月1日の記事は、他の日付の記事に比べ、新聞テクストにもっとも特徴的な事実報告が少ないということが考えられる。

7）114という数は非常に半端な数である。これは、受身用法を各作品につき100例以上得ようとした結果、このような数字になってしまった。

第1章　体系、構造、要素

　本研究の記述の方法論は、奥田靖雄の一連の連語論研究に多くを負っている。そこで、以下では、奥田の連語論を中心とした言語理論を紹介し、言語記述のための方法論に関する理解を深めたいと思う。特に、本章では奥田の体系、構造、要素の概念について簡単に紹介する[1]。

　奥田（1980-81）では、一般に言語学で言われる「体系」という概念とは別の意味での「体系」という概念が詳説されている。言語学で一般的に言われる「体系」を奥田は「パラディグマティックな体系[2]」と呼んでいる。これは、動詞の活用表のようなものでもあり、語彙の相互の意味的・形態論的な関係の広がりでもあり、また、いくつもの構文（構造）タイプの間の相互のネットワークのことでもある。一方、奥田（前掲）では、もう一つの体系である「シンタグマティックな（統合的な）体系」の必要性が強く主張されている。

　統合的な体系とは、例えば人体のように、頭や腕や脚や内臓といった部分がある一定のパターンで結び付いて一つにまとまった全体のことである。文も1つの統合的な体系（全体）であり、様々な要素（部分）で構成され、その要素の間には一定の結びつきの組織ないし秩序＝構造（パターン）がある。この要素と構造は、互いの特性が互いの特性に適したものであることを要求する。要素と構造は、互いに働きかけ合い、全体としての体系を作る。ここに、構造と要素の弁証法がある。

　一方で、文がくり返し発話されることによって抽象化・一般化され、ある1つの「型＝パターン（シェーマ）」として、その構造は語彙項目と並んでレキシコンに登録される。この有限の型＝パターンは、1つの言語形式であり、内容＝意味を持っている。受身構文にも様々な構文タイプがあり、それぞれのタ

イプは、形式としての構造と内容＝意味を持っている。そしてこの有限の構文タイプは、異なる意味・機能及び構造的特徴でもって相互に対立し、同時に共通の意味・機能及び構造的特徴でまとまりながら、パラディグマティックな体系（ネットワーク）をなしている[3]。

こうした発想は、近年日本語学や言語学で盛んに取り上げられているGoldberg（1995）の構文文法論に類似している。以下では、統合的な体系と構造と要素についての奥田の理論を紹介し、Goldberg（1995）の構文文法と比較したいと思う。

1 統合的な体系における構造と要素

1.1 奥田靖雄の言語理論

奥田の言語学の最大の特徴は、「統合的な（シンタグマティックな）体系」という概念を提唱しているところにある（奥田1980-81）。奥田にとって言語は体系的である。ここで言う体系とは、ひとまとまりの、完結的な、統合的体系のことである。言語はすべて、―形態素も、単語も、単語の組み合わせである連語も、文も、連文も、大きな文脈も―全体としての体系と部分としての要素からなり[4]、その全体と部分との間には結びつきの組織・秩序がある。全体と部分、部分と部分との結びつきの組織・秩序が構造である[5]。体系は構造と要素から成る。

こうした「体系と要素、全体と部分とはつねにひとつにまとまっていて、きりはなすことができない」（奥田1980-81:201[6]）、すなわち両者の存在は同時的である。しかし、体系は常に、部分である要素の特性に働きかける。要素は全体＝体系の枠組みの中で変化し、新しい要素が生み出され、他の要素に働きかける。この要素の間の相互作用は、さらに全体としての体系にも働きかける。このように、体系と要素はダイナミックに相互に働きかけあい、影響し合っている（奥田1980-81:203）。ここに奥田の弁証法がある。

このことと関連して、奥田は言語の構造を形骸的な枠組みとは捉えず、物質的な中身を持つ豊かな構築物と捉えている。そして、文の構造＝構築物の材料としての単語の「カテゴリカルな意味」の重要性を強調する[7]。受身構文にとっても、主語と行為者のカテゴリカルな意味は、構文の特性を決める重要な要因である。主語が有情者（animate）なのか、非情物（inanimate）なのかによって、またそれが典型的であるか否かによって、最終的な文の意味（影響を受けるという意味を帯びるか否か）が変わってくる。また、動詞のカテゴリカルな意味も重要である。「けが人が救急車で病院に運ばれた」というのは（対象の）位置変化動詞であるが、この受身構文タイプが、「和夫は良子にふられた／褒められた」などの同じ直接対象の受身構文と同じ意味で、「影響を受ける」という受影の意味を帯びているかどうかは議論の余地があるだろう。「運ぶ、送る、かつぎこむ、下ろす」などの位置変化動詞は、本来モノ（＝非情物）への働きかけを表す動詞を有情者に対して用いたものであり、より正確に述べれば、有情者の物理的側面に働きかけている動詞であると言える。これに対し、「ふる、褒める、けなす、からかう」などの感情＝評価的態度を表す動詞は、意志や感情を持った個人としての有情者に対する働きかけである。こうした動詞のカテゴリカルな意味の違いが、同じ有情主語の受身構文[8]においても、最終的な体系としての文の意味に影響していると考えられる。

このように、体系を構成する要素の特性は構築物としての構造の質的な特徴になり、最終的な全体としての体系を作り上げているのである。

1.2 Goldberg（1995）の構文について

一方、Goldbergの文法論の中心的な主張は、「英語における基本的な文が『構文』の具体例であり、構文とは、個々の動詞とは独立して存在する『意味と形式の対応物』である（basic sentences of English are instances of *constructions* — form-meaning correspondences that exist independently of particular verbs）」（Goldberg 1995:1、河上他 2001:1）ということである。また、別のところでは、「構文は、語彙項目、イディオム、一部分語彙的に満たされている構文、

あるいは満たされていない他の構文などと並んで、レキシコンの内部に貯えられた独立した実在体」(河上他 2001:304) とも述べている。こうした主張は、統語的な構文が「もっぱら一般原理の相互作用の結果として生じる付随的な現象にすぎないと言われてきた (Chomsky 1981、1992[9])」(河上他 2001:1) ことへのアンチテーゼとして提唱されている。Goldberg は子供の言語習得の過程にも積極的に言及しているのだが、河上他 (2001) では、訳者解説の中でその考えが明解にまとめられている。

(1) [構文文法に基づく本書のアプローチでは、] 言語構造は、コミュニケーション成立の目的で行使される認知構造全体の一例にすぎず、歴史を通じて、実際に使用されることで次第に定着 (entrench) していくものとみなされている。子どもの言語発達は、まず語を学びそれを原理原則でもって並べ替えるといった積み木式 (building-block style) によるのではなく、むしろ大人がしゃべっている表現を聞いて、そのまま全体をゲシュタルトとして再現しようとすることの積み重ねに端を発すると考える。まさにこのゲシュタルトに当たるものが構文である。構文はそれ自体が心理的実在性をもつ重要な単位であり、こどもはまずこの構文という、大きい単位ではあるが実際に動詞と共に用いられた具体例をまず学ぶ。そして、次第に複数の表現間に形式的な類似性を見いだし、それらを同様のパターンをとるものとしてカテゴリー化する。その結果、より抽象的なレベルであるテンプレートとしての構文を抽出し、結果として大人の文法に近づいていく (河上他 2001:328)

また、Goldberg は、構文同士はネットワークで結ばれているとするが、この点も、奥田が、構造はある一定の条件の下で相互に移行し合うというパラディグマティックな体系をなしているとする点と似ている。このように、構造の独立性を主張し構造が意味を持つとする点と、それぞれの構造がネットワークをなしていると考える点で、奥田と Goldberg は共通点をもつ。

一方で、奥田の構造観と Goldberg の構造観には大きな違いもある。それは、構造と要素の捉え方である。構造の意味とそれを構成する動詞や名詞の意味と

の関係についての発想が根本的に異なっている。Goldbergの構文文法論は、構文の自立性に重きを置きすぎていて、構文を、それを構成する要素の質（特性）から切り離してしまっている。例えば、二重目的語構文は、'X CAUSE Y TO RECEIVE Z' という意味を持ち、〈agt rec pat〉という3項の項役割を指定しているというが、この意味がどこからもたらされるのかについては全く説明されない。二重目的語構文がこのような意味を持つのは、授与動詞で構成されているからにほかならない。奥田の言うように、「構造は、要素がつくりだすむすびつきであるから、要素をきりすてたところにはありえず、要素の特性によって特徴づけられている」（奥田 1980-81：196-7）のである。また同時に、「要素は相互にむすびつくことなしには、つまり構造のそとには存在していない」（奥田 1980-81：196）のである。しかし、Goldbergの構造は、あたかもそれ自体が、動詞やその他の成分とは離れて、絶対的に独立して存在するかのように提示されている。これに対し奥田は、体系と構造、要素は、「相対的に」独立しているということを強調する。

　また、Goldbergには「（統合的）体系」という概念も欠けている。Goldberg (1995)では、構文の自律性を主張するあまり、構文が多義性を持つという結論に至っている（p.31）。しかし、この多義性は、ある意味グループの動詞が要素となることによって、その語彙的な意味（カテゴリカルな意味）と構文の意味との相互作用からもたらされると考えなければならない。つまり、構文が多義なのではなく、構文の要素となる動詞が典型的ではないために、要素の意味に影響され、構文の意味の一側面に変化が生じるということである。Goldbergには、構文（構造）と要素の相互作用の結果、（統合的）体系の意味が生まれるという発想が欠けている[10]。

　さらに、構造相互の関係についても、Goldbergの場合は、構文間の関係は一方向的な「継承」関係でしかないと考えるのに対し（例えば具体から抽象のような）、奥田は、継承的な関係はもちろん、同じレベルの構造的タイプ同士の移行関係についても想定している。そして、奥田は構造間の移行関係を主に構造的な条件を指定することで捉えるのに対し（例えば、ヲ格名詞句が具体名

詞から抽象名詞になるなど）、Goldbergはもっぱら意味論的な側面（メタファーによる拡張など）から構文の継承関係を説明する。

以上、Goldbergの理論の未熟な点ばかりを指摘したが、彼女の理論にも学ぶべきところはある。それは、「構文」という言語の単位を理論的存在物として明確に認め、構文と動詞とがどのように意味的に統合するのか、また、どういった動詞が当該構文の要素となりうるのか、ということを厳密に規定しようとしている点である。さらに、構文と動詞との統合の仕方を図式化して提示し、理解を容易にしている。この点、奥田の構造観は、連語論というきわめて具体的なケーススタディがありながら、非常に分かりにくく理解されにくい議論になっている。特に、構造の図式化とパラディグマティックな体系（ネットワーク）の図式化は、急務の課題である[11]。

2　動詞構文の分類

ここに、奥田（1968-72）のを格の連語論、奥田（1962）のに格の連語論、及び寺村（1978）などを参考にした、動詞構文のリストを挙げる。ここに挙げる分類は、類型の種類に関しても、その体系性に関しても未だ不完全である[12]。しかし、受身構文のタイプと対照させる上で、参照されたい。

従来の研究でも、多くの論者によって動詞構文の類型が提示されてきた（寺村1982、仁田1986、森山1988、小泉2007、伊藤2008、日本語記述文法研究会編2009など）。しかし、これらの論者によって提示される構文では、格体制（と意味役割）こそが構造とみなされていて、構造の中身が形骸的である。奥田によれば、構造とは、格体制に加え、動詞や名詞のカテゴリカルな意味（意味特徴）、それらの意味役割、文内での機能（主語か補語かなど）、語順、イントネーションといった要素の間の有機的な関係の秩序のことである。特に、動詞や名詞のカテゴリカルな意味は、構造＝形式の物質的な中身＝内容であるのだが、従来の研究では、これを構造の重要な要素と見なす研究が見られない。

石綿（1999）では、結合価理論に基づいて、動詞の構造がリストアップされ

ている。ここではカテゴリカルな意味が記載されてはいるが、動詞が結合価によってではなく、もっぱら意味的に分類されている。このため、意味・構造的な分類にはなっておらず、構造相互の関係もまったく説明されていない。

本研究では、それぞれの動詞構文について、その格体制に加え、要素となる名詞や動詞のカテゴリカルな意味（意味特徴）とそれらの間の関係的な意味（意味役割）をできる限り厳密に明示し、図式化した。以下では、まず自動詞構文を、大きく、存在構文タイプ、出来事構文タイプ、動作構文タイプ、心理構文タイプ、関係構文タイプに分ける。一方、他動詞構文は大きく、動作構文タイプ、所有関係構文タイプ、心理構文タイプに分けた。そして、それぞれのタイプはさらに細かい下位の構文タイプに分かれている。

2.1 自動詞構文と他動詞構文の動詞リスト

以下には、まず分類の全体像が見えるように、構文タイプの名称のみを示す。次に、動詞の具体的なリストを含めた分類を示していく。

自動詞	他動詞
Ⅰ．存在	Ⅰ．動作
Ⅱ．出来事	Ⅰ-1．対物動作
Ⅱ-1．変化	変化（状態変化、付着、除去、
状態変化、位置変化	運搬、作成）、無変化（接触）
Ⅱ-2．出現	Ⅰ-2．対人動作
Ⅱ-3．現象	変化（生理・心理的変化、位置
Ⅲ．動作	変化、社会的変化）、無変化（催促）
Ⅲ-1．移動（位置変化）	Ⅰ-3．対事柄動作
到着、出発、通過、移動様態	変化、催行、形成
Ⅲ-2．社会的変化	Ⅱ．所有関係
Ⅲ-3．自足動作	Ⅱ-1．授受
行為動作、生理的動作	Ⅱ-2．所有

Ⅲ-4. 対他的動作 Ⅳ. 心理 　Ⅳ-1. 心理的態度 　Ⅳ-2. 態度的動作 Ⅴ. 性質	Ⅲ. 心理 　Ⅲ-1. 認識 　　知覚、思考、発見、発話 　Ⅲ-2. 態度 　　感情＝評価的態度、知的態度、 　　表現的態度、モーダルな態度（要 　　求的態度、意志的態度） 　Ⅲ-3. 内容規定 　　体験の内容既定、思考の内容既 　　定、発話の内容規定

各タイプの構造は□内に示した。略号は次の通りである。

N＝名詞、AN＝有情名詞（有生）、IN＝非情物名詞（無生）、ConN＝具体名詞、AbN＝抽象名詞、Adj＝形容詞、Vt＝他動詞、Vi＝自動詞（動作主（Agent）については、特に必要のない限り、以下の構造表記では省略することがある）

自動詞　　動作主／対象
　　　　　　　N － ガ Vi

Ⅰ．存在　　存在場所　対象
　　　　　　場所 N-ニ　N-ガ　存在 Vi　[13]　「机の上に本がある」

　　ある、いる、存在する；住む、泊まる、滞在する、残る；置かれている、置いてある、のっている、etc.

Ⅱ．出来事　　対象
　　　　　　　N-ガ　無意志 Vi

　Ⅱ-1．変化　　対象
　　　　　　　　N-ガ　無意志 Vi

①状態変化　　対象　　　結果の状態
　　　　　　ConN-ガ（Adj-ク/ニ）変化 Vi　「洗濯物が乾く」

割れる、壊れる、折れる、荒れる、曲がる、温まる；なる、変わる、化ける、成り下がる、成り上がる、育つ、成長する、昇格する、戻る、etc.

②位置変化　　対象　　　着点/起点
　　　　　　ConN-ガ ConN-ニ/ConN-カラ 位置変化 Vi

「指にトゲがささる」

付く、埋まる、はまる、重なる、ささる、くっつく、沈む；はがれる、取れる、抜ける、外れる、落ちる、出る、届く、etc.

Ⅱ-2. 出現　　出現場所　対象
　　　　　　場所 N-ニ　N-ガ　出現 Vi　「顔ににきびができる」

現われる、起きる、生まれる、生じる、生える、咲く、できる、わく、吹き出す、映る、建つ、出る、にじむ、etc.

Ⅱ-3. 現象　　対象
　　　　　　IN-ガ　現象 Vi　「石が光る」

輝く、光る、生い茂る、（煙が）出る、沸騰する、揺れる；（雨が）降る、（太陽が）照る、（風が）吹く、晴れる、曇る、湧く、etc.

Ⅲ. 動作　　動作場所　　動作主
　　　　　（場所 N-デ）AN-ガ 動作・出来事 Vi

Ⅲ-1. 移動（位置変化）

①到着　　動作主　着点
　　　　　AN-ガ 場所 N-ニ 到着 Vi　「駅に行く」「店に入る」

来る、帰る、戻る、出る、集まる、移る、逃げる、進む、向かう、入る、着く、あがる、降りる、登る、赴く、引き返す、通う、行く、近づく、集まる、etc.

②出発　　動作主　起　点
　　　　　AN-ガ 場所 N-ヲ/カラ 出発 Vi　「家を出る」

出る、発つ、去る、遠ざかる、離れる、退く、etc.

③通過　$\boxed{\begin{array}{ccc}\text{動作主} & \text{経　路} & \\ \text{AN-ガ} & \text{場所 N-ヲ} & \text{通過 Vi}\end{array}}$　「峠を越す」「森を抜ける」

通る、渡る、越える、抜ける、過ぎる、横切る、etc.

④移動様態　$\boxed{\begin{array}{ccc}\text{経　路} & \text{着　点} & \text{動作主} \\ \text{(場所 N-ヲ / 場所 N-マデ)} & \text{AN-ガ} & \text{移動様態 Vi}\end{array}}$

「川を泳ぐ」

歩く、走る、かける、飛ぶ、泳ぐ、這う、急ぐ、流れる、たどる、転がる、etc.

Ⅲ-2. 社会的変化　$\boxed{\begin{array}{c}\text{動作主} \\ \text{AN-ガ 社会的変化 Vi}\end{array}}$　「大学に入学する」

入学する、就職する、勤める、退職する、辞める、家出する；結婚する、離婚する、争う、戦う、会う、めぐり合う、嫁ぐ、勝つ、etc.

Ⅲ-3. 自足動作[14]　$\boxed{\begin{array}{cc}\text{動作場所} & \text{動作主} \\ \text{(場所 N-デ)} & \text{AN-ガ 自足動作 Vi}\end{array}}$　「外資系企業で働く」

①行為動作

働く、遊ぶ、勤める、立つ、座る、横になる、踊る、歌う；手を上げる、顔を洗う、服を着る；かがむ、しゃがむ、寝る、etc.

②生理的動作

まどろむ、せきこむ、あくびする、ため息をつく、眠る、病気になる、風邪を引く、死ぬ、泣く、笑う、疲れる、ぐずる、むせぶ、うるむ、震える、目が回る、etc.

Ⅲ-4. 対他的動作　$\boxed{\begin{array}{ccc}\text{動作主} & \text{対　象} & \\ \text{AN-ガ} & \text{ConN-ニ} & \text{他動的 Vi}\end{array}}$　「梯子につかまる」

つかまる、しがみつく、かみつく、とびつく、からむ、よりかかる、さわる、ぶつかる、つきそう、etc.

Ⅳ．心理

Ⅳ-1．心理的態度

```
経験者  原因＝対象
AN-ガ  N - ニ 15)  心理的態度 Vi
```
「彼の態度に驚く」

怒る、あきれる、驚く、怯える、目を見張る、惚れる、憧れる、親しむ、なじむ、甘える、悩む、苦しむ、困る、飽きる、迷う、同情する、熱中する、安心する、満足する、退屈する、迷惑する、感心する、感謝する、感動する、遠慮する、etc.

Ⅳ-2．態度的動作

```
経験者＝動作主  対象
A N - ガ  N-ニ 態度的動作 Vi
```
「上司の考えに従う」

従う、そむく、はむかう、逆らう、たてつく、立ち向かう、勝つ、負ける、媚びる、かまう、勤める、なつく、慣れる、倣う、まねる、仕える、つくす、お辞儀する、服従する、反対する、抵抗する、味方する、干渉する、協力する、妥協する、etc.

Ⅴ．性質

```
対象  比較対象
N-ガ  N-ニ／ト 性質 Vi
```
「子が親に似る」

関わる、関係する、似る、違う、異なる、似合う、etc.

他動詞
```
動作主  対象  他への働きかけ
AN-ガ  N-ヲ        Vt
```

Ⅰ．動作

Ⅰ-1．対物動作

Ⅰ-1-1．変化

①状態変化
```
動作主  対  象   道具・手段   結果の状態
AN-ガ  ConN-ヲ （ConN-デ） （Adj-ク／ニ）状態変化 Vt
```

「針金を手で丸く曲げる」

温める、荒らす、折る、切る、砕く、消す、削る、壊す、裂く、縛る、閉める、倒す、束ねる、つぶす、止める、濡らす、開く、広げる、曲げる、回す、汚す、割る、etc.

②付着（位置変化1）　|動作主　対象　付着箇所|
　　　　　　　　　　　|AN-ガ　ConN-ヲ　ConN-ニ　付着Vt|

「本を袋に入れる」「庭に木を植える」

あてる、入れる、植える、置く、収める、かける、重ねる、飾る、担ぐ、かぶる、着せる、刺す、背負う、立てる、付ける、積む、吊るす、通す、乗せる、はめる、貼る、混ぜる、盛る、隠す、撒く、巻く、etc.

③除去（位置変化2）　|動作主　起点物　対象|
　　　　　　　　　　|AN-ガ　ConN-カラ/ノ　ConN-ヲ　除去Vt|

「首から/の包帯をはずす」

摘む、ちぎる、取る、切り取る、抜き取る、抜く、引き抜く、のける、押しのける、払いのける、取り除く、外す、取り外す、離す、切り離す、取り払う、むしる、もぐ、etc.

④運搬（位置変化3）　|動作主　対象　起点　着点|
　　　　　　　　　　|AN-ガ　ConN-ヲ　場所N-カラ　場所N-ヘ/ニ/マデ　運搬Vt|

「荷物を1Fから2Fの部屋に運ぶ」

上げる、集める、移す、落とす、下ろす、出す、届ける、投げる、運ぶ、放る、回す、戻す、寄せる、持ってくる、取ってくる、押していく、持ち上げる、押し出す、etc.

⑤作成（生産）　|動作主　材料・原料　結果対象|
　　　　　　　　|AN-ガ　（ConN-デ/カラ）　ConN-ヲ　生産Vt|

「毛糸でベストを編む」

作る、建てる、築く、設ける、沸かす、炊く、煮る、縫う、結う、（縄を）なう、etc.

Ⅰ-1-2. 無変化

接触　|動作主　道具　対象|　「ドアを押す」
　　　|AN-ガ　（ConN-デ）　ConN-ヲ　接触Vt|

いじる、打つ、抑える、押す、抱える、掻く、かすめる、かじる、

噛む、蹴る、こする、さする、触る、抱く、叩く、つかむ、突っつく、つねる、殴る、なでる、なめる、握る、はたく、払う、拭く、打つ、踏む、触れる、持つ、揉む、etc.

Ⅰ-2. 対人動作

　Ⅰ-2-1. 変化

　　①生理・心理的変化

動作主	原因		
A N/AbN-ガ[16]	AN-ヲ	生理・心理的変化 Vi の使役形	

「母親を悲しませる」

笑わせる、死なせる、疲れさせる、飽きさせる、いらだたせる、悲しませる、困らせる、いらいらさせる、心配させる、退屈させる、動揺させる、etc.

　　②位置変化

動作主	対象	着点	
AN-ガ	AN-ヲ	場所 N-ニ/マデ	移動 Vt/ 移動 Vi 使役形

「部下を銀行に行かせる」

行かせる、走らせる、帰らせる、向かわせる、出す、入れる、通す、上げる、集める、呼び集める、呼び出す、誘い出す、招き入れる、追い出す、連れる、連れていく、etc.

　　③社会的変化

動作主	対象		
AN-ガ	AN-ヲ	社会的変化 Vt/ 社会的関係 Vi・態度的動作 Vi の使役形	

「子供を私立に入れる」「太郎と花子を会わせる」

争わせる、勤めさせる、従わせる、嫁がせる；入社させる、入学させる、退職させる、落第させる、家出させる、降参させる、失脚させる、etc.

　Ⅰ-2-1. 無変化

　　催促

動作主	対象		
AN-ガ	AN-ヲ	催促動詞	

「社長が課長を呼んだ/促した」

あおる、促す、おだてる、くどく、けしかける、せがむ、急き立て

る、問いただす、そそのかす、よぶ、まねく、さそう、etc.

Ⅰ-3. 対事柄動作

Ⅰ-3-1. 変化　| 動作主・自然勢力　対　象 |
　　　　　　　| N　－　　ガ　AbN-ヲ　変化 Vt |　「結束を固める」

高める、深める、早める、弱める、強める[17]、緩める、改める、まとめる、やすめる、しずめる、和らげる、増す、妨げる、整える、変える；改善する、修正する、削減する、廃止する、除去する、弾圧する、停止する、etc.

Ⅰ-3-2. 催行　| 動作主　　　対　　　象 |
　　　　　　　| AN-ガ　行事 N-ヲ　催行 Vt |　「運動会を行う」「会議を開く」

行う、催す、開催する、開く、実行する、実現する、始める、終える、etc.

Ⅰ-3-3. 形成　| 　　　　場所　対象 |
　　　　　　　| N-ガ　（N-ニ）AbN-ヲ　形成 Vt |

「家庭を作る」「不安をもたらす」

作る、きたす、もたらす、かもす、設ける、なす、起こす、引き起こす、生む、形成する、構成する、誘発する、発生する、実現する、想像する、展開する、etc.

Ⅱ. 所有関係

Ⅱ-1. 授受　| 動作主　受け手/起点　所有物 |
　　　　　　| AN-ガ　AN-ニ／カラ　ConN-ヲ　授受 Vt |

「妹からお菓子をうばう」

買う、借りる、受け取る、預かる、もらう、取る、取り上げる、奪う、取り返す、盗む、去らむ、受ける、得る、集める、etc.
売る、貸す、譲る、渡す、引き渡す、預ける、くれる、やる、めぐむ、あげる、贈る、返す、戻す、授ける、与える、配る、払う、おごる、ふるまう、etc.

Ⅱ-2. 所有　　$\boxed{\begin{array}{ccc}\text{所有者} & \text{場　所} & \text{所有物}\\ \text{AN-ガ} & \text{(N-ニ)} & \text{ConN-ヲ}\end{array}}$ [18] 所有 Vt

「彼は伊豆に別荘を持っている」

持っている、蓄える、貯める、積み立てる、稼ぐ、儲ける、捨てる、失う、失くす、所有する、保持する、所持する、貯蓄する、etc.

Ⅲ. 心理

　Ⅲ-1. 認識

　　Ⅲ-1-1. 知覚　$\boxed{\begin{array}{cc}\text{経験者} & \text{対　　　象}\\ \text{AN-ガ} & \text{Con-N/ 現象 N-ヲ　知覚 Vt}\end{array}}$ 「天井を見る」

見る、眺める、睨む、望む、仰ぐ、聞く、嗅ぐ、味わう、読む、感じる etc.

　　Ⅲ-1-2. 思考（知的認識）　$\boxed{\begin{array}{cc}\text{経験者} & \text{対　象}\\ \text{AN-ガ} & \text{AbN-ヲ　思考 Vt}\end{array}}$

「相手の家柄を考慮する」

考える、思う、思考する、考察する、検討する、分析する、心配する、振り返る；理解する、把握する、推察する、推測する、予想する、悟る、見抜く、見破る、etc.

　　Ⅲ-1-3. 発見　$\boxed{\begin{array}{ccc}\text{経験者} & \text{場所} & \text{対象}\\ \text{AN-ガ} & \text{N-ニ} & \text{N-ヲ　発見 Vt}\end{array}}$

「自然の中に調和の美を見出す」

発見する、見つける、見出す；認識する、認める、意識する、etc.

　　Ⅲ-1-4. 発話（言語活動）　$\boxed{\begin{array}{cccc}\text{経験者} & \text{相　　手} & \text{対象}\\ \text{AN-ガ} & \text{AN-ニ/カラ} & \text{AbN-ヲ　言語活動 Vt}\end{array}}$

「明日の予定を話す」「一人暮らしの寂しさを訴える」

言う、話す、語る、述べる、しゃべる、告げる、訴える、知らせる、詫びる、説く、問う、問いただす、尋ねる、ほのめかす、教える、告白する、説明する、報告する；書く、記録する；聞く、伺う、教

わる、読む、議論する、相談する、etc.

Ⅲ-2. 態度　ヲ格名詞のカテゴリカルな意味に制約なし

　Ⅲ-2-1. 感情＝評価的態度

```
経験者 対象
AN-ガ N-ヲ 感情＝評価的態度 Vt
```

「和夫はピカソの絵を／平和を／良子を愛している」

好む、憎む、嫌う、恐れる、驚く、慕う、愛しむ、憐れむ、悲しむ、楽しむ、惜しむ、恨む、羨む、喜ぶ、恥じる、尊ぶ、侮る、誇る、悔いる、恋する；めずらしがる、おもしろがる、いやがる；疑う、信じる、無視する、重視する、etc.

```
経験者 対象　  感情＝評価
AN-ガ N-ヲ Adj-ク/ト/ニ 思う・感じる・見る
```

恋しく思う、辛いと思う、あさましく感じる、卑屈に感じる、甘く見る、etc.

　Ⅲ-2-2. 知的態度

```
経験者 対象　　判断内容
AN-ガ N-ヲ N-ト/ニ/ノヨウニ 思考＝判断動詞
```

「彼は言語学を単に教養の一つとみなしている」

見なす、解釈する、判断する、例える、なぞらえる；決める、規定する、錯覚する、間違える、診断する；思考動詞のほとんど、etc.

　Ⅲ-2-3. 表現的態度

```
経験者 対象　発言内容
AN-ガ N-ヲ （N-ト）表現的態度 Vt
```

「いつも子供を（バカと）叱ってしまう」

叱る、戒める、責める、なじる、からかう、冷やかす、咎める、褒める、罵る、けなす、たたえる、たしなめる、励ます、批判する、非難する、罵倒する、etc.

Ⅲ-2-4. モーダルな態度[19]

　①要求的態度

```
経験者 相手＝動作主 相手に要求する動作
AN-ガ AN-ニ/ノ 動作性 N-ヲ 要求的態度 Vt
```

「彼女の成功を願う」（cf. 彼女が成功するように願う）

望む、願う、祈る、許す、希望する、期待する、許可する、禁止する、言いつける、頼む、請う、すすめる、求める、呼びかける、命令する、etc.

②意志的態度　　経験者　志す動作
　　　　　　　　AN-ガ　動作性N-ヲ　意志的態度Vt

「脱走を企てる」「早起きを心がける」

たくらむ、はかる、こころざす、もくろむ、思い立つ、心がける、めざす、企画する、意図する、決心する、決意する、誓う、約束する、etc.

III-3. 内容既定　　経験者　心理的活動の内容
　　　　　　　　　AN-ガ　AbsN-ヲ　心理Vt

「不平を言う」「興味を感じる」

III-3-1. 体験の内容規定：感じる、経験する、味わう、覚える、なめる、
　　　　知る、見る
　　ヲ格N：辛さ、疲れ、淋しさ、惨めさ、恥ずかしさ、引け目、怒り、喜び、空腹、苦痛、恐怖、興味、感激、満足、欲求、必要、責任、狼狽、反感、etc.

III-3-2. 思考の内容規定：考える、決める、決定する、たしかめる、
　　　　etc.
　　ヲ格N：策略、方針、方法、理由、わけ、意見、真偽、善悪、当否、etc.

III-3-3. 発話の内容規定：言う、話す、述べる、しゃべる、書く、etc.
　　ヲ格N[20]：小言、冗談、悪口、苦情、文句、お世辞、しゃれ、悔やみ、詫び、うそ、不平、泣き言、意見、感想、日本語、英語、ドイツ語、etc.

2.2 動詞の他動性と受身構文との対立について

以上挙げた動詞構文は、自動詞構文も含め、その他動性[21]の度合いがそれ

ぞれ異なり、対応する受身構文を持つものと持たないもの、受身構文になりにくいものなどさまざまである。自動詞構文では、人（有情者）の動作や心理であれば、対応する間接受身構文を持つ。その中でも、ニ格の対象が有情者であり、これが受身構文の主語に立つ場合は、直接受身構文である相手の受身構文を持つことになる（自動詞構文の「他動的動作」や「態度的動作」）。一方、非情物の動きであっても、現象タイプとした中の自然現象を表す動詞構文（風が吹く、雨が降るなど）は、対応する受身構文が存在する。

　他動詞構文でも、すべての他動詞構文が等しく対応する受身構文を持つわけではない。例えば、モノに対する働きかけを表す構文の中の唯一の無変化動詞のタイプである接触タイプは、有情主語[22]の受身構文では非常に用例が多いものの、非情主語の受身構文は全テクストを通じてほとんど用例がなかった（「門がたたかれる」など）。

　また、心理動詞のタイプは、非情主語の受身構文で個別一回的な用例が極めて少なく、多くが不特定多数の動作主による反復・超時の例として現れる。例えば、「この国は（誰か個人によって）愛された」のような受身構文はほとんど現れない。特に、心理動詞の中の表現的態度動詞である「呼ぶ」という動詞は、非情物主語で個別の動作主による個別具体的な例は１例もなかった。一方で、不特定多数の動作主による反復・習慣的な「呼ばれる」という用例は非常に多かったため、受身構文ではこれを「呼称動詞」として、「表現的態度動詞」とは独立させて１つの受身構文タイプとして立てた。

　このほか、同じ動詞構文タイプに属していても、個々の動詞によって受身構文に現れやすいものと現れにくいものがある。言語活動タイプの「言う、知らせる」という動詞による相手の受身構文は、会話文テクストにおいてもっとも割合が高く、よく用いられる受身構文である。一方で、おなじ言語活動動詞である「しゃべる、話す、述べる」などによる受身構文はほとんど用例がない（「私は花子に明日の予定をしゃべられた」など）。こうした動詞による相手の受身構文は「迷惑」の意味を帯びるだろう[23]。

　このように、能動構文と受身構文の分布や体系は非対称的である。この、能

動構文と受身構文の非対称性は、日本語を記述する上で、また他の言語を記述する上でも非常に興味深い問題であるが、本研究ではこの点について、詳細な議論はできなかった。今後の課題である。

3　受身構文の構造と要素

　本書が扱う受身構文とは、内容＝意味を持った形式＝構造の型（パターン）のことである。

　従来の研究で重視されてきた受身構文の要素とは、主語が有情者か非情物かということ[24]（山田1908、三矢1908、松下1930、益岡1982、1991、尾上1998ab、1999）、および、主語の有情・非情に関連して行為者表示がニ格かニヨッテかということ（松下1930、Kuroda 1979、益岡1982、1991、金水1991、1992ab、1993）であった。一方、これとは別の流れとして、対応する能動文を有するか否かという点（これも構造の要素である）とこれに連動したはた迷惑の意味に注目した議論（佐久間1936、1951、三上1953、鈴木1972、柴谷1978、1997ab、鷲尾1997ab、etc.）も盛んに行われてきた[25]。ただし、これらの議論は受身文の意味と構造的特徴についての主に理論面での研究であり、これらの理論が記述的に丁寧に検証されているとは言いがたい。

　受身構文に現れる動詞や受身構文パターンに着目し、テクスト別にその量的な分布を示した研究としては、Svartvik（1966）が英語の受身文に関して早くから大規模な調査を行っている。日本語では、奥津（1983）、許（2004）などがある。両者とも主語と動作主の有情・非情の別によって受身構文をパターン化し、その数（割合）を示している。また、Svartvik（1966）や許（2000）は、受身構文に現れる動詞についても、その数を順位にして提示している。これに対し本研究は、動詞や主語・動作主の有情性、動作主マーカーというものを個別に調査するのではなく、それらが統合された受身構文（構造）としてその分布を示している。これにより、語彙と構文が統合された新たなレベルで受身構文を考察し、分析している。

このように、動詞の結合価と語彙的な意味に基づいて受身構文のタイプを取出し、その特徴を記述するという研究は、従来の研究には見られない、いわば語彙・構文論的な研究であると言えるだろう。つまり、受身構文という構文論的な問題を、動詞の細かい語彙的な意味グループにまで踏み込んで考察するという方法論は、語彙論と構文論が統合された形での新しい文法理論である。この意味で、本研究は未だ発展途上の段階にあり、改善すべき点も残されている。

しかし、このような語彙・構文論的とも言える研究は、今後、様々な言語調査をより正確に、厳密に進めるための理論的支えとなる可能性を秘めている。例えば、テクストジャンル別の文タイプの分布の記述的調査や、通時的な体系の比較、さらには、他言語の体系との対照においても、言語の実態をより正確に提示できる道具立てとなるだろう。

さて、上でも述べたように、受身構文の要素は主語の有情性や動作主の表示形式のみに限られない。動作主の有情性や、動詞のカテゴリカルな意味も受身構文の直接的な構成要素である。これに加え、どのような外部構造で用いられるかなども、受身構文の間接的な要素と考えられる。以下では、具体的な実例からどのように構造パターンを取り出し、何を要素と見なしたかについて具体的に説明する。

3.1 タイプ（構造の類型）を取り出す

ここでは、まず、次のような受身構文を例にとって、どのように受身構文のタイプを取り出したかを説明する。

（1）　和夫は｛自分の性癖に／リュウマチに／人員の不足に｝悩まされている。

（2）　「夏用の離宮ですの。うんざりするような観光地。でも、その広さには、やっぱりびっくりさせられますわ」（ドナウ）

（3）　「(徳川)家康が江戸に幕府を開いたのは富士の美しい眺望に魅せられたから。さらに、富士見は不死身に通じた」（毎日）

（4）　昨日と同じに、三原は彼の態度に気圧されるのを感じた。（点と線．地）

これらの受身構文は、「花子が太郎にたたかれる」のような通常の受身構文と比べると、ニ格で現れる行為者が非情物＝原因であるという特徴を持っているのが分かる。このニ格の非情物＝原因は明示されるのが普通で、前後文脈から明らかな場合以外は、省略することができない補語と考えられる。次のように、原因が明示されなければ、文の意味が完結しない。「何に？」と聞き手は聞き返したくなるだろう。

（５）？和夫は悩まされている。

　また、こうした受身構文のほとんどが、「苦しめられる、悩まされる、さいなまれる、圧倒される、満たされる」などの「心理・生理的状態」を表わす動詞で構成される。

　さらには、このタイプの受身構文では、対応する能動文が不自然な表現になるか、成立しない場合が多い。

　以上の特徴は、すべてこのタイプの受身構文を構成する要素の１つ１つである。構造を図式的にまとめると次のようになる。このタイプは「AI 心理・生理的状態型」と名づけた。

（６）　AI 心理・生理的状態型

| 対象＝受影者 | 原　　因 | 心　理　的　状　態 | 26) |
| A N－ガ$_{SUB}$ | 現象／抽象 IN－ニ$_{COM}$ | 心理的状態 V－ラレル | |

「われわれは人員の不足に悩まされている」　　●能動文が不自然

　もう１つ、別の受身構文タイプを例にとって説明を続ける。次のような受身構文である。

（７）　ユーカリ林に囲まれた近郊の国立公園では、カンガルーやコアラを野生の姿で観察できる。（毎日）

（８）　鉄とセメントの建物に挟まれた街路を通り抜けて、橋を一つ渡ると町の光景がにわかに変る。（樹々は緑か.地）＋

（９）　川中に竹藪に包まれた大きな洲があった。（金閣寺.地）＋

（10）　一つの丘があった。両側を細い支流に区切られて独立し、芒が馬の鬣のように、頂上まで匍い上っていた。（野火.地）＋

これらの受身構文は、ニ格で現れた非情物の実体を主語にして能動文で述べることが可能である。ただし、多少なりとも不自然な文になることもある。

(11) ユーカリ林が近郊の国立公園を囲んでいる。

(12) ?細い支流が一つの丘の両側を区切っている。

この種の受身構文は、非情物が主語に立ち、かつ非情物が行為者である受身構文であると見なせる。受身構文全体の意味は、主語に立つ非情物と行為者である非情物との位置関係を表わしている。2つの実体の間の位置関係を表わしているので、行為者である非情物は構造上必須の成分であると考えられる。動詞は、主に包囲を表わす動詞が要素となる。

また、能動文では文末をすべてラレテイル形にしたように、テンス・アスペクト的には先行する変化の局面をもたない、「特性[27]」を表わす文である。

さらに、手元の用例を見る限りでは、多くの例が「V-ラレタ＋名詞」という連体節構造で現れており（約100例中およそ6割）、連用中止に現れた例を除くと、文末終止の位置に現れた例は少ない。

以上述べた特徴を、構造として図式的にまとめると次のようになる。このタイプは、「II 位置関係型」と名づけた。

(13) II 位置関係型

行　為　者		位置関係にある	対　象
具体 IN-ニ/デ/ニヨッテ	COM	包囲 V ラレタ	具体 IN

「湖に囲まれた町」

以上、構文タイプを取り出す際に、受身構文のどのような特徴を構造の要素と見なすかという点について具体的に述べた。

3.2 受身節の内部構造

ここで内部構造と呼ぶのは、主語と述語を備えた1つの節単位に含まれる構造である。節単位を超えた構造的特徴については、外部構造として次の3.3で述べる。

なお、受身構文の研究では、事態に関与するもっとも重要な参与者の2つを、

主語と行為者（動作主）という呼称で呼んでいる。主語とは、ある名詞句の文内における成分としての機能であり、行為者とは、名詞句の動詞に対する関係的な意味のことで、観点の異なる呼称である。しかしながら、受身構文の場合、主語は意味的に「対象」であるとは限らず、いわゆる相手の受身や持ち主の受身、はた迷惑の受身では、対象以外の名詞句が主語に立っている。よって、こうしたさまざまな関係的意味を有する参与者を統一的に指示するには「主語」と呼ぶのが便宜的に都合がよい。一方、行為者（動作主）の方は、文内では補語であったり修飾語であったりするため、これは「行為者（動作主）」という呼称の方が統一的な呼び方になる。このような理由で、本研究でも受身構文の表わす事態に関与する第一参与者を主語、第二参与者を行為者（動作主）と呼ぶことにする。

また、本研究では、Foley & Van Valin（1984）で提唱された macrorole としての Actor の訳語として「行為者」を用いる。すなわち、意志の有無や有情か否かに関わらず、広く因果連鎖（causal chain）の始点と考えられるものを「行為者」と呼ぶ。特に必要な場合は、有情行為者を動作主（Agent）、非情行為者を原因（Cause）と呼ぶ。

3.2.1 主語

本研究は、受身構文のもっとも上位レベルの意味・機能的対立を支える構造的特徴は、主語が有情者であるか非情物であるかという別であると考える（山田 1908、松下 1930、益岡 1982、志波 2005）。この、人名詞かモノないしコト名詞かという違いは、名詞の語彙的な意味（カテゴリカルな意味）である。

(14) わたしは、和夫にたたかれた。《人名詞＝有情者》
(15) 新しい駅ビルが建てられ、チラシが配られた。《モノ名詞＝非情物》

ただし、有情者と非情物という対立は截然と分けられるものではなく、意志と感情を持った人格者としての人名詞から人格性が無視された人名詞までその有情者性には傾斜がある。こうした主語の「有情者らしさ」も、構造全体の意味・機能に影響する[28]。

また、主語に立つ名詞のラレル動詞との関係的な意味(いわゆる意味役割)も構造の特徴として重要である。非情物が主語に立つ場合は、ほとんどの受身構文でこれは単に「対象」を表わすと言えるだろう。これに対し、有情者が主語に立つ受身構文では、主語に立つ有情者は、元の動詞との関係では対象(被動者)であり、ラレル動詞との関係では受影者であることになる。つまり、(14)のような受身構文の主語は「対象＝受影者」であると考えられる。

3.2.2 行為者

受身構文の表わす事態には、主語に立つ名詞句以外に、必ず行為者が含意される。この行為者が人名詞かモノないしコト名詞かという違いも、受身構文のタイプにとって重要な特徴である。行為者は、人間の動作主であることが多いが、抽象名詞や現象名詞がニ格(ニヨッテ、デ格)に立つ場合もある。

(16) わたしは、彼女の態度に悩まされている。

(17) 桜の花が雨に打たれ、風に吹かれて舞っている。

そして、行為者の場合も、有情者であっても非常に動作主性が高い場合と低い場合がある。特定の個人の有情者で、意志や感情といった人格性を持ち合わせた有情者がもっとも動作主性が高いと考える。これに対し、動作主が特定の個人ではなく、組織や団体であったり、不特定多数の一般の人々である場合は、動作主性は低くなる。すなわち、行為者の「有情者らしさ」も、構造の特徴づけに関与していると考える。

また、こうした行為者が、文の構造にとって必須の成分か否かということも、重要である。対象が非情物で行為者が有情者の場合、行為者の存在は不問に付されていることの方が圧倒的に多い。これに対し、有情者が主語に立つ場合は、動作主も明示されるか文脈から明らかであることが多い(志波2006)。よって、このような行為者の必須性も構造の特徴になっていると考えられる。

3.2.3 動詞の語彙的な意味

3.1タイプの取り出し方の説明では、AI心理・生理的状態型とII位置関係

型の構造的特徴を考察した。このとき、受身構文タイプの表わす意味にとって重要な要因となるのが、動詞の語彙的な意味（カテゴリカルな意味）である。すなわち、AI 心理・生理的状態型は心理・生理的状態動詞で構成され、II 位置関係型は包囲動詞で構成されるということが、このタイプの表わす意味を決定付けている。

3.2.4 文中成分の語彙的な意味と関係的な意味

受身構文中には、主語と行為者以外にも、その構造を特徴づけている様々な成分がある。こうした様々な成分の語彙的な意味と関係的な意味（いわゆる意味役割）も、文の構造にとって重要な要素である。例えば、「発話動詞」による次のような受身構文は、ヲ格、ト格、ニツイテなどで表わされる抽象名詞句、ないしトで導かれる引用節が「発言内容」を表わし、これが構造にとって義務的な要素である。

(18) わたしは、妻に ｛子供のことを／子供が欲しいと｝ 言われた。

しかし、動作の様態を表わす副詞句を伴うと、発言内容がなくとも意味的に完結することがある。

(19) わたしは、母親にガミガミ言われてばかりだ。

このように、ある場合には副詞句も、構造の特徴的な要素となる。

3.2.5 能動文との対立の仕方

受身構文がどのように能動文と対立するのか、ということも、構造にとって重要な要素である。3.1 でも述べたが、AI 心理・生理的状態型は、「生活に追われる」、「彼女の態度に気圧される」など、対応する能動文を持たない受身文も少なくない。これは、このタイプの構造にとって重要な特徴である。また、鈴木 (1972) が提唱した〈相手の受身〉〈持ち主の受身〉〈第三者の受身〉などの分類は、当該事態に関わるいずれの参与者が主語に立つのか、という分類であるが、対応する能動文との関係で見れば、〈相手の受身〉は能動文の相手ニ格が主語に立ち、〈持ち主の受身〉では対象の所有者が主語に立ち、〈第三者の

受身〉は対応する能動文を持たない。このように、受身構文が能動文とどのように対立するか、という観点も要素として看過できない。

3.2.6 行為者の標示形式

受身構文研究では、行為者の標示形式と受身構文の意味・機能との関係が議論されることがある。特に、Kuroda (1979) は、受影の意味が表れる受身構文をニ受身文、受影の意味のない受身構文をニヨッテ受身文として、行為者の標示形式を意味の違いの重要な特徴と見なしている[29]。

(20) 町が日本軍に破壊された。
(21) 町が日本軍によって破壊された。

しかし、受影の意味の表れを動作主の標示形式に第一義的に求めるのは難しいだろう。(14) と (15) の対立に比べて、(20) と (21) の対立で意味の違いを読み取るのは困難である。有情有情受身構文の行為者標示が基本的にはニ格であり、非情一項受身構文で行為者を表示する場合はニヨッテが用いられやすいことは確かだろうが、この標示形式の違いは、両タイプの意味の違いを決定づけるものではない。さらに言えば、受影の意味を帯びるか否かは、構造を構成する様々な要素の相互作用による。よって、行為者の標示形式のみが例外的でも、他の要素が有情主語有情行為者受身構文の特徴を持っているのであれば、その受身構文は受影の意味をそれほど失っていないはずである。

動作主の標示形式には、この他、カラ格、「現象IN-デ」、「AN-ノ 身体部位-デ」などがある。

(22) わたしは、事件のことを母親から知らされた。
(23) 庭の木が雪で覆われている。
(24) その仏像は、彼の手で境内に運ばれた。

また、動作性名詞が主語に立つ場合は、その動作性名詞の規定語としてノ格ないし-ニヨルで表わされることもある。

(25) 日本軍による破壊が続けられた。

こうした行為者の標示形式は、受身構文のタイプによって使い分けられてい

るのであるが、本研究ではその点に踏み込んだ分析を徹底させることができなかった。受身構文タイプと行為者標示形式のより詳しい議論は、今後の課題としたい。

3.2.7 テンス・アスペクト

すべての受身構文タイプにとって、テンス・アスペクトの特徴が重要なわけではないが、ある種の受身構文タイプでは、テンス・アスペクト的に特徴的なものがある。例えば、3.1で見たII位置関係型は、先行する変化が存在せず、時間軸上に起きた出来事としては位置づけられない、超時的な事態を表わしている。

(26) この国は海に囲まれている。〈II位置関係型〉

このように、文のテンス・アスペクトもまた、ある種の受身構文タイプを特徴づける、構造にとっての要素になると考える。

3.2.8 主題性

受身構文の主語は、それに焦点を当てたいという積極的な理由で主語に立っている場合と、動作主を背景化するために主語から降ろした結果、「一般に、ガ格を含まない表現が許されない（例えば「*事故の原因を発表された」）ので、付随的にガ格以外の名詞句のガ格への昇格が起こる」(益岡 1987:183) 場合がある。

(27) このビルは、ランドマークと呼ばれている。
(28) その日は、広場で式典が行われ、平和の鐘が鳴らされた。

(27)のような受身構文タイプは、通常、主語が「ハ」で主題化されて表れる。一方、(28)のような受身構文の主語は主題化されないのが普通（デフォルト）である。

また、受身構文ではほとんどの場合、対象（被動者、受影者）が主題化されるのだが、ある種の受身構文タイプでは、行為者であるニ格名詞句が主題化されることがある。

(29) イチゴには、ビタミンCが豊富に含まれる。
(30) 自由・平等といった標語には、近代国家のイデオロギーが凝縮されている。

こうした受身構文に現れるニ格名詞句は基本的に非情物で、意志的な行為者とは大きく異なる。意志的な有情者が行為者である通常の受身構文では、ニ格名詞句が主語に語順上先行し、主題化されるようなことはほとんどない。こうした、ニ格名詞句が主題化されるという構造的特徴は、この種の受身構文が存在文に近いタイプであることを表わしているのだろう。

このように、名詞句の主題性も、ある種の受身構文の構造（体系）にとって要素となる。

3.3 受身節の外部構造

ここで外部構造と呼ぶものは、1つの節単位を超えたところにある構造的特徴である。外部構造には、当然様々なレベルがあり、一文内におさまるレベルから、前後二文の連文構造、さらには、いくつもの文が連なった文脈[30]もまた、外部構造である。だが、ここでは、まずは一文内におさまるような構造的特徴を受身節の外部構造として考えていく。

例えば、有情主語有情行為者受身構文は、話し手の視点の置かれた有情者（実際には多くの場合話し手自身）の主観的な感情を表わす外部構造に、要素としてなじみやすい。主観的な感情を表わす外部構造とは、例えば次のようなものである。

(31) 「V-たくない」：年下に見られたくない
(32) 「V-のは嫌だ」：たたかれるのは嫌だ
(33) 「V-ても困る」：そんなこと言われても困る
(34) 「V-たら大変だ」：あの仕事を頼まれたら大変だ

これに対し、非情主語の受身構文がこうした外部構造の要素となることはまれである。

また、「要求的態度動詞」が要素となる次のような受身構文は、「V-ラレテ

意志 V-スル」という外部構造で用いられることが多い。

(35) わたしは、先生に頼まれて、コピーをとった。

また、先に見たII位置関係型や、「恵まれた環境」のような形容詞相当の受身、「-ト 呼ばれる」のような受身構文は、主語相当の名詞句が被修飾語になった連体節の外部構造で用いられることが多い。

(36) 限られた時間で何ができるか考えよう。
(37) 駅前に、ランドマークと呼ばれるビルがあります。

以上、外部構造としてここで見てきた構造的特徴は、当該の受身構文タイプを直接的に構成する要素ではないが、その構造を特徴付ける間接的な要素と見なすことができると考える。

3.4 構文タイプのレベル

構文タイプには、いくつかのレベルが存在する。例えば、奥田 (1968-72) に代表される一連の連語論では、従属的な関係を持つ「単語＋単語」の組み合わせにおける構文タイプが扱われている。従属的な関係とは、「主語＋述語」という陳述的な関係と「りんごとみかん」のような並列的な関係を除いた、2単語（以上）の組み合わせのことである。連語論が扱う、従属的な関係を持つ単語の組み合わせにおける構文タイプを「第1レベルの構文タイプ」と呼ぶことにする。

これに対し、本研究は受身構文の研究なので、「主語＋述語」という組み合わせを扱わないわけにはいかない。すなわち、本研究は「主語＋述語」という陳述的な関係を持つ単語の組み合わせにおける構文タイプを扱うことになる。この「主語＋述語」という陳述的な関係とは、本来、モダリティ及びテンス・アスペクトと切り離されたところには存在しない関係である（奥田 1983:6）。しかし、本研究では「ガ格名詞句＋ラレル動詞句」という組み合わせを、いったんはテンス・アスペクト及びムードと切り離して、構文タイプを考えようと思う。これは、「ガ格名詞句＋動詞句」という組み合わせが、連語論が扱う従属的な関係同様、単語の結合価によって指定されるものと考えるからである。

例えば、「あげる」という動詞は、(これだけではないだろうが) 次のような結合価を持っていると考えられる。この図式は、「あげる」という動詞が「付着行為」を表わす場合は〈人名詞-ガ モノ名詞$_1$-ニ モノ名詞$_2$-ヲ アゲル〉(花子が棚に本をあげる) という3つの名詞句と組み合わさり、「授与行為」を表わす場合は〈人名詞$_1$-ガ 人名詞$_2$-ニ モノ名詞-ヲ アゲル〉(花子が太郎に本をあげる) という3つの名詞句と組み合わさることを意味している。ここには、それぞれの名詞句がどのような名詞グループで、動詞とどういった意味的関係を持っているか (動作主、対象など) という情報も含まれる。

(38) 「あげる」の結合価

① 付着行為 〈人名詞-ガ[動作主] モノ名詞$_1$-ニ[付着対象] モノ名詞$_2$-ヲ[対象] アゲル[付着行為]〉

② 授与行為 〈人名詞$_1$-ガ[動作主] 人名詞$_2$-ニ[相手=対象] モノ名詞-ヲ[対象] アゲル[授与行為]〉

このように、単語の結合価は、他のいかなる単語と組み合わさるかということをすべて指定しているものの、動詞のテンス・アスペクトやムードまでは指定しない。この、結合価によって指定される要素のみを含む構文タイプを「第2レベルの構文タイプ」と呼ぶことにする。「第2レベルの構文タイプ」は、ガ格を要素として含むという点で、「第1レベルの構文タイプ」と異なる。先に3.1の (6) で見たAI心理・生理的状態型は、この「第2レベルの構文タイプ」であると考えられる。

一方で、受身構文の中には、テンス・アスペクトにも特徴があり、これが要素として構造を特徴づけているものがある。3.1の (13) で見たII位置関係型は、アスペクトが「特性」を表わすという特徴を持っていた。また、次のような非人称受身 (主語のない受身構文) は、動作主が不特定一般の人々であることと連動して、アスペクトが反復を表わすという特徴を持っている。

(39) 糖尿病は生活習慣病の一つだと{される／言われる／考えられている}。

テンス・アスペクトを要素に含むレベルは、より「文」の構造レベルに近いものである。3.2.8で見た「主題性」もまた、このレベルの要素である。このように、テンス・アスペクトや主題性を要素として含む意味・構造的タイプを

「第3レベルの構文タイプ」と呼ぶ[31]。

「第2レベルの構文タイプ」と「第3レベルの構文タイプ」の大きな違いは、その構文タイプの表わす意味にも見られる。「第2レベルの構文タイプ」では、その構造が持つ意味は、要素となっている動詞の語彙的な意味が多くを負っている。有情主語有情行為者受身構文と非情主語一項受身構文からそれぞれ1例ずつ挙げてみよう。

(40) 和夫は良子にだまされた。〈AA 評価動作的態度型〉

(41) 封筒に切手が貼られた。〈I 位置変化型〉

(40) のAA評価動作的態度型は、有情者に対する評価的な態度を動作で表すことを示す動詞で構成され、構文は、主語に立つ有情者が動作主である有情者から評価的態度を含む動作を受けることを表わしている。(41) のI位置変化型は、位置変化動詞で構成され、構文は、動作主を背景化し、対象もしくは出来事そのものに焦点を当てて位置変化事態を述べる機能を果たしている。

これに対し、「第3レベルの構文タイプ」では、動詞の語彙的な意味が希薄な場合が多く、逆に構文自体が特別な意味を持っている。「第3レベルの構文タイプ」の例として非情主語の受身構文の例を2例挙げる。

(42) 近年、日本では格差が拡大したと {言われる／される}。〈I 社会的言語活動型〉

(43) 多くの国に共通の現象が見られる。〈I 存在確認型〉

非情主語の受身構文として挙げた (42) のI社会的言語活動型と (43) のI存在確認型は、動作主に具体性がなく、個人の動作主を想定することができない。動詞も、I社会的言語活動型では、すべての発話動詞が要素となるわけではなく、「言われる、される」にほぼ限られており、慣用的である。I存在確認型の要素となるのもほとんど「見られる」で、このほかには「確認される、認められる、識別される」などわずかな動詞が見つかるのみである。こうした動詞が表わす動作は、言語活動や知覚認識といった具体的意味をほとんど失っている。また、テンス・アスペクト的には、I社会的言語活動型はある社会的範囲における不特定多数の人々の反復・習慣的な事態を表わしており、ラレル

vs. ラレテイルの対立が中和している。I 存在確認型では、テンス対立は持つものの「見られる」という現在形で述べられるのが通常で、ニ格に存在場所が現れることから、存在文のテンス・アスペクトに近いと考えられる。

このように、「第3レベルの構文タイプ」は、動作主やテンス・アスペクトの特徴、要素となる動詞の生産性の低さゆえの慣用性など、「第2レベルの構文タイプ」とは異なる構造的特徴を多く持っている。さらに、意味的には、構造全体の表わす意味が抽象化されて強固になっており、要素となっている動詞の語彙的な意味はほとんど具体性を失って、漂白化している場合もある。

以上、本研究で対象とする受身構文の構文タイプには2つのレベル（第2レベルと第3レベル）があることを述べた。このレベルの違いを確認しながら、記述を進めたいと思う。

3.5 構文（構造）の提示の仕方について

以下では、どのように構造を提示するかについて、具体的に説明する。

まず、構文タイプの名称を1行目に表記する。次に、2行目には、当該のタイプにとってもっとも基本的と考えられる構造をaとして提示する。以下、b、cというように下位構造を提示する。AN は有情名詞（Animate Noun）、IN は非情名詞 (Inanimate Noun)、V は動詞、Adj は形容詞／形容動詞を表わす。「具体 IN」とは、具体名詞でかつ非情名詞であることを表わす。そして、各成分の動詞に対する関係的な意味（意味役割）と受身動詞の表わす意味を、各成分の上部（小字）に表示する。また、各成分の文内での機能を、それぞれの後部に下付けで、SUB＝主語、COM＝補語、MOD＝修飾語として添える。その上で、全体を□で囲む。

3行目には、典型的な例文を1例あげ、必要があれば【　】に行為者の特徴、●に能動文との対立の特徴や外部構造の特徴を記す。

そして4行目以下、当該の構造の要素となる動詞の例を挙げる。

以上述べたことを、図式化すると、次のようになる。

(44) AA 思考型

a :
所有者=受影者	動作主	対象=自分の情報	知的認識を受ける思考
A N － ガ SUB	AN-ニ COM	抽象N／節-ヲ COM	思考V －ラレル

「わたしは親に将来のことを心配された」【個別有情行為者】

b :
AN-ガ	AN-ニ	思考V-ラレル

「わたしは指導教官に心配された」

思考動詞:知られる、思い知らされる、心配される、分析される;理解される、誤解される、さとられる、みぬかれる、みやぶられる、みすかされる、気づかれる;調べられる、取り調べられる、探される、探られる、調査される、診察される、検査される、研究される、etc.

なお、実例の文には、ラレル述語に直線下線、主語に枠囲い、動作主に網掛け、当該タイプで注意すべき補語・補部ないし成分に波下線を施す。例文内の／は段落が変わっていることを表わす。例文末尾に出典のないものは著者の作例である。また、例文・引用文内の［ ］は、志波の注であることを示す。さらに、用例が少ないため、他のテクストから補充した例については＋をつけているが、これらの用例は統計の対象にはしていない。実例の例文は、特に断りがない限り、要素となる動詞を挙げた順に例を挙げている。

3.6 構文タイプをどこまで取り出すか

さて、以上述べてきたような方法で構文タイプを取り出していくのだが、こうした構文タイプをどこまで取り出すか、という問題を議論しておかなければならない。ここには、それほど明快な答えが用意されているわけではない。Goldberg（1995）では、1つの構文の存在は次のように定義されている。

(45) Cが形式と意味のペア〈F_i、S_i〉であるときに、F_iのある側面あるいはS_iのある側面が、Cの構成部分から、または既存の確立した構文から厳密には予測できない場合、かつその場合に限り、Cは一つの「構文」である。(河上他2001:5)

この定義は非常にもっともな定義であるが、「厳密には予測できない」ということが具体的にはどの程度の予測不可能性なのか、明らかではない。

本研究では、受身構文の「文」としての内部構造をできる限り記述できるように、また、いろいろな文タイプを体系に位置づけられるように、様々な構造的特徴を受身構文構造の要素と見なした。このうち、受身構文の内部構造の要素と見なすべきかで問題になるのが、文のアスペクトである。文のアスペクトは、動作主の性質にかなりの程度連動している。すなわち、動作主が不特定多数の一般の人々になれば、文のアスペクトも個別具体性を失い、非アクチュアルなアスペクトになる。こうして、本研究で立てた受身構文タイプであるⅠ習慣的社会活動型は、動作主が不特定一般の人々であり、かつ反復・習慣の非アクチュアルなアスペクトであることを特徴として取り出されている。

しかしながら、Ⅰ習慣的社会活動型はすべての動詞についてタイプが存在するわけではなく、心理動詞を中心とした一部の動詞に限られている。これは、そうした心理動詞においては、個人の動作主の個別具体的な事態としてよりも、不特定一般の人々の反復的な事態として述べられることの方が多いという事実による。これに対し、動作動詞の場合は、たとえ反復のアスペクトで述べられたとしても、それは当該の受身構文タイプの単なるアスペクト的な対立と見なされ、受身構文のタイプとしては取り出されていない。

また、本研究では、「存在様態」のアスペクト[32]で述べられた受身構文をタイプとして取り出している。一方で、単に「結果状態」を表わす受身構文については、受身構文のタイプとしては取り出していない。これは、両者の頻度の違いによる。

本研究で、受身構文タイプを1つの構文タイプとして取り出す際の基準にしたのは、当該の受身構文タイプとしての用例の頻度(トークン頻度)と、当該の受身構文タイプの生産性[33](タイプ頻度)、及び、能動文との対立の不自然さである。用例の頻度が高いということは、その受身構文が構文タイプとして定着していることを表わしている。また、構造の要素となる動詞の種類が多く、タイプの生産性が高ければ、これも構造として一般化され、定着していること

を表わしている。一方、能動文との対立の仕方については、能動文で述べると不自然である、ないし能動文で述べることができないような受身構文は、受身構文として、非常に特徴的な意味・構造的タイプであることを表わしているだろう。すなわち、能動文としては当該動詞による文は構造的なタイプとして存在しないのに対し、受身構文としてはタイプとして存在しているということである。例えば、本研究で取り出したAI不可避型などは、すべてのテクストにおいて、それほど頻度の高いタイプではなく、また動詞の生産性も高くはない。AI不可避型とは、次のような受身構文である。

(46) 彼は、対応を迫られている。

このタイプに用いられる受身動詞は、「余儀なくされる、求められる、強いられる」などがあるが、動作主が想定不可能な受身構文であり、能動文で述べることができない。こうしたタイプは、受身構文として特徴的であるので、頻度と生産性が低くても、タイプとして取り出す意味があると考えた。

しかしながら、本研究で立てたすべての受身構文タイプが、受身構文の構文タイプとして存在するものかどうかは、未だ見当の余地があるだろう。また、受身構文タイプとして取り出されるべきタイプが取り出されていない可能性もある。今後、能動文の体系との関連も含めて、より緻密に調査していかなければならない課題である。

4　受身構文の分類

本節では、本研究の受身構文の分類について、その方法と中身について簡単に述べていく。

本研究では、まず主語と行為者の有情・非情の別によって、受身構文を大きく4つのタイプに分類した。これを4大分類と呼ぶ。そして、この4大分類を軸に、動詞のカテゴリカルな意味とその構造的特徴によって、いくつものサブタイプを立てた。このサブタイプを、動詞の大分類とテンス・アスペクトの違いによって、17タイプの中分類にまとめ上げた。以下では、主に、4大分類と

17中分類について、その中身を紹介していく。

4.1 受身構文の4大分類―主語と行為者の有情・非情の別による―

本研究では、受身構文を、その主語と行為者の有情・非情の別によって、大きく4つのタイプに分類した。これは、本研究では主語及び行為者の有情・非情の別を、受身構文の意味・機能を左右するもっとも重要な構造的特徴と見なすからである。これらを、**4大分類**と呼ぶことにする。

有情主語有情行為者受身構文	AN-ガ AN-ニ V-ラレル	(AA)
有情主語非情行為者受身構文	AN-ガ IN-ニ V-ラレル	(AI)
非情主語一項受身構文	IN-ガ V-ラレル	(I)
非情主語非情行為者受身構文	IN-ガ IN-ニ V-ラレル	(II)

受身構文の主語と行為者を有情・非情の別で十字分類した表にあてはめると、次のようになる。

表1：受身構文の主語と行為者による分類（4大分類）

主語 ＼ 行為者	有情者	非情物
有情者	有情主語有情行為者	有情主語非情行為者
非情物	非情主語一項	非情主語非情行為者

非情主語一項受身構文は、非情主語有情行為者の受身構文に相当しているのだが、有情行為者が文中に現れることがきわめて少ないので、これを非情主語一項受身構文とした。

以下、これらの受身構文を便宜的に、有情有情受身構文（AA）、有情非情受身構文（AI）、非情一項受身構文（I）、非情非情受身構文（II）と呼ぶことがある。カッコ内は略式記号を表わす。

なお、有情有情受身構文と非情一項受身構文は、それぞれ、松下（1930）の利害の被動と単純の被動、Kuroda（1979）のニ受身文とニヨッテ受身文、益岡（1982）の受影受動文と降格受動文に、その外延がおおよそ重なるだろう。

さて、これらの4つの大きな受身構文タイプのうち、非情行為者の受身構文は、動詞グループがかなり限定されている。つまり、生産性が低く、そのため、有情行為者の受身構文に比べると、頻度も非常に低い。まず、**有情主語非情行為者受身構文**に現れる動詞グループは、主に状態を表わす動詞で、「私たちは人員の不足に悩まされている」などが代表的な例である（AI 状態型）。一方、**非情主語非情行為者受身構文**には、主に自然現象の動きを表わすタイプ（「樹々が風に吹かれている」）と論理的な関係を表わすタイプ（「イチゴにはビタミンCが含まれる」）がある。前者をⅡ現象受身型（Ⅱ現象）、後者をⅡ関係型（Ⅱ関係）と呼ぶ。

これに対し、有情行為者の受身構文である**有情主語有情行為者受身構文**と**非情主語一項受身構文**は、さまざまな意味を表わすサブタイプが存在する。両者は生産性も高く、頻度も高い。よって、有情有情受身構文は、有情主語受身構文の代表的なタイプと考えられ、また、非情一項受身構文は、非情主語受身構文の代表的なタイプと見なすことができるだろう。

4.2 受身構文の17中分類

以下、有情有情受身構文と非情一項受身構文の下位分類について説明する。まず、有情有情受身構文であるが、本研究ではこれを鈴木 (1972) の分類に基づいて、① AA 直接対象型、② AA 相手の受身型、③ AA 持ち主型、④ AA はた迷惑型[34]（第三者の受身）に分類した。それぞれ、①動作の直接対象が主語に立つ受身、②動作の相手（対応する能動文の二格名詞句）が主語に立つ受身、③動作対象の持ち主が主語に立つ受身、④当該の動作とは直接関係のない第三者が主語に立つ受身を表わす。

$$
\text{有情有情受身構文} \begin{cases} \text{AA 直接対象型} \\ \text{AA 相手の受身型} \\ \text{AA 持ち主型} \\ \text{AA はた迷惑型} \end{cases}
$$

非情一項受身構文については、すべて直接対象が主語に立つ受身であるので、

動作主及びそれに連動したテンス・アスペクト的な特徴によって分類した。個別の有情行為者が動作主で、個別具体的なアスペクトで述べられるのを基本とする受身構文を「I事態実現型」とした。動作主が不特定多数の一般の人々で、反復・習慣のアスペクトで述べられる受身構文を「I習慣的社会活動型」とした。また、存在文の構造を持ち、同じく動作主が一般の人々であるか、もしくは動作主を想定することができない受身構文で、反復・習慣ないし存在様態（結果状態）のアスペクトで述べられる受身構文を「I存在型」とした。さらに、動作主を想定することができず、時間を越えた特性を表わすアスペクトで述べられる受身構文を「I超時的事態型」とした。

$$\text{非情一項受身構文}\begin{cases} \text{I事態実現型} \\ \text{I習慣的社会活動型} \\ \text{I存在型} \\ \text{I超時的事態型} \end{cases}$$

さらに、AA直接対象型の受身とI事態実現型については、動詞の意味グループによって下位分類を立てた。本研究では、他動詞を大きく物理的動作と心理的作用を表わす動詞に分ける。そして、物理的動作はさらに①変化動作か②無変化動作かで分かれ、心理的作用は③認識活動か、④態度的活動かで分かれる。この４つの動詞グループと受身構文タイプの対応を表に表わすと、次のようになる。

表２：他動詞の意味グループと対応する受身構文タイプ

他動詞グループ		受身構文タイプ AA直接対象型	I事態実現型
物理的動作	変化動作	AA変化型	I変化型
	無変化動作	AA動作型	I無変化型
心理的作用	認識活動	AA認識型	I認識型
	態度的活動	AA態度型	I態度型

以上、有情有情受身構文と非情一項受身構文のサブタイプを図にまとめると、

4 受身構文の分類　47

$$
\begin{array}{l}
有情有情受身構文 \left\{\begin{array}{l} AA 変化型 \\ AA 動作型 \\ AA 認識型 \\ AA 態度型 \\ AA 相手の受身型 \\ AA 持ち主型 \\ AA はた迷惑型 \end{array}\right. \left.\begin{array}{l} \\ \\ \\ \end{array}\right\} AA 直接対象型 \\
有情非情受身構文　AI 状態型 \\
非情一項受身構文 \left\{\begin{array}{l} I 変化型 \\ I 無変化型 \\ I 認識型 \\ I 態度型 \\ I 存在型 \\ I 習慣的社会活動型 \\ I 超時的事態型 \end{array}\right. \left.\begin{array}{l} \\ \\ \\ \end{array}\right\} I 事態実現型 \\
非情非情受身構文 \left\{\begin{array}{l} II 現象受身型 \\ II 関係型 \end{array}\right.
\end{array}
$$

図1：受身構文の 17 中分類

次のようになる。これら 14 タイプと、先の有情非情受身構文と非情非情受身構文の 2 つのサブタイプをあわせて **17 中分類**と呼ぶことにする。

　以上のように、有情有情受身構文と非情非情受身構文では、その下位分類が異なる観点でなされた。しかしながら、この下位分類の非対称性は、日本語における受身構文の特徴の表れであると考える。すなわち、有情主語の受身構文では直接対象に限らず、当該事態に関わるあらゆる有情者を主語に立てる受身構文を発達させているのに対し、非情主語の受身構文は、動作主を背景化するという機能により、様々な形で動作主を背景化させる受身構文を発達させているのである。非情一項受身構文は、すべてのタイプが対応する能動文の直接対象が主語に立つ受身構文である。非情一項受身構文では、主語ではなく、その

動作主とこれに連動したテンス・アスペクトが特徴的である。動作主を背景化するという機能により、様々な形で動作主を背景化させる受身構文を発達させてきたのだと考えられる。

なお、構文タイプのレベル別に見ると、有情有情受身構文のタイプはすべて「第2レベルの構文タイプ」であると考えられる。一方、非情一項受身構文では、Ⅰ事態実現型のみが「第2レベルの構文タイプ」であり、これ以外のⅠ存在型、Ⅰ習慣的社会活動型、Ⅰ超時的事態型はすべて「第3レベルの構文タイプ」である。

次章からは、受身構文の細かいサブタイプについて、その意味と構造的特徴を示し、実際の用例を考察していく。

注
1）ただし、筆者の技量では、奥田の理論を正確に、明確に、簡潔に紹介することは到底不可能である。筆者の記述を契機として、ぜひ奥田自身の著書を参照していただきたい。
2）「よせあつめ的な体系」とも呼んでいる。
3）奥田は、ガ格（主語）及びト格に代表される並列の組み合わせを除いた「単語＋単語」の組み合わせを連語と呼んで、これを言語の構造的な単位と考えているのだが、その連語の構造について、次のように述べている。「連語もそれ自身の内容と形式とをそなえている言語の単位である。このばあい、形式的な側面は、連語の内的な構造、つまり連語を成立させる単語のあいだの構造的なむすびつきである。この構造的なむすびつきはタイプとして存在しながら、体系をなしている」（奥田 1976:13）。そして、このように「内容と形式をそなえた言語の単位」である連語は、単語と同じような「名づけ的な単位」であるとも述べている。こうした奥田の主張は、単語と単語の組み合わせには（一般化された）構造＝形式があり、その構造は意味＝内容を持っていて、レキシコンに登録されている、と言い換えられるだろう。
4）奥田（1980-81）では、「言語も体系であることはうたがいない。音声の側面や意味の側面、語彙の領域や文法の領域など、言語のどの側面どの領域をとりあげても、《想像にむすびつく要素の集合》をなしている」（p.190）としている。
5）「構造とは体系の内的な組織性であり、秩序性である」（奥田 1980-81:216）
6）ページ数（201）は奥田（1996）による。以下についても同様である。
7）奥田（1976）では、連語の構造について次のように述べている。「構成要素の語

彙的な内容こそ、構造的なむすびつきの物質的なにない手であって、それなしでは構造的なむすびつきはありえない」(p.7) とし、「もしも、構造的なむすびつきから、それをつくりだす構成要素のカテゴリカルな意味、構文論的な特性をとりのぞいて、これをじゅんすいな関係としてみるなら、《与格の名詞＋対格の名詞＋動詞》というような公式をうけとるだろう」とし、そうすると、例えば「神田君に部屋をかりる」という構造と「神田に部屋をかりる」という構造の意味の違いが明らかにならないとしている。よって、構造の内容＝意味が明確になるためには、カテゴリカルな意味が必要であるとし、「このことは、構成要素の語彙的な意味が、そのカテゴリカルな意味で、構造的なむすびつきのなかに直接に参加していることを意味する。連語のなかの構造的なむすびつきも物質的である」と述べている (p.12)。

8) ただし、これら2つの文の有情主語は、前者が不特定の人として述べられているのに対し、後者は特定の個人である。よって、主語となっている要素の特性も、最終的な文の意味に影響している。

9) Chomsky, Noam. 1981. *Lectures on Government and Binding.* Dordrecht: Foris. Chomsky, Noam. 1992. *A Minimalist Program for Linguistic Theory.* MIT Occasional Papers in Linguistics 1. Cambridge, Mass.: Dept. of Linguistics and Philosophy. MIT

10) このほか、構造と要素については、次のように述べている。奥田 (1976) の中では、「構造的なむすびつきは、つねに構成要素の構文論的な特性によってつくりだされているとすれば、構成要素にたいして受動的である。しかし、ひとたびできあがった構造的なむすびつきが、ぎゃくに構成要素である単語の語彙的な内容にはたらきかけて、それの変更、修正、あるいは追加をもとめるとすれば、この構造的なむすびつきは、構成要素にたいして積極的でもあって、相対的な意味における独立性を主張する」(p.8) として、単語が多義性を獲得するメカニズムを説明しようとしている。

11) 工藤浩氏のHPに簡単な図式がある。http://www.ab.cyberhome.ne.jp/~kudohiro/notes01.html#02（2014年9月12日現在）

　　本著の議論は工藤氏の一連の議論に依るところが大きい。ただし、奥田の理論に関する誤解等はすべて筆者である志波の責任である。

12) 特に、抽象的な意味の構文については、ほとんど考慮されていない。

13) 非過去形は現在を表す。

14) この「自足動作」という名称は、便宜的に志波が名付けたもので、一般的ではない。

15) このニ格は、基本的には抽象名詞であろう。具体名詞であっても、そのモノとしての側面ではなく、属性が問題になっていると思われる。

16) 有情名詞が主語に立つ場合は、 V シテ V-サセル のように、原因となる動作

17) この構造の要素となる動詞に形容詞起源のものが多いのは、動詞が「状態あるいは特徴における変化をしめす」からである（奥田 1968-72:64）。
18) 多くは財産を表わす名詞。
19) 奥田（1968-72）は、この構造におけるヲ格名詞句は、認識や言語活動と同じ程度に対象的であるとは言えないと述べている。「つまり、ここでは、を格の名刺でしめされるものは、認識や伝達の対象というよりも、むしろ質量的な内容なのである」(1983:131)。
20) こうした名詞は「〜について」や「〜のことを」に言い換えられない。
21) 他動性が高いとは、人間の動作主が意志を持って、他（主語と異なる実体）へ個別・具体的に働きかけ、変化を引き起こす場合と考える。
22) 接触の動作は、対象に有情者を取りうるとしても、人の物理的な部分に働きかけるものと考え、「モノに対する働きかけ」としている。
23) ここで言う「迷惑の意味」とは、三上（1953）が提唱しているような、意味と構造が連動した意味での「はた迷惑の意味」ではなく、柴谷（1997a）などが議論している意味での「迷惑の意味」である。すなわち、動詞の語彙的な意味に何ら被害性や攻撃性といった意味がないにもかかわらず、受身構文になることで強い「迷惑」の意味を帯びるような場合の、「迷惑の意味」のことである。
24) この構造的特徴に連動して、有情主語の受身構文はいわゆる受影（被影響）の意味を帯びるとされてきた。
25) 受身構文の詳しい学史については、川村（2012）を参照されたい。
26) 構造の提示の仕方については、P.40 で詳しく説明する。
27)「特性」とは奥田靖雄のアスペクト論の用語で、先行する変化が含意されない、実体が恒常的に持つ性質を表わすアスペクトである。この「特性」のアスペクト的意味は、工藤（1995）で「単なる状態」と命名されたため、一般には「単なる状態」という用語が認識されている。しかし、奥田にとって「（ただの）状態」とは、「ふるえる、しびれる、いたむ、うずく」のような人間の生理的な現象をとらえる動詞、または「いらだつ、あきれる、おどろく、こまる」といった心理的な現象をとらえる動詞が表わすような時間的カテゴリーである（奥田 1994:38）。これらを「状態動詞」とも呼んでいる。こうした動詞が表わすアスペクトが「ただの状態」であり、実体に恒常的にそなわった性質とは区別される。
28) 例えば、「入国できるのは白人に限られていた」という文における主語は「人」であるが、この文における人はかなり一般化されており、個々人の意志や感情といった人格性は考慮されていない。もっとも典型的な有情者は、意志や感情を持った人、さらに言えば「わたし」であるが、上の受身構文にはこうした特定の個人が主語に立つことはない。よって、この種の受身構文は非情主語の受身文として分類してい

る。
29) これは、井上（1976）の動作主の標示形式と意味の表れに関する議論に影響されたものであるが、議論の内容は、松下（1930）の発想に非常に似ている。
30) 受身構文を取り巻く文脈にも一定のパターンがあり、これが外部構造となって、要素としての受身構文に対し、その構造にふさわしい要素（意味・機能）たるべく働きかける。つまり、ある受身構文のタイプとその外部構造は相互に影響し合い、受身構文のタイプと外部構造の間には一定の関係が成立するものと考える（村上 1983：30）。
31) なお、ここで「第1レベルの構文タイプ」としたものは、南（1993）のA類の要素を含み、「第2レベルの構文タイプ」としたものはB類、「第3レベルの構文タイプ」としたものはC類の要素を含んでいると、大まかには言えそうである。
32)「存在様態」のアスペクトとは、「場所-ニ N-ガ V-テイル（机の上にりんごが転がっている）」という存在の構造を持つテイル文のアスペクト的意味である。一方、結果状態とは、「あ、ネクタイが汚れている」のように、変化の後の結果状態として述べられるアスペクトである。
33) 本研究では、「生産性」という用語を、当該の構文タイプに用いられる動詞の種類が多いほど、当該タイプの「生産性が高い」という使い方で用いている。
34) 本研究では、鈴木（1972）の「第三者の受身」の代わりに、三上（1953）の「はた迷惑の受身」という用語を用いる。

第2章　有情主語有情行為者受身構文

　本章では、受身構文の主語も行為者も有情者である受身構文を見ていく。本研究では、これを有情主語有情行為者受身構文（有情有情受身構文）と呼んでいる。この有情主語有情行為者受身構文は、古代日本語から日本語の受身構文体系の中に存在していたと考えられ、このタイプの受身構文こそが、日本語の本来の受身構文であると考える研究者も少なくない（山田 1908、松下 1930、金水 1991、1993、尾上 1998ab、1999 など）。

　有情有情受身構文については、志波（2005）ではこれを機能的な名づけから、〈被動者主役化受身文〉と呼んだ。有情有情受身構文の多くは、「主語に立つ有情者が与影者である動作主から何らかの動作ないし影響を身に受ける」という意味を表わす。この意味を「受影」と呼んでいる。また、有情有情受身構文は、話し手が動作主ではなく被動者（対象）に共感し、被動者の立場に立って、被動者の視点から事態を述べるために用いられる受身構文である。この「受影」の意味と被動者に共感を置くという機能は、密接に連関している。

　有情有情受身構文では、動作主の有情者は背景化されず、むしろ主語に立つ有情者に動作を及ぼした責任者として積極的に追及される存在であると考えられる（Tsuboi 2000）。こうした有情有情受身構文にとって、動作主は構造上義務的な要素になることが多い。動作主は、特にニ格で標示される場合、主語に立つ有情者と対峙する「与影者」である。有情有情受身構文は、主語に立つ有情者（対象）の「変化」よりも、この《被動者＝受影者 vs. 動作主＝与影者》という「関係」が捉えられている[1]と考えられる。ただし、有情有情受身構文の中にも、「関係」よりも「変化」が積極的に捉えられていると考えられるタイプがあり、こうしたタイプでは、動作主が構造上必須の要素ではなくなる。

なお、文を統合的な体系ととらえるなら、これを構成する要素の特性に常に意識的でなければならない。受身構文は、要素と構造との弁証法的な相互関係の結果「受影」の意味を帯びる。このとき、もっとも明確に受影の意味を読み取れるのは、主語に立つ有情者が特定の個人であり、主語に影響を与えた動作主が特定の有情者であり、これがニ格標示された場合である。逆にもっとも「受影」の意味が読み取りにくくなるのは、主語に立つ非情物が話し手とは関係のないモノ・コトであり、動作主が特定の個人を想定できず、背景化されている場合である。そして、この２つの受身構文の対立の間には、その要素の特性によって、さまざまな段階があると考えられる。だが、本研究の主眼は受身文の帯びる「受影」の意味の現れ方を追求するものではない。「受影」の意味は、典型的には主語と動作主がともに特定の有情者であるニ受身文に表れることを認めつつ、いったんはこの問題と距離を置いて、それぞれの受身構文タイプを記述する。

以下、有情有情受身構文について、そのサブタイプの構造的特徴及び他のタイプとの相互関係を詳細に記述していく。

1　ＡＡ直接対象型（ＡＡ直接）

ＡＡ直接対象型とは、主語に立つ有情者が、動作の直接対象として与影者である動作主から働きかけを受けることを表わす。ＡＡ直接対象型には、大きく４つのタイプがある。変化動詞が要素となるＡＡ変化型と、無変化動詞が要素となるＡＡ動作型、認識動詞が要素となるＡＡ認識型、態度動詞が要素となるＡＡ態度型である。

なお、ＡＡ変化型の要素である位置変化動詞とＡＡ動作型の要素である接触動詞は、本来、意志や感情といった人格を持った人に対する働きかけではなく、モノに対する物理的な働きかけを表わす動詞である。このため、主語に立つ有情者の身体部位が、この物理的な働きかけを受けるヲ格名詞句として受身構文の中に現れることがある（「顔を水に入れられる」「肩をたたかれる」など）。

しかし、身体部位がヲ格名詞句で表れるか否かで、大きな意味的な差異が認められないため、これらは同一のタイプのサブタイプとして位置づけた。

以下、それぞれのタイプについて、そのサブタイプを見ていく。

1.1 AA変化型（AA変化）

有情有情受身構文のAA変化型には、その構成要素となる動詞のカテゴリカルな意味によって、次の5つのサブタイプが存在する。

AA 位置変化型	「私は救急車で病院に運ばれた」
AA 随伴型	「私は父に学校へ連れて行かれた」
AA 生理的変化型	「和夫は実の兄に殺された」
AA 社会的変化型	「和夫は逮捕された」
AA 強制使役型	「私は和夫に遅くまで働かされた」

先に述べたように、有情有情受身構文は、主語に立つ有情者＝被動者＝受影者の「変化」よりも、《被動者＝受影者 vs. 動作主＝与影者》という関係が捉えられる受身構文である。一方で、AA変化型は、有情有情受身構文であるにも関わらず、「関係」よりも、むしろ主語に立つ有情者（被動者）の「変化」が捉えられているタイプである。

まず、AA位置変化型の要素となる位置変化動詞は、ほとんどが、本来非情物を対象にとる動詞で、AA位置変化型では、被動者である有情者がモノ的に扱われることが多い。つまり、AA位置変化型は、非情一項受身構文のI位置変化型に近いと考えられる。このことと関連してか、AA位置変化型では、他のタイプに比べ、動作主が問題にならない（背景化されている）例もしばしば見られる。

次に、AA社会的変化型は、有情者を社会的に変化させることを表わす動詞が要素となるため、動作主は、特定の個人ではなく社会的な組織であるのが普通である。このため、当該行為を行うのは当該の社会的組織であることが明らかであることが多く（「逮捕される」ならば「警察」が動作主であるなど）、この場合は、動作主が構造上必須の要素ではなくなる。このとき、《被動者＝受

影者 vs. 動作主＝与影者》という個人と個人の関係よりも、主語に立つ有情者の変化が捉えられていると考えられるのである。

また、AA 生理的変化型でも、特に殺傷行為を表わす動詞による受身構文（「殺される」や「傷つけられる」）では、当該の動作を行った動作主が不明である場合が少なくない。このとき、動作主である有情者は、不明であっても主語に立つ有情者に対峙する個人として想定されていると考えることもできる。しかしながら、無変化動詞である接触動詞による受身構文と比べると、変化の側面が捉えられるためか、動作主の意味的な必要性が低くなるように思われる（例えば、「（息子である）和夫がたたかれたよ」と聞くと「誰に？」と問いたくなるのに対し、「和夫が殺されたよ」と聞くと、むしろ「どうして、どこで？」と聞き返したくなる）。姿勢の変化を表わす動詞（「立たされる」「座らされる」等）も、関係よりも変化が捉えられていると考えられる。

一方、意味的には AA 位置変化型に似ている AA 随伴型では、主語に立つ有情者の位置の変化が捉えられると同時に、当該の位置変化に付き添う動作主＝与影者は構造上必須の要素で、両者の関係も捉えられていると考えられる。AA 変化型の中でも AA 随伴型は、少し異質なタイプである。

以下、AA 変化型の各サブタイプについて詳しく述べていく。

1.1.1　AA 位置変化型　「私は救急車で病院に運ばれた」

AA 位置変化型は、有情者の主語が他者からの働きかけられによって何らかの位置的な変化を被ることを表わす。構造の特徴として、ニ格／ヘ格／マデの着点を表わす場所名詞句、もしくはカラ格の起点を表わす場所名詞句、もしくはこれら両方を補語としてとる。しかしながら、用例では着点の場所名詞補語をとる場合がほとんどであった。動詞は、多くが非情主語の受身構文と両用の位置変化動詞が要素となる。

（1）　AA 位置変化型

対象＝受影者	起点	着点／方向	位置変化を受ける
A N - ガ SUB	（場所 N-カラ MOD）	場所 N-ニ／ヘ／マデ COM	位置変化 V-ラレル

「私は救急車で病院に運ばれた」

位置変化動詞：移される、入れられる、送られる、運ばれる、乗せられる、降ろされる、おさめられる、埋められる、止められる、残される、通される、出される；閉じ込められる、押し込められる、投げ込まれる、助け出される、追い出される、追い立てられる、引っ張り出される、放り投げられる、放り出される、掘り出される、つり出される、担ぎ込まれる、取り残される、収容される、監禁される、留置される、撃墜される、etc.

上に述べたように、有情主語の受身構文のみに現れる位置変化動詞はまれである。「-出される、-込められる」を後部要素とする複合動詞が多いが、この中で、「助ける、追う、連れる」など、有情者への働きかけを表わす動詞が前部要素となるものは、有情主語受身構文のみの要素となるだろう。

以下、まず、単純動詞の用例から見ていく（波下線は場所名詞）。（5）の「おろされる」は、より動作性が強調されて場所がデ格で現れているが、これもAA位置変化型と見なす。

（2）「［前略］ちょいと友軍の情況を偵察にきたので、営倉に入れられにまいったのではないんであります。ハハハ」（ビルマの竪琴）

（3）「二人はさ、シベリアへ送られる途中で、仲間と列車から飛びおりて脱走してきたんだ。山こえて中国へ出て、そうして仲間のうちの何人かが死んでさ、それでやっと逃げ還ってきたんだよ」（新橋烏森口）

（4）一般の弔問客は家に上ることを許されず、棺も見えない庭先に用意してある焼香台の前で合掌することになっていた。華岡直道は故人が贔屓にした医者だというので奥へ通されていたが、その妻まで招じ上げる者は誰もいなかったし、それはこの場合当然のことである。（華岡青洲.地）

（5）その日の夕方、アトリエで待っていると、迎えの自動車がやってきた。運転手にいわれるままのると、ホテルのまえでおろされた。（裸の王様.地）

次は、複合動詞の例である。ここでも、やはり動作主が問題にされていない例が多い。特に、「残される」「取り残される」という動詞は、動作主の意図性

を含まず、具体的な有情者が意志的に当該行為を引き起こしたというよりも、主語に立つ有情者を取り巻く状況から当該自体が起こるという意味を表わすことが多い。

（6）　改めて見廻すと部屋はすっかり様相を変え、周りが家具でうずまっていた。この堅固な城の中で自分は殻をかぶったように一生閉じ込められて過すのであろうか、見詰めながらぎんは自分がもはや抜き差しならない状態に追い込まれているのを知った。(花埋み.地)

（7）　ぼくのような人間の出生、生いたち、育ち、係累、家庭、といったものをのぞきこんでみると、こいつは、スサノオノミコトが投げこまれたという蛇だらけの穴みたいなもんだ。(聖少女)

（8）　三和土の上に取残された加恵は、俄かに自分ひとりが除けものにされた思いに、しばらく茫然として佇んでいた。信じられなかった。これが待っていた夫の帰った日の出来事なのである。加恵は雲平の妻である筈だったのに、雲平は母と弟妹に取巻かれて妻の前は素通りして父親のところへ行ってしまった[2]。(華岡青洲.地)

なお、「出される」「追われる（追放される）」など起点の場所名詞を補語とする動詞が受身形になることで、新たに起点のヲ格と結びつく場合がある。

（9）　「うちを出されると、もうその日から生活に困ってしまうだろう、昔の女は。だからそのままの足で、次の婚家先に行く女もあったって聞いてるよ」(胡桃の家)

（10）　「まったく覚えのねえぬれぎぬをきせられて、十年も勤めた店を追い出され、ひと言のいい訳もきいてもらえなかったのでかっとなった、[後略]」(さぶ)

AA 位置変化型の周辺と他のタイプ

　AA 位置変化型を構成する動詞は、非情主語受身構文と両用の動詞が多いということもあり、他の有情主語受身構文に比べ、主語に立つ有情者の扱いがモノ的であると言える。有情者の意志や感情といった人格性よりも、物理的なモ

ノとしての位置変化を問題にしていることが少なくない。奥田（1960）も、人の移動を表わすこの種の連語は、「物にたいするはたらきかけのカテゴリーをつかって、人にたいするはたらきかけを表現しているといった方がいいかもしれない」(p.188)と述べている。次の例は、主語が特定の個人でないということもあり、特にモノ扱い的だと言える。つまり、人が主語に立っていても、AA位置変化型はモノが主語に立つI位置変化型に体系上隣接しているのだろう。

(11) 「この神殿に胸像としておさめられた人はみな神になる。つまり、ルードヴィッヒが神にしてくれるわけです。[後略]」（ドナウ）

(12) いつどんな怪我人や悪疾患者が担ぎこまれてくるか分らないが、血を見ても膿を見ても驚くようでは医者の妻は勤まらない。（華岡青洲.地）

(13) [アトラクションの説明]タイムマシンのデロリアンに乗り込んだ客は、氷河、雪崩、噴火口などに次々と送り込まれる。（毎日）

一方で、AA位置変化型はI位置変化型と異なり、移動の目的を示す動作性のニ格名詞と共起することができる（奥田1968-72:49)[3]。

(14) 次の日は雨で、工事は休みになり、もっこ部屋の人足たちの半数が、矢来の修理に出された。（さぶ.地）

また、奥田（1968-72:56）も指摘するように、AA位置変化型は、場所名詞が単なる空間ではなく社会的組織を表わす名詞になると容易にAA社会的変化型へ移行する。

(15) 三年前、行助は修一郎を刺して少年院に送られた、ということになっておりますが、真実は別のところにあると思います。（冬の旅）

(16) この年で、妻子をかかえ、あの天国のような刑務所からほうりだされたのでは、もう一家心中か強盗でもするほかはありません。（ブンとフン）

このような違いがあるとしても、AA位置変化型はI位置変化型にかなり近いと思われる。他の有情主語受身構文に比べ、動作主の明示が義務的でないことも両者の意味的な近さの現れであると考えられる。着点場所のニ格補語をとるということもあり、動作主がニ格で現れた例は次の2例のみであった。

(17)「君、こんな小さな奴にこう下からとびこまれるとね、へなへなとなるんだ、腰がねえ。この前は痩せこけた真砂石なんぞに吊り出された。[後略]」(楡家.地)

(18)「五分ぐらいで、秘書に追い立てられたわ。もう、お金も気取りもどっさり使って…4)」(女友だち)

AA 位置変化型は、動作主が人格を持った有情者とともに移動することを表わす AA 随伴型とも近い。「連れられていく／連れられてくる」という動詞は、主語に有情者のみが立つので、これは明確に AA 随伴型であると言える。しかし、「背負われてくる」になると、随伴ではあるもののかなりモノ扱い的になり、「担がれてくる」ではほとんどモノ扱いである。

(19) ぼくが原島久三に連れられて初めてこの印刷会社にきたときも、横内兄はところどころで何か意味不明の悪態をつきながら、[後略](新橋烏森口.地)＋〈AA 随伴型〉

(20)「いったいどうしたっていうの、十五日の日に酔っぱらって、また来ると云って出てったっきり、からっ風に飛ばされた枯葉みたいに音沙汰なし、そのあげくさぶちゃんに背負われて来るなんて、あんまりだらしがないじゃないの、しっかりしてよ」(さぶ)〈AA 随伴型〉

(21) 裸足の女や、子供をおぶった男たちが多く、なかには目を閉じてかつがれてくるものもあった。(風に吹かれて.地)＋〈AA 位置変化型〉

特に「置かれる、追い込まれる、立たされる」などの動詞において、場所名詞ではなく、「立場、状態、状況、境遇」などの状況名詞が立つと、有情非情受身構文の AI 陥る型へ移行する。

(22)「銀行に立てこもった犯人と人質の女性が親密な気持ちを抱くようになる……. 狭い空間で、非日常的な状況に置かれてると、それを愛だと勘違いしてしまうの」(砂の上の恋人たち)

(23) この堅固な城の中で自分は殻をかぶったように一生閉じ込められて過すのであろうか、見詰めながらぎんは自分がもはや抜き差しならない状態に追い込まれているのを知った。(花埋み.地)

1.1.2 AA 随伴型　「私は友だちにその店に連れて行かれた」

　AA 随伴型は、主語に立つ有情者が与影者である動作主の同伴する空間的な位置変化を受けることを表わす。随伴を表わす代表的な動詞は「連れる」だが、この動詞は単独で用いられることはなく、必ず「連れて 移動 V」という複合動詞で用いられる、この「連れて 移動 V」は、「運ぶ」という動詞が対象を非情物に特化した位置変化を表わすのに対し、人格を持った有情者を対象として位置変化させることを表わしている。よって、AA 随伴型では AA 位置変化型と異なり、主語に立つ有情者がまぎれもなく有情者として扱われており、ここには主語と動作主の《有情者 vs. 有情者》という関係が述べられている[5]。

(24)　**AA 随伴型**

対象＝受影者	動作主	着点／方向	伴われて移動する
A N－ガ$_{SUB}$	AN－ニ$_{COM}$	場所 N－ニ／ヘ／マデ$_{COM}$	随伴 V－ラレル

　「わたしは友だちにその店に連れて行かれた」

　随伴動詞：連れられる、連れて行かれる、連れて来られる、連れ戻される、連れ込まれる、連行される、導かれる、引率される、率いられる、さらわれる、引いていかれる、送られる、引き回される、拉致される、伴われる、案内される；付き添われる[6]、etc.

　特に「連れられる」「付き添われる」は単独で用いられることはなく、必ず移動動詞を後続させる「AN$_1$－ガ　AN$_2$－ニ　随伴 V－ラレテ　場所 N－ニ／ヘ／マデ　移動 V」という外部構造をとる。これ以外の動詞でも、AA 随伴型はこの外部構造で用いられることが多い。

(25)　「あなったら、方向オンチなんだから。どこへつれていかれるか、わかりゃしないわ。」(團欒)

(26)　「じゃあ、私が駅で見た長瀬さんは、若い連中にタクシーに連れ込まれて、どこへ行ってしまったんでしょうな。[後略]」(ドナウ)

(27)　「おら、あのことは一生忘れねえが、伴れ戻される途中ずっと一つことを考えてた、おら、このままだときっと、栄ちゃんの厄介者になるだろうって、[後略]」(さぶ)

(28)　京子と会う日を定め、京子に送られて酒場の扉を押した。(植物群.地)
(29)　ということで、山本に導かれて一行が、逸見の波止場の門を通ると、其処から先は、全く海軍一色の世界で、空気が少し変って来る。(山本五十六.地) +
(30)　ぎんがかよに附き添われ東京下谷の順天堂医院へ入院したのはその年、明治三年の暮もおし迫った十二月の半ばであった。(花埋み.地)

AA随伴型の周辺と他のタイプ

　連れて行かれる場所が単なる場所ではなく、社会的な意味を持つ場所(組織)である場合は、AA社会的変化型へ移行する。この場合、動作主が何らかの組織や専門家集団であることが読み取れるので、動作主の明示は義務的ではなくなる。

(31)　栄二は駕籠にのせられて、北町奉行所へ連れてゆかれ、仮牢へ入れられた。(さぶ.地)

　「案内する」は「AN_2-ガ　AN_1-ヲ　場所N-ニ／ヘ　案内スル」のほか、「AN_2-ガ　AN_1-ニ　具体N-ヲ　案内スル」という構造もとる。前者の能動文に対応する受身構文はAA随伴型であるが、後者は「見せる」のような意味であり、これに対応する能動文はAA相手への提示型(AA認識)である。

(32)　教えられていた番号の部屋のドア・ホンを鳴らすと、若い女が出てきた。このマンションの一部にメイド・ルームというのがあり、そこに住まわせてもらっている香川家の女中である、ということが、奥の部屋まで案内されている間に彼女の心から読み取ることができた。(エディプス.地) + 〈AA随伴型〉

(33)　わたしは、彼の弟に京都を案内された。〈AA相手への提示型〉

　また、「案内される」は「通される」に似て、誰に随伴されるのかが問題にならない場合がある。このように動作主が問題にならない受身構文は、「関係」というより「変化」が前面に出ていると考えられ、AA位置変化型に移行していると見なす[7]。

(34) エレベーターで昇ると、全面がガラス張りの休憩所に案内された。眼下には東京の風景がいっぱいに広がっている。そこでディレクターを待っているあいだ、内藤はガラスに額をつけ、幼児のような熱心さでその風景を眺めていた。(一瞬の夏.地) +

1.1.3 AA生理的変化型 「和夫は兄に殺された」

　AA生理的変化型は、主語に立つ有情者が、与影者である動作主に身体の生理的な変化を引き起こされることを表わす。AA生理的変化型は、後で述べる有情非情受身構文のAI心理・生理的状態型に比べて働きかけられがより外的であり、物理的である。ここには、殺傷行為を受けるものと姿勢の変化を引き起こされるものがある。また、AA生理的変化型の表わす事態は、基本的には有情者の動作主によって引き起こされるもので、個別具体的な変化を表わす出来事である点でもAI心理・生理的状態型とは異なっている。

(35)　AA生理的変化型

```
対象=受影者    動作主      生理的／心理　変化を被る
A  N   －  ガ SUB AN-ニ COM 生理・心理的変化V／姿勢変化V-ラレル
```

「和夫は兄に殺された」「和夫は先生に立たされた」

　a．殺傷動詞

殺される、虐殺される、暗殺される、しめあげられる、傷つけられる、食べられる、食われる、解剖される、強姦される、怪我をさせられる、(身を) 切られる、etc.

　b．姿勢変化動詞

起こされる、抱き起こされる、突き倒される、ひっくり返される；裸にされる；(足を) 開かされる、(足を) すくわれる、(手を) 縛られる；ゆられる、etc.

　動作主は基本的に有情者であると述べたが、殺傷行為を受けるタイプでは、動作主が誰であるのか不明である場合も少なくない。

(36)　茶店の女がちゃんと覚えていたんだ。殺された女の人は学生さんと

二人連れでしたと、はっきり言っているんだ。女が殺されたのはそれから三十分乃至四十分。(青春の蹉跌)
(37) 「ぼくは君よりももっと蚤に喰われ易いんだ」(楡家)
(38) 余吾「先日甲田豊太郎と戦って、あいつはしたたか叩きのめされ、大きな瘤を作ったそうだが、その『たそがれ清兵衛』とはお主のことか」(たそがれ清兵衛)
(39) 「いやあ、どうにもなりゃあしねえさ。しょっちゅう負けて、しょっちゅう引っ繰り返されて……自分で自分が厭になるね、まったく」(一瞬の夏)
(40) [禅寺では鮎太は] 朝は六時に起された。(あすなろ.地)

「生理的状態名詞-ニ される」という形式も、AA生理的変化型を表わす。

(41) [前略] そこでぼくはLにとびかかると、兵隊が蛮地の女を強姦するような手口でLを襲った。するとLは妙なしかたでふざけ半分の抵抗をしながら裸にされていったけれど、これがぼくの儀式に荷担する意志をあらわすものだということはぼくにもすぐわかった。(聖少女)
(42) 「女だから病気をうつされても、子供を産めない体にされても我慢せよというのですか。熱があっても起きてお姑さんに仕え、夫の機嫌をとれというのですか」(花埋み)
(43) 「[前略] それを聞いて頼央さんはよけいかっかとする。村の若い連中を相手に喧嘩して袋叩きにされたことも二、三度あったようだね」(エディプス)

AA生理的変化型と他のタイプ

「育てられる、しつけられる、飼われる」など、生き物に対する働きかけを表わす動詞は、AA生理的変化型の周辺に位置づけた。

(44) 「きちんとした家のお生れで、厳しくしつけられた方だから、私達にも厳しいのです。でも本当の心根はやさしい方です。[後略][8]」(花埋み)
(45) 「この娘さんはねえ、百合子さんっていって、前のうちで育てられたんだけど、そりゃ、頭のいい人でね。帝大付属病院の看護婦になったん

だよ。［後略］」（胡桃の家）

　次の例は、意味的に生理的な変化を引き起こされることが表わされているが、構造としてはAA所有変化型である。しかし、ヲ格名詞句に「病気・疾患」を表わす名詞が立つこのような例は、AA生理的変化型に移行しているものと見なした。

(46)　「私は夫に膿淋をうつされて離縁した女よ。その病気を治したくて医者になろうと思ったのよ」（花埋み）

　AA生理的変化型でも、行為者が非情物の場合があるが、有情非情受身構文のAI心理・生理的状態型に比べ、主語に立つ有情者に対して外的であり動的である。

(47)　「え、もう帰るの。飯食うぐらいいいじゃない、俺この騒動で起こされて、朝からコーヒー一杯だけだぜ」（帰れぬ人々）

1.1.4　AA社会的変化型　「和夫は逮捕された」

　AA社会的変化型は、主語に立つ有情者が、動作主の社会的権力の行使により、その社会的な立場（職業、社会的レベル、人間関係等）に変化を被ることを表わす。このAA社会的変化型には、次の4つのタイプを立てた。基本構造としてAA社会的状態変化型、そのほか、AA社会的地位変化型、AA社会的位置変化型、AA勝敗決着型である。

　まず、基本構造であるAA社会的状態変化型には社会的な状態変化を表わす連語が要素となる。次の、下位構造bのAA社会的地位変化型は、社会的地位を表わすニ格やト格の補語を伴った選択・指定を表わす動詞で構成される。下位構造cのAA社会的位置変化型は、位置変化動詞を要素とし、社会性を帯びた場所へ移動させられることを表わす。最後の下位構造dであるが、これは他の3タイプと少し性格を異にしていて、「勝敗」に関わる人間関係に決着がつくことが表わされる。それぞれの構造は次のようになる。

(48) AA 社会的変化型

　　a：AA 社会的状態変化型

```
対象＝受影者　　　社会的状態変化を被る
Ａ Ｎ － ガ SUB 社会的状態変化 V-ラレル
```

「和夫は退学させられた」【組織／専門家行為者】

社会的状態変化動詞[9]：雇われる、雇用される、解任される、入社させられる、（職を）辞めさせられる、（任を）解かれる、免職させられる、退学させられる、逮捕される、釈放される、解放される、追放される、勘当される、離縁される、落籍される；兵隊にとられる、etc.

　　b：AA 社会的地位変化型

```
対象＝受影者　社　会　的　地　位
Ａ Ｎ － ガ 地位N-ニ／ト／トシテ 選択・指定 V-ラレル
```

「山田氏が委員長に選ばれた」

選択・指定動詞：選ばれる、抜擢される、採用される、選出される、再選される、指名される、登用される、再任される、認められる、承認される、追加される、etc.

　　c：AA 社会的位置変化型

```
対象＝受影者　社会的場所
Ａ Ｎ － ガ 場所N-ニ 位置変化 V-ラレル
```

「和夫は刑務所に入れられた」

　　d：AA 勝敗決着型

```
対象＝受影者　動　作　主
Ａ Ｎ － ガ　AN-ニ　勝敗 V-ラレル
```

「和夫は良子に負かされた」【個別有情行為者】

勝敗動詞：勝たされる、負かされる、言い負かされる、打ち負かされる、抜かれる、追い抜かれる、出し抜かれる、一本とられる；減点される、etc.

社会的状態変化動詞の動作主は、原則的に社会的な組織や団体、もしくは専門家集団である。一部、「勘当される」や「離縁される」などは、個人の有情者が動作主であるが、これも親子や夫婦関係という最小の社会的単位における社会的権力の行使である。

以下で用例を確認していく。

1.1.4.1 AA 社会的状態変化型

AA 社会的状態変化型には以下のような例がある。

(49) しかし、対英非協力運動はしだいに暴力化してきた。都市でも農村でも暴力行為が相つぎ、非暴力を説くガンディー自身が逮捕されて、六年の懲役に処せられた。服役後二年、彼は病気のゆえに釈放され、数年間政治から離れていたが、実はこのときまでに、インド民族主義運動は後退していたのである。(二十世紀)

(50) 娘の京子も、同じ土地で芸者に出ていたが、四年ほど前に落籍されて、小金井の方に囲われたという。(植物群)

(51) 「そんなこと言ってる場合じゃなかろう。え。退学させられるかもしれないんだよ」(エディプス)

次のように、慣用的な補語との組み合わせ全体が AA 社会的状態変化を表わすこともある。

(52) 「そやかて、いずれ兵隊にとられて、戦死せんならんかもわからへん[10]」(金閣寺)

(53) 「[前略]このまえだったかな、おまえさんが押籠めを解かれた祝いにみんなで酒盛りをしたとき、一生この島でくらすと云った者が幾人かあった、覚えてるでしょう」(さぶ)

(54) 「[姉は]好きな人と心中したんです。好きな人があるのに身を売られようとして」(さぶ)

1.1.4.2 AA 社会的地位変化型

AA 社会的地位変化型は、「意義」を表わすニ格やト格の補語が、特に「社会的地位」を表わす名詞である場合に、AA 社会的地位変化型へ移行したもの

と考えられる。このタイプは、「社会的地位-ト／ニ なる」とも言い表せる（波下線は社会的地位）。

(55) 大統領代行に指名されたプーチン首相については、「エリツィン路線を引き継ぐと言っており、対日政策が大きく変わることはない」(幹部) という見方が多い。(毎日)

(56) そのあいだに三月となり、才次の代りに久七という、中年者が小頭に直された。(さぶ．地)

(57) 「吹き替えといっても、ピカリングを招いて大々的なオーディションをやるぞ。そしてその役に選ばれればなんと『日本一の脚線美』の称号が与えられる！［後略］」(1000マイル)

(58) 「おばあちゃんは一生可哀そうだったのよ。お妾さんにさせられ、可哀そうだったと思わない？［後略］」(あすなろ)

(59) AP通信によると、世界最高齢者としてギネスブックに認定されたサラ・クナウスさんが30日、老衰のため、米ペンシルベニア州アレンタウンの老人ホームで死去した。(毎日)

次の例は位置変化動詞が要素になっているが、ニ格補語に社会的地位が想定できるので「社会的地位変化」と言えるだろう。

(60) 一般種目は4〜5月に国内各地で開かれる春季サーキットの結果などから6月にほとんどの代表が決まり、7月に数人が［代表に］追加される。(毎日)

1.1.4.3 AA 社会的位置変化型

AA 社会的位置変化型は、位置変化動詞で構成されることからもわかるように、AA 位置変化型から派生したタイプである。「場所」を表わすニ格やカラ格の補語が社会性を帯びた場所（組織）である場合に、AA 社会的位置変化型に移行したのである（波下線は社会的な場所）。

(61) 「しかし、牢屋にいれられる事だけが罪じゃないんだ。［後略］」(人間失格)

(62) 俺達はどうせ中隊からおっぽり出されたんだから、無理に戦争するこたあねえわけだ。(野火)

(63) むしろ加恵は今日からその家系に織込まれた自分の立場に、戦いていた。(華岡青洲.地)

次のように、社会的状況や立場を表わす抽象名詞がニ格に現れる場合でも、AA 社会的位置変化型と考えられる。

(64) 彼は突然新しい環境に投げ入れられ、新しい出発をした気持になっていた。昂奮し、昂揚した気分でいたため、花田光太郎の誘いをこだわらずに受けたのだ。(植物群.地)

AA 社会的位置変化型は、ほとんどが位置変化動詞で構成されるが、「動員される」「派遣される」など、もっぱら「社会的位置変化」を表わす動詞も要素となる。

(65) 「君らはどこの工場へ動員されているのかね？」(楡家)

(66) 「しかし佐藤君や島崎君は慶応の医局から派遣されているのだし、これはじきに代るよ、医局の都合によってね。[後略]」(楡家)

1.1.4.4 AA 勝敗決着型

AA 勝敗決着型は、どこに位置づけるべきか未だ検討の余地があるが、「勝敗」に関わる人間関係に決着がつくことが表わされるので、暫定的に AA 社会的変化型のサブタイプとしておく。

(67) ある日、口論で私に負かされた鍛冶屋の子が多勢の前であきらかにした。(恥の譜.地) +

(68) 「[前略]あのラウンドにあんなことをしなければ、減点されなくて勝ったんだけど、何しろ、見たかこの野郎、だもんな」(一瞬の夏)

(69) 「負けましたよ、課長。みごとに一本とられました……」(パニック)

次の「KO される」は、姿勢の変化を表すと見れば、AA 生理的変化型であるが、勝敗に決着がつくという意味を重視して、AA 勝敗決着型に位置づけた。

(70) 「佐々木、駄目ね。一回にとてもいいチャンスあったの。そこでバンバンと行けばよかったよ。行きなさい。でも、待ったね。待ったらKOされたよ」(一瞬の夏)

次の例は、AA 接近型（AA 態度）を表わす動詞が用いられているが、実際

に「抜かれる」という物理的動作があるわけではないので、AA 勝敗決着型に移行していると見なした。

(71) 実際、その月、鮎太は法隆寺の壁画保存問題の記事で、大きく左山町介に抜かれた。(あすなろ.地) +

(72) 「[前略]目的のない行為、進歩のない努力、どこにも辿りつかない歩行、素晴しいとは思わんかね。誰も傷つかないし、誰も傷つけない。誰も追い越さないし、誰にも追い抜かれない。勝利もなく、敗北もない」(エディプス) +

AA 社会的変化型の周辺と他のタイプ

先にも述べたように、AA 社会的地位変化型は、「意義」を表わすニ格やト格の補語が社会性を帯びたタイプである。よって、「意義」を表わすニ格やト格を伴う AA 評価動作的態度型 (AA 態度) と常に移行し合う関係になる。

(73) 和夫はみんなの {目標／手本／目の敵} にされた。〈AA 評価動作的態度型〉

(74) 和夫は山田氏の養子にされた。〈AA 社会的地位変化型〉

また、位置変化動詞が要素となる AA 社会的位置変化型でも、やはり「場所」を表わすニ格やカラ格の補語が社会性を帯びるか否かで AA 位置変化型 (AA 変化) と常に移行し合う。構造的な特徴を見ても、AA 位置変化型と AA 社会的位置変化型には共通点が多い。次のように、AA 社会的位置変化型でも、社会的な移動の目的を示す動作性のニ格名詞と共起することがある（波下線は社会的な移動の目的）。

(75) うちは小さいとき奉公にだされたんや。(雁の寺)

(76) といっても雲平の次弟は松本家の縁故で商家へ見習に出されていたし、その下の弟は仏門に入ったばかりで、婚礼の席に連なっていたのは加恵と同年の於勝と小陸以下妹二人と、当年三歳になる幼い良平の五人である。(華岡青洲.地)

さらに、AA 位置変化型でも、「出される、追われる」などが受身形になる

ことで新たに場所を表わすヲ格名詞と結びついた例を見たが、AA社会的変化型でも社会の場所や職務を表わすヲ格名詞と共起している例が見られる。このような構造的特徴にも、AA位置変化型との近さがうかがえる。

(77) [父は]なんだかよくは知りませんが、若いころ、紺屋の長男のくせになまじ学問を齧ったりして、それがもとで栃木の家を勘当されたんですって。(忍ぶ川)

(78) 「[前略]ところが今朝になって急に、もうおめえはいかなくともいい、って親方から仕事を外されちまいました」(さぶ)

1.1.5 AA強制使役型　「私は上司に遅くまで働かされた」

AA強制使役型は、主語に立つ有情者が使役の対象となって、使役主の指定した動作を強制的に実行させられることを表わす。述語は「意志V-サセラレル」という使役受身の形をとる。この、使役受身の形については、さらなる下位分類が可能かと思われるが、今回はすべてAA強制使役型として位置づけた。

(79) AA強制使役型

使役対象＝受影者＝動作主		使役主（＝与影者）		強制的使役を被る
A N － ガ$_{SUB}$		A N － ニ$_{COM}$		意志V-サセラレル

「わたしは上司に銀行に行かされた」

AA強制使役型の要素になるのは、他動詞であれ自動詞であれ、意志的な動作を表わす動詞である。

(80) 「それでよオ、忙しくなるとおれなんかも引っぱり出されて活字拾わされたりするときがあんのよ。だけどシーナ君はよ、やつに頼まれても絶対そういうことしちゃ駄目だぜ」(新橋烏森口)

(81) 「[前略]課長は去年山林課においでになったばかりなので、ナメられたんですよ。いま資材課の伝票で見ましたが、市価の三倍で買わされていらっしゃいますね。むかしからあいつの図々しさは有名なものなんですよ」(パニック)

(82) 「[前略]作ったんじゃない。やくざの詐欺にひっかかって、作らされ

たんだ。だけど、それが合法的なものでなくても、借金は借金なんだぞ」（ドナウ）

(83)　「唇にキスしてあげるからね。いやかい？　はずかしくて返事ができないんだな」／「鰐みたいに口をあけっぱなしにさせられて、ものがいえないんです！」（聖少女）

(84)　そやけど妹には何もようせえへんのですよし、そやから血縁の女きょうだいは男には役立たずで他家へ嫁に行かせられるのですやろ。（華岡青洲）

AA 強制使役型の周辺と他のタイプ

　心理的な状態を表わす自動詞の使役受身形は、AI 心理・生理的状態型（AI 状態）である。このとき、原因を表わす非情物のニ格名詞を補語としてとる。

(85)　「夏用の離宮ですの。うんざりするような観光地。でも、その広さには、やっぱりびっくりさせられますわ」（ドナウ）

(86)　「［前略］私、仙台に越してからとても焦ってしまうの。なんだか無理やりにいろんなことをあきらめさせられているような気分」（女友だち）

　次のような、無意志的な生理的変化を表わす動詞句の使役受身形は AA 生理的変化型（AA 変化）に分類した。

(87)　自分の息子が怪我をしたので腹を立てて、智広さんに怪我をさせられた、などと言いふらしたのでしょうかなあ。（エディプス）

　有情者の社会的状態変化は、生理・心理的状態に比べれば意志的でありうるが、自己制御性のない（もしくは低い）行為なので、これも無意志的行為と考える。よって、「入学する、退職する」などの動詞の使役受身形は AA 社会的状態変化（AA 変化）とする[11]。

(88)　「そんなこと言ってる場合じゃなかろう。え。退学させられるかもしれないんだよ」（エディプス）

(89)　「しようがないよ。仕事を休めばやめさせられるんだ」（一瞬の夏）

1　AA 直接対象型（AA 直接）　73

1.2　AA 動作型（AA 無変化）

　AA 動作型とは、接触動詞に代表される無変化動詞を要素とする受身構文で、主語に立つ有情者が、与影者である動作主から何らかの物理的な動作を受けることを表わすタイプである。AA 動作型には、次の 2 つのサブタイプがある。
　　AA 接触型　　「私は和夫に（頭を）たたかれた」
　　AA 催促型　　「私は和夫にそそのかされて、その本を買った」
　通常は、動作主が意志を持って対象に働きかける場合、対象に何らかの変化を引き起こす。しかしながら、ある種の他動詞では、対象の変化をその語彙的な意味に含んでいない。こうした無変化動詞の代表が接触動詞である。接触動詞は、他動詞でありながら、対象を変化させる過程のうちの、接触の段階だけを表わすという特殊な動詞である。よって、物であれ人であれ、対象に対する働きかけを表わす他動詞のなかで、無変化動詞の他動詞文の生産性は、変化動詞に比べ非常に乏しいと言え、それゆえ、頻度も低いと考えられる。
　一方、接触の動作を受ける対象が主語に立った受身構文の場合はどうであろうか。受身構文の場合、有情者が主語に立つか、非情物が主語に立つかで、異なった特徴を見せる。本研究では、非情物の対象が主語に立ち、接触動詞が要素となった受身構文を I 無変化型としたが、この I 無変化型の頻度は非常に低かった。これは、おそらく能動文と平行した現象であろう。一方で、有情者が主語に立つ接触動詞の受身構文である AA 接触型（AA 無変化）の頻度は、特に会話文テクストにおいて、かなり高くなっている。すなわち、接触動詞の受身構文は、主語の有情・非情の別によって、異なる特徴を見せている。
　以下、AA 動作型のサブタイプである AA 接触型と AA 催促型について、用例を見ながらその構造と意味及び相互移行関係を考察していく。

1.2.1　**AA 接触型**　「私は和夫に（頭を）たたかれた」

　AA 接触型は、主語に立つ有情者が与影者である動作主から接触の働きかけを受けることを表わす。AA 接触型を構成する接触動詞は無変化動詞である。

つまり、対象に物理的に働きかけるものの、その対象の変化には無関心な動詞である。しかし、対象に働きかけて、それに何の変化も引き起こさないのであれば、働きかける意味がない。このため、「有情者-ヲ 接触V-スル」という連語は、何らかの変化を引き起こすための手段としての動作となる（(95)(96)など）か、動作主の対象に対する感情＝評価的な態度（愛情、憎悪など）を示す手段（様態）となる（(91)(93)など）ことがほとんどである。

(90) AA 接触型

対象＝受影者	動作主		接触動作を受ける
AN-ガ SUB	AN-ニ COM	（身体部位 N-ヲ）	接触 V-ラレル

「わたしは父親に（頭を）たたかれた」

接触動詞：抱かれる、なでられる、さすられる、いじられる、たたかれる、殴られる、ぶたれる、押される、押さえられる、突かれる、小突かれる、突き飛ばされる、つかまれる、握られる、支えられる、跳ねられる、蹴られる、噛まれる、吸われる、つっつかれる、ひっぱられる、押さえつけられる、踏みつけられる、からみつかれる、絞められる、刺される；触られる、追突される、もぐりこまれる、手をあげられる、etc.

上にあげた接触動詞のうち、「触られる、追突される」などは、対応する能動文で主語に立つ有情者がニ格名詞句として現れるものである。しかし、働きかけられは直接的であり、同じAA接触型に含めていいものと考える。接触動詞は、単なる接触よりも、動作主＝与影者の攻撃性を含んだものが多い。用例を見ると、動作の攻撃性とも関わって、主語に立つ有情者の痛みや不快感を表わす外部構造で用いられることが多い。

(91) するとね、父親に抱かれて頬ずりされたとき、頬っぺたがチクチク痛かったようなことがあったようだ、ということを思い出したんだ。(樹々は緑か)

(92) 「おめえに殴られると痛いからな。俺は宇野の兄貴という野郎に同情するよ」(冬の旅)

(93) 「[前略]うちのおかあさんにも連絡したから、私、おかあさんにすご

くぶたれちゃったわ。私、自分の娘も信じられないのかって、ワンワン泣いちゃった」（女友だち）

(94) 「[前略] それがきょうはどうしたことかしら、鳥のくちばしでつっつかれてるみたいに痛くて、めまいや嘔きけまでして……でもおかげさまで、もうすっかりいいわ」（聖少女）

(95) 「アメリカでは、プロレスの悪役のことを、ヒールというんだそうだ」／[中略]「いつでも、正義の味方に蹴っとばされて、踏んづけられているからじゃないの」（一瞬の夏）

(96) 「ひとみは、辻谷黎子の運転するバギーに跳ねられて死んだんだ」（砂の上の恋人たち）

AA接触型では、主語に立つ有情者＝受影者の所有物、特に身体部位がヲ格またはニ格の直接対象として現れることがある。こうしたヲ格やニ格の直接対象は、全体である受影者の接触している部分を限定している。ここには、「接触を受ける」ということに関して意味的に大きな違いがないので、AA接触型（AA直接対象型）の下位構造として扱う。

(97) 「ひとかどの武将たる者が、茶坊主に頭を叩かれたのだ」（さぶ）

(98) 絡船が出るまでには四十分の間があったが、船までの長いホームを旅客がいい席を取るため、気ちがいのように競走していた。三原は背中を何度もこづかれた。（点と線．地）

(99) そのとき、利兵衛は刑事に右手首をつかまれ、この野郎なぐってやろうか、と思ったとき、手錠がかかった。しまった！　と思ったときはすでにおそかった。（冬の旅．地）＋

(100) 胸を射たれて、道端まで這い出して、虫の息の若い兵隊を見つけた。（野火）

(101) 下役の岡村が手拭を湯に浸して、栄二の顔や手足を拭き、裂けた唇や傷のできているところには、膏薬を塗ってくれた。傷にさわられるときだけ、栄二の顔は痛そうにしかめられたが、[後略]（さぶ．地）

AA接触型の周辺と他のタイプ

　主に「押される」や「打たれる」といった動詞が、人やモノの属性・性質を表わす抽象名詞や主語の内面の心理状態を表わす抽象名詞をニ格にとった場合、AI心理・生理的状態型（AI状態）へ移行する。

- (102) 私は崔の勢いに押され、仕方がないと返事をしそうになったが、危ういところで踏みとどまった。（一瞬の夏．地）＋
- (103) 僕はそういう話を聞きながら、ぼんやりとした悲しみに打たれていた。（草の花．地）

　また、ニ格に有情者ではなく現象名詞が立つと、II現象受身型へ移行する[12]。

- (104) 加藤は雨の中で野宿したときのことや、みぞれに打たれながら一晩中、歩きつづけたことなど思い出していた。（孤高の人．地）＋
- (105) 曲目が終り、アンコールも終った。僕がホールの中から人波に押されて出て来ると、明るい廊下に、菅とし子が少し顔色を蒼ざめさせて、僕を待って立っていた。（草の花．地）＋

　次のような非情主語の受身構文も同様のII現象受身型である。こうした受身構文にも、ニ格の相手＝動作主から接触のはたらきかけを受けるという意味が残っている。よって、非情主語の接触動詞によるII現象受身型は、非情主語一項受身構文であるI無変化型ではなく、このAA接触型から派生したのではないかと考えられる。

- (106) 昔どおりの小舎だ。わずかな砂洲の端に建てられたそれは、床几が一つ置いてあるきりで、雨に叩かれて木目が出ていた。（越前竹人形．地）＋
- (107) 丘の頂上の草は、水の流れに押されて、靡いていた。そして火は頂上を取り巻く低く黒い林に向って、追われるように、逃げて行った。（野火．地）＋

　なお、この種の接触動詞によるII現象受身型（II現象）は、対応する能動文で述べることができないか、可能であっても不自然な表現になる。つまり、AA接触型からII現象受身型への移行関係は、受身構文の体系に特有のものと考えられる。

1　AA 直接対象型（AA 直接）　77

　また、「打つ」や「押す」などの動詞は、着点のニ格と共起することで位置変化動詞に移行することがある。そうした位置変化動詞としての接触動詞を要素とした次の受身構文は、「AN-ガ　AN-ニ　具体N-ヲ　位置変化V-ラレル」という構造のAA相手への動作型（AA相手）である。

　(108)　いまに、ここから出ても、自分はやっぱり狂人、いや、癈人という刻印を額に打たれる事でしょう。（人間失格.地）＋
　(109)　個室を出る時に、既に一回目の麻酔を打たれていたから、少しうつらうつらしているようだった。（草の花.地）＋

　その他、個別的な動詞の移行であるが、「押される」という動詞は、次に見る催促動詞の「促されて」という意味に移行することがある。これは、接触動詞がモノに対する働きかけを表す無変化動詞であるのに対し、催促動詞がヒト（有情者）に対する働きかけを表す無変化動詞であるという、体系上の近接性を表しているだろう。

　(110)　彼は、上司におされて、区議会議員選挙に立候補した。

　また、「たたかれる」という動詞も、「批判される」という抽象的な態度の意味を持つ。「批判される」という動詞は表現的態度動詞なので、これはAA表現的態度型（AA態度）へ移行している。他の表現的態度動詞と同様に、被動者の抽象的な属性がヲ格名詞句に現れることもある（「過去の失敗を叩かれる」）。「悪口を／陰口をたたかれる」のように、言語活動の内容規定的なヲ格名詞句と共起することもある。また、「本部／新聞にたたかれる」といったように、組織・団体などの個別具体性の低い有情者が動作主になることができる。次の例では、動作主がカラ格で標示されている。通常の接触動詞としての「叩かれる」では、動作主がカラ格で標示されることはないが、これは表現的態度動詞に移行していることの表れだろう。

　(111)　出馬表明から1カ月足らず。他陣営からは「中央官僚出身」であることをたたかれ、「落下傘候補」などの批判を受けた。（毎日2月7日）＋

　「触れる」という動詞も多義語だが、受身構文の使用としては、接触を表わす動作以外に、「言い及ぶ」という意味での使用も認められる。これは、AA

相手への発話型（AA相手）である。このとき、抽象名詞がニ格の対象に立つ。

(112) ぼくは、自分の過去には触れられたくない。

次の例は、まだ臨時的な比ゆな使用であるが、やはり態度的な動作の表現として接触動詞が用いられている。これは、AA評価動作的態度型（AA態度）に分類した。

(113) 「前の課長も君の企画を会議に出すことは出したらしいがね、山持ちの県会議員に一蹴されたらしいよ。これは局長も文句をいえやしない。［後略］」（パニック）

1.2.2 AA催促型 「私は友達にそそのかされてそれを買った」

AA催促型とは、主語に立つ有情者が与影者である動作主から何らかの動作へと刺激する活動を受けることを表わす[13]。

(114) AA催促型

```
対象＝受影者        動作  主        動作を促される
A N － ガ SUB  AN-ニ／カラ COM  催促 V-ラレル
```

「わたしは友達にそそのかされてそれを買った」

催促動詞：あおられる、誘われる、うながされる、催促される、口説かれる、けしかけられる、そそのかされる、おだてられる、せきたてられる、呼ばれる、もとめられる、招かれる、招待される、指名される、etc.

AA催促型は「催促 V_1-ラレテ 意志 V_2 スル」という外部構造で用いられることが極めて多い。このとき、後続の「意志 V_2 スル」は主語に立つ有情者が動作主に促された動作を表している（波下線は促された動作）。

(115) かよに促されてぎんは床に入り、掛布を目深にかぶった。（花埋み.地）

(116) 「いや、僕は来るつもりはなかったんだが、この友達にそそのかされちまって」（樹々は緑か）

(117) 三月五日の夜の講話に、栄二は役所詰元締役の岡安喜兵衛から、特に指名されて出た。（さぶ.地）

(118) 「なんでもさあ、オートレースの新聞をやるんだって。友達に前から呼ばれていたらしいんだな」(新橋烏森口)

(119) 　人間の発病に時間の斟酌はないから、夜半といわず未明といわず医者は需められれば直ちに応じなければならないが、妻は脈をとる心得はなくても夫と気脈を通じて、疲れて戻るまで必ず起きて待つべきである。(華岡青洲.地)

(120) 「[前略]もうこうなったらなんでもするわ。もし誘われたら、理事の連中と寝たっていいと思ってるほどですもの」(女友だち)

AA 催促型と他のタイプ

　奥田 (1968-72:59) も述べているように、「呼ばれる、招かれる、誘われる」では、対象＝受影者の結果としての空間移動にまったく無関心なわけではない。次のように、移動先を表わす場所名詞句を含む構造をとることもあり、この場合は AA 位置変化型（AA 変化）へ近づいていく。さらに、(122) の「呼びつける」や、「呼び出す」「誘い出す」「招き入れる」など、空間移動の複合動詞化されると、AA 位置変化型へ移行するだろう。

(121) 鮎太はある夕方、冴子に、庭の隅の竹藪の前へ呼ばれた。(あすなろ.地)

(122) 「……このあいだ、船橋の会長に家まで呼びつけられて、言われたんだよね。切符、何枚持っていく、って」(一瞬の夏)

また、AA 催促型は、動作性名詞のヲ格と組み合わさることで容易に AA 相手への要求型（AA 態度）へ移行する。

(123) 　すべての責任を自分ひとりで背負いこむ単独行こそ、彼の本領であったが、宮村健に同行を誘われ、彼の父からもそのことをたのまれているのに、敢えてその願いをしりぞけてまでひとりで山へでかけるのは気がひけた。(孤高の人.地) ＋

(124) 　しかし、友達から共同湯に入浴に行くことを誘われると、いつもそれを断わるのにある努力を払った。(あすなろ.地) ＋

さらに、AA 相手への要求型（AA 態度）の下位構造 b のように、「命令・

(125) 「映画を見に行かないかって誘われただけ。ちょうどもらった切符が二枚あるからって。[後略]」(女友だち)

(126) だんだん聞いてみると、そいつは分隊長から一緒に投降しようと誘われたんだね。(野火)

　AA催促型（AA無変化）とAA相手への要求型（AA態度）の構造上の大きな違いは、AA催促型は対応する能動文のヲ格に立つ有情者が主語になる受身構文であるのに対し、AA相手への要求型は対応する能動文のニ格に立つ有情者が主語である、いわゆる相手の受身であるという点である。奥田 (1968-72) では〈よびかけのむすびつき〉を作る動詞に「たのむ」や「せがむ」があがっている。確かに、次のような「頼まれる」の受身構文は、上のAA催促型に特徴的な外部構造で現れやすい。しかし、「AN-ヲ 頼む／せがむ」という能動文はすでにかなり古い言い回しに聞こえる。次のような受身構文は、「AN-ニ 動作N-ヲ 頼む／せがむ」という能動文のヲ格名詞が省略されたAA相手への要求型（AA態度）と考えるのが妥当かと思う。

(127) 「記憶だけであなたに声をかけたんじゃないわ。じつはあたし、未紀さんにたのまれて一時間ほどまえからあなたをお待ちしてたの」(聖少女)

(128) [前略] 酔っぱらった貞三が、スポンサーからもらったといって、大きなクッキーの缶を伸子に与え、せがまれるままにふたを開けると、あまりの量の多さに、伸子はクッキーを食べるよりも玩具にし、ポキポキと折っては、片はしから屑籠に捨てる、[後略]（死児を育てる.地）+

1.3　AA認識型（AA認識）

　AA認識型は、主語に立つ有情者が与影者である動作主（経験者）の認識活動を身に受けることを表わす。AA認識型には、AA知覚型とAA思考型という2つの下位タイプを含めた。

　AA知覚型　　「良子は、駅前で和夫に（後ろ姿を）見られた」

AA 思考型　「良子は和夫に出生の秘密を知られた」

　AA 知覚型と AA 思考型は、それぞれ他動詞構文の心理構文である認識構文タイプの中の知覚構文タイプと思考構文タイプに対応している。両者を区別する構造上の違いは、ヲ格名詞句が具体名詞（ないし現象名詞）であるか、抽象名詞であるかということである。以下、この構造上の違いに留意しながら、各受身構文タイプの実例を考察していく。

1.3.1　AA 知覚型　「良子は駅前で和夫に（後ろ姿を）見られた」

　AA 知覚型とは、主語に立つ有情者＝受影者が与影者である動作主に自分の姿や所作・動作を知覚されることを表わす。受影者の姿や動作は広い意味での所有物であるが、これは構文上現れないことも多い。現れる場合にはヲ格で示されるのだが、このヲ格名詞は、基本的に具体名詞もしくは知覚の感覚器官で捉えられる具体的現象名詞である。

(129)　AA 知覚型

```
対象=受影者    動作主    （ 対 象 ＝ 所 有 物 ）    知覚認識を受ける
A N －ガSUB   AN－ニCOM  （具体N／現象N／V-スルトコロ-ヲ） 知覚V-ラレル
```

「良子は駅前で和夫に（後ろ姿を）見られた」

　知覚動詞：見られる、見入られる、にらまれる、のぞかれる、聞かれる、みつけられる、認められる、観察される、目撃される、気づかれる、感づかれる、etc.

　まず、基本構造の用例から見ていこう。主語に立つのは知覚の対象になる有情者＝受影者である。動詞は知覚動詞であるが、(133) のような慣用表現も、全体が知覚動詞相当と言えるだろう。

(130)　「みられなかったろうな。誰にも、みられなかったろうな。」（驢馬）

(131)　「いつもいつも、そんな目で観察されるのはかないませんね。あなたにしてみれば、観察してみたくもなるでしょうが、私は不愉快だ。[後略]」（ドナウ）

(132)　「あの子に上目遣いで睨まれたことしか覚えちゃいない。その目が嫌で、

あの子の父親に押しつけたんだ」(砂の上の恋人たち)

(133)　三人の目にさらされているとは知らずに、お時さんは、連れらしい男といっしょに歩いていたが、やがて一つの車両の前に立ちどまって、列車の車両番号を見ていたが、〔後略〕(点と線.地)

次に、主語が知覚の対象の広義所有者で、主語に立つ有情者の所有物である知覚の対象がヲ格で文中に明示された例を見ていく。知覚の対象であるヲ格名詞は、感覚器官で捉えられる具体名詞、現象名詞、もしくはその場の状況をあらわす名詞[14]や句・節である（波下線は知覚の対象）。対象の具体性の高い順に例をあげる。

(134)　「おれはもうだめな人間になっちまった」と栄二は乱暴な口ぶりで云った、「おすえちゃんに顔を見られるのも恥ずかしいんだ、頼むからこのまま帰ってくれ」(さぶ)

(135)　そして、私の胸も急に高鳴り始める……。その音を誰にも聞かれたくなくて、少しでも窓の外の潮騒に紛らせようとしてドアに張りつくように立っていた。(1000マイル)

(136)　だが気がつくと入口のところで本物のLがじっとぼくをみつめていた——ぼくはみられていたんですよ、あのはずかしい儀式をね。(聖少女)

(137)　その人とわたしが口喧嘩しているところを、別の人に見られているわ。(エディプス)

(138)　だが、於継の眼は優しく加恵を見詰めて、大丈夫やしてよし、あなたなら大丈夫ですよし、待っていたのやしてよし、さあおあがりと囁いているようであった。加恵は涙ぐみ、それを気取られまいとして急いで盃を口に当てた。(華岡青洲.地)

AA 知覚型の周辺と他のタイプ

奥田 (1968-72) は、具体名詞とも抽象名詞とも自由にくみあわさる一般的な認識動詞として「認識する」「みとめる」を挙げているが、特に口語的表現では、「みとめる」のかわりに「気づく」という動詞がよく用いられる[15]。ここで、「気

づく」という動詞は、本来、対象をニ格で標示するのだが、受身構文の中では動作主のニ格名詞との混乱をさけるためか、対象がヲ格で現れる場合がある[16]。このとき、対象の具体性が高ければAA知覚型の受身構文になるし、抽象性が高ければAA思考型を実現する[17]。

(139) 「だってさぶは用心した筈だ、人に気づかれない用心ぐらいした筈じゃないか」(さぶ)

(140) 私たちは自分から危険な冒険をすることもなく、次々と新しい信徒の群れを見つけることができたし、警吏たちに今日までその存在を気づかれたことはない。(沈黙.地) +

(141) 太郎は、ハレモノにさわる思いだったが、それを気づかれると、又からまれそうなのでできるだけ、さりげなくしていた。(太郎物語.地) +

なお、知覚動詞の受身構文は、一般に可能用法との境界が曖昧であることが指摘されるが、AA知覚型の受身構文が可能用法と曖昧になることはない。これは、主語(ガ格)が有情者であることによる。可能用法との境界が曖昧になる受身構文タイプについては、第4章1.3のⅠ認識型(Ⅰ認識)(p.213)で詳しく議論する。

1.3.2　AA思考型　「私は親に(将来のことを)心配された」

AA思考型は、主語に立つ有情者=受影者が動作主である相手に、自分の状態や所有する情報、性質を知的な領域で認識されることを表わす。先に述べたように、AA思考型の要素となる思考動詞は、抽象名詞をヲ格に取る[18]。よって、AA思考型では、有情者が主語に立ち、ヲ格には有情主語の所有する情報や性質、動作を表す抽象名詞が立つ構造を基本構造と考えたい[19]。そして、下位構造bとして、有情者が知的な認識活動の対象として主語に立った構造を位置づけておく。

(142) AA思考型

所有者=受影者	動作主	対象=自分の情報	知的認識を受ける
a: | A N － ガ SUB | AN-ニ COM | 抽象N／節-ヲ COM | 思考V-ラレル |

「わたしは親に将来のことを心配された」【個別有情行為者】

b：AN-ガ　　AN-ニ　　思考 V-ラレル

「わたしは指導教官に心配された」

知られる、思い知らされる、心配される、分析される；理解される、誤解される、さとられる、みぬかれる、みやぶられる、みすかされる、気づかれる；調べられる、取り調べられる、探される、探られる、調査される、診察される、診られる、検査される、研究される、テストされる、etc.

下位構造 b のように、具体名詞である有情者が対象である場合、能動文では「人-ノコトヲ 心配する／考える」のように、抽象化の手続きをふまなければならない（奥田 1968-72:98-99）。この法則は、モノが主語に立つ場合は、基本的に、受身構文になっても破られるものではないと考えるが、人が主語に立つ AA 思考型では、有情者がそのままの形で主語に立つ。ただし、すべての思考動詞による受身構文の主語に有情者が立つわけではない。

(143)　私は彼に {心配された／誤解された／理解されている／みすかされた／テストされた}。

(144)？*私は彼に {考えられた／振り返られた}。

用例を見ていこう。まず、基本構造 a の例から挙げる（波下線は思考の対象のヲ格名詞）。

(145)　娘の頃は兄達の後ろで坐って聴いた。今度も聴いてみようか、ぎんは奥の間へ行ってみたかったが、万年には女として死ぬほど羞ずかしいことを知られていた。(花埋み.地)

(146)　「いまわれわれが気がついたということを、相手にさとられてはならぬ。われわれはのんきに歌いつづけていなくてはならぬ。［後略］」(ビルマの竪琴)

(147)　何もなかったと主張し続けることに、山脇幸子は心をかためたようだった。その決心を見破られまいとしてか、彼女は七瀬に問い返してきた。(エディプス.地) +

(148) 妹背佐次兵衛夫婦はあらためて於継の賢さを思い知らされた形だった。(華岡青洲.地)

(149) 「ちょっと攻めが単調だったな。読まれちまったよ」(自転車の夏)

次に、有情者が対象として直接、主語に立った下位構造bの例を挙げる。(151)(152)は、探求・調査活動を表わす動詞で、通常の思考動詞よりも動作的である[20]。

(150) 絵里花 「出来レースの示談交渉でひとみの死を侮辱したあなたと、金丸建設に手を回して高野を辞めさせようとしたあなたと、仲良く食事が出来ると思うんですか」
　　　　圭 一 「(苦笑して)ずいぶんと誤解されてるなあ」(砂の上の恋人たち)

(151) たとえあの連中のように死体が発見されなくても、その人が学校へ出てこなくなればわたしは警察に調べられるわ[21]。(エディプス)

(152) しかし新聞の観測的な記事によると、佐山課長補佐が参考人として取りしらべられることは必至であり、同人は上層部に事件が波及することをおそれて、愛人と情死を遂げたのではあるまいか、と書かれてあった。(点と線.地)

AA 思考型の周辺と他のタイプ

「認められる」という動詞は、「才能／価値を認められる」という表現はもちろん、「有情者-ガ 認められる」という形でも、すでに「認識される」という意味ではなく「評価される」という意味にずれていることが多い。この場合は、AA 感情＝評価型（AA 態度）へ移行している。

(153) 木原などの話によると、外国から来ている有名な声楽家にその才能を認められて、英子は本格的な勉強をするために渡欧するのだということであった。(あすなろ.地) ＋

思考動詞が判断内容を表わす句や節と結びつき、「AN-ガ AN-ニ 句／節-ト 思考 V-ラレル」という構造になると、AA 知的態度型（AA 態度）になる。ただし、AA 思考型と AA 知的態度型に用いられる動詞は少し異なっており、

AA 知的態度型には AA 思考型には用いられにくい「思われる、考えられる」のような思考動詞[22]も用いられる（波下線は判断内容）。

(154)「なんど精のつく食べ物を届けようかと思うていたのやけれども、この不自由なときに<u>当てつけがまし</u>と思われてはいかんと思うて控えていたのやして。[後略]」（華岡青洲）

(155)「佐久間君、君はぼくと違ってたくましい男だが、[中略]……それを<u>非国民</u>というふうに思われると ぼく は非常に辛いんだ」（楡家）

(156)「相手が喧嘩を売ってきたのとちがうから、おい、黒、おめえ、まずいことをしたなあ。<u>宇野が少年院のなかから指図をした</u>ように考えられたら、佐倉の言ったように、宇野が困るよ」（冬の旅）

1.4 AA 態度型（AA 態度）

　AA 認識型における「認識活動」が、単に動作主が対象を認識領域に取り入れることを表わすだけであるのに対し、「態度」とは、より積極的に対象へ向かう動作主の心理的な作用のことである。AA 態度型には次の6つのサブタイプがある。これらのサブタイプには、対象に対する感情、評価、判断、とらえ方をなどの「認識的態度」を表わすものと、対象への物理的はたらきかけにおいて、意図をもって対象へちかづいていく過程（心理的作用）である「動作的態度」を表わすタイプがある（奥田 1968-72: 112、1960: 263 参照）[23]。

　認識的態度
　　AA 感情＝評価型　　　「わたしは彼に嫌われた／笑われた／疑われた」
　　AA 判断型（知的態度）　「わたしは彼に学生と思われた」
　　AA 表現的態度型　　　「わたしは母親に叱られた／からかわれた」
　　AA 呼称型　　　　　　「わたしは彼に母さんと呼ばれた」
　動作的態度
　　AA 評価動作的態度型　「わたしは彼にいじめられた／大事にされた」
　　AA 接近型　　　　　　「わたしは彼においかけられた」

　さて、AA 態度型は有情有情受身構文のサブタイプなのだが、ある種の非情

主語受身構文を、数は多くないが、このAA態度型に含めた。これは、この種の受身構文では、非情物が主語に立っていても有情主語の受身構文と意味・機能的に大差がないと判断したためである。つまり、非情主語なのだが、背後に益岡（1991a）の言う潜在的受影者が存在し、影響を受けるという意味を持つ受身構文なのである。

また、AA態度型において、非情主語でありながら受影の意味が表われる受身構文が特徴的に存在することは、態度動詞の特性（結合価）とも無関係ではない。奥田（1968-72）は、〈態度のむすびつき〉があらゆる名詞（具体名詞から抽象名詞、非情物、有情者）をヲ格にとりうることを、この連語の構造的特徴として挙げている[24]。

手元のデータを観察する限りにおいて、非情主語であっても有情主語の受身構文と意味の変わらないタイプは、AA感情＝評価型、AA表現的態度型、AA呼称型、AA評価動作的態度型、AA接近型である。これらのタイプには、非情主語の受身構文が、少数ではあるが、含まれている。一方、AA判断型のみ、非情主語の受身構文の表わす意味が有情主語受身構文のそれとかなり異なるため、非情一項受身構文のⅠ判断型（Ⅰ態度）に位置づけた[25]。

以下、AA態度型のサブタイプを考察するが、まず、認識的態度を表わすタイプから見ていく。態度構文タイプは、動作主の対象に対する態度を含んだ動詞を要素とするのだが、思考動詞や知覚動詞、発話動詞といった広義認識動詞も態度構文を頻繁に構成する。ただし、認識動詞が要素となる場合には、対象への判断や評価といった態度を含んだ内容節や形容詞句を伴う（奥田1968-72: 113）。

(157) a．和夫は良子を見た。〈認識構文（知覚）〉
　　　b．和夫は良子をスパイと見た。〈態度構文（判断）〉
(158) a．和夫は子供達のことを思った。〈認識構文（思考）〉
　　　b．和夫は子供達をかわいく思った。〈態度構文（感情的＝評価的態度）〉

以下、それぞれの構造と実例を見ていく。

1.4.1 AA 感情＝評価型 「私は和夫に嫌われた」

AA 感情＝評価型とは、主語に立つ有情者ないし非情物が与影者である動作主から何らかの感情や評価のこもった心理的作用を受けることを表わす。このタイプは、感情＝評価的態度構文に対応する。AA 感情＝評価型は、主に感情評価的態度動詞で構成されるが、感情＝評価内容を伴った認識動詞もこれを構成する。

(159) AA 感情＝評価型

a：
対象＝受影者	動　作　主	感情＝評価的態度を受ける
Ａ Ｎ － ガSUB	AN-ニ／カラCOM	感情評価的態度 V-ラレル

「わたしは和夫に嫌われた」【個別有情行為者】

b：
対象＝受影者	動作主	感情 ＝ 評価内容	
Ａ Ｎ － ガSUB	AN-ニCOM	感情＝評価N／Adj-ト／ニCOM	認識 V-ラレル

「わたしは和夫にバカと思われた」【個別有情行為者】

感情評価的態度動詞：愛される、憎まれる、嫌われる、好かれる、恐れられる、慕われる、惜しまれる、見込まれる、気に入られる、目をかけられる、見そめられる、喜ばれる、見捨てられる、望まれる、疎まれる、恨まれる、尊敬される、軽蔑される、重んじられる、重視される；疑われる、怪しまれる、諦められる、否定される；ほれられる、etc.

まず、a の基本構造の用例を挙げる。手元のデータの AA 感情＝評価型は、ほとんどがこの基本構造の受身構文だった。

(160) 「いやよ、わたし変われるもん。順正に愛されるためなら、なんだってできるもん」(冷静)

(161) 「[前略] トシ子、おまえ、自分の両親から嫌われたことがあるか？」(冬の旅)

(162) この娘さんはねえ、[中略] 帝大付属病院の看護婦になったんだよ。器量もいいからさ、患者で来た帝大生に見染められてね、婚約したのさ。[後略]」(胡桃の家)

(163) あなたはお父様もお母様もお許しになったと思っていなさる。いいえ、

お許しになったのではありません！　諦められたんです、見捨てられたのです！（楡家）

(164)　「しかし、一度、上の方から目をかけられると、そんな人たちは感激するね。今まで諦めていた世界に希望の光明がさすのだ。［後略］」（点と線）

(165)　「お前は、きっと、女に惚れられるよ」（人間失格）

次のように、主語に立つ有情者の広義所有物がヲ格で現れることもある。

(166)　ここでも尚中は、ポンペにその才を高く評価され、佐倉へ戻る時、ポンペは特に彼にだけ、ストロマイエルの医書を餞として贈ったと言われている。（花埋み．地）

認識動詞が感情＝評価内容を表わす句や節と共起したｂの構造の受身構文では、動作主が個別の個人ではなく、不特定多数の人々である場合が多かった（波下線は感情＝評価内容）。

(167)　「だが、小塚原などに縁もゆかりもない我々が行っては不審に思われないかな」（花埋み）

(168)　俺はあんなことをしてきたんだし、みんなからいやな目で見られても仕方ないんだ。（冬の旅）

「愛される、恨まれる」などの感情評価的態度動詞は、通常、－トで導かれる引用節と共起することはない。しかし、「疑われる、信じられる」などの動詞では、引用節と共起した例が見られる。これは、これらの動詞が知的活動を表わす動詞にも近いことを表しているのだろう（波下線は引用節）。

(169)　「よく聞くがいい、役目で不審な者をしらべるには、来客をもてなすようなわけにはいかない、多少の違いはあっても、いずれは手荒な手段をとらなければならないだろう、おまえが強情を張れば張るほど余罪ありと疑われ、やがては牢問いにもかけられなければならない、そこをよく思案したうえ、仔細を残らず話したらどうだ」（さぶ）

90　第2章　有情主語有情行為者受身構文

AA 感情＝評価型の周辺と他のタイプ

　感情評価的態度動詞では、不特定一般の人々の習慣的な活動としては、通常の非情物が主語に立つことも少なくない。こうした受身構文は、I 習慣的社会活動型のI 社会的評価型に位置付けた。

(170)　ダイヤモンドは、自然にある物質の中でもっとも硬い物質であり、硬さの程度を表わすモース硬度でいえば、硬度10である。無色透明で、光の屈折率が大きいので、みがくとキラキラと輝き、宝石として尊重される。(化学)

(171)　近年は、脳の話がもてはやされる傾向がありますが、人間の行動や精神活動が脳という物質の現象として説明される科学性に新鮮さが感じられるからでしょう。(記憶)

(172)　規制緩和や自由競争が声高に叫ばれ、能力主義が尊重され出した昨今の時代風潮に対し、「日光」が「共存」のメッセージを伝えている、と見ている。(毎日)

(173)　放送のデジタル化は衛星放送に始まり、さらには、わが国で最も慣れ親しまれている地上波放送についても21世紀早々にはデジタル化されることが決まっている。(毎日)

1.4.2　AA 判断型（知的態度）「私は山田さんに独身と思われた」

　AA 判断型とは、主語に立つ実体が与影者である動作主から何らかの価値付けや判断といった心理的作用を受けることを表わす。AA 判断型は、態度構文の中の知的態度構文に対応している。

(174)　**AA 判断型**

対象＝受影者	動作主	判断内容	判断を受ける
A N －ガSUB	AN－ニCOM	IN ／節－ト／ニ COM	思考 V ラレル

　「わたしは山田さんに独身と思われている」【個別有情行為者】
　構造は (174) が基本であるが、思考判断内容を表わす形式のバリエーションとして、「AN-ガ　AN-ニ　N-デ／ノヨウニ／トシテ　思考 V-ラレル」(わたしは

叔母さんに子供のように思われている）という形もある。

　動詞は、次のような思考動詞が要素となる。奥田（1968-72）が述べるように、〈知的な態度のむすびつき〉を構成する専用の動詞は少なく、ほとんどが思考動詞で構成されるのだが、有情主語の受身構文の場合、AA 思考型と AA 判断型を構成する動詞はやや異なっている。というのも、「思われる」や「考えられる」を述語とした AA 思考型の有情主語受身構文[26]がほとんど存在しないからである。

(175) みなされる、思われる、考えられる、知られる、認められる、etc.

　AA 判断型の受身構文はあまり多くない。これは、対象に対する判断が中立的な場合が少ないためである。有情主語の場合、対象に対する判断内容が感情＝評価性を帯びることが多く、その場合は AA 感情＝評価型となる。実際、以下に挙げる用例でも、特に思考判断内容が名詞句や形容詞句であると、評価性に完全に中立な例を見つけるのは難しい（波下線は思考判断内容）。

(176) 「盗む気持がないのに盗んでしまうというのは、それは、どういうことかな。こんどの場合は、月に三千円しか生活費がないので切羽詰って盗んだのは判るが、しかし、二度三度とかさなっちゃ、常習犯と見做されても仕方ないな。……しかし、僕は、きみが好きになれそうだよ。[後略]」（冬の旅）

(177) 「佐久間君、君はぼくと違ってたくましい男だが、人間というものはねえ、寿命がわかってみると……あと何年も生きられない、それも普通の症状ではなく、……まあそんなことは話したくないが、天寿というか、その残された何年かを……それを非国民というふうに思われるとぼくは非常に辛いんだ」（楡家）

(178) 「なんど精のつく食べ物を届けようかと思うていたのやけれども、この不自由なときに当てつけがましと思われてはいかんと思うて控えていたのやして。[後略]」（華岡青洲）

(179) 「[前略]おい、黒、おめえ、まずいことをしたなあ。宇野が少年院のなかから指図をしたように考えられたら、佐倉の言ったように、宇野が

困るよ」(冬の旅)

(180) ――これは寄場が牢と違うところの一例で、行状がよいと認められれば、常着になって外出もできるし、面会人があれば会うこともできた。(さぶ.地)

知覚動詞も広義認識動詞として、AA判断型を構成する。

(181) 「ここから出ていっても、島ぬけとみられてどんなめにあうかわからねえぞ」(さぶ)

(182) 「[前略]九人もの少年が通ってみろ。奴等に、学習院の脱走生にちがいない、とすぐ気づかれてしまうぜ」(冬の旅)

AA判断型の周辺と他のタイプ

次の例は、「華岡直道(於継の夫)」に視点があたっていて、彼が主語であればAA知的態度型であるが、ここでは「疑う」の動作主である「加恵」に視点があたっているので、自発用法である。

(183) 加恵はしかし待ちに待った華岡直道を見たときは、これが於継の夫かといたく失望した。[中略]そして言動に到ってはもう加恵がどういう期待をかけようもないほど粗野であった。大きな桐の紋付を彼は常用していたが、夜はそのまま寝てしまうのではないかと疑われるほど、それはよれよれで古びて穢なく、もう幾年も水を通したとは見えず、つまり紋服の態をなしていなかった。(華岡青洲.地)

1.4.3 AA表現的態度型 「私は母親に叱られた」

AA表現的態度型とは、主語に立つ有情者が動作主である有情者から主に言語活動による感情=評価的な態度を受けることを表わす。

(184) AA表現的態度型

a: | 対象=受影者 | 動作主 | 所有物=対象 | 発言内容 | 表現的態度を受ける |
|---|---|---|---|---|
| A N －ガSUB | AN－ニCOM | (I N －ヲCOM) | (節－トMOD) | 表現的態度 V－ラレル |

「わたしは母親に(夜遊びを)(やめなさいと)叱られた」

b．$\underset{\text{所有者＝受影者}}{(AN-ノ_{MOD})}\underset{\text{所有物＝対象}}{IN-ガ_{SUB}}\underset{\text{動作主}}{AN-ニ_{COM}}$ 表現的態度 V-ラレル

「彼の研究は先生に褒められた」

表現的態度動詞：ほめられる、叱られる、怒られる、怒鳴られる、からかわれる、励まされる、責められる、そしられる、訴えられる、拒まれる、非難される、批判される、口説かれる、注意される、侮辱される、説教される、説得される、etc.

まず、基本構造である有情者が主語に立つ例から見ていく（波下線は発言内容の引用）。

(185)「ひとさまにごちそうになったりすると、ママにすごく叱られるわ。とくにいっしょにお食事するのは、よくよく心を許したかたでなければだめですって」（聖少女）

(186)「さらし者にされてるようなもんだよ。いまのナガセの心境はね。お説教なんかされたくないだろうし、励まされるのもまっぴらだよ。失敗したよ」（ドナウ）

(187)「ねぇ、私、聞いたんだけど、アッコの噂」／「あら、私の噂ってなによ」／「ゴルフ部の伊坂さんに口説かれたって」（女友だち）

(188)「修一郎だってかわいそうな男なんだ。実の父親から拒まれたら、あああなるよ。[後略]」（冬の旅）

奥田（1968-72:126）も指摘するように、表現的態度動詞による能動文のヲ格に現れるのは主に有情者であるが、必ずしも有情者に限らず、有情者の身体部位や生産物、様子、行為、性格など、広義の所有物＝非情物がヲ格に現れることもある。次の例は、こうした有情者の所有物＝非情物が受身構文の中にヲ格のまま現れた例である（波下線は有情者の所有物）。

(189)「前にも髪をほめられたことはある？」（世界の終わり）＋

(190)「こないだは種一のやつが服装のこと注意されてたよ。ネクタイしてこいってさ」（新橋烏森口）

(191)しつけのきびしさを非難されることを口にはするが、彼女は果たし

てどれだけそれを自覚していることだろうか。(裸の王様.地)

(192) もちろん彼女はそのみやびやかならざる言動を、学習院出の貴族的な姉たちから叱られればそのときはしゅんとなった。(楡家.地) +

表現的態度動詞の中には、動作主が不特定一般の人々である受身構文によく用いられる動詞がいくつかある。「からかわれる、批判される」といった動詞である。これに対し、「叱られる、注意される、説教される」などの動詞が不特定一般の人々が動作主である受身構文に用いられることは少ないだろう。

(193) (手紙の文面)「ジュンちゃんやみんなに会えないのがとっても淋しい。私たちって、やっぱりみんなにからかわれるようにメダカちゃんなのかしら」(女友だち)

(194) さらに、民間企業とくらべて官業のひどさがきびしく批判されるが、それはややきびしすぎる。日本の国鉄や郵便局は、批判はされても、まずほめられることはない。(ゆとり)

次の例は、有情者の所有物である非情物が主語に立った、下位構造 b の例である。(198)の動詞「ほじくり返される」は本来位置変化動詞であるが、ここでは「再び責められる」というような意味の表現的態度動詞相当で用いられている。統計を取ったデータの中で、非情主語の AA 表現的態度型 (下位構造 b) は、(195) と (198) の 2 例のみだった。

(195) 「[前略] 出しとあげやす。きっとォ、あんたの人形さんはみんなに賞められますわ」(越前竹人形)

(196) 口をついて出た言葉も小陸に非難されているようで加恵には後ろめたかった。(華岡青洲.地) +

(197) 一夜明くれば裸のまま大人でさえ渡りかねる浮世に投げ出され、生きるための盗みかっぱらいが運わるくとがめられただけで、わが身の上に櫛の歯ひく如くおそいかかる、突拍子もない出来ごと、[後略]。(プレイボーイ.地) +

(198) 「[過去の盗みについて] あのときのあれが」と彼は吃り、唇を舐めて云った、「いまになって、ほじくり返されるんですか」(さぶ)

AA表現的態度型の周辺と他のタイプ

奥田(1968-72：127)も述べるように、「表現的な態度」は「感情＝評価的態度」を表わす動詞と意味的にきわめて近い（「からかわれる」と「あなどられる」など）。両者の構造的な違いは、AA表現的態度型では、次のように発言の内容を表わす引用句と共起することがある点である（波下線は引用句）。

(199) 「俺は、宇野はこないだろうと言ったんだ。そしたら安に馬鹿野郎とどなりつけられてよ」(冬の旅)

(200) ［前略］いちどお断りしたんですけど、課長さんもかあさんも、良縁だからぜひぜひって、毎日のようにせめられて、［後略］(忍ぶ川)

(201) 「………ウン。でもね………また野村先生に余計な知識入れて、って怒られちゃうけど………」(砂の上の恋人たち)

特に、「名詞句／形容詞句−ト 言われる」という構造で、発言内容を表わす引用句に評価的な名詞／形容詞が現れると、AA相手への発話型（AA相手）が意味的にも構造的にもAA表現的態度型に移行する。構造的には、相手の受身ではなくなり、主語に立つ有情者は、対応する能動文のヲ格名詞句（直接対象対象）と見なせる。

(202) 「［前略］おめえはみんなからぐずと云われ、ぬけてるなどとも云われながら、辛抱づよく、黙って、石についた苔みてえに、しっかりと自分の仕事にとりついてきた、［後略］」(さぶ)

(203) ……ところがねえ、あたしはお尻がまくれないのよ、あたしは顔立ちはまあまあだったけど、女学生仲間で練馬足だなんて言われて、つまり少し足が太かったわけね。(楡家)

(204) 「彼女は、自分の母を、［修一郎に］女中だと言われて、あんなことを仕出かしたのでした」(冬の旅)

次の例は、構造上AA相手への動作型（AA相手）から派生したものであろうが、ヲ格名詞の性格から、全体が慣用的に「表現的態度」を表わしている。

(205) ［前略］さぶはあるきだしながら、小舟町のへ奉公に来てから三年間の、休む暇もなくあびせられた小言と嘲笑と平手打ちのことを語った。(さぶ．地)

(206) 「おれは人に干渉なんかされたくないんだ。＊＊さん（と私の姓を呼んで）に口を出される覚えはないよ。」（草の花）

次の「罪に問われる」も、「責められる、非難される」という行為の社会的なものとして、AA表現的態度型の周辺的タイプと考えられるだろうか。

(207) その慾望を満たすためにかねを払った人間は、法律がちゃんと保護しますが、かねを持たなかったら忽ち無銭飲食という罪に問われますよ。
（青春の蹉跌）

1.4.4 AA呼称型 「私は良子にお母さんと呼ばれた」

AA呼称型とは、主語に立つ実体＝対象が動作主から何らかの呼称を付与されることを表わす。「呼称」には、「花子／山田さん」などの個人名を表わすものや、「お母さん／部長／先生／お嬢さん」などの社会的役割を表わすもの、「あなた／彼女」など人称に関わるものがあるが、動作主は、主語に立つ対象を認識し、それと関わる際に、当該の呼称をいわば足がかりにしているのである。主語に立つ対象は、動作主から何らかの呼称を付与され、行為実行後はその呼称を持ったものとして扱われる。この点で、「意義」を付与されるI意義づけ型にも通ずるところがある。

(208) AA呼称型

対象＝受影者	動作主	名称／呼称	呼ぶ行為を受ける
A N－ガSUB	AN－ニCOM	N－ト／N－トイウ名デCOM	呼称 V－ラレル

「わたしは初めて良子にお母さんと呼ばれた」

呼ばれる、称される、名づけられる、言われる、etc.

上の構造提示からもわかるように、AA呼称型の要素となる動詞は非常に少ない。また、動作主が特定の個人であるAA呼称型の用例はほとんどなく、頻度も非常に低いと言える。次の例は、わずかな実例の一部である。

(209) 「日本の方には、私の名前は舌を嚙みそうなくらいに言いにくいって、マサコに教えられました。みんなは、私をシギィと呼びます。しかし、私はまだあなたに、シギィと呼ばれたくありませんねェ」（ドナウ）

(210)　「嫂と呼ばれながら、あなたには何もしてあげられなんだと思うてのし。すまんことでござりましたよし[27]」(華岡青洲)

次の例は、「N-トイウ 言い方を される」という受身構文だが、これも意味的には AA 呼称型である。ただし、主語はもとの能動文の相手ニ格である。

(211)　「武田君なんて言い方されると照れるな、いつもの呼び方でいいのに」（冷静と情熱）

AA 呼称型の周辺と他のタイプ

　AA 呼称型は動詞の生産性のみならず、個別具体的な動作主の場合、頻度もかなり低い。また、「N-ヲ 呼ぶ」という連語は、奥田（1968-72：128）でも、〈表現的な態度のむすびつき〉の中で簡単に扱われているのみである。にもかかわらず、あえてこの構造を１つのタイプとして立てるのは、動作主が不特定多数の一般の人々になると、格段に頻度が高くなるからである。特に、非情主語の場合、動作主が不特定多数の一般の人々である呼称の受身構文タイプの頻度は非常に高く、これはⅠ社会的呼称型としてⅠ習慣的社会活動型の１タイプとして立てた。

(212)　鮎太は誰からも、シンドウ、シンドウと呼ばれていた。梶とも、鮎太とも呼ばれなかった。「神童」という言葉がそのまま鮎太の綽名になったのである。（あすなろ.地）〈AA 呼称型〉

(213)　つまり、きわめて単純な形のインパルスとよばれる信号が網の中を走りまわっているのです。（記憶）〈Ⅰ社会的呼称型〉

次のような、「名前を 呼ばれる」という表現は、対象に呼称を付与し、その呼称で扱うという態度ではなく、より物理的動作が表わされている。「名前を呼ぶ」ことで何らかの動作を促していることから、これは AA 催促型である。

(214)　「［前略］今から旗手と補助を指名するので名前を呼ばれた者は前に出ろ」（自転車の夏）

(215)　栄二がなにか云おうとしたとき、廊下から名を呼ばれ振り返るとお

すえがいた。(さぶ.地)

1.4.5 AA 評価動作的態度型 「私は兄にいじめられた」

AA 評価動作的態度型とは、主語が与影者である動作主から何らかの評価を伴った扱いを受けることが表わされる。主語に立つのは原則として有情者だが、有情者の広義所有物が主語に立つ場合もある。

(216) AA 評価動作的態度型

a：
対象＝受影者	動作主	所有物	評価的処遇を受ける
A N－ガ SUB	AN-ニ／カラ COM	(IN-ヲ)	評価的処遇 V-ラレル

「和夫は、(提出した企画書を) 部長に笑われた」

b：
		評価的処遇の仕方	
AN-ガ	AN-ニ／カラ	N-ニ／ト／Adj連用	処遇／選択／例示 V-ラレル

「和夫は祖父母に大事にされて育った」【個別有情行為者】

(217) 評価的処遇動詞：いじめられる、いたぶられる、いびられる、笑われる、なめられる、かわいがられる、甘やかされる、チヤホヤされる、ふられる、放っておかれる、見放される、捨てられる、見捨てられる、出し抜かれる、からまれる、胡散臭がられる、こき使われる、追い使われる、利用される、操られる、翻弄される、差別される、邪魔される、敬遠される、敬礼される、歓迎される、世話される、表彰される、スカウトされる、かまわれる、助けられる、救われる∵だまされる、あざむかれる、裏切られる、はめられる、慰められる、脅される、誤魔化される、心配させられる、悲しまされる、惑わされる、ばかされる、くどきおとされる、ときふせられる、言いくるめられる、やりこめられる、etc.

(218) 処遇／選択／例示動詞：される、扱われる、操られる；選ばれる、推される、採用される、決められる、登録される、承認される、指名される；例えられる、なぞらえられる、見立てられる、あてはめられる、数えられる、間違えられる、etc.

AA 評価動作的態度型の要素となる評価的処遇動詞は、対象へのプラスかマ

1 AA直接対象型（AA直接） 99

イナスの評価的態度が、認識にとどまらず動作となって現れることを表わしている。一方で、これらの動詞は動作の具体的な過程を表わすのではなく、対象への物理的働きかけにおいて、感情＝評価的な心理作用をもって対象へ近づいていく過程を表わしている点で、やはり心理動詞である。また、下位構造ｂのように、「大事にされる」など、評価的態度を含んだ形容詞や形容動詞、名詞のニ格ないしト格・トシテを伴った処遇ないし選択、例示動詞（(218)）も、AA評価動作的態度型を構成する。

以下、実際の用例を見ていく。まず、有情主語の例を挙げる。最初に挙げるのは、基本構造ａの評価的処遇動詞が要素になった例である。

(219)　「あんたのパンチ、ひとつも入ってないよ。もっと強い人とやったら、笑われるよ。やめて、みっともないから」（一瞬の夏）

(220)　「金の切れめが縁の切れめ、ってのはね、あれはね、解釈が逆なんだ。金が無くなると女にふられるって意味、じゃあ無いんだ。[後略]」（人間失格）

(221)　「しかし女が医者のような殺伐な仕事をしたいなどと言えば、親兄弟から見放されるであろう」（花埋み）

(222)　俺はもうこんなことやってるのが、いやになったんだ。あのじじいに操られて、うっかり始めたが、もう沢山だ──［後略］[28]（野火）

(223)　たぶん、女遊びもしたことのない弟は、男には海千山千のその種類の女に翻弄されて、心中をせがまれたに違いありません。（点と線）

(224)　「（首を竦め）ドタキャンされちゃった。仕事だからって‥‥‥‥」（砂の上の恋人たち）

(225)　「婿に出したのだと思えば、あれこれと若いあなたたちに過分な期待をしなくてすむから、裏切られることもありませんしね」（結婚式）

(226)　「俺は、ある日突然、人からだまされるようになった。ある日突然にだ。自分でもあきれるくらい、見事にだまされ始めた。不思議だな。何かの悪霊に取りつかれたとしか思えないよ。俺より百倍も頭の悪い連中に、まんまとはめられた。うぬぼれてたんだな。きっと俺は、うぬぼれてた

んだ」(ドナウ)

動作動詞が慣用的に AA 評価動作的態度型を表わすこともある。

(227) 「まったく覚えのねえぬれぎぬをきせられて、十年も勤めた店を追い出され、ひと言のいい訳もきいてもらえなかったのでかっとなった、[後略]」(さぶ)

(228) 「あなたに手を合わされても、ひとみは喜ばない」(砂の上の恋人たち)

(229) ……まして突き倒されるなんてことは……。あたしは、こういう目に会わされて、黙って忍従できる女ではありません。(楡家)

(230) 「亭主が死んで、とたんにむくむく肥り出したわけだねえ。まるで家の中いっぱいになるくらい膨れ上ったんだが、とすると、亭主にさんざん抑え付けられていたんだなあ」(植物群)

(231) 「そう、やめます。僕にもプライドがあります。プライド壊されたよ」「内藤にですか？ どういうことなんです、エディさん」(一瞬の夏)

(232) 「えらい剣幕で出てったのに、帰ってきたら、ひどくしおれてる。麻沙子さんに、相当とっちめられたんだなァ」(ドナウ)

次に、評価的態度を含んだ処遇の仕方を表わす形容詞や名詞を伴った処遇動詞（下位構造 b）の例を見ていこう。ここでも、「笑い者／のけ者／ダシにされる」「相手にされない」など、かなり慣用的なものもある（波下線は処遇の仕方）。まず、名詞がニ格やト格に現れた例を挙げる[29]。

(233) 「そのほかに道はねえ、ぬすっとにされたまんまで生きちゃあいかれねえ、生きていかれるもんか、おらあきっと慥かめてみせるぞ」(さぶ)

(234) 上級生と下級生と一緒にされてたまるもんじゃない。(楡家)

(235) そうしたおりょう婆さんに関する風評は、何となく、子供の鮎太の耳にも入っていたが、どうして村人が祖母のことを悪く言うのか、その理由はよくは納得行かなかった。／「すっかり功は人質に取られて、喰い物にされとる！」(あすなろ)

(236) 鮎太は、勉強はしていなかったが、黙って大学生の方へ頷いてみせた。急に自分が大人扱いにされているような変な気がした[30]。(あすなろ.地)

(237) 喫茶店で映画会社重役の目にとまり<u>ニューフェース</u>に<u>推された</u>という<u>高倉健</u>は、そのままスター街道をのぼりはじめた。(毎日)

(238) 彼らは院長夫妻と明瞭に血のつながりを持っている人たちなのだ。しかし、<u>彼ら</u>はまだ<u>書生の部類</u>に<u>数えられ</u>、書生と似たような生活を送ってきたのだ。(楡家.地)

(239) 「<u>井村</u>はね、この前、<u>痴漢</u>と<u>間違えられ</u>て、いや痴漢になりかかって警官に摑まったよ」(植物群)

次に、同じ下位構造bで形容詞ないし形容動詞が評価的な態度を表わしている例を挙げる。

(240) <u>楡家</u>って家は、本当に冷たい、たとえようもなく冷たい家ね。<u>上の者</u>は、質のいい人たちは<u>大事にされる</u>わ。でもそれは愛情じゃなくって、功利的なだけなのよ。(楡家)

(241) それでも、こんなふうに無下に、<u>冷淡に</u><u>扱われる</u>と、人間である以上必然的に一種の……たとえてみれば人とも世とも距てられたというような感情を抱きたくなりますよ。(楡家)

(242) <u>そのメデル</u>が、<u>若いボクサー</u>に<u>軽くあしらわれ</u>、涙を浮かべながら引退の十点鐘に聞き入っている。私は顔をそむけた。(一瞬の夏.地) +

次の例は、「鼻であしらう」というむすびつきが慣用的で、このむすぎつき全体が評価的態度を含んでいる。

(243) どうやら<u>ぼく</u>は<u>鼻であしらわれ</u>たらしい。あらかじめ<u>彼</u>は用意して待っていたにちがいないのだ。(裸の王様.地)

AA 評価動作的態度型の周辺と他のタイプ

　AA 評価動作的態度型は、AA 感情＝評価型とよく似ている。いずれも、動作主の対象に対する評価的な態度を表わしている。違いは、前者がその評価的な態度を動作として表わすのに対し、後者は認識的な態度にとどまっている点である。この意味の違いが関わってか、AA 評価動作的態度型は対象に有情者のみを取る動詞が多い。(217)に挙げた動詞の例を見ても分かるように、「いじ

める、いたぶる、いびる、なめる、かわいがる、甘やかす、ふる、出し抜く、からむ、胡散臭がる、こき使う、翻弄する、邪魔する、世話する、だます、あざむく、裏切る、慰める、心配させる、悲しませる、惑わす」など、対象に有情者しか取らない動詞である。また、「利用する、操る」などは、モノを対象に取る場合は評価的態度を表わさないものの、対象が有情者になると評価動作的態度の動詞になる。

次の例はわずかな非情主語の例である。非情主語の例は、次に挙げる5例のみである。これらは、すべて主語が有情者の広義所有物と考えられ、益岡(1991a)の潜在的受影者のいる受身構文である。

(244)「やはりあなたの場合、特に今となってはそこまではっきりと徹底した考えをお持ちになった方が、何もかも常に『彼女』によって操られているのではないかという不安定な感情を抱かせるお疑いから脱け出すことがおできになるのではございませんかな。[後略]」(エディプス)

(245)「前の課長も君の企画を会議に出すことは出したらしいがね、山持ちの県会議員に一蹴されたらしいよ。これは局長も文句をいえやしない。[後略]」(パニック)

(246)「ふむ、それは一応筋がとおる。わたしも日教組に牛耳られている現在の高校教育というものには根本的に疑問があるとおもっている。文部省も文部省だが……」(聖少女)

(247) 一九一七年八月に参戦した中国は、戦勝国として講和会議に代表を送り、それまでの不利益を一掃しようとした。[中略]しかし、中国側の要求はほとんど無視されてしまったのである。(二十世紀)

(248) しかし君の好きな美的なものは、認識に守られて眠りを貪っているものだと思わないかね[31]。(金閣寺)

次の例は同じく評価的処遇動詞の受身構文であるが、動作主が不特定の一般の人であり、潜在的受影者も認めにくいことから、Ⅰ社会的評価型に分類した。ただし、評価的処遇動詞によるⅠ社会的評価型は数は多くない。

(249) 将来、国境を越えた取引や決済が単一の電子マネーで行われるように

なると主権国家の通貨発行権が脅かされる。(毎日)

(250) とかく外国製品が高くて故障しやすいのにひきかえ、安くて品質のいい日本製品は、世界中の消費者から"熱烈歓迎"されている。(ゆとり)

次の例は、もとは位置変化（AA位置変化型）を表わすものだったと考えられるが、「（大事にされずに）見捨てられる」のようなAA評価動作的態度型に移行しているだろう。

(251) 「母さん、[ぼくたちに]置き去りにされるみたいに感じるかもしれないけど、この方がいいんだ。結果的には母さんを苦しめずに済むと思うよ。[後略]」(結婚式)

下位構造bにおいて、ニ格やト格に立つ名詞に特に評価性がない場合、単なる「意義づけ」を表わしていると考えられるが、個別一回的な事態にはこうした受身構文がみつからなかったため、タイプとして立てなかった。しかし、動作主が不特定一般の人々になると、評価性に中立な例が見つかる。これは、I社会的意義づけ型（I社会）である。

(252) 男子は10〜14歳で元服、女子は裳着（もぎ）という式をあげ、成人として扱われ、結婚年齢は男15歳、女13歳前後だった。(毎日)

(253) ［前略］と、書かれているが、その温容がひと目で純真な子供の心をひきつけたのでもあろうか。一歩教会堂へはいっただけで、たちまち日曜学校の教師に扱われたのは、後にも先にも永野信夫一人であったろう。(塩狩峠．地) +

(254) 本人は西欧への開放改革を行ったピョートル大帝を範としたとされるが、大動乱の時代へ導いた僭越（せんえつ）王ボリス・ゴドノフに例えられることも多かった。(毎日)

同じく下位構造bにおいて、選択動詞と共起したニ格名詞句が社会的地位を表わすと、AA社会的変化型（AA直接）へ移行する。次の例がそうである。

(255) 大統領代行に指名されたプーチン首相については、「エリツィン路線を引き継ぐと言っており、対日政策が大きく変わることはない」(幹部)という見方が多い。(毎日)

次の例は、ラレテイル形でかつ主語の存在場所を表わすニ格名詞を伴っている。これはⅠ存在様態型（Ⅰ存在）へ移行していると判断した。

(256) 翌朝の朝刊には、××省課長補佐、佐山憲一の情死が大きく扱われていた。（点と線．地）

統計を取ったデータではないが、評論文テクストに次のような例が見つかった。この例には、動作主の対象に対する「評価動作的な態度」は読み取れない。こうした例の位置づけについては、今後、さらなるデータの分析が必要である。

(257) そこで、亜鉛が溶け出し、鉄は守られて、さびにくくなるわけである。（化学）＋

次のように、ニ格補語に非情物が現れることもあるが、これは背後にこの非情物を所有する有情行為者（＝潜在的動作主）がいる例であり、周辺的ではあるがAA評価動作的態度型に位置付けられる。

(258) 「きょうは、その言葉にだまされそう。今夜の私、凄く寂しいんですもの」（ドナウ）

1.4.6 AA接近型　「私はチンピラに追いかけられた」

AA接近型とは、主語に立つ有情者が動作主から近づいたり遠ざかったりする態度を受けることを表わす。AA接近型は、奥田（1960）の〈動作的な態度のむすびつき〉（p.263）における「対象にちかづいていくことを表現している」連語と「対象からとおざかることを表現している」連語を構成要素としている。

(259) AA接近型

対象＝受影者	動作主	接近的態度を受ける
A N－ガ$_{SUB}$	AN－ニ／カラ$_{COM}$	接近 V－ラレル

接近動詞とは次のようなものである。ここには、動作主がみずから対象に接近していくことを表わす動詞（追う、つける等）から、対象の接近を動作主が受け止めることだけを表わす動詞（迎える、待つ等）、対象を包囲することを表わす動詞（囲む等）、対象から遠ざかることを表わす動詞（避ける等）などがある。

(260) 追われる、追いかけられる、追い回される、追い込まれる、抜かれる、追い抜かれる、(後を)つけられる、ついてこられる、つけ回される、つけ狙われる、襲われる、見舞われる、迎えられる、訪問される、待たれる、待ち伏せされる、待ち受けられる、待たされる、マークされる、尾行される、狙われる、迫られる；囲まれる、取り囲まれる、取り巻かれる；さけられる、よけられる、やり過ごされる、見送られる、etc.

　奥田（1960）は、こうした動詞の対象（かざりになる名詞）は「一般的にいえば、具体名詞と現象名詞とにかぎられている」(p.264)とするが、動作主が有情者である AA 接近型の主語に立つのは原則的に具体名詞で、かつ有情者である。奥田（1960）の挙げている現象名詞の例には次のようなものがあるが、こうしたヲ格名詞が受身構文の主語に立つとは考えにくい。

(261) 倫は美夜の重態をみまいに病院にいっていたが……（女・160）

(262) かれは自宅の方で……扇屋得右衛門のかえりをまちうけていた。（夜・225）

(263) ……わたしは、いくどとなく夜あけをまちうける心にかえっていった。（侍・146）

(264) ……一高の学生が一人あぐらをかいて……あつい日ざしをよけながら、岩波文庫らしいものをよみふけっている。（寺・91[32]）

有情者（具体名詞）のみが主語に立つ（対象になる）ことから、受身構文の場合は、「態度動詞」というよりきわめて「動作動詞」に近いと言える。

　以下、実際の用例を見ていこう。

(265) 夜道で男にあとをつけられたので、恐怖のあまり幻覚を起した、と女は言った。（植物群．地）

(266) 「犬がこわいといえば誰でもわらうが、僕は子供のころ、ふるさとの祭りの日に、狂犬に追われて晴着の裾を嚙みとられたことがあるのだ。［後略］」（驢馬）

(267) 「あたしひとりじゃ無理だわね。すぐにタクシーであとをついてこられたら、この道の狭いウィーンじゃあ、まけやしないよ」（ドナウ）

(268) 山を越えてやってきた兇悪な前科者だか脱獄囚だかに襲われ、殺されて山の中へ埋められているのではないかとかね。(エディプス)

(269) 「人間はみんな他人をつけ狙うよ。精神病者というものはよく何者かにつけ狙われるそうだね。[後略]」(楡家)

(270) モリオリはポリネシア系の海洋民族で、13世紀ごろに海を渡って島に来たが、[中略]この日を選んで結婚した若いカップルが迎えられ、さまざまな先祖を持つ人々が一つになって新しい時代を祝福した。(毎日)

次にあげる動詞は、動作主が対象に対して「包囲」という特殊な位置関係で接近することを表わす動詞である。

(271) 「(見据えて)さっき、週刊誌の記者に囲まれた」(砂の上の恋人たち)

(272) 「まず、思想・哲学部会をつくりなさい」と言ったんですが、(設置に至らず)その部分が弱かった。非常に不満だった。中教審(中央教育審議会)を中心とする官・民の文部族に囲まれてできなかった。(毎日)

(273) 加恵は遅ればせに玄関に顔を出し、三和土に立って於継や妹たちに取囲まれている雲平を見た。(華岡青洲.地)

(274) 忽ちにして、運動場の真中で、雪枝は紺の制服たちに取り巻かれた。(あすなろ.地)

包囲動詞では、行為者が非情物であることもある。しかし、数は多くないので、本研究ではこれを別のタイプとしては立てなかった。

(275) しかし、鮎太は、別に生活に不満はなかった。他人の眼にはどう映ろうと、結構祖母に可愛がられて育っていた。何年も祖母の皺くちゃな両脚に挟まれて寝ていたし、夕食の時は、祖母から彼女が若い時祖父と共に行ったという日光や、身延山や、それから京大阪の町の話などを聞いた。(あすなろ.地)

(276) 下田の婆やはといえば、そんなふうに争奪戦の間に挟まれ磔みたいに腕を引っぱられながらも、平気でたいそうの鼾をかいて眠りこけた[33]。(楡家.地)

(277) 気がつくと、いつの間にかコンピューターに包囲されているのに驚く。

政府も企業も家庭もコンピューターに組み込まれてしまった。(毎日)

また、次の例は、対象から遠ざかるという接近とは逆の行為を表わす動詞であるが、これも AA 接近型に含めることにする。

(278) 澄江と、つる子はこわいものを見るように修一郎を避けた。それが修一郎にはわかった。刃物を握ってしのびこみ父を刺した以上、みんなから避けられても仕方のないことだ、と修一郎は考え、三十分ほどで出てきたのである。(冬の旅.地) +

(279) 先ず床屋で鼻髭を落し頭を丸坊主にして、戦闘帽に巻ゲートルをはき、奉公袋をさげて妻や義兄に見送られ、福塩線の汽車に乗る[34]。(黒い雨.地) +

非情主語の AA 接近型は次の1例のみである。有情者の所有物が主語に立つ、潜在的受影者のいる受身構文である。

(280) 「どういうことかな。どうしてこの絵だけが狙われたんだろう」(冷静)

AA 接近型の周辺と他のタイプ

包囲動詞が、「AN-ガ 異性-ニ 包囲 V-ラレテイル」という構造で用いられると、「ちやほやされる、もてる」のような感情=評価的態度を帯びた意味を表わすようになる。ラレテイル形で慣習的な事態でもあるので、I 特徴規定型 (I 超時) にも近い。今回は AA 接近型の周辺に位置づけた。

(281) 「おまえは幸福だよ。いつも女にとりまかれているからな。刺青をするときは痛いのか？」(冬の旅)

(282) 「俺には理解できないんだけど、こいつはやたらもててたな。いつも大勢の女性に囲まれていた」(冷静と情熱)

(283) 「ほら、国立の医大なんて女がいないところでしょう。だからうちの姉ぐらいでも、男の人に追いかけられて大変みたい」(女友だち)

超時的事態を表わす II 位置関係型 (II 関係) は、包囲動詞から構成される。「具体 IN-ハ 具体 IN-ニ 包囲 V-ラレテイル」という構造で、先行する変化が想定されなくなると、II 位置関係型へ移行する。先の (277) は、ラレテイル形

でかつ行為者が非情物であるので、位置関係へ近づいているが、「いつの間にか」という副詞があるので、まだ先行する変化が想定されている。両タイプの中間に位置しているが、AA接近型に分類した。次の例はII位置関係型である。

(284) ロシア革命後、第二次世界大戦までの時期には、社会主義国家はソ連一国に代表されていただけであり、そのソ連が資本主義諸国に包囲されていた。(二十世紀)

(285) 沖縄は日本本土をはじめ、現在の中国や朝鮮半島、東南アジアの国々との中継貿易が盛んだった。中国や日本に挟まれた小国の繁栄は、こうした海外貿易によって支えられた。(毎日)

さらに包囲動詞による受身構文は、ニ格に現象名詞が立つと、II現象受身型（II現象）を表わす。

(286) 月の光に見ると、僕等の舟は泡立った波に囲まれて、湾の中心を村とは反対の方角にやや押し流されて、ぽつんと孤立していた。(草の花．地) +

(287) 金閣が見えはじめた。木立のざわめきに囲まれて、それは夜のなかで、身じろぎもせず、しかし決して眠らずに立っていた。(金閣寺．地) +

「追われる、迫られる、駆られる、つきまとわれる、見舞われる」など、多くの接近動詞は、有情者ではなく非情物のニ格名詞句（特に抽象名詞）と共起することで、AI心理・生理的状態型（AI状態）へ移行する。

(288) 「主婦って大変なんですよ、旦那の世話に追われて、子供の世話に追われて………［後略］」(砂の上の恋人たち)

(289) ぼくは大田夫人がどれほどの必要に迫られてその質問をしたのか、はなはだあいまいな気がしたので、はぐらかしてしまった。(裸の王様．地)

(290) それと同じに、私も最初の一、二行を書き記し、ふたたび茫然とした時間に見舞われる。(植物群．地)

2　AA 相手の受身型（AA 相手）

AA 相手の受身は、対応する能動文ではニ格で標示される動作の相手が主語に立つ受身構文である。AA 相手の受身には、次の 6 つのサブタイプを含めた。

AA 譲渡型	「私は彼に手紙を渡された」
AA 相手への動作型	「道で子供に石を投げられた／水をかけられた」
AA 相手への発話型	「親に将来のことを聞かれた／彼にもう会わないと言われた」
AA 相手への提示型	「部下に報告書を見せられた」
AA 相手への要求型	「先生に掃除を頼まれた」
AA 相手への態度型	「子供に逆らわれる／親に干渉される」

2.1　AA 譲渡型　「私は彼に手紙を手渡された」

AA 譲渡型とは、主語に立つ有情者が動作主から対象の所有権（占有権）を譲渡されることを表わす。AA 譲渡型では、対応する能動文におけるニ格名詞である相手＝着点の有情者が主語に立つ。

(291)　**AA 譲渡型**

相手着点＝受影者	起点＝動作主	対象＝所有物	譲渡関係の変化を被る
A　N　－ガ SUB	AN-ニ／カラ COM	I　N　－ヲ COM	譲渡 V －ラレル

「私は彼に手紙を手渡された」【個別有情行為者】

AA 譲渡型には、次のような動詞が用いられる。ただし、ここに挙げた動詞がひとしく AA 譲渡型の要素となるわけではない。AA 譲渡型の要素となりやすいか否かは、主語に立つ有情者の「相手」としての対象性の高低にかかわる問題だろう[35]。

(292)　与えられる、贈られる、渡される、引き渡される、受け渡される、売られる、貸される、譲られる、預けられる、恵まれる、ささげられる、戻される、返される、授けられる、配られる、払われる、寄せられる、

託される、あてがわれる、ふるまわれる、供給される、提供される；負わされる、科せられる、etc.

例えば、「売られる」などは有情者が主語に立って具体物がヲ格に立つ受身構文は手元のテクストには見当たらない。具体物がヲ格に立った受身構文には、はた迷惑の意味が読み取れる。

(293) a．和夫は良子に辞書を売った。
　　　b．良子は和夫に辞書を売られた。

有情主語受身構文の「売られる」のヲ格対象には「喧嘩／恩を売られる」といったかなり慣用的な組み合わせの受身構文が見られた。

奥田（1968-72）も述べているが、譲渡関係を表わす動詞は、位置変化動詞がニ格に場所名詞ではなく有情者をとることによって譲渡の意味を獲得したものが少なくない（波下線は対象）。

(294) 万全の準備をしてから、加恵は夫に与えられた薬湯に口をつけた。(華岡青洲．地) +

(295) 隣の内儀の家からは塩引の鮭を差し入れされて、ぎんは淋しいが、食べる方は結構見劣りしない正月気分を味わった。(花埋み．地)

(296) 「お茶汲みだけじゃないのよ。キャッシュカードを渡されて、銀行へ行くのよ。そして課長や部長のキャッシュをとってくるの。[後略]」(結婚式)

(297) 韓国のコミッションからの正式な招請状だった。／「今日、事務局に届いたそうだ。今、そういって手渡されたんだけどね」(一瞬の夏)

(298) 草下萌子が泣いたのは、「彼」が自分の愛を受け入れてくれなかった悲しみのためではなく、第三者のいる前で手紙を突っ返されるという思いがけない出来ごとに出会った衝撃や、恥をかかされ誇りを傷つけられた怒りのためであったろう。(エディプス．地) +

(299) 大学出の幹部候補生は、若いうちから美人秘書つきの個室をあてがわれ、工場の現場へはやって来もしない。(ゆとり)

(300) 吉川が帰るとすぐに、信夫は、待子の夫から贈られた聖書を開いた。(塩

狩峠.地）＋

奥田（1968-72:87）も述べているが、「あたえる」という動詞は、抽象名詞とも自由に組み合わさる。

(301) 山ばっかり行っている文太郎を人並みの人間にしてくれと、花子に遺言して死んでいった父のことを思うと、彼が山が好きだということが、彼の周囲の者に異常な心配をかけていることになり、それが父のいうところの人並みでない人間としての評価を与えられるのではないかとおもった。（孤高の人.地）＋

(302) はたして、その後、石田部長から商売上の便宜を与えられました。（点と線.地）＋

AA 譲渡型の周辺と他のタイプ

次の位置変化動詞による例は、「人-ガ モノ-ヲ 出される」という構造になっている。これは、対応する能動文で、ニ格の譲渡相手が主語に立った受身構文と見なし、AA 譲渡型に分類した。

(303) 「ゆでたままのジャガイモを、皿にひとつポコンとのっけて出されたときと、そのジャガイモをすりつぶし、グリンピースや、角切りにしたにんじんをまぜて、体裁よく出されたときとでは、われわれの食欲がちがう。[後略]」（ブンとフン）

次の例は、有情者主語の AA 譲渡型と非情物主語の I 所有変化型とのコンタミネーションであろうか。ガ格で標示されるべき有情者がニ格で現れている。

(304) 多市、重七、五郎の三人には、それぞれ自分ひとりの四畳半を与えられているが、こっちの五人はなにもかもこみで、衣類や日用品、蒲団や持物なども、三間の戸納に仕切りがあって、その中へ入れるようになっていた。（さぶ.地）

所有変化を表わす動詞の基本的なもの[36]は、心理的状態や生理的状態を引き起こすことを表わす表現に用いられることが少なくない。ヲ格に有情者の心理・生理を表わす名詞が立ち、心理・生理的状態を引き起こした原因は非情物

の行為者としてニ格に現れる。次の例は AI 心理・生理的状態型（AI 状態）である。

(305) はじめて夫人が太郎をぼくのところへつれてきた日のこと、山口に対してしんらつで的確な評を一言下したこと、川原へ太郎をつれだすときに言葉とはひどくうらはらな、なげやりな違和感を<u>あたえられた</u>こと、そして夜ふけの広場でかいまみた眼の異常な輝きと酒の霧。(裸の王様.地)

また、ヲ格に「病気・疾患」を表わす名詞が立つ「病-ヲ うつされる」という例は、AA 生理的変化型（AA 変化）に移行しているものと見なした。

(306) 私の体にはまだあの人から<u>うつされた</u>病毒が巣食っているのだ。(花埋み.地)

2.2 AA 相手への動作型　「私は隣のおばさんに水をかけられた」

AA 相手への動作型とは、主語に立つ有情者が相手着点として、動作主が物理的に対象を位置変化させる動作を受けることを表わす。

(307)　相手への動作型

```
相手着点＝受影者    動作主    AN1の部分    対　象
A  N  －ガSUB  AN-ニ（N － ニ）具体N-ヲ 位置変化 V-ラレル
```

「わたしは隣のおばさんに（足に）水をかけられた」

（水を）かけられる、（石を）ぶつけられる、差し出される、（服を）着せられる、（口紅を）ぬられる、（化粧を）ほどこされる、（指輪を）はめられる、（銃口を）向けられる：背中にシールを貼られる、口に棒をつっこまれる、頬に手をあてられる：仕事を押し付けられる、麻酔をかけられる、etc.

次のような実例がある。

(308) 子供は画で現実を救済しようとしているのに傷口をつつきまわされ、酸を<u>そそがれた</u>ような気持になってしまう。(裸の王様.地)

(309) 「……上田さんの息子のトオルくんに石を<u>投げられました</u>。お父さんは嘘つきだ、って……」(砂の上の恋人たち)

(310) 金釘流というより、塩をぶっかけられたなめくじが、己の身の溶けていくのを知って愕然とし、のたうちまわっているような筆の運びだった。(ブンとフン．地)

(311) 四台の電車に不快な熱風をかけられた後で、ようやく遮断機が上がった。(一瞬の夏．地) +

(312) ある老婆は、差し出されるマイクに向かって、目に涙を浮かべながら、こう語っていた。(ブンとフン)

(313) 加藤は金川義助から投げられた黄色いテープを偶然のように受け止めた[36]。(孤高の人．地)

(314) 門礼の後に立っていた加恵は、まさか自分にまで於継が気付くとは思わなかったので、彼女の視線がぴたりと自分の眉間に据えられたときは、小太刀の先を当てられたように緊張し身動きもできなかった。(華岡青洲．地)

(315) まるで体じゅうの神経という神経に憎悪のやすりをかけられているような気がしたのだ[38]。(世界の終わり．地) +

次のように、ヲ格の対象が動詞の語彙的な意味の中に含まれていることもある。

(316) 「‥‥‥突然死んで‥‥‥骨にされて‥‥‥埋められて‥‥‥出られないように重石されて‥‥‥」(砂の上の恋人たち)

基本的に、AA 相手への動作型の主語に立つのは有情者で、着点場所であるモノが主語に立つことは原則的にないと考えるが、用例がないわけではない[39]。もっとも (319) は擬人化されていると考えられる。

(317) 竈の火はとうにかきだされ、水をかけられて黒い焼木杭になった薪が、コンクリートの床の上でまだぶすぶすと煙をあげていた。(楡家．地)

(318) 左手の、階下は、階上の珊瑚の間を含む一郭は明治の末に建てまされたものであったし、裏手につづく病棟に至っては増築につぐ増築を加えられていた。(楡家．地)

(319) いやいや、右手の塀は今しがた基一郎好みの化粧をほどこされたと

ころなのだ。煉瓦の表面に、洩れなく酸化第二鉄、つまり紅殻が塗られ終ったところなのである。もちろん左手の塀もこれから紅を加えられようとしているのだ。(楡家．地)

AA 相手への動作型の周辺と他のタイプ

「罵声を浴びせられる」などは、構造上は AA 相手への動作型に似ており、AA 相手への動作型から派生したものであるが、相手への感情＝評価的態度を言語活動で表すことを意味する名詞がヲ格に立っていることから、AA 表現的態度型（AA 態度）へ移行している。

(320) ［前略］さぶはあるきだしながら、小舟町のへ奉公に来てから三年間の、休む暇もなくあびせられた小言と嘲笑と平手打ちのことを語った。(さぶ．地)

一方、「口を挟まれる」「頭を下げられる」など、ヲ格に動作主の身体部位が立ち、ヲ格と動詞とのくみあわせ全体が相手＝受影者への動作的態度を表わす受身構文は、AA 相手への態度型（AA 態度）へ移行している。

(321) 「おれは人に干渉なんかされたくないんだ。ママさん（と私の姓を呼んで）に口を出される覚えはないよ。」(草の花)

(322) 彼はもう十五年この病院で飯を炊いていて、おまけに御多分にもれぬ一刻者、ちょっとしたことでも他人に嘴を入れられることは容赦できない臍曲りだったのである。(楡家．地)

次の例は、動作が感情＝評価的な態度を表わす手段になっているが、その動作の具体性が表わされているので、未だ AA 相手への動作型である。

(323) 彼は相手がなに者だか知らなかったが、唾を吐きかけられた目明しは怒り、十手でさんざんに打ちすえたのち、子分の者に栄二を縛らせ、足蹴にしたり、手桶の水をぶっかけたりして突き転がした。(さぶ．地)

2.3 AA 相手への発話型　「私は彼にもう会いたくないと言われた」

AA 相手への発話型とは、主語に立つ有情者が発話の相手として、相手の動

作主から、何らかの発言内容をともなった言語活動を受けることを表わす。AA相手への発話型は、会話文テキストにおいて、最も頻度の高いタイプである。このタイプは、能動文におけるニ格の有情者＝話し相手を主語にした受身構文である。また、AA思考型同様、ヲ格に抽象名詞ないし節が立ち、これが発話内容を表わす。

(324)　AA相手への発話型

発話相手＝受影者	動作主	発話内容	発話行為を受ける
AN-ガSUB	AN-ニ／カラCOM	抽象N-ヲ／引用節-ト	発話V-ラレル

「わたしは親に将来のことを聞かれた」「わたしは彼にもう会いたくないと言われた」

発話動詞：言われる、聞かされる、知らされる、告げられる、うちあけられる、告白される、話しかけられる、聞かれる、訊ねられる、教えられる、相談される、etc.

さて、このタイプは、発話（言語活動）構文と対応しているが、発話構文の要素となる動詞が等しくAA相手への発話型に現れるわけではない。特に、「はなす、かたる、ものがたる、のべる、しゃべる、とく」などの動詞が、ニ格の相手を主語にしたAA相手への発話型に現れることはまれである。これは、ニ格で示された相手の、対象性の高さの差に起因していると考えられる。つまり、発言の行為が向かう相手としての対象性が高い有情者ほど、AA相手への発話型の主語に立ちやすいということだろう。

まず、発言内容がヲ格（もしくはニツイテ）の抽象名詞で現れた例から見てみていく（波下線は発言内容）。この構造には、尋問を表わす動詞が多く現れる。

(325)　「りんりってなんですか。むずかしい言葉をいわれてもわかりませんよ」（冬の旅）

(326)　自分の出生のときは何一つ天変地異に類するものは起らなかったのか、加恵は自分が生れたときの話を聞かされていないことに気がついた。（華岡青洲.地）

(327)　「いるわ。結婚してから三十年間、自分がどんなに我慢してきたかを、

面々と聞かされてるの」(ドナウ)

(328) 「[前略]こんどのことは、『小雪』さんから電報で知らされて飛んできたのですが、まったくかわいそうなことをしたと思います」(点と線)

(329) 「漢字で愛していたの？　平仮名であいしあっていたの？」／「未紀にもおなじことをきかれましたね。両方ですよ」(聖少女)

(330) 鮎太は夕食の御馳走になった。家のことや学校の様子などを、品のいい口調で母親から訊ねられる度に、鮎太はそれに対して上手に答えるように努力した。(あすなろ.地)

(331) まだ明治神宮も存在しない当時の青山五丁目一帯の人々にとって、楡病院はすでに一つの名所、一つの目印ともなっていたのである。人々は家の在処を尋ねられたときにこう答えた。(楡家.地)

次に、発言内容が引用節で現れた例を見ていく。

(332) エディさんがよそのジムに行っちゃうと、これとこれをやっておきなさいと言われても、うんと言うだけで実際にはやらないんだ。次の日、練習したって訊かれると、したよとか調子よく答えてね[40]。(一瞬の夏)

(333) 「会って、いったい何を言えばいいのかな。向こうには新しい家族もあることだし、それに私は捨てられたわけじゃない。なのによ、もしも無理して会いに行って、来ないでほしかったなんて言われたら、もっと悲惨じゃない」(冷静と情熱)

(334) これは新発見であった。大田夫人からも山口からもぼくは太郎が田舎にいたことがあるなどとは一言も教えられていなかった。(裸の王様.地)

(335) 「圭一さんに言われたの。朗さんは、本当のことを知ってしまったから、私から心が離れたはずだ、って........」(砂の上の恋人たち)

発言内容を「そう、そんなこと、そうまで」で受ける場合もある。

(336) 「大事な友だちに、自分の使い古した女を払い下げるの？」／「そう言われちゃ身もフタもないよ」(結婚式)

(337) 「賢過ぎる女も、愚か過ぎる女も、人生を劇のようには生きられないって。それから何度も、忘れ物はない？　そう念をおされたわ」(ドナウ)

(338) 「[前略]それからタバコもやめたほうがいいね。はじめてキスしたとき男の子としてるような感じだったよ」/「そんなこといわれるとちょっぴりかなしいわ。[後略]」(聖少女)

(339) 「いい加減でほっぽり出したらいいじゃねえか。ああまでいわれながら、彼奴の世話をする義理もねえだろう」(野火)

このように、AA相手への発話型は構造上、原則的に発言内容を表わす語／句／節を補語／補部としてとるが、「ガミガミ言われる」など様態の副詞を伴ったり、「意見される、告白される」など言語活動の様態がその語彙的意味によってより限定された動詞では、発言内容を表わす要素が現れないこともある。表現的態度動詞に近づいているのだろうか。

(340) 「[前略]自分でお料理をつくって、ちゃんと暮らしてるのはそれだけで立派よ。私なんかおかあさんに毎日ガミガミ言われてるけど何もできやしない。本当よ」(女友だち)

(341) 「さっき電車の中で喧嘩をしていたろう。あれはね、彼女が家からやかましく言われて、厭な男と結婚を迫られているからなんだ。[後略]」(金閣寺)

(342) 「慥かに、あっしは銭箱から銭をぬすみました」と栄二は続けた、「[中略]けれども、おかみさんにみつかって意見されてからは、一度もそんなことはしなかったし、──おかみさんは、このことは誰にも云わないからと、はっきり約束してくれたんですよ」(さぶ)

発言内容も様態の副詞も伴わない場合は、「言われたトオリ／言われるママニ 意志Ｖスル」といった外部構造の中で用いられるのが普通である。後続の「意志Ｖスル」は、主語の有情者が言われた発言内容を動作に実現させたことを表わしている。動作主＝与影者に何らかの動作を実行に移すように要求されたことが表わされている点で、これらの受身構文はAA相手への要求型に一歩近づいていると言える（波下線は実現した動作）。

(343) 「[前略]あたしはあんたに云われたとおり、金杉のうちへ帰ってたわ、ええ、あんたの荷物やお金も金杉のうちで大事に預かってます」(さぶ)

(344) しばらく応接室で待っていると太郎が小学校から帰ってきた。彼は部屋に入ってきてぼくを発見すると、おどろいたように顔を赤らめたが、夫人にいわれるまま、だまってランドセルを絵具箱にかえて背にかけた。
(裸の王様．地)

(345)「さあ、真直ぐに歩いて行くの。背後を見たら諾かないわよ」／と冴子は言った。背後に何があるか、何者がいるか知らないが、鮎太は冴子に言われるままに、素直に一度も背後を振り向かないで歩いて行った。
(あすなろ．地)

ただし、小説の地の文には、次のように発話の鍵括弧を受けて、発言内容が省略された受身構文が見られる。

(346)「お前は心配しなくともよい。大丈夫です」／言われるとぎんは本当に大丈夫なのだと思った。(花埋み．地)

(347)「これから指一本触れないと誓いなさい。でないと諾かないから──」言われた五年生は、口をもぐもぐさせていたが、他の一団の生徒と一緒に、後ずさりして行った。(あすなろ．地)

AA 相手への発話型の周辺と他のタイプ

発言内容が動作主の話し相手＝受影者に対する動作要求的な内容になると、AA 相手への要求型（AA 態度）に限りなく近づく。このとき、形式は、-トで導かれる命令形／禁止形節、もしくは V-スルヨウという形をとる。

(348)「大田のおやじさんに喧嘩するなっていわれてね、朝からあいつの顔やらこいつの顔やらたてるのに追われどおしさ」(裸の王様)

(349)「[前略] たべたもんを、吐くのは、胃ィがうけつけんさかいやて。あしたからな、お粥さんにして、胃ィをあんまり働かさんようにしなさいいわれてきましたんや」(越前竹人形)

(350)「ソヴィエトとも戦争になったんでしょう。ほだから、みんなでしっかり頑張るように言われるんだよ」(楡家)

奥田（1968-72）では、ヲ格の名詞が言語活動の素材的な対象ではなく、その

内容的な質を特徴づける名詞である場合に、これを〈内容規定的なむすびつき（通達の内容規定）〉として〈通達のむすびつき〉を表わす連語とは区別している。〈内容規定的なむすびつき〉を構成するヲ格名詞には、「名前、小言、冗談、悪口、苦情、文句、お世辞、しゃれ、悔やみ、わび、うそ、不平、なきごと、意見、感想、日本語、英語」などが挙げられている (p.137)。この中で、「冗談／しゃれ／うそを言われる」などは特に評価性もなく、AA 相手への発話型とみなせると考えるが、「小言／悪口／苦情／文句／お世辞を言われる」などは、ヲ格名詞が動作主の主語に立つ有情者＝受影者への評価を含んでおり、AA 表現的態度型（AA 態度）へ移行していると考えられる。

(351)「空気を入れ換えるよ。たてつづけに煙草を吸ったから、煙が溜まった。マサコにまた小言を言われる」（ドナウ）

(352)「[前略] 商売人の慈善事業なんて誰も信用してくれませんからね。今度だって社員からずいぶんイヤ味だっていわれてるんです」（裸の王様）

また、次のように「N-ヲ 評価N／Adj-ト 言われる」という構造で、ト格にに評価内容が現れているものも AA 表現的態度型（AA 態度）に移行しているだろう（奥田 1968-72:128 参照）。

(353)「行助は、自分の母を、女中だと言われて、あんなことを仕出かしたのでした」（冬の旅）

「話しかけられる」「口答えされる」などは、言語活動を表わしているが、ヲ格名詞句をとらない動詞である。主語に立つ有情者は対応する能動文のニ格の発話相手ではなく、ニ格の対象である。こうした受身構文は、「干渉される、逆らわれる」などの AA 相手への態度型（AA 態度）に近いが、本研究では AA 相手への発話型に分類した。

(354) 自分の作りだした小説の中の人物に面と向かって口答えされたのは、フン先生としてははじめてのことである。先生はすこし腹が立ってきた。（ブンとフン．地）

次の「訴えられる」は本来《個人 vs. 個人》の言語活動を表わす動詞であったのが、ニ格の話し相手に社会的権力を持った組織が立つことで（「裁判所に

訴える」)、これが新しい意味として確立したものだろう。ここでは、主語に立つ有情者は、対応する能動文におけるニ格の話し相手ではなく、ヲ格の対象である (「裁判所-ニ 有情者-ヲ 訴える」)。このような構造的タイプはどこに分類すればいいか分からないが、AA 社会的変化型 (AA 変化) の周辺的なものと考えておく。

(355) 「訴えられたの。事故の相手に........」(砂の上の恋人たち)

最後に、AA 相手への発話型の覚え書きとして、「私に言われても」という受身構文の存在を指摘しておく。本来であれば、ガ格の主語として標示されるはずの発話相手＝受影者が、能動文と同じニ格のまま標示されるのである。こうした受身構文は、構造の制約が大きく、基本的に「私-ニ 言語活動 V-ラレテモ」のように、発話相手＝受影者が話し手でかつ逆条件を表わす従属節の外部構造でのみ起こりうる現象である。

(356) 「どうしたらいいかって…。そんなこと、私に相談されたって困りますよ。私は、汚い手を使う金貸しの実態を教えてさしあげただけです」
　　　　(ドナウ)

2.4　AA 相手への提示型　「私は彼に報告書を見せられた」

AA 相手への提示型とは、主語に立つ有情者が対象を提示する相手として、相手の動作主から、対象を自身の認識領域に合わせる動作を受けることを表わす。このタイプは、奥田 (1960) の〈動作的態度のむすびつき〉の中で扱われている「対象を相手の認識にあわせる活動を表現している」連語を構成要素とする (pp.265-267)。

(357)　AA 相手への提示型

発話相手＝受影者	動作主	対象	対象を認識にあわせられる
A N - ガ$_{SUB}$	AN-ニ／カラ$_{COM}$	N-ヲ$_{COM}$	提示 V-ラレル

「私は彼に報告書を見せられた」

見せられる、示される、提示される、指し示される、指示される、暗示される、紹介される、案内される、教えられる、指摘される、指導され

る、etc.

　AA相手への提示型の頻度は低く、ひとつのタイプとして確立するかどうか疑問が残る。構造的には、ヲ格の対象をとりながらニ格の相手が主語になる点でAA相手への発話型によく似ている。実際、奥田 (1960) も「指示する、指摘する、示教する」などは言語活動のむすびつきに含めた方が正しいかもしれないとも述べている (p.266)。確かに、これらの語は−トで導かれる引用節と共起する点でも、「見せられる」などに比べ、AA相手への発話型に近いのだろう。しかしながら、提示動詞は、単に言語活動によって相手に情報を与えるのみならず、相手の知覚領域にも情報を与える行為である。この意味的な特徴は、ヲ格に具体名詞も抽象名詞も立つことができるという構造的特徴に現れている（発話動詞は対象に抽象名詞のみをとる）。

　はじめに、ヲ格名詞の具体性の高い例から見ていく（波下線はヲ格の対象）。

(358)　理一はその手紙を澄江から見せられたとき、もういちど澄江を問いつめた。(冬の旅.地) ＋

(359)　「私のところへ来た分は全部読んでいるつもりです。この報告書は、いまはじめて見せられたので、別ですが……」(パニック)

(360)　「野口課長は、あなたのことを金丸建設から紹介されたと言ってました」(砂の上の恋人たち)

(361)　誰か起きてくれたのか。そう思っただけで、平吉は慈念に指示された蒲団に入ると、疲れがおしよせて寝入った。(雁の寺.地) ＋

(362)　「花見家」の場所を性急にきいた。その通りを五十メートルほど行った左側にある二階家だということである。親切な娼妓に礼をのべて、喜助は教えられた方角へ急いだ。(越前竹人形.地) ＋

　次に、より抽象度の高い例を挙げる。ここには、与影者である動作主の内部にある属性がヲ格名詞に立つもの ((363)) もある。

(363)　それは、だましているからだ、このアパートの人たち皆に、自分が好意を示されているのは、自分も知っている、(人間失格.地) ＋

(364)　だからアベックといわれただけで宮村健は、なにかもうたいへん親

密な関係を、園子によって暗示されたような驚きと期待を持った。(孤高の人.地) +

次にあげる例はさらに抽象的であるのだが、このとき動作主は個別の有情者ではなく、主語に立つ有情者を取り巻く状況である。こうした受身構文は、「感じさせられる」のような受身構文でも述べることができる。

(365) 金川義助はせせら笑った。加藤はそれ以上そこにいるのが嫌になった。金川義助の変貌ぶりに驚くよりも、金川をそのように変えていった社会の陰影を眼のあたりに見せられたような気持だった。(孤高の人.地) +

(366) 私はそれまでに、ほぼ人生と現実というものの仕組みを、自分なりに理解しているつもりでいた。しかし、これほど鮮やかなコントラストをもってその表裏の縮図を示されると、やはり一種の感慨を覚えずにはいられなかった。(風に吹かれて.地) +

(367) 混乱状態にもせよ、それがこれだけのイメージを生むようになったということは注目すべき開花だとぼくは思った。ただ、少女や人魚や馬車などのなかにある理解が類型的なエキゾチシズムをぬけきれていない点にぼくは自分の才能の不足と空想画の限界を暗示されるような気がした[41]。(裸の王様.地) +

ほとんどの受身構文タイプに、当該タイプが表わす意味に否定を含んだ意味の動詞が存在する[42]。ここでは、「隠す」という動詞が「提示しない(見せない)」という態度を表わしているが、これもAA相手への提示型と同じ構造をとるので、ここに含めることにする。

(368) 「隠し事って疲れるわ。隠してるほうも、隠されてるほうも」(ドナウ)

AA相手への提示型の周辺と他のタイプ

位置変化動詞「差し出される」による受身構文は、本来は相手着点が主語になるAA相手への動作型(AA相手)である。しかし、意味的に対象が相手着点に必ずしも到達しておらず、対象を相手の認識領域に合わせるようにしているだけとも考えられ、AA相手への提示型に近いと言える。

(369) 横柄な言葉で差し出されたのは角封筒へ入っている手紙だった[43]。(あすなろ.地) +

(370) ある老婆は、差し出されるマイクに向かって、目に涙を浮かべながら、こう語っていた。(ブンとフン.地) +

「教える」という動詞は、ヲ格の対象に具体名詞が来れば、単に相手の知覚領域に対象を合わせるという意味であるが、ヲ格対象に抽象名詞が来ると、相手の知的活動を通して対象を理解させようとする活動を表わす。後者の場合はAA相手への発話型(AA認識)であり、この場合は「たたきこまれる」などで言い換えられる(cf.(362))。

(371) 「——おれは島へ送られてよかったと思ってる、寄場でしかけ三年、おれはいろいろなことを教えられた、ふつうの世間ではぶっつかることのない、人間どうしのつながりあいや、気持のうらはらや、生きてゆくことの辛さや苦しさ、そういうことを現に、身にしみて教えられたんだ、読本でも話でもない、なま身のこの軀で、じかにそういうことを教えられたんだ」(さぶ) +

次のように、主語に立つ有情者の内部にある属性がヲ格の対象である場合は、「提示される」という意味はなくなる。これは、AA相手への発話型(AA認識)に移行している。

(372) 技手になったからすぐ洋服を着て、工具たちに見せびらかそうとする、あさはかな魂胆をこっぴどく加藤に指摘されたような気がした。(孤高の人.地) +

特に「指示される」という動詞はートで導かれる引用節と共起することが少なくなく、このときは発言内容が命令の意を表わしている。よって、これはAA相手への要求型(AA態度)に近いAA相手への発話型(AA認識)と考えられる(波下線は発言内容)。

(373) 「実は、総務部長も知らないらしいんだ。ただ所長からの命令で、できるかぎり大量に買い集めろと指示されただけだというんだ」(戦艦武蔵.地) +

2.5 AA相手への要求型　「私は母親に庭の掃除を頼まれた」

　AA相手への要求型とは、主語に立つ有情者が、動作主からある動作を実行する／しないことを求められることを表わす。構造的には、ヲ格の動作性名詞を補語として取ることが大きな特徴である。このヲ格の動作性名詞について、奥田（1968-72）は、「対象的な性格をうしないかけている」とし、「認識や伝達の対象というよりも、むしろ資料的な内容なのである」としている（P.131）[44]。〈要求的なむすびつき〉では、ニ格名詞で表わされる相手、かつヲ格名詞の表わす動作の主体である有情者の方が対象的な性格を備えていると言える。AA相手への要求型では、このニ格名詞の相手＝ヲ格名詞の表わす動作の主体が、受影者として主語に立っている。

(374)　AA相手への要求型

a：

相手動作主＝受影者	動作主	相手動作主＝受影者の動作内容	動作実行の要求を受ける
A　N　－　ガSUB	AN-ニ／カラCOM	動作性N/Vスルコト-ヲCOM	要求的態度 V-ラレル

「わたしは母親に庭の掃除をたのまれた」

b：

相手動作主＝受影者	動作主	相手動作主＝受影者の動作内容	動作実行の要求を受ける
A　N　－　ガSUB	AN-ニ／カラCOM	命令形節-ト／V-スルヨウCOM	要求的態度 V-ラレル

「山田氏は上司から至急調査するよう命じられた」

　要求的態度動詞：頼まれる、任される、求められる、請われる、要求される、要請される、言いつけられる、仰せ付けられる、許される、許可される、禁じられる、止められる、禁止される、命じられる、命令される、強制される、勧められる、指示される、期待される、望まれる、断られる、迫られる、せがまれる、嘱託される、委託される、勧告される、etc.

　以下、実際の用例を見ていこう（波下線は受影者が要求される動作内容）。まず、ヲ格が動作性名詞として現れている例（最も多い）から見ていく。

(375)　「それに孫でも出来たら、あたくしなど連日おしめの洗濯に通いづめですわ。もう今からベビー・シッターを頼まれてますんですから。子供

のために、自分たちの生活を犠牲にしたくないんですと。[後略]」(結婚式)

(376) 「…お父さんはね、靴のデザイナーだった。二十代の後半には名前は忘れたけどこっちではものすごく有名な映画監督の衣装デザインも任されているの。才能だけはある人だった、と母が言っていた。[後略]」(冷静と情熱)

(377) 2月の大阪府知事選で、自民党府議団から立候補を要請された中馬弘毅・同党府連会長(63)＝大阪1区＝は31日、毎日新聞の取材に[後略](毎日)

(378) たぶん、女遊びもしたことのない弟は、男には海千山千のその種類の女に翻弄されて、心中をせがまれたに違いありません。(点と線)

(379) 「日光の社寺」の修復作業に当たるのは、2社1寺から修復を委託される財団法人「日光社寺文化財保存会」と、保存会から仕事を請け負う市内5業者。(毎日)

(380) その後、彼は定時制高校を辞めることになったのだが、それは噂のためだ。ただ噂だけのためで、辞職を勧告されたわけではない。(植物群.地)

次は、受影者が要求される動作内容が「Vスルコトヲ」という句もしくは節の形で現れた例である。

(381) 「私ね、幸福っていうことは、他人から十分に尊重されることだと思う。仕事をばりばりしたい、煙草を吸いたいっていうことまで、あなたの趣味で止められたら、わたし、もうダメだわ。多分我慢できないと思う」(シガレット)

(382) 一体どんなふうに育ったことやら……あたしはそれをそっと聞くことも許されない女です。(楡家)

ヲ格補語は、動作性名詞であるのが基本だが、次のように具体名詞で現れることもある。しかし、こうした場合でも、(383)では「ナイトクラブの切り盛り」、(384)では「金の支払い」のような動作性名詞が省略されていると考えられる。

(383)「水商売をしてたんです。ナイトクラブを一応まかされるような感じで」(一瞬の夏)

(384) 決定戦ともなれば、朴も内藤も条件は対等なはずです。金なんか要求される筋合いはない。(一瞬の夏)

先に奥田 (1968-72) を引用して述べたように、AA 相手への要求型は、ヲ格の動作性名詞の対象性が低く、内容的である。このことは、次のように受影者が要求される動作が、「命令形節-ト」や「要求内容-スルヨウ」の形で現れることがあることからも明らかである（下位構造 b）。

(385)「これを隊長さんに渡してくれ、とたのまれましたわい。お坊様のいやはることやし、これも最後のおつとめと、もってきたのや」(ビルマの竪琴)

(386) 彼の家にはお手伝いさんが三名ほど住み込んでいたが、お手伝いさんたちは台所にいる間は、書斎にいる大力氏にきこえるようにかならず大きな声で歌をうたっているよう命令されていた。(ブンとフン.地)

(387) 風邪がはやっているから戸外へ行かぬようにとめられていた彼女は、もう部屋にこもっているのに飽々したのだ。(楡家.地)

1.2.2で述べた AA 催促型とも共通する特徴だが、AA 相手への要求型は、「V-ラレテ 意志 V スル」という外部構造で用いられることが少なくない。この外部構造で用いられた場合は、後続の「意志 V スル」が要求された動作を表わしているので、ヲ格の動作性名詞は省略される。

(388)「いや、持主の人からたのまれて、今朝貼り出したばかりなんですよ。［後略］」(團欒)

(389) 義兄「まず最初に謝らなくてはいけない。さる人に頼まれて俺はずっと君の行動を監視していた……義理の兄もゲイも君に近づくための偽装だ」(1000 マイル)

(390) 俺はあいつの親父に請われて日野の家に来た。(ドナウ)

(391)「圭一さんとは、父に勧められる形で付き合い始めました。もちろん、好きでした」(砂の上の恋人たち)

(392) 太郎には友人がいない。彼は仲間に対して圧迫感を抱いている。母親に禁じらて彼は粗野で不潔な仲間とまじわることができず、いつもひとりぼっちでいる。(裸の王様.地)

(393) 「私たちはハローフラワーサービスです。ハウステンボスさんから嘱託されてランドスケープを担当しています」(砂の上の恋人たち)

主語に立つのは基本的に有情者だが、ごくまれに、有情者の広義所有物が主語に立つ場合もある。

(394) この踊りと堅琴はいくどもくりかえしを求められました。とうとうこれがしまうと、水島は村民たちの驚嘆の声におくられて、部屋の隅に行って、そこに腰をおろして、膝をかかえこみました。(ビルマの堅琴.地) +

「約束される」という動詞は、要求的態度動詞ではなく意志的態度動詞である。意志的態度動詞とは、要求的態度動詞同様、動作性N-ヲ Vスルという構造をとるが、動作性Nを実行する動作主が「Vスル」の主体である点で異なる[45]。しかし、次の(395)では、要求的態度動詞の構造とコンタミネーションが起こったのか、ヲ格名詞句が表わす動作の動作主は受影者＝相手である。本来であれば、「山内の要職につかせることを」とならなければならないだろう。いずれにしても、意志的態度動詞による受身構文はほとんど見つからなかったので、AA相手への要求型の周辺に位置づけることにした。

(395) しかし、ひとたびこの千日の行を満願成就したあかつきには、行者は京都の御所にわらじばきのまま土足参内することができた。天皇に謁見して、山内の要職につくことを約束されたのである。(神と仏) +

(396) わたしは、和夫に結婚を約束された。

AA相手への要求型の周辺と他のタイプ

先に述べたが、AA相手への要求型は構造上、発言内容の引用節をとることができる。このことから、次のような、発言内容が要求的（命令形）である発話動詞によるAA相手への発話型（AA認識）は、AA相手への要求型へ近づいていると言える。

(397)　「［前略］たべたもんを、吐くのは、胃ィがうけつけんさかいやて。あしたからな、お粥さんにして、胃ィをあんまり働かさんようにしなさいいわれてきましたんや」（越前竹人形）

(398)　「そんなこと嘘よ。北海道へ一緒に行ってくれって言われたことはあるけど、とんでもない話よね。［後略］」（女友だち）

　奥田（1968-72:60）でも指摘されているが、よびかけ動詞が抽象名詞（主に動作性名詞）と組み合わさると、〈モーダルな態度のむすびつき〉へ移行する。すなわち、受身構文のタイプでは、直接対象の受身である AA 催促型（AA 無変化）が相手の受身である AA 相手への要求型へ移行するということである。

(399)　しかし、友達から共同湯に入浴に行くことを誘われると、いつもそれを断わるのにある努力を払った。（あすなろ.地）

　また、奥田（1968-72）の「モーダルな態度」のもう一つの下位分類である〈意志的なむすぎつき〉を構成する意志的態度動詞が、使役受身の形になると、AA 相手への要求型を表わす。

(400)　山田氏は良子の両親に結婚を約束させられた。

(401)　山田氏は選挙に出馬するよう決意させられた。

　「手伝う」という動詞の使役形「手伝わせる」も、ニ格の相手動作主とヲ格の動作性名詞をとるという点で〈要求的なむすびつき〉に構造がよく似ており、この使役受身形も AA 相手への要求型であると言える。

(402)　彼女はその家の娘で、店の仕事を手伝わされるのを嫌って、夜学に通っているということだった。（植物群.地）

　「躾けられる」という動詞は、どのタイプに分類すべきか迷うが、次のようにヲ格に動作性名詞をとる場合は、AA 相手への要求型の周辺に位置づけた。

(403)　それでも妹背家の家風は堅実で、加恵は読み書きの他に裁縫も掃除の作法も厳しく躾けられた。（華岡青洲.地）

　「許される」という動詞は、「有情者-ガ　有情者-ニ（抽象 N-ヲ）許される」[46)]という構造では、AA 感情＝評価型（AA 態度）を表わす（奥田 1968-72:133）。

(404)　彼は小僧のじぶんに恥ずかしいあやまちを犯した。芳古堂の主婦に

みつかって許され、主婦しか知らないと思っていたが、じつは兄弟子の和助や親方までが知っていたという。(さぶ.地)

2.6 AA相手への態度型　「私は両親に干渉された」

AA相手への態度型とは、主語に立つ有情者が相手対象として動作主から何らかの態度を含んだ働きかけを受けることを表わす。主語に立つ有情者は対応する能動文ではニ格で標示される相手対象であるという構造的特徴を持つ。

(405)　**AA相手への態度型**

相手対象＝受影者	動作主	相手への態度を受ける
AN－ガSUB	AN-ニ／カラCOM	相手態度V-ラレル

「わたしは子どもに逆らわれた」

AA相手への態度型には、次のような相手への態度を含んだ働きかけを表わす動詞が要素となる。これを便宜的に相手態度動詞と呼んでおく。奥田(1962)では、こうした動詞が（自動詞の）位置変化動詞とニ格とのむすびつき（くっつきあるいはゆくさき）から発展した動詞であることが述べられている。それは、「そむく、はむかう、たてつく、たちむかう、かしずくのような動詞の単語づくりの構造のなかに証拠をみることができる」(p.306)とする。

(406)　そむかれる、はむかわれる、さからわれる、たてつかれる、こびられる、かしずかれる、かまわれる、なつかれる、とりつかれる、つくされる、やさしくされる、おじぎされる、いたずらされる、ご馳走される、拍手される、服従される、反対される、抵抗される、味方される、協力される、干渉される、etc.

ただし、「相手への態度を含んだ働きかけ」という動詞タイプの意味規定は広すぎで、ここには意味・構造的に性格の異なる雑多な動詞が含まれている。例えば、「そむかれる、さからわれる、反対される」などは有情主語以外に、ニ格の抽象名詞（命令、計画、意見など）と共起することがある。また、「慣れられる、倣われる」なども「前例、方法」といったニ格の抽象名詞を取ることがある。

あまり例がないが、次のような用例が見つかった。

(407) ［前略］祖母は哲子がにくい、わが子であっても、五体そろった女体がにくい、いや、浮気もせず、稼ぎのある亭主もって、ぬくぬく暮している娘がにくい、せめて哲子に子供のないことが救いだったのに、養子といえ、生みの子供以上になつかれ、慕われている姿をみれば、心がやける。（プアボーイ．地）+

(408) 不思議だな。何かの悪霊に取りつかれたとしか思えないよ。俺より百倍も頭の悪い連中に、まんまとはめられた。（ドナウ）

(409) エディに少しでも楽になってもらいたいというのは私たちに共通の思いだったから、エディに反対されるとは想像もしていなかったのだ。（一瞬の夏．地）+

(410) 「大丈夫です。そんなわからず屋の母でもないと思います。僕はもう宇野行助ではなく、矢部行助ですから、母からはあまり干渉されたくないのです。［後略］」（冬の旅）

AA 相手への態度型の周辺と他のタイプ

相手態度動詞は相手対象への働きかけ性に強弱があり、働きかけ性の弱い動詞は、AA はた迷惑型（AA 迷惑）へ移行するだろう。「従われる、勝たれる、負けられる」などは、対応する能動文のニ格の相手対象が主語に立っているにも関わらず、強いはた迷惑の意味を帯びる。これは、動詞の表わす働きかけ性の弱さに起因するものと考えられる。久野（1983）のインヴォルブメント仮設に従えば、働きかけ性が弱いゆえに相手対象の動作への巻き込まれ性も少なく、はた迷惑の意味を帯びやすいと言える。

3　AA 持ち主型（AA 持ち主）

AA 持ち主型とは、動作主が主語に立つ有情者の所有物に働きかけ、変化させることで、所有者である主語の有情者が影響を被ることを表わす。このタイ

プは、鈴木 (1973) の「もちぬしのうけみ」の一部を構成する。すなわち、動作の対象の所有者が主語に立つという構造的特徴を持つ。

　　AA 奪取型　　　　　　「私は母親に本を取り上げられた」
　　AA 所有物の変化型　　「私は妹に鏡を割られた」

3.1 AA 奪取型　「私は母親に本を取り上げられた」

　AA 奪取型とは、主語に立つ有情者が動作主から対象の所有権（占有権）を奪い取られることを表す。AA 奪取型では、対応する能動文におけるカラ格の起点ないし対象の規定語である所有者の有情者が主語に立つ。

(411)　**AA 奪取型**

　　AA 奪取型

所有者＝受影者	動作主	所有物	所有物を取られる
A N－ガSUB	AN－ニCOM	N－ヲCOM	奪取 V－ラレル

「わたしは母親に服を取り上げられた」

　AA 奪取型を構成するのは次のような動詞である。ここでも、奥田 (1968-72) が「対象が主体の方へちかづいてくることをあらわすもの」として挙げている動詞のうち、すべての動詞が等しく要素となるわけではなく、動作主の対象へのはたらきかけが積極的な動詞だけが要素となる。

(412)　とられる、盗まれる、買われる、譲り受けられる、借りられる、受け取られる、もらわれる、奪われる、巻き上げられる、取り戻される、取り返される、購入される、etc.

動作主が対象へ積極的にはたらきかけていく動詞とは、「とる、ぬすむ、うばう、とりかえす」などであり、はたらきかけが消極的な動詞とは「かう、かりる、ゆずりうける、うけとる」などである。はたらきかけが消極的な動詞が受身構文になると、はた迷惑の意味を帯びやすい。

(413)　a．和夫は良子から辞書を買った。
　　　b．良子は和夫に辞書を買われた。
(414)　a．和夫は父の形見を良子から譲り受けた。

b．良子は父の形見を和夫に譲り受けられた。

さらに、「あずかる、もらう、いただく」などでは、AAはた迷惑型でしか述べることができない。

　AA奪取型の例を挙げよう。ここでも、位置変化動詞がニ格に有情名詞をとることで奪取関係を表わすようになった動詞が見られる。

(415)　「泳いでいる間に靴をぬすまれた、あんたの村のことはあんたに責任がある。靴をとりもどしてくれ」(不意の啞)

(416)　それに、彼がレーゲンスブルクで、性悪女に金を巻きあげられたかってことは、俺たちが一番よく知っている。(ドナウ)

(417)　「それからそのリストを誰かに奪われんようにくれぐれも気をつけてな。それを奪われると私も困るし、あんたも困るです」(世界の終わり) +

(418)　この少女は、女親替りの姉を他の男に取られたことに苛立っているのだろうか、とも彼は考えた。(植物群．地)

(419)　烈しい憎しみを冴子に感じたが、結局、鮎太は冴子に紙包みを取り上げられた。(あすなろ．地)

(420)　「かつてわしの主君土岐茂正公が、家臣騒乱のお咎めを受けて身代を没収され、切腹してお果てになられたのが十二年前。それからは長い浪々の暮し。[後略]」(たそがれ清兵衛)

「うばわれる」という動詞において、ヲ格に抽象名詞をとる例が見られる。

(421)　「選挙権はともかく、傍聴まで禁じられては、政治に関して女性は発言の場はもとより、知る場さえ奪われることになります。[後略]」(花埋み)

(422)　しかし、年老いて力が弱くなると、勢いのよい若いオス猿にボスの地位を奪われ、グループの外にはじき出されて、はぐれ猿になるという。(化学)

AA奪取型の周辺と他のタイプ

　奥田 (1968-72:88-89) も述べているが、「とる」という動詞はいくつかの抽

象名詞と組み合わさることがあるが、すべて慣用的である。本研究では、次のような例も AA 奪取型の周辺例と考えた。

(423) 五日間でいいんだ。一〇日もとられちゃ君も困るだろうし、雑誌も困るだろう。だから五日間だけ、つきあってもらえないかな。(巨人と玩具)

(424) ここでこそ山本は、ナチスに言質を取られそうなことは口をつぐんで一切言うまいと思っていたにちがいない。(山本五十六.地) +

先に AA 譲渡型の説明でも述べたように、所有変化を表わす動詞の基本的なもの[47]は、心理的状態や生理的状態を引き起こすことを表わす表現にしばしば用いられる。このとき、心理・生理的状態を引き起こした原因は非情物の行為者としてニ格に現れる。次の例はすべて AI 心理・生理的状態型（AI 状態）である。このうち、「気を／足を／手間を とられる」といった受身構文は、対応する能動文を持っていない。すなわち、この移行関係は受身構文タイプに特有のものである。

(425) キンボシの客は、土工、馬方、虚無僧、車夫、旅芸人、大道商人といった人たちで、それが車座になって丼を叩き、調子はずれの唄を歌う光景に、私は心を奪われた。(幻燈畫集.地) +

(426) 前の日、彼は二本の紐の結び目に気を取られて、京子との次の約束の日を定めるのを忘れた。(植物群.地) +

(427) 太郎のときも、さんざんそんなふうにいっておきながら、いざとなると個展の日まで日数のないことや、カンバスの枠張りに手間をとられたことや、先方のたのみがことわりきれないことなど、自分勝手な弁解ばかりならべて逃げてしまった。(裸の王様.地)

3.2 AA 所有物の変化型　「私は彼に机を壊された」

AA 所有物の変化型とは、与影者である動作主が主語に立つ有情者の所有物に働きかけ、変化させることで、主語の有情者が影響を被ることを表わす。

(428)　AA 所有物の変化型

所有者＝受影者	動作主	対象＝所有物	所有物に変化を被る
A N－ガ SUB	AN－ニ COM	具体 N－ヲ COM	変化 V－ラレル

「私は彼に机を壊された」

動詞には対象を変化させる（客体）変化動詞が要素となる。それほど用例があるわけではないが、次のような例が見られる（波下線は対象＝所有物）。所有物の所有傾斜の高い順に例を挙げる。

(429)　「［前略］ニュールンベルクの中央広場で、ぼくは危うく死ぬところだったよ。見も知らないレスラーみたいな男に首の骨を折られて……」（ドナウ）

(430)　胸を射たれて、道端まで匍い出して、虫の息の若い兵隊を見つけた。(野火)

(431)　「［前略］男なら心臓一突きやったのですやろが、女でも乳を裂かれてはどうで助からんかしれませんのう」（華岡青洲）

(432)　暗がりの水の底で、黒人兵が打ちのめされ、叩きふせられた家畜のようにぐったりし躰を屈めて床に倒れていた。／「殴ったのか」と怒りにふるえる上体を起して僕は兎口にいった。／「足を縛られて動けないあいつを殴ったのか？」（飼育）

(433)　誰よりも嫁が助かるのを念じているのは私やろのし。けども雲平さんに考えあってのことを、口出しもできず、私は身を切られるより辛いのよし。察して頂かして。(華岡青洲)

(434)　いかに下の病といっても、そんな風に一概に断定できるものだろうか。［夫に］体を壊されたうえ、私はもう一人前の女ではなくなったのか、考えるうちにぎんの頭は憤りで熱くなった。（花埋み．地）

(435)　「こんな座敷牢じゃだめでがすよ。相手がホンモノのブンじゃ、いっぺんで破られてしまいますぜ」（ブンとフン）

(436)　二人は同じ町に住んでいたが、戦争中空襲で家屋を焼かれた。(植物群．地)

このうち、主語に立つ有情者の身体部位がヲ格に立つ受身構文は、AA 生理的変化型に含めてもいいかもしれない。

AA 所有物の変化型の周辺と他のタイプ

ヲ格対象が受身構文の主語である有情者の広義所有物であっても、主語である有情者の巻き込まれ性（インヴォルヴメント）が低いと、AA はた迷惑型に移行する。

(437) 「［前略］こんな悪いやつに、自分の恥ずかしい手紙を読まれた。ぼくは死にたいですね。そのうえ、女のあなたにまで読まれた。なさけなくて涙がでそうですよ」（ドナウ）

(438) 「おまえには女中にしか見えない女でも、私にとっては大切な妻だ。私は、自分の妻を、息子から女中よばわりされた」（冬の旅）

(439) 「だけど私がいかなきゃ、あのうちの整理は誰ができるんだよ。昨日みたいなアルバムなんか、蕗子さんにみんな捨てられてしまう。あの人はものの価値がまるっきりわからないからね」（胡桃の家）

4　AA はた迷惑型（AA 迷惑）　「私はあなたに泣かれても困ります」

AA はた迷惑型とは、本来動作主が行う当該動作には直接的に関与しないはずの有情者が、動作主が当該動作を行ったことによってはた迷惑を被ることを表わす。元の動詞（スル形）による基本文では同一節内の直接的な成分として現れることのない有情者が主語に立つという構造的特徴を持つ。すなわち、AA はた迷惑型は対応する能動文を持たない。

AA はた迷惑型は、受身構文主語者が直接的に物理的・心理的作用を被るものではない。主語である受影者の視点から一方的に動作主を有責者として追及し、みずからに迷惑を及ぼした相手＝動作主に仕立て上げる。別の言い方をすると、本来、《有情者⇒有情者》という働きかけのないところに、当該動作に間接的にかかわった有情者の側からの「働きかけられ」を話し手がいわば捏造

するのである。

(440)　AA はた迷惑型

第三者＝受影者	動作主	はた迷惑を被る
有情者－ガ SUB	AN－ニ COM	V－ラレル

「私はあなたに泣かれても困ります」

　また、AA はた迷惑型は、他のタイプに比べて特に、文末に現れる例が少なく、一定の外部構造で用いられることが多いという特徴を持つ。AA はた迷惑型が用いられやすい外部構造とは、次のようなものである。有情主語の受身構文自体がこうした外部構造に現れやすいのだが、AA はた迷惑型は特に顕著に現れている。

(441) a．－たら大変：泣かれたら大変だ、泣かれるとたまらない
　　　b．－ても困る：泣かれても困る
　　　c．－のは嫌だ：泣かれるのは {嫌だ／やっかいだ}

　久野（1983）と、その後の柴谷（1997a）によれば、主語に立つ有情者の当該事態への関与性ないし巻き込まれ性がより低い事態ほど、はた迷惑の意味が現れやすいという。つまり、主語の当該事態への関わり方が弱ければ弱いほど、はた迷惑の意味が出るということである。このことから、まず、有情主語の関与性がより低いと考えられる、自動詞が要素となる例から見ていく[48]。

　まず、意志的な自動詞が要素となった用例から見ていく。先に、主語に立つ有情者は、元の動詞による基本文の直接的な成分とならないと述べたが、何らかの形でスル形動詞述語の同一節内に現れうる場合が多い。例えば、(442) は「人－カラ 逃げる」という表現が可能な場合もある。また、(443) 及び (444) では「僕の家にのりつける」、「先生の家に入る」のように、同一節内の成分の規定語として現れうる。(445) では、「自分の病院の患者が自殺する」という基本文が可能である。このことは、主語に立つ有情者が、非常に間接的ではあっても、当該行為に何らかの形で関与していることを表わしている。

(442)　「二匹だけしめたが、あとは逃げられたよ」（野火）
(443)　「［前略］自動車でくるのならごめんだ。ぼくの生徒はみんな貧乏サラ

リーマンの子供だからね、自家用車なんかでのりつけられてはたまらないな」(裸の王様)

(444) 「やあ、先生、何を泣いていらっしゃるんですか？ 泥棒にでもはいられて、洗いざらいすっかり盗まれたんですか。[後略]」(プンとフン)

(445) 何しろあそこの院長は、[患者に]自殺なんかされるのが怖いから、それで無理に洗礼をすすめたのかもしれませんよ。信者になったら自殺は出来ませんからね。(草の花)

(446) 「でも、あたし、こうやってじっとしているのが勿体ないような気がして……。」／「いいんだよ、それで。へんにうごきまわられては、こっちがかなわないんだ。いざというときには、僕にだって考えがあるんだから、安心していていいんだよ。」(帰郷)

(447) と言って、いつまでも半分雪の面に埋まっている冴子の白い手首を見詰めて立っていた。二人の友達に歩き廻られて、美しい雪面を汚されることが怖かった。(あすなろ.地)

(448) 「山といっても、この辺じゃ、深山幽谷がねえからな。叫び声をあげられたらことだよ[49)]」(冬の旅)

次に、無意志的な自動詞の例を挙げる。無意志自動詞であっても、行為者を有責者として追及できる、すなわち行為者が有情者であれば、どんな動詞でもはた迷惑の受身で述べることが可能である。

(449) 「外国で暮してて、亭主に癇癪を起こされると、こっちはたまらないのよ。私がヒステリーを起こしてしまったら、おさまりがつかなくなっちゃう。[後略]」(ドナウ)

(450) 「それが君、辰次はどうしても医者になるというんだ。あの身体でねえ。あれに医者になられたら困る。あんな医者が現われたら、これは君ねえ、患者さんがみんな逃げてしまうよ」(楡家)

(451) 鮎太は意外だった。二人いられては手紙を渡す相手を知るのに困ると思った。(あすなろ.地)

(452) みな命がけで戦争してるときに、お前みたいなやつにのそのそされる

と、誰だってへんにいらいらするんだ。(驢馬)

(453) 「いや、とにかく、俺は今まであの野郎に威張られたのが癪にさわって、しようがねえんだ。このままじゃ済まされねえ」(野火)

(454) 「[前略] ただ、われわれがうかつだったのは、まだ事件の当初だったので、彼の監視が十分でなかったことです。そのため、うかうかと死なれてしまいました」(点と線)

(455) 「いいええな。私は老先短い躰で、ことにはお父さんに先立たれ、子供は立派に育って、雲平さんには立派な嫁御がついていますのや。心残りになることは何一つありませんのよし。[後略]⁵⁰⁾」(華岡青洲)

最後に、他動詞による例を挙げる。他動詞の場合、ヲ格の直接対象が主語に立つ有情者とまったく関わりのないものである例を探すのは難しい。

(456) 「まあ、いいから、それでもやんなさい。単語なんて暗記されているより、少しは助かるわ」(あすなろ)

(457) 「その花は毒なやよって、拭いた布を間違えんようにして頂かして」／「はい。必ず捨てるようにと、そない仰言ってなしたよし」／「手はよう洗っていてよ。その手で台所らされたら危ないよってにのし」(華岡青洲)

(458) 「それに、うちにも、御作のなかで描かれているような子供がおります。真似をされると困ります」／「たいへん失礼ですが、御宅のお子さんは、小説を読んですぐ真似をするほど頭脳が軟弱ですか」(冬の旅)

(459) 生徒たちだってそうだ。管理体制の中、受験っていうのを盾にとられて、どうしようもなく無気力になってるものだ。(シガレット)

(460) 修一郎 「(キッと)........ 私の事情は判ってただろう？」
　　　　圭　一　「総会屋への利益供与事件の渦中だった。娘が家出したことが判ると色々書き立てられ、立場的にマズい。そういうことなんでしょ」
　　　　修一郎 「(向き直り) その通りだ」(砂の上の恋人たち)

AAはた迷惑型の周辺と他のタイプ

　主語の有情者を動詞の直接対象ないし話し相手と見なせるか否か、判断に迷う例がある。次の例は、基本文でヲ格の直接対象に立てるとしても、こうした例における有情主語は、事態への巻き込まれ性（久野1983、柴谷1997a）が低いため、AAはた迷惑型の周辺にあると言えるだろう。

(461)　「電話貸してください。いま轢き逃げされたんです」（女友だち）

(462)　「[前略] もしあのときもっと抵抗していたらそれを叩いた方はいまとなると完全に立場がなくなってしまいます。ぼくはますますけむたがられてマイナスばかりになるわけですよ」（パニック）

　AA相手への発話型（AA認識）の説明でも述べたが、発話動詞には、ニ格の発話相手の対象性の高い動詞（言う、伝える、告げるなど）と、ニ格が対象性の低い動詞（しゃべる、話すなど）がある。次の例でも、受身構文主語の有情者は、対応する基本文において発話相手のニ格として現れうるとしても、対象性が低いため、はやりはた迷惑の意味を帯びている。

(463)　「そら、ええ旦那はん　を持って、……あんたにのろけられると、嘘やと思えへんな。あんたみたいな、美し女に見そめられてる喜助はんも幸せなお人やなァ」（越前竹人形）

(464)　あたしは米国さんのことをふしぎな人だとは思いますけど、悪い人じゃああありませんわ。ただ、しょっちゅう不治の病のことを話されると、はじめはこちらもひやかし半分に聞いていましても、そのうちになんだかへんな気持になってくるのです。（楡家）

　従来指摘されているように、AAはた迷惑型といわゆる「持ち主の受身」とは連続的である。次の例も、ヲ格対象が受身構文の主語である有情者の広義所有物であるが、主語である有情者の巻き込まれ性は低く、AAはた迷惑型の周辺にあると言える。AAはた迷惑型でなければ、AA所有物の変化型（AA変化）である。

(465)　「[前略] こんな悪いやつに、自分の恥ずかしい手紙を読まれた。ぼくは死にたいですね。そのうえ、女のあなたにまで読まれた。なさけなく

て涙がでそうですよ」(ドナウ)
(466) 「おまえには女中にしか見えない女でも、私にとっては大切な妻だ。私は、自分の妻を、息子から女中よばわりされた」(冬の旅)
(467) 「だけど私がいかなきゃ、あのうちの整理は誰ができるんだよ。昨日みたいなアルバムなんか、蕗子さんにみんな捨てられてしまう。あの人はものの価値がまるっきりわからないからね」(胡桃の家)

次の例は AA 所有物の変化型(AA 変化)に分類した。しかし、(469) は、AA はた迷惑型に分類するか、迷う例である。

(468) 「[前略]ニュールンベルクの中央広場で、ぼくは危うく死ぬところだったよ。見も知らないレスラーみたいな男に首の骨を折られて……」(ドナウ)
(469) 二人は同じ町に住んでいたが、戦争中空襲で家屋を焼かれた。(植物群.地)

5　その他の有情主語有情行為者受身構文

ここでは、有情有情受身構文のサブタイプに明確に位置づけられなかったその他の有情有情受身構文を見ていく。「その他」として位置づけた有情有情受身構文には大きく二種類ある。1つは、「やられる」という受身構文で、この動詞はさまざまなタイプの動作を表わすため、いずれのタイプにも分類せずに「やられる」とう受身構文タイプとして分類した。ただし、非情物が行為者＝原因であることが明らかな場合は、有情非情受身構文の AI 心理・生理的状態型に位置づけた。2つ目は、慣用的な表現である。慣用的な表現は、特殊な構造を持っていることがある。以下で見ていく。

5.1　やられる

「やられる」という受身構文は、非常に具体的な動作から心理・生理的な状態までさまざまな事態タイプを表現する。具体的な動作の場合は、攻撃性を含む動作であることが多い。次の (470)-(472) は具体的な動作を表わし、(473) と

(474)はより抽象的な活動を表わしている。この「やられる」による受身構文は、特に動作が抽象的であればあるほど、対応する能動文で述べることができなくなる。語彙的ラレル動詞と呼んでもいいかもしれない。

(470)「咬まれたなあ」と僕は狼のように狂暴な眼をし鼻をふくらませる犬を指さきで軽くふれながらいった。「巣へ這いこんだのか」／「喉をやられないように、皮おびをまきつけて行ったんだ」と兎口は誇りにみちていった。(飼育)

(471)「名前なんて、どうだっていいじゃないか。俺はね、寝る女の子ならどれだっていいんだ。それで、おまえの姉さんを、そのアパートでやるのかい？」／「アパートじゃまずいわ。この車で海岸か山に連れだすのよ」／「原っぱで強姦とはいいねえ」／「あんたの仲間をつれてくればいいじゃない。そしたら輪姦が出来るわよ」[中略]／「俺はいつでもいいよ。しかし、俺にやられて、訴え出ないかな」／「ばかねえ。やられた女が訴えでると思っているの。旦那さんにばれてしまうじゃないの」(冬の旅)

(472)「班長殿はどこの隊でありますか」／「大島隊だ。ブラウエンへ斬り込んで、散々やられての帰りさ。落下傘部隊と協力するはずだったんだが、上空でやられて、三十人ぐらいっきゃ降りやがらねえ。それもさっさと、俺達の方のジャングルへ逃げ込んで来やがった。お蔭でこっちもやられちゃったのさ。弾も糧秣もねえし……昨日この畠を見つけて、やっと一息吐いたところだ」(野火)

(473)「気にするな。張はスパイなんかしないよ。」と飛田がいった。／「戦ならするぞ。」と、べつのひとりがいった。「俺は前に、女学生とあるいたのをやられた[ちくられた]ことがある。満洲人は信用できんな。」(驢馬)

(474)アポロ[他社]の発想法はまったく卓抜だった。彼らは子供相手の戦争に見きりをつけて、ハッキリ母親に訴えることを決意したのである。子供の夢ばかり追いまわしていた私たちの盲点を彼らは完全についたよ

うだ。[中略]／「やられましたね」／私は合田に声をかけて紙片をもどした。彼はタバコに火をつけると、深く息を吸いこんで、うなずいた。[中略]（巨人と玩具）

次の例は、行為者が非情物であることが明らかなので、AI 心理・生理的状態型に分類した。

(475) 学名はロシヤ語でなんとかいってね、日本語に訳せば、まあ貧乏熱、とでもいったところだ。文献によると、発生地のロシヤではドストイェフスキーがやられてるねえ。（帰郷）

(476) このあいだも、世界タイトルで中南米の何とかというボクサーが、ソウルの寒さにやられて簡単に沈められたよ。ガタガタに凍らされて、六回すぎてようやく暖まったと思ったら、今度は汗が出すぎてバテたわけさ。（一瞬の夏）

5.2 慣用的な表現

「N-ヲ たらいまわしにする」という動詞があるが、これは対象に非情物も有情者も取りうる動詞である。意味的には、動作的態度動詞に分類できるだろうが、能動文との対応が特殊であるため、その他に位置づけた。「たらいまわしにする」は、例えば「病院が妊婦をたらいまわしにする」という能動文に対して、「妊婦が病院をたらいまわしされる」という受身構文が存在する。これは、すなわち、動作主が受身構文中にヲ格で表示されているということである。

(477) 「あれ[上申書]はうちの課長をとびこして直接局長宛にだしたでしょう。課長やら部長やらをたらいまわしされてぐずぐずしておればササはどんどんみのってしまうんですから、そうするより仕方がなかったんですよ。[後略]」（パニック）

また、「刑に処される」という受身構文も、いずれのタイプに分類すべきか分からず、その他とした。意味的には AA 社会的変化型の周辺に位置づけられるかもしれない。

(478) 都市でも農村でも暴力行為が相つぎ、非暴力を説くガンディー自身が

逮捕されて、六年の懲役に処せられた。(二十世紀)

注
1) この「関係」が捉えられているという着想は、村上(1986、1997)から学んだ。
2)「取り残される」という動詞は、「取り残す」という他動詞の形ではほとんど用いられない動詞である。
3) 次の例における「相手に」は動作性の名詞ではないが、移動の目的を表すものと言える。
 ・「そうですね。大阪で韓国のなんとかという人とやる時に、スパーリングの相手に狩り出されたんです」(一瞬の夏)
4) この例は、AA接近型にも近いかもしれない。
5) 村上(1997)でもこの同伴的な移動について、接触動作と同様、「客体の変化は問題とせずに、具体的な動作をめぐっての主体と客体との人間関係が客体のたちばからのべられる」(p.118)としている。そして、「人間と人間との位置関係や接触の関係が表現されるため、動作主体である人間の明示は原則として義務的になる」とも述べている。
6)「付き添われる」のみ他の動詞と異なり、「AN_2-ガ AN_1-ニ ツキソウ」という、受身構文の主語がニ格で現れる能動文と対立している。
7)「案内される」において動作主が問題になるかならないかということが、どのような構造的特徴(形式)によっているのかは未だよく分からない。
8) ただし、この例はⅠ特徴規定型にも近いだろう。
9) 奥田(1968-72)は、「あわせる、あらそわせる、したがわせる、とつがせる」などの、自動詞の使役形を「社会的な状態変化」を表わす動詞に挙げているが、本研究ではこれらの受身形はAA強制使役型に分類した。
10) この例は、構造的にはⅠ意義づけ型に近いだろう。
11) これに対し、奥田(1968-72)で〈人にたいするはたらきかけ〉の下位分類の生理的な状態変化として挙がっている自動詞の使役形のうち、「あるかされる、あそばされる、はたらかされる」などの意志動詞の受身構文は、AA生理的変化型(AA変化)ではなく、AA強制使役型に位置づけた。
 ・「ゆっくり養生ができるなんていうが、畑や田圃で働かされ、夜は物置で寝かされてるって、いつまでもしまらねえやつだ」(さぶ)
12) このⅡ現象受身型は、主語が有情者でも非情物でもあまり意味の変わらない受身構文タイプであるため、有情主語であっても、Ⅱ現象受身型とした。
13) 〈よびかけのむすびつき〉をつくる動詞について奥田(1968-72)は、「言葉あるいはべつの手段による人間へのはたらきかけをしめ」すとし、「その語彙的な意味に、

はたらきかけの結果おこる人間への変化がきりすてられていて、他人を動作へとしげきする活動を、その形態、様態あるいは目標の側面から特徴づけながら、さししめしている」(p.58) と述べている。本著ではこうした動詞を催促動詞と呼ぶことにする。
14) 現場名詞とでも言えるだろうか。
15) 奥田 (1968-72) では、「みとめる」の用例として次のような例が挙っているが、いずれも口語であれば「気づく」で表現するところだろう (p.104)。
    ・わたしはそのけむりのなかにすわっている女ふたりをみとめました。(心・253)
    ・笙子の変化をめざとくみとめた母親は……（菩・9)
    ・夫の才能をみとめている父ですら……（春・52)
16) 対象を示す名詞の抽象度が高いほどヲ格で現れやすいように思われる。
    ・懐に忍ばせた刀に／*を気づかれないように…
    ・これまでの苦労を／に気づかれないように…
17)「気づかれる」という動詞の受身構文は、その外部構造が特徴的で、否定ないし条件的な表現で用いられることが多く、完了表現（「気づかれた」など）の中で用いられることが極めて少ない。
18) 次の「顔を知られている」の例は、一見ヲ格に具体名詞が立っているようであるが、同じ身体部位の具体名詞でも「目／足を知っている」などとは言えないことから、これが通常の具体名詞との組み合わせとは異なることがうかがえる。「顔を知っている」は慣用的に「動作主は顔の所有者の有情者に会ったことがあり、誰であるか判別できる」という意味を表わしている。
    ・五番町へ行くにつけても、私が衛生上の注意を怠らなかったのは云うまでもない。前日から、顔を知られていない遠い薬屋まで行って、私はゴム製品を買っておいた。（金閣寺．地） ＋
19) ただし、「思い知らされる」では、ヲ格には相手＝動作主の所有する情報や性質を表わす抽象名詞が立つ。また、「思い知らされる」は「思い知らす」という能動文よりも、受身構文での使用のほうが多いのも特徴である。
20) この種の動詞は、奥田（1960）で〈動作的な態度のむすびつき〉の中で扱われていた一連の動詞 (p.267) であるが、奥田（1968-72）ではこのタイプは削除されている。
21) この例も、有情者がそのまま主語に立っている。これが、非情物の場合、例えば「カブト虫のことを／について調べた」という能動文に対し、受身構文は「カブト虫のことが／について調べられた」となるだろう。
22)「私は彼に思われている」という受身構文は、「好かれている、愛されている」という意味なので、AA 感情＝評価的態度型である。
23) AA 態度型は、奥田（1968-72）の〈態度のむすびつき〉および奥田（1960）の〈動

作的な態度のむすびつき〉を構成要素とする。奥田（1960）では、〈動作的な態度のむすびつき〉として、いくつかの位置づけの難しい動詞グループが取り上げられていたのだが、奥田（1968-72）ではこのカテゴリーは削除され、そこで扱われていた動詞は、いくつかは別のカテゴリーに分類されているが、ほとんどが削除されてしまっている。その代わりに、奥田（1968-72）では、〈モーダルな態度のむすびつき〉という新たなカテゴリーが立てられている。そのため、本著のAA態度型と奥田（1960）及び奥田（1968-72）の「態度」の連語との関係は少し複雑になっている。

24)「態度の対象になるのは、物であり、その物の現象であり、側面であり、またそれらのあいだの関係でもあるから、対象としてかざりの位置につくことのできるのは、具体名詞でもあり、抽象名詞でもあって、認識のむすびつきをあらわす連語のばあいのように、一方を選択するという法則性ははたらかない」（奥田 1968-72: 113）。

25) I判断型（I態度）の受身構文と、AA態度型に位置づけた非情主語受身構文との違いは、AA態度型のうち、AA感情＝評価型、AA表現的態度型、AA評価動作的態度型の受身構文は、動作主の対象への評価性を含んでおり、このために非情物が主語に立っても「影響を身に受ける」という受影の意味を帯びやすい、もしくは有情者の広義所有物が主語に立ちやすいということが考えられる。AA接近型にしても、「狙われる」という動詞は、やはり動作主の対象への評価を含むように思う。動作主は対象へのプラス評価の態度を持って、これに接近するのである。一方で、AA呼称型には評価性は通常含まれない。また、物理的な作用も含まない動作である。このことが関係しているかどうかは未だ分からないが、AA呼称型は、有情主語受身構文であっても受影の意味を帯びにくいタイプである。つまり、AA呼称型の場合は、有情主語であっても、非情主語受身構文のように中立的な意味になりやすく、そのため、両主語の違いによる意味の差が出にくいようである。

26)「*?わたしは母親に思われている」「*?わたしは母親に考えられている」のような受身構文。なお、「異性に思われている（慕われている）」はAA感情＝評価型である。

27) これも動作主は特定の個人だが、個別一回的事態というより、習慣的な事態である。

28) この例は、意味的にも構造的にもAA催促型に似ている。「惑わされる、ときふせられる、言いくるめられる」なども、「V-ラレテ Vスル」という構造になれば、AA催促型に非常に近くなるだろう。

29) ここに挙げたニ格やト格の名詞を伴う処遇動詞や選択動詞の例は、当初AA意義づけ的態度型として非情主語受身構文のI意義づけ型と同じタイプに扱っていた。

しかし、有情主語で個別一回的な事態の場合には、やはり何らかの評価性を帯びることがほとんどであるため、有情主語のAA意義づけ的態度型はAA評価動作的態度型へ分類し、非情主語の同タイプはI意義づけ型として、I判断型とともにI態度型に位置づけた。

30) この例は行為者が非情物であるが、擬人的な表現と考えてここに分類した。しかし、「守られる」という動詞は未だ位置づけが難しい動詞の一つである。

31) この受身構文の「大人扱いにされる」は、「大人に扱われる」という「意義づけ」の連語に相当すると考えられる。

32) 「女」:『女坂』(円地文子)、「夜」:『夜明け前』(島崎藤村)、「待」:『春を待ちつつ』(島崎藤村)、「寺」:『寺田寅彦随筆集 第五巻』

33) この例は、行為者の非情物が「争奪戦」という抽象名詞に近い名詞なので後の(288)−(290)で見るAI心理・生物的状態型に近づいている。

34) 「見送られる」という動詞は文末で用いられるよりも、「見送られて 移動Vスル」という外部構造で用いられることが多いようである。

35) また、所有関係を表わす動詞は「譲渡vs.奪取」の関係がそれぞれ独立の動詞として存在するものが多く、受身構文が果たしている機能の一部をこうした動詞が担っているために、受身構文の使用が制限されているということも考えられる。「預ける vs. 預かる」「授ける vs. 授かる」「やる vs. もらう」「売る vs. 買う」「貸す vs. 借りる」など。

36) ある動詞カテゴリーの基本的な動詞とは、その語彙的な意味に動作様態の修飾がより少ない動詞である。例えば、「きざむ」や「切り裂く」などに対して「切る」という動詞はより基本的である。

37) この例は、連体修飾に現れているため、着点ニ格との混同を避けるために、動作主にカラ格が用いられている。

38) この例は、主語に立つ有情者の部分である名詞句が内面の心理に関わる名詞句であり、物理的な動作とは言えない。AI心理・生理的状態型へ移行していると見なすべきだろうか。

39) 村上 (1997) でも次の一例のみが見つかったとされている（同：132、例文の傍線は本著の例文と同じになるよう修正した）

・僧侶の読経があって、それがすむと、柩は四方の角に紐をつけられて、大きな穴の中に落とし込まれて行った。（しろばんば　225）

40) 後で述べるように、前者の用例は発言内容が命令形であるので、AA相手への要求型に限りなく近づいている。

41) ニ格名詞句は原因としての行為者でもあるが、ヲ格対象が現れる場所でもある。

42) 「知的活動」における否定表現の動詞は「忘れられる」、「言語活動」では「内緒にされる」などがこれにあたるだろう。

43) ただし、この例は被修飾語がガ格相当かヲ格相当か判断できない。ガ格相当と見るならⅠ位置変化型ないしⅠ表示型である。
44) 「復活をたくらむ」は「復活しようとたくらむ」、「べんきょうをすすめる」は「べんきょうしたらとすすめる」にいいかえることができるとしている（奥田1968-72:131）。
45) 要求的態度動詞は、「和夫に入室を許可する／掃除を頼む」などの構造で、ニ格の相手がヲ格の動作性名詞の動作主となる。一方、意志的態度動詞は「良子に結婚を約束する」という構造で、ヲ格の動作性名詞の動作主は、「約束する」動作主その人である。
46) 「わたしはおかみさんに罪を許された」など、抽象名詞がヲ格に立つ場合もある。
47) ある動詞カテゴリーの基本的な動詞とは、その語彙的な意味に動作様態の修飾がより少ない動詞である。例えば、「きざむ」や「切り裂く」などに対して「切る」という動詞はより基本的である。
48) 自動詞とは、典型的には動作が他に及ぶことなく、主語に立つ実体の領域内で動作が完結する事態を表わしている。このため、AAはた迷惑型では、基本的に自動詞が要素になる場合の方が、主語に立つ有情者の関与性が弱いと考える。
49) ここでのヲ格名詞句は動作主と別個の実体ではなく、動作主の広義部分であり、再帰的動詞句なので、自動詞の例とした。
50) 「先立つ」という動詞は、「死ぬ」の意味では受身構文で用いられるのが普通で、この意味で基本文で用いられることはほとんどないようである。

第3章　有情主語非情行為者受身構文

　本章では、主語が有情者で行為者が非情物である受身構文タイプについて見ていく。有情非情受身構文は、主に、主語に立つ有情者が、彼／彼女をめぐる何らかの要因によって、普通でない心や身体の状態であることを表わす受身構文である。すなわち、主語に立つ有情者の意志とは関係なく、ある状態に陥っていることを表わす。こうした受身構文を AI 状態型と呼んでいる。AI 状態型には、AI 心理・生理的状態型、AI 陥る型、AI 不可避型の3つのサブタイプがある。

AI 状態型
　AI 心理・生理的状態型　　「私たちは、毎年、水害に悩まされる」
　AI 陥る型　　　　　　　　「和夫は悲惨な状況に置かれた」
　AI 不可避型　　　　　　　「住民たちは移住を余儀なくされた」

　AI 状態型の要素となる動詞は、その語彙的な意味の特徴と行為者が非情物であることにより、テンス・アスペクト的にラレテイル形で現在の状態が述べられることも少なくない。通常の動作動詞の場合は、受身構文において、ラレテイル形で現在進行中の出来事が述べられることは極めて少ない。

（1）　和夫は良子にたたかれている（最中だ）。〈AA 接触型（AA 動作）〉
（2）　和夫は母親に掃除を頼まれている（最中だ）。〈AA 相手への要求型（AA 態度）〉

　これに対し、AI 状態型の受身構文では、ラレテイル形で今現在の主語の状態を語ることも少なくない。

（3）　わたしは、育児に {悩まされている／追われている}。〈AI 心理・生理的状態型（AI 状態）〉

（4）　企業は、コスト削減を迫られている。〈AI不可避型（AI状態）〉

以下、このAI状態型と、その他の有情非情受身構文について、その意味と構造的特徴、及び他のタイプとの相互関係について考察する。

1　AI状態型（AI状態）

AI状態型の受身構文は、主語に立つ有情者の意志とは関係なく、彼／彼女をめぐる何らかの要因によって、通常ではない状態に陥っていることを表わす。構造的には、行為者が有情者ではなく、主語に立つ有情者自身の内的属性や外的な状況といった、非情物であるのが特徴である。このため、対応する能動文で述べると不自然であるか、能動文で述べることができない受身構文が非常に多い。

また、AI状態型の表す事態は物理的な作用を受けるというものではなく、基本的に、その開始や終了が明確ではない「状態」にあることを表わしている。このため、ラレル vs. ラレテイルのアスペクト対立は、広義動作動詞による受身構文に比べ、不明瞭である。

AI状態型は、AI心理・生理的状態型、AI陥る型、AI不可避型の3つのサブタイプに分かれる。以下。それぞれのタイプについて、その構造的特徴と他のタイプとの相互関係について見ていく。

1.1　AI心理・生理的状態型

AI心理・生理的状態型は、何らかの外的なコト（原因）に影響されて、主語に立つ有情者が、ある生理・心理的状態であるということを表わす。AI心理・生理的状態型では、ニ格で表わされる行為者は現象名詞か抽象名詞で、原因を表わす非情物である[1]。この状態を引き起こす原因となる非情物は、主語に立つ有情者の外部にある現象や実体の属性であることもあれば、有情者自身の内部に現れた感情やもともと持っている性質であることもある。また、AI心理・生理的状態型の対応する能動文は、不自然な表現になるか、成立しない

場合が多いということも構造的特徴である[2]。

　生理的状態と心理的状態は、多くの場合有情者の内部に同時に現れるものであり、根本的には切り離せない意味領域だろう。ここでは、ごく便宜的にAI心理・生理的状態型をAI生理的状態型とAI心理的状態型とに下位分類して用例を見ていく。

1.1.1　AI生理的状態型　「良子は病におかされている」

　AI生理的状態型は、主語に立つ有情者が何らかの内的／外的要因により、身体内部に、病や疲れ、忙しさのような、正常ではない生理的な動きを持っていることを表わす。

（5）　生理的状態型

対象＝受影者	原　　　　因	生　理　的　状　態
A N － ガ SUB	現象／抽象 IN－ニ COM	生理的状態 V－ラレル

「良子は病におかされている」【非情行為者】

●能動表現で述べると不自然なことが多く、能動文を持たない動詞も多い

動詞は、生理的状態を表す独自の動詞は少なく[3]、多くが動作動詞の比ゆ的な使用である。

（6）a．生理的状態動詞

　　　疲れさせられる、忙しくさせられる、忙殺される、揺られる、刺激される、etc.

　　b．通常の動作動詞

　　　（生活に）追われる、（病に）おかされる、巣食われる、（発作に）襲われる、etc.

実際の用例を見ていく。行為者はほとんどが何らかの「病」を表わすものであった。行為者としての「病」は主語の有情者にとって外的でもあり内的でもある存在だろう。また、「忙しい」という生理的状態を表わすものも少なくないが、「忙しい」状態を引き起こす行為者は、原則的に動作性名詞で、これは

主語にとって外的な存在である。

（7）　於継はその女であったが幼いときから才色の誉れが高かったのを、適齢期に到ってひどい皮膚病に冒され、松本家では金にあかして医者に診せたが彼らは悉く匙を投げた。(華岡青洲.地)

（8）　なんとか命は助かったけど、それから二年間、しょっちゅう発作に襲われたよ。(ドナウ)

（9）　「[前略]バイドクに巣食われた人はな、大きくなると鼻が流れてしまうんだ。」(幻燈畫集)

（10）　『先進国病』にわざわいされて、欧米人が——とくにその"足腰"の部分が、かつての職人根性を失ってしまったことが、最大のポイントである。(ゆとり)

（11）　ロシアのエリツィン大統領の突然の辞任について、政府は31日、辞任の背景などの情報収集と分析に追われた。(毎日)

（12）　「大田のおやじさんに喧嘩するなっていわれてね、朝からあいつの顔やらこいつの顔やらたてるのに追われどおしさ」(裸の王様)

AI 生理的状態型では、「やられる」という動詞が用いられる場合も多い。「やられる」という動詞の受身構文は、特に行為者が非情物である場合は、対応する能動文で述べることができない。

（13）　このあいだも、世界タイトルで中南米の何とかというボクサーが、ソウルの寒さにやられて簡単に沈められたよ。ガタガタに凍らされて、六回すぎてようやく暖まったと思ったら、今度は汗が出すぎてバテたわけさ。(一瞬の夏)

（14）　この年猖獗を極めた悪質のスペイン風邪にものの見事に彼はやられていたのだ。(楡家.地)

（15）　学名はロシヤ語でなんとかいってね、日本語に訳せば、まあ貧乏熱、とでもいったところだ。文献によると、発生地のロシヤではドストイェフスキーがやられてるねえ。(帰郷)

次の「揺られる」という動詞も、他動詞の存在しない、語彙的ラレル動詞で

ある。

(16) 「バスに揺られてそんなのを眺めていると、眠くなって仕方がないんだ。いくら走っても少しも風景が変わらないだろ。[後略]」（一瞬の夏）

1.1.2 AI 心理的状態型 「私は育児に悩まされている」

　AI 心理的状態型は、主語に立つ有情者が何らかの内的／外的要因により、喜怒哀楽や悩み、恐怖のような、正常ではない心の動きを持っていることを表わす。

(17) 　AI 心理的状態型

対象＝受影者	原　　因	心　理　的　状　態
A　N－ガ SUB	現象／抽象 IN－ニ COM	心理的状態 V－ラレル

　　　「われわれは人員の不足に悩まされている」　●能動文が不自然

　動詞は、心理的状態を引き起こす他動詞、もしくは心理的状態を表わす自動詞[4]の使役形が要素となるが、AI 生理的状態型同様、通常の動作動詞が比ゆ的に用いられることも多い。この動作動詞には、接触動詞と接近的態度動詞が多く現れる。

(18) a．心理的状態動詞

　　　苦しめられる、悩まされる、困らされる、さいなまれる、焦らされる、びっくりさせられる、いらいらさせられる、圧倒される、満たされる、魅了される；つられる、惹かれる、ほだされる、気圧される、やられる、うなされる、当てられる、わざわいされる、つまされる、あっけにとられる、気を取られる、etc.

　　b．通常の動作動詞

　　　圧される、圧迫される、打たれる、救われる、（衝動に）駆られる、迫られる、つきまとわれる、見舞われる、捉えられる、縛られる、束縛される、支配される、流される；囚われる、etc.

　以下、実例を見ていくが、先に述べたように、これらの受身構文には対応する能動文を持たないものや、能動文が不自然な表現になるものが多い。しかし、

対応する能動文を持つ動詞（例えば「圧倒される」）と持たない動詞（例えば「気圧される」）の間に、受身構文としての大きな意味の違いは見られない。よって、同じ AI 心理的状態型の受身構文タイプとして扱う。

　まず、行為者（原因）が主語に立つ有情者自身の内部にある、内的な状態や属性である例から見ていく。

（19）　そうでなくても ぼく は、外界から自分一人が遮断されてしまうような違和感に悩まされているのです。（楡家）

（20）　隠された意味が分って以来、その推理小説の序章が浮び上ってくると、不快なそして不安な心持に捉えられた。（植物群.地）

（21）　自分のイメージに追われて叫んだり、笑ったりしている 仲間 の喧騒をよそに彼はひとりぽつんとアトリエの床にすわり、ものうげなまなざしであたりを眺めるばかりだった。（裸の王様.地）

（22）　それで お前 は 嫉妬 に 駆られて女を殺したのか。うむ。（青春の蹉跌）

　次に、行為者（原因）が主語に立つ有情者の外部にある、外的な状態や属性である例を見てみよう。

（23）　「夏用の離宮ですの。うんざりするような観光地。でも、その広さには、やっぱりびっくりさせられますわ」（ドナウ）

（24）　ヨーロッパを訪れた多くの人 がさまざまな美術館や聖堂などでルーベンスの大作に出合い、その絢爛さに 圧倒される と言われる。（毎日）

（25）　昨日と同じに、三原 は彼の態度に 気圧される のを感じた。（点と線.地）

（26）　彼の偽装に ぼく はふたたび 迷わされなかった。（裸の王様.地）

（27）　音楽監督、指揮、演出、それにオペラの主役など専門性が要求される部分は、日本を代表する人たちに頼ってきたが、市民の熱気に 打たれた 専門家たち は、今やアマチュアと力を合わせてステージをつくることを喜ぶようになっている。（毎日）

（28）　「（徳川）家康 が江戸に幕府を開いたのは 富士の美しい眺望に 魅せられた から。さらに、富士見は不死身に通じた」（毎日）

（29）　「俺 はあの無口で、清純なところに 惹かれている んだ。英子さんの方

が顔立ちは美しいが、あのひとの方が心は美しいと思うな。〔後略〕」（あすなろ）

次のように、節や前後文脈に原因となった事態が述べられている場合もある。(30)は条件節で、(31)は後続する文に説明的に述べられている。いずれも「女医者がいることで」、「…整えようと考えていたことで」という原因節で述べることも可能だろう（波下線は原因となる事態）。

(30) 女医者がいれば私と同じように羞恥で苦しんでいる多くの女性が救われるのではないか。（花埋み.地）

(31) 三和土の上に取残された加恵は、俄かに自分ひとりが除けものにされた思いに、しばらく茫然として佇んでいた。信じられなかった。これが待っていた夫の帰った日の出来事なのである。加恵は雲平の妻である筈だったのに、雲平は母と弟妹に取巻かれて妻の前は素通りして父親のところへ行ってしまった。加恵の用意した湯も使わずに。〔中略〕／夕餉の用意はせめて妻の手で整えようと厨に立った加恵は、間もなくまた同じ思いの中へ閉ざされることになった。於勝と小陸が浮々して現われ、彼女たちは敬愛する兄のために彼の好物で食膳を整えようと考えていたのである。（華岡青洲.地）

AI心理的状態型の中にも瞬間的なアスペクトのものもある。これも動作動詞の比ゆ的な使用であるが、より瞬間的で個別的だろう。

(32) 「それでわかったわ。その愛の雷に撃たれたときからLさんはあなたを漢字で愛しはじめたのよ。〔後略〕」（聖少女）

次の例は、一見すると非情主語だが、有情者の部分（所有物）がガ格に立っており、先行する述語の「みていると」の主語相当の人物の視点で描かれた文と判断できる。こうした文は、「AN-ハ 部分-ガ V-ラレル」という「は-が構文」であると見なして、有情非情受身構文のAI心理・生理的状態型に位置づけた。

(33) 唯、津上京子の淑やかのようで、したたかな身のこなし、薄い灰色の白眼をみていると、官能が鋭く刺戟され、憤りに似た感情が衝き上げてくる。（植物群.地）

AI 心理・生理的状態型の周辺と他のタイプ

　AI 心理的・生理的状態型は、有情者の行為者ではなく、非情物の行為者＝原因をニ格にとるという構造的特徴を持つ。原因を表わすニ格は、受身構文に限らず、無意志的な自動詞文にも現れうる補語である。奥田（1962）の「に格の連語論」の〈原因的なむすびつき〉から例を引用する（p.322、波下線と太字は原文による）。

(34) 　勤は毎夜子の泣きごえにおこされて、はだけたねまきをあわせる暇もなく、夜のさむさにふるえながら、枕もとの鉄びんの湯でミルクをこしらえていた。（妻・148）

(35) 　お繁の方は、ひどく旅につかれた様子で、母の背中に頭をもたせかけたまま、気ぬけしたような目つきをしていた。（家・227）

(36) 　ひとつひとつ丹念に見ていけば、生徒たちの可愛さにまぶたがうるんでくる。（人・26）

(37) 　木原が嫉妬にくるって、自分をころすほどいじめつけてくれるか、さもなくば……（秋・245）[5]

　このように、ニ格の原因が自動詞文にも現れる補語であるということは、AI 心理・生理的状態型の表わす事態が、単に外的動作主から一方的に動作や影響を身に受けるということを表わすのではないことを表わしている。そうではなくて、何らかの内的・外的原因が引き金になって、有情主語の内部に新たな状態（心理的・生理的な動き）が現れることを表わしている。つまり、「AN-ガ IN-ニ 心理・生理 V-ラレル」という受身構文は、「AN-ガ IN-ニ 心理・生理 Vスル」という自動詞文に限りなく近づいているのである。

　さらに、このニ格の非情物は、単に原因にとどまらず、主語に立つ有情者の心理的な態度が向かう対象を示すニ格にまで近づいていく。奥田（1962）では、「おどろく、おびえる、あこがれる、ほれる、なやむ、感動する、はらはらする」などの動詞とニ格名詞句とのむすびつきを〈心理的な態度のむすびつき〉とし、このニ格名詞句は「その［心理的］態度のむけられる対象をしめしている」とする（p.302）。一方で、このニ格名詞句は、心理的な態度を示す動詞がヲ格名

詞句とむすびつく場合[6]に比べ、「原因的なニュアンスをおびてくる」(p.303)ことも指摘している。つまり、このニ格の非情物は、心理的な態度が向かう対象であると同時に、心理的な状態を引き起こす原因的な性格も持っているということである。受身構文の場合は、特に原因的な意味合いの方が色濃くなるだろう。

(38) 屋敷の広さに {驚く／驚かされる}。
(39) 彼のやさしさに {心打たれる／感動する}。

このように、AI 心理・生理的状態型（AI 状態）は、単に一方的に「身に受ける」という意味ではなく、内的・外的な原因によってある心理状態を抱くこと、さらには外的な対象に心理的態度が向かうことまでを表わすことがある。このことと、このタイプが対応する能動文で述べると不自然になる、ないし対応する他動詞文を持たないことが多いという構造的特徴は、決して無関係ではないだろう。AI 心理・生理的状態型のラレル動詞は、体系上、心理・生理的状態を表わす自動詞にきわめて近いところにあると考えられる。いくつかの動詞は、すでに自動詞に移行しているのだろう。次の例の、最初の動詞はまだ受身述語であるが、2 番目の動詞は、形はラレル動詞でも対応する能動文を持たず、ほとんど自動詞であると言える。

(40) 私は、彼女の美しさに {魅了された／惹かれた／ほれた}。
(41) 私は、彼の態度に {圧倒された／気圧された／狼狽した}。

自然動詞文と常に移行関係にある一方で、AI 心理・生理的状態型は、有情主語の動作動詞による受身構文とも移行関係を持っている。「押される、打たれる、引かれる、縛られる[7]」などの動作動詞は、もともとは AA 接触型（AA 無変化）の要素であるが、非情物がニ格に立つことで AI 心理・生理的状態型に移行している。

(42) 私は崔の勢いに押され、仕方がないと返事をしそうになったが、危ういところで踏みとどまった。（一瞬の夏．地）＋
(43) さらに大田夫人の良妻賢母ぶりにうたれたのはぼくが太郎の過去を発掘したいきさつを打明けたときであった。（裸の王様．地）

(44) 僕はそういう話を聞きながら、ぼんやりとした悲しみに打たれていた。
　　　（草の花．地）

(45) 「ったく、いつまで死んだ恋人に縛られてんだよ[8]」（砂の上の恋人たち）

また、「追われる、迫られる、駆られる、つきまとわれる、見舞われる、おそわれる」など、多くの接近動詞が有情者ではなく非情物のニ格と共起することで、AA 接近型（AA 態度）から AI 心理・生理的状態型へ移行している。

(46) 「主婦って大変なんですよ、旦那の世話に追われて、子供の世話に追われて………［後略］」（砂の上の恋人たち）

(47) ぼくは大田夫人がどれほどの必要に迫られてその質問をしたのか、はなはだあいまいな気がしたので、はぐらかしてしまった。（裸の王様．地）

(48) それと同じに、私も最初の一、二行を書き記し、ふたたび茫然とした時間に見舞われる。（植物群．地）

所有変化を表わす動詞でも、「あたえられる、うばわれる、とられる」などの基本的な動詞は、主語に立つ有情者の心理・生理を表わす名詞がヲ格に立つことで、AA 譲渡型（AA 相手）ないし AA 奪取型（AA 持ち主）から AI 心理・生理的状態型へ移行する。

(49) はじめて夫人が太郎をぼくのところへつれてきた日のこと、山口に対してしんらつで的確な評を一言下したこと、川原へ太郎をつれだすときに言葉とはひどくうらはらな、なげやりな違和感をあたえられたこと、そして夜ふけの広場でかいまみた眼の異常な輝きと酒の霧。（裸の王様．地）

(50) キンボシの客は、土工、馬方、虚無僧、車夫、旅芸人、大道商人といった人たちで、それが車座になって丼を叩き、調子はずれの唄を歌う光景に、私は心を奪われた。（幻燈畫集．地）＋

(51) 前の日、彼は二本の紐の結び目に気を取られて、京子との次の約束の日を定めるのを忘れた。（植物群．地）＋

(52) それからしばらく、彼は、底なし沼に足を取られてもがき苦しみつづけているような眠りをつづけた。（孤高の人．地）＋

(53) 太郎のときも、さんざんそんなふうにいっておきながら、いざとなる

と個展の日まで日数のないことや、カンバスの枠張りに手間をとられたことや、先方のたのみがことわりきれないことなど、自分勝手な弁解ばかりならべて逃げてしまった。(裸の王様.地)

こうした、動作動詞によるAI心理・生理的状態型の受身構文の多くは、対応する能動文を持っていない。すなわち、この移行関係は、受身構文の体系に特有のものであると言える。

また、AI心理・生理的状態型は、自動詞の使役形が要素となることから、AA強制使役型（AA無変化）とも相互移行がある。次の例は、他動詞の使役受身形であるが、心理動詞である。このため、有情者の動作主をニ格にとることもできるが、非情物のコト＝原因が行為者であると見なして、AI心理・生理的状態型の周辺に位置づけた。

(54)　「[前略] 私、仙台に越してからとても焦ってしまうの。なんだか無理やりにいろんなことをあきらめさせられているような気分」(女友だち)

(55)　良枝「あんたが"思い"だけで動き回ると迷惑する人間がたくさんいるんだ」／黎子「――」／良枝「私だってそうだよ。思い出したくない時にひとみのこと、思い出させられちゃうしさ」／黎子「........」(砂の上の恋人たち)

「心が洗われる／満たされる」のような表現は、構造的には非情主語のI状態変化型の格体制を持っているが、ガ格とラレル動詞のむすびつき全体がAI心理・生理的状態型の意味を表わしている。これは、慣用的な表現としてAI心理・生理的状態型の周辺に位置づけた。

(56)　この清楚な佇まい。心が洗われるとはまさにこういうものに触れた時に感じるものだ。見ているだけで気持ちが穏やかになってくる。(冷静と情熱)

さらに、次の例は、非情主語一項受身構文のI結果型（I変化）の構造を持っている。しかし、主語に心情を表わす名詞が立ち、出現場所のニ格に人間の心理にかかわる身体部位の名詞が要素になることで、全体の意味としてはAI心理・生理的状態型を表わしている。このことにより、原因を表わすニ格の抽象

名詞句と共起している。

(57) その唇が、不可解なまま記憶の中に埋もれていたことに、彼の心に屈辱に似た気持が喚び起された。（植物群.地）

1.2 AI陥る型　「私は悲惨な状況に置かれた」

AI陥る型とは、主語に立つ有情者が、その意志とは関係なく彼／彼女を取り巻く周囲の状況により、ある状況・立場に陥るという意味を表わす。主語の有情者を当該の状態に陥らせるのは、有情者の動作主ではなく周囲の状況であり、これが原因として文中に現れることもあるが、基本的に行為者を想定することは不可能であるという構造的特徴を持つ。これにより、AI陥る型は対応する能動文が想定できない場合が多い。

(58) AI陥る型

対象＝受影者	着点＝状況	陥る
A N－ハ$_{SUB}$	状況 N－ニ$_{COM}$	位置変化 V－ラレル

「和夫は悲惨な状況に置かれた」【能動文想定不可能】

AI陥る型の生産性は低く、動詞はかなり限られている。次のような位置変化動詞の一部が要素となる。

(59) 置かれる、追い込まれる、立たされる、さらされる、巻き込まれる、etc.

また、ニ格の補語には着点＝状況を表わす抽象名詞のうち、状況・状態を表わす名詞が立つ。それぞれの動詞がむすびつく名詞のタイプ（選択制限）は若干異なっている。(60) aは主に「置かれる、追い込まれる、立たされる」と結びつき、(60) bは「さらされる」と、(60) cは「巻き込まれる」と結びつく名詞である。

(60) a．状況、状態、立場、環境、苦境、窮地、etc.
　　 b．危険、危機、脅威、競争、攻撃、暴力、虐待、批判、砲弾、etc.
　　 c．事故、事件、犯罪、トラブル、喧嘩、争い、戦闘、etc.

実際際の用例には次のようなものがある（波下線は状況・状態）。

(61) つまりこいつは関係者がいつまでも不安定な状態に置かれるのを避けるための法律でね。(エディプス)

(62) 導線の中を流れてきた電子は、電気分解の電極のところにきて、大井川の岸にたどり着いた旅人のような立場に置かれる。(化学)

(63) 自分が食うに困るほどの破綻に追いこまれても仕送りをたやすようなことはぜったいしなかったが、それはあとになって考えると事務家としての正確への熱度が主であったようだ。(裸の王様.地)

(64) だが、平和的解決にこだわるアフガニスタン・タリバン政権がこれを阻止し、犯人側の要求を一部のまざるを得ない状況に追い込まれた。(毎日)

(65) インド政府は事件の平和的解決の代償に、今後、大きな試練にさらされることになる。(毎日)

(66) [前略]多数派の一般大衆がつねに"失業と飢えの恐怖"にさらされている状況が、社会のあり方としてけっして好ましいものではないということは、少なくとも"総論"としては、ほとんど全員の賛同が得られるたぐいの価値判断ではないだろうか。(ゆとり)

(67) 「こっちに帰ってきて、友だちが事故に巻き込まれた。その時の加害者もそうだった。自分は悪くない........そればっかり主張して........[後略]」(砂の上の恋人たち)

この AI 陥る型は、有情者の動作主を想定できるのではないか、という考えもあるだろう。しかし、典型的な有情者（特定の個人）をニ格やニヨッテで表わすことができないことから、基本的には主語に立つ有情者を取り巻く状況にって、当該の立場に立つことを表わすと考える。個人の動作主が特定できることが典型的な有情有情受身文の特徴であるので、このタイプはやはり有情非情受身文である。

AI 陥る型の周辺と他のタイプ

　AI 陥る型の構造としては、着点＝状況のニ格と共起する位置変化動詞のみ

を取り上げたが、次のように、起点＝状況を表わすカラ格と共起する位置変化動詞もある。これは「陥る」という意味規定が当てはまらないが、便宜的にこのタイプに分類しておく。

(68) 「豊かな社会」とは、まず第一に、人びとが"失業と飢えの恐怖"から解放され、生活に困ることがなくなった、ということである。(ゆとり)

このほか、「置かれる」では「監視下に置かれる」などがある。これは、「ある状況に陥る」という意味まで抽象化が進んでいないが、AI 陥る型の周辺に位置づけておく。

AI 陥る型は位置変化動詞で構成されることから、位置変化動詞の有情主語受身構文のニ格に着点＝場所名詞ではなく、心理状態を表わす名詞が立つと、AA 位置変化型（AA 変化）から AI 陥る型へ移行する。次の例は、未だ比ゆ的な使用であるが、AI 陥る型へ移行していると見なした。

(69) 加恵はたった今送り出されてきた妹背家の賑わいから突然隔絶され、怖ろしい孤独の中に突落されたような気がした。(華岡青洲.地)

(70) 今まで五体に活力が漲り、自信が溢れていたものが急に失われ、暗い思いにとり残される。(花埋み.地)

しかしながら、先に AA 位置変化型の説明でも述べたように、「置かれる」という動詞は、有情者を主語にした「有情者-ガ　場所-ニ　置かれる」という AA 位置変化型ではほとんど用いられない。また、「有情者-ヲ　状況-ニ　置く」という能動文もかなり不自然な使用である。よって、AI 陥る型の中でも、特に「置かれる」による受身構文は、受身構文に特有のパラディグマティックな移行関係（ネットワーク）を持っていると考えられる。

「追い込まれる」という動詞は、「生産中止／辞任／封鎖に追い込まれる」などのように、主に後退・中断を表わす動作性名詞と結びつくことがある。このとき、格標示はニ格であるが動作性名詞と共起する点、また、動作主が想定不可能である点の２つの構造的共通性から、「生産中止を余儀なくされる」などの AI 不可避型（AI 状態）に意味的に近づいている。

1.3 AI 不可避型　「企業はコスト削減を迫られている」

　AI 不可避型とは、ある個別の参照時において、主語に立つ有情者がヲ格名詞句で示される動作の実現を避けられないということを表わす。この構造の要素となる動詞は、ヲ格の動作性名詞を補語とする要求的態度動詞の一部である。だが、具体的に誰が当該動作の実現を求めているのかを想定することはできず、主語を取り巻く状況から当該動作の実現が避けられないことを述べているに過ぎない。「せざるをえない」というモダリティ表現に近いだろう。しかし、AI 不可避型は生産性も頻度も低く、未だ暫定的な一般化である。

(71)　AI 不可避型

対　象	動作内容	不可避である
AN-ハ	動作性 N-ヲ	要求的態度 V-ラレル

　「企業はコスト削減を迫られている」【行為者想定不可能】
　求められる、迫られる、余儀なくされる、強いられる、望まれる；負わされる、etc.

　AI 不可避型は、有情主語で要求的態度動詞を要素とする点では AA 相手への要求型[9]と共通しているが、同じく要求的態度動詞を要素とし、行為者が想定できない事態である点では I 社会的関心型[10]に意味・構造的に近い。すべての動詞が I 社会的関心型を構成する要求的態度動詞と共通するわけではなく、「求められる、望まれる」など限られているものの、これらの動詞による受身構文は I 社会的関心型に非常に近い意味を表わしている。AI 不可避型でも「求められる、望まれる」などでは、動作主が社会の不特定多数の一般の人々とも考えられる。

(72)　自動車メーカーは 10 年までに 22・8％の燃費向上を求められている。
　　　（毎日）

(73)　不測の事態でユーザーからの対応を求められるコンピューター・電機業界は、大勢のシステムエンジニアが本社やユーザー企業に待機した。
　　　（毎日）

(74) 「ロールスロイスで登場するか、天井からゴンドラで降りてくるかの選択を迫られたからさ。きみがゴンドラの網が切れたらと、怖がったんだぜ」(結婚式)

(75) 人口の多いアジア、アフリカなどに今後自動車を普及させることを考えれば、各メーカーが排ガスの出ない「究極の環境車」の開発を迫られるのは必然ともいえる。(毎日)

(76) 献身的な母性愛も、文化の産物であるとも考えられ、いままで本能とされてきた性質の多くが見直しを迫られています[11]。(記憶)

(77) この温暖化で地球の平均海面は50年までに約20センチ、2100年には約50センチ上がり、バングラデシュでは国土の約11%が失われ、500万人以上が移住を余儀なくされる。(毎日)

(78) それに打明けていえば、基一郎院長は郷里の山形県南村山郡の郡部から出馬した昨年の選挙に相当の出費を余儀なくされたのだった。(楡家.地)

(79) しかも、残りの人の多くも、偏食ではないが、事情によって偏食を強いられたということがわかっている。(たべもの)

(80) 企業は重いコスト負担を強いられ、法律を守らなければ操業していけなくなった。(毎日)

次の例は、「動作性N-トイウ 役割ヲ 負わされる」という構造だが、これも「役割を負わされる」という組み合わせ全体が要求的態度動詞の意味を表わしており、また、行為者を想定できない受身構文なので、AI不可避型の周辺に位置づけた。

(81) とはいえ、半年後のイタリア首相は、沖縄サミットで、これまでになく自国の売り込みという役回りを負わされるのは間違いなさそうだ。(毎日)

AI不可避型の周辺と他のタイプ

先にも述べたが、「求められる、望まれる」などで構成されるAI不可避型は、

Ⅰ習慣的社会活動型の下位分類であるⅠ社会的関心型と構造的にも意味的にも非常に近い。AI不可避型でヲ格に立っている動作性名詞が、Ⅰ社会的関心型ではガ格の主語に立つ。

(72)' 自動車メーカーの燃費向上が求められている。

(73)' コンピューター・電機業界のユーザーへの対応が求められる。

(75)' 各メーカーの開発が望まれている。

しかしながら、「余儀なくされる、迫られる」などでは、こうした移行関係は不可能である。

次の例は、Ⅰ社会的関心型のⅠあり方への社会的関心型に対応する受身構文である。ヲ格には動作性名詞ではなく、状態や特性を表わす名詞句が立つ。こうした受身構文には「不可避」という意味が当てはまらないが、暫定的にAI不可避型の周辺に位置づけておく。

(82) 大陸全体を通じて古い秩序は、一つには大戦がもたらした災害のゆえに、いま一つはロシア革命の衝撃のゆえに、存在理由を問われるようになった。(二十世紀)

また、AI不可避型は有情者が主語に立ち、要求的態度動詞が要素となる点でAA相手への要求型とも共通している。しかし、AA相手への要求型は動作主が個別の有情者である点で意味・構造的に異なっている上、AA相手への要求型にはさまざまな要求的態度動詞が要素となる。

(83) 「さっき電車の中で喧嘩をしていたろう。あれはね、彼女が家からやかましく言われて、厭な男と結婚を迫られているからなんだ。[後略]」(金閣寺)

(84) 2月の大阪府知事選で、自民党府議団から立候補を要請された中馬弘毅・同党府連会長(63)＝大阪1区＝は31日、毎日新聞の取材に[後略](毎日)

(85) たぶん、女遊びもしたことのない弟は、男には海千山千のその種類の女に翻弄されて、心中をせがまれたに違いありません。(点と線)

(86) その後、彼は定時制高校を辞めることになったのだが、それは噂のた

めだ。ただ噂だけのために、辞職を勧告されたわけではない。(植物群.地)

2　その他の有情主語非情行為者受身構文

　ここでは、有情主語でかつ非情物が行為者であるその他の受身構文を概観する。統計をとったデータには、有情非情受身構文の「その他」として分類された受身構文は、全テクストを通じて1例も存在しなかった。一方で、非情行為者ではあるが、有情行為者による受身構文の周辺的タイプと見なして有情有情受身構文に分類した非情行為者の受身構文がある。以下では、この有情有情受身構文の周辺に位置づけた非情行為者の受身構文を紹介する。

　何らかのコト（抽象名詞）が有情者の認識活動を引き起こす原因となる場合がある。主語に立つ有情者は、そのコトをきっかけとして、そこから新たな認識を導き出すのだが、この認識活動が無意志的で、コトに誘発されて起こったことを強調するために受身構文が用いられる。こうした受身構文は、AA思考型に分類したが、有情主語非情行為者受身構文の1タイプとして立てるべきかもしれない。それは、この種の受身構文には、主語に立つ有情者自身が認識活動の主体（経験者）であるという違いがあるためである。また、「教えられる（≒教わる）、学ばせられる（≒学ぶ）」などは行為者が有情者であることもあり得るが、「感じさせられる（≒感じる）、思わされる（≒思う）、気づかされる（≒気づく）、考えさせられる（≒考える）」などでは、通常行為者は非情物である。

(87) ……人間というのは不思議な存在だ。思いがけないところから教えられることがある。さて、私はひきあげるよ。(冬の旅)

(88) 「武器は人間の方がずーっと進歩してますの。小はピストルから大は水爆まで、すごい威力！　人間の知恵と努力にはいつも学ばせられますわ」(ブンとフン)

(89) 明治から平成まで、激動の時代を昭和天皇とともに生き抜いてこられた皇太后さまのご逝去の記事に、また一つの歴史が幕を閉じたことを感じさせられた。(毎日6月27日) ＋

(90) じわじわとむしばまれる健康に、もの言わぬ自然の報復を思い知らされるのだ。(毎日4月13日) +

(91) ギリガンのこの批判は、湾岸戦争の際の反戦意識の違いを見ると納得させられるものがある。(毎日6月27日) +

(92) 「さっきの刑事の言葉に、私は目をさまされた思いをした。もしかしたら、私は、修一郎を甘やかしすぎて育ててきたのかも知れない。[後略]」(冬の旅)

また、次の例では、行為者としての非情物が音量や動きを伴っていて、これによって「目を覚ます」ことが受身構文で表わされている。これは、AA生理的変化型に分類した。

(93) 「え、もう帰るの。飯食うぐらいいいじゃない、俺この騒動で起こされて、朝からコーヒー一杯だけだぜ」(帰れぬ人々)

また、「鉄砲に撃たれる」など、かなり慣用的ではあるが非情物を行為者としている。これはAA接触型に位置づけた。

(94) 「[前略]父はその戦いの中で、官軍の鉄砲に撃たれて死にました」(たそがれ清兵衛)

(95) 「足がある。あそこに。足首の切ったのが、転がってるんだ」[中略]「わかってる。どっかの兵隊んだろう。弾にすっ飛ばされたんだろう」(野火)

このほか、何らかの非情物により、主語に立つ有情者がある位置を占める、ないしある場所に置かれることを表わす受身構文がある。こうした受身構文は、AA位置変化型の周辺に位置づけた。

(96) 「たかが知れてる。あいつら[ネズミ]は下水管に陸封されたようなもんだからね。一匹ずつシラミつぶしにやっつけていけばいいのさ」(パニック)

(97) 「[前略]こんな種類の結合は、ぼくらにとってあまりにも自然なことだった、つまりからだで購わるということは自然すぎて、なんでもないのだ。[中略]もしここでぼくらがことばを分泌していたら、それはまさにねばねばした分泌物としかいえないようなことばで、ぼくらはその

なかに<u>とじこめられて</u>とけてしまったことだろう」（聖少女）
(98)　それでも、こんなふうに無下に、冷淡に扱われると、人間である以上必然的に一種の……たとえてみれば人とも世とも距てられたというような感情を抱きたくなりますよ。そうでなくてもぼくは、外界から<u>自分一人</u>が<u>遮断されて</u>しまうような違和感に悩まされているのです。（楡家）

なお、行為者が非情物である受身構文タイプについては、志波（2010）で詳しく用例を扱っている。

注
1) 具体名詞が現れることもあるだろうが、その場合でも、具体名詞が持つ何らかの側面（性質や属性）が原因となっていると考えられる。
2) 対応する能動文が存在しないものには、①他動詞の存在しないもの（気圧される、揺られる、とらわれる、etc.）、②ラレル形が特別な意味を獲得しているもの（やられる、ひかれる、etc.）、③行為者が非情物であるために意味の変容しているもの（(衝動に) 駆られる、(生活に) 追われる、etc.）がある。
3)「疲れさせられる」などが考えられるが、用例には見つからなかった。
4) こうした自動詞は、ヲ格ではなくニ格名詞句を心理状態の向かう対象としてとる動詞である。
5)「妻」:『妻』（田山花袋）、「流」:『流れる』（幸田文）、「家」:『家・前編』（島崎藤村）、「日」:『日々の背信』（丹羽文雄）、「秋」:『秋のめざめ』（円地文子）
6)「恋する、愛する、憎む」のような動詞。
7)「縛られる」は、姿勢の変化としての生理的変化動詞にも近いかもしれないが、今回は接触動詞に含めた。
8) ここでは、有情者がニ格補語に現れているが、これも動作主ではなく、「死んだ恋人の存在」のような意味で、原因である。
9)「私は母親に掃除をたのまれた」「私は上司に新商品の開発を要求された」などの受身構文。
10)「政府の早急な対策が求められる」「自動車メーカーの燃費向上が望まれている」などの受身構文。
11) この例は非情物が主語に立っているが、実際に「見直し」をしなければならないのは有情者であると考え、このタイプに含める。

第4章　非情主語一項受身構文

　本章では非情物が主語に立ち、行為者が有情者である非情主語一項受身構文（非情一項受身構文）について、その構文タイプの特徴と周辺的な用例を詳細に見ていく。

　非情一項受身構文の中心的な機能は、動作主の存在を含意しつつ背景化し、「誰がやったか」ではなく「何が起きるか（起きたか）」に焦点を当てることである。誰が動作主であるかということには関心がなく、具体的な動作主の行為に対する責任性は背景に押しやられ、問題にされない。よって、特別な動機がない限り、動作主は同一節内に明示されない（Agentlessである）。こうした機能と構造的特徴は、印欧語に見られる多くの受身構文に共通したものである。

　動作主が背景化されるのが典型である非情一項受身構文では、動作主が誰であるのか、人であるのかすら特定できない用例がある。特に主語が抽象名詞の場合に、有情者の動作主をほとんど想定できない例が少なくない。

（１）　また、動物が高等になるほど、環境が変わると、新しく脳機能がつくり変えられる柔軟性に優れてきます。（記憶）

（２）　はいってきたときは、個性のある味があったものであろうが、いつのまにか、日本的に味が同化されてしまい、その日本的な形の味で生き残ったのである。（たべもの）

（３）　巨大イベントの利益は庶民に還元されなければならない。（毎日）

　しかし、本研究ではこれらの例を非情行為者の例とは見なさず、非情主語一項受身構文に含めた。非情主語非情行為者の受身構文には、非情物の動作主が明示されるか、文脈から明らかであるもののみを含め、「主語を取り巻く周囲の状況」のような漠然とした行為者は非情一項受身構文に分類した。この点は、有

情非情受身構文における行為者の判断の仕方と異なる点である。有情主語の受身構文の場合は、特定の動作主が明示もしくは想定されていることが多く、これが有情有情受身構文の構造的特徴であるとも考える（志波2006）。よって、動作主がほとんど想定できないAI陥る型のような受身構文は、非情行為者の受身文として有情非情受身構文に位置づけた。一方、非情一項受身構文の場合は、構文の特徴として、通常動作主が背景化される。よって、動作主がほとんど想定できない受身構文も、非情一項受身構文に分類した。

なお、非情一項受身構文には有情者の広義所有物が主語に立つ受身構文も分類されている。こうした受身構文は、割合は高くないものの、意味・機能、及び構造的に有情有情受身構文に近いことも少なくない。この点に関しては、特に1.2のⅠ無変化型の中で述べているが、有情者の所有物が主語に立つと、所有者としての有情者が影響を受けるという意味が読み取れることがあり、益岡(1991b)の潜在的な受影者のいる受身構文になる。このとき、動作主は背景化されずに、行為の責任者として明確なことが多い。しかし、本研究ではこうした受身構文を非情一項受身構文として同列に扱っている。これは、有情者の所有物が主語に立つ受身構文がすべて有情有情受身構文に近づくとは限らないと考えたからである[1]。

非情一項受身構文は、大きく、Ⅰ事態実現型、Ⅰ習慣的社会活動型、Ⅰ存在型、Ⅰ超時的事態型に分けられる。以下、それぞれのサブタイプの構造的な特徴と周辺例について詳しく見ていく。

1　Ⅰ事態実現型

Ⅰ事態実現型とは、基本的に個別具体的（アクチュアル）な、時間軸上に一回的な事態として位置づけられる事態の実現を問題にし、テンス・アスペクト的に最も動詞文らしい受身構文である[2]。Ⅰ事態実現型には、大きく次の4つのタイプがある。それぞれ、次のような構造を持つ。

（4）a．Ⅰ変化型　　　IN-ガ　変化 V-ラレル

b．Ｉ無変化型　　|IN-ガ　無変化 V-ラレル|
c．Ｉ認識型　　　|IN-ガ　認識 V-ラレル|
d．Ｉ態度型　　　|IN-ガ　態度 V-ラレル|

以下、これらのサブタイプについて、見ていく。

1.1　Ｉ変化型（Ｉ変化）

　Ｉ変化型とは、動作主の存在を含意しつつも、その人格性や行為に対する責任性を問題にせずに、主語に立つ対象に変化が起きた（起きる）ことを表わす受身構文タイプである。非情一項受身構文は、動作主を背景化することから、その動作プロセスも背景化される、対象の変化の局面が中心に捉えられる受身構文タイプである。変化動詞は、こうした非情一項受身構文の要素としてなじみやすく、よってＩ変化型は非情一項受身構文において、割合的にも中心的なタイプとなっている。以下の６つのサブタイプがある。

Ｉ状態変化型　　「机が折り畳まれた」
Ｉ位置変化型　　「庭に木が植えられた」
Ｉ所有変化型　　「手紙が良子に渡された」
Ｉ結果型　　　　「駅前にビルが建てられた」
Ｉ表示型　　　　「画面に絵が表示された」
Ｉ実行型　　　　「明日学校で保護者会が開かれる」

非情一項受身構文の行為者は基本的に有情者であるが、Ｉ変化型には、次のような自然勢力が行為者になった受身構文も、数は多くないが含まれている。こうした自然勢力は、非情主語非情行為者受身構文における自然現象とは異なり、物理的な作用でもって働きかける存在であることから、有情者の動作主に準ずる行為者と見なした。

（５）　或いは爆風で薙ぎ倒され、気絶したのが真実であったかも分らない。
　　　　（黒い雨．地）＋
（６）　雪庇もいたるところにあった。風のために磨かれた氷盤もあった。雪の吹きだまりがあるかと思うと、アイゼンの爪も立たないように固く

凍った雪盤もあった。(孤高の人.地) +

　また、次のように、動作主の身体部位等の所有物が主語に立つという特徴を持つ受身構文がある。こうした受身構文は、動作主と対象が別々の実体ではなく、対応する能動文が再帰的であるという特殊な構造を持つが、動詞の語彙的意味を優先してそれぞれのタイプに分類した[3]。こうした受身構文は、小説の会話文テクスト、評論文テクスト、新聞テクストには見られず、小説の地の文に特徴的な表現である。

（7）a．Ⅰ状態変化型：顔がゆがめられる、ひざが曲げられる、etc.
　　　b．Ⅰ位置変化型：手に力がこめられる、手が（腕から）離される、顔が近づけられる、息が吹きかけられる、経験／年齢が重ねられる、etc.

次のような例が見つかった。

（8）　鮎太は身をもがいたが、冴子の二本の腕にこめられた力は意外に強いもので、それが身内に滲みるように快かった。冴子は執拗に鮎太の上半身を抱きすくめていたが、やがてくっくっと切れ切れに笑った。冴子の唇が鮎太の頬に捺された。(あすなろ.地)

（9）　傷にさわられるときだけ、栄二の顔は痛そうにしかめられたが、そのほかのときは痴呆のように無表情であり、誰の顔をも見ないし、なにをきかれても答えなかった。(さぶ.地)

以下、Ⅰ変化型のサブタイプについて、その意味・構造的な特徴と他のタイプとの相互関係を見ていく。

1.1.1　Ⅰ状態変化型　「机が折り畳まれた」「国民の権利が平等化される」

　Ⅰ状態変化型は、外的な働きかけ、あるいは外的な要因のために、モノあるいはコトに何らかの状態変化が起きる（起きた）ことを表わす。この構造の要素になる動詞は、対象（客体）を変化させる他動詞である。

　次の例では、受身構文で表わされている事態が、後につづく文ではまさに「変化が起きた」という表現で述べられている（波下線）。

(10) いわば、かつてはエリートないし金持ちにだけ保障されていた"生存権"（？）が、いまや一般大衆ないし貧乏人にまで拡充されたのである。それは、"権利"の分配が著しく平等化されたことを意味する。この角度からいうと、「豊かな社会」がもつ第二の意味は、エリートないし金持ちと一般大衆ないし貧乏人との間に、かつてない平等化が起きた、ということにほかならない。（ゆとり）

I状態変化型は次のような構造を持つ。結果の状態を表わす形容詞（形容動詞）または名詞句を修飾語としてとるという特徴を持つが、これは能動文と平行した特徴である。一方で、非情一項受身構文は、動作主とともに動作プロセスが背景化されるため、道具をあらわすデ格名詞句はほとんど現れない。

(11) I状態変化型

対象	結果の状態	外的要因による状態変化
IN-ガ SUB	（Adj-ク／N-ニ MOD）	状態変化 V-ラレル

「窓ガラスがこなごなに割られた」【背景化された個別有情行為者】

「金持ちと一般大衆への権利の分配が平等化される」【行為者想定不可能】

状態変化動詞は、漢語動詞まで含めればかなりの数になる。ここでは、和語動詞のみ、代表的なものを挙げておく（奥田 1968-72:26 参照）。

(12) あたためられる、開けられる、荒らされる、折られる、崩される、砕かれる、消される、削られる、壊される、縛られる、閉められる、染められる、倒される、畳まれる、束ねられる、縮められる、潰される、濡らされる、伸ばされる、冷やされる、開かれる、広げられる、膨らまされる、伏せられる、振られる、干される、掘られる、曲げられる、まわされる、磨かれる、焼かれる、破られる、ゆすられる、汚される、割られる、etc.

では、まず具体名詞が対象である「モノの状態変化」の例から見ていこう。「モノの状態変化」では、何らかの動作主の関与によりある実体の上に変化が起きたことが表される。このとき、当該の変化を起こした動作主は含意されるものの、その人格性や動作に対する責任性はまったく無視されている。主語の具体

性の高い順に例を挙げよう。

(13)　外山は賞品の大スイカを加藤に与えながら、彼の卓抜した泳技を誉めた。加藤の貰ったスイカはその場で割られてみんなに配られた。(孤高の人.地) +

(14)　会場は、はやばやとアルバイトの若者たちの手によって後片付けが始められた。照明用のライトからひとつずつ灯りが落とされ、リングサイドの椅子が折り畳まれ、束ねられていく。(一瞬の夏.地) +

(15)　邸の玄関でぼくを迎えたのは太郎でもなく、夫人でもない。五十すぎの寡黙な老女中であった。書斎の厚い扉が閉じられると、広い邸内にはなんの物音も感じられなかった。(裸の王様.地)

(16)　疑い、問いつめ、答えながら、突然、吟子の瞼に、白く艶やかな肢体が浮びあがった。それはゆっくりと押し曲げられ、膝頭がまさに腹へつこうとした途端、とてつもない力で左右へ開かれていく。(花埋み.地) +

(17)　広場を挟む形で新教会の向かいに市庁舎が建っている。60年代に改修され、17世紀当時の姿に戻された。(毎日)

(18)　放送のデジタル化は衛星放送に始まり、さらには、わが国で最も慣れ親しまれている地上波放送についても21世紀早々にはデジタル化されることが決まっている。(毎日)

(19)　今大会は国際オリンピック委員会のスキャンダルの影響で収入が減り、予算が切り詰められたが、それさえ「平等」を重んじる豪州人にとっては喜ばしいことだ。(毎日)

次の例は、アスペクトが結果状態であるが、これも「モノの状態変化」である。

(20)　白粉気のない薄桃色の顔はうぶ毛で覆われているようにみえた。しかし、その唇は口紅で真紅に塗られてあった。(植物群.地)

次のように、自然現象によって当該の変化が起きる場合には、具体的な動作主を想定することは難しい。主語に立つ実体を取り巻く現象や状況のために、その上に変化が起きることが表わされる。

(21)　ロウソクが燃えているとき、その炎の熱によってパラフィンが融けて液体となり、この液体が芯を伝って上に昇る。これは毛細管現象という、細い隙間を液体が昇る現象だ。そして、液体のパラフィンは蒸発して気体となり、この気体が酸化されて炎となる。（化学）

(22)　つまり、1Fの電流によって、銀は1モルつまり108gがメッキされるのである。（化学）

モノが消えることを表わす場合も、状態変化として、I状態変化型に位置付けた。

(23)　88年のソウル五輪決勝ではベン・ジョンソン（カナダ）が9秒79を出したが、ドーピング検査で陽性となり失格、記録も抹消された。（毎日）

(24)　近い将来、通勤ラッシュに嫌気のさした人々からゆとりのある通勤電車を求める声が高まり、古くなった地上の鉄道網は順次廃止され、地下に移される。（毎日）

(25)　黒板の文字が消された。

次に、抽象名詞が対象である「コトの状態変化」の例を見てみよう。「コトの状態変化」では、実体としての動作主を想定できないことの方が多く、主語に立つコトを取り巻く状況によって、当該の変化が起きると捉えられる。

(26)　また、動物が高等になるほど、環境が変わると、新しく脳機能がつくり変えられる柔軟性に優れてきます。（記憶）

(27)　はいってきたときは、個性のある味があったものであろうが、いつのまにか、日本的に味が同化されてしまい、その日本的な形の味で生き残ったのである。（たべもの）

(28)　三原は、その言葉で、どきんとした。いままで、ぼんやりとひろがっていた予感が、急速に一個の形に収縮されてゆくのを感じた。（点と線．地）

(29)　彼らは訓練主義教育で育てられた自分の肉眼の趣味にあわせて子供に年齢を無視した整形やぬりわけを強制するだろう。（裸の王様．地）

(30)　地底の闇をひとつにあつめて凝縮したような暗い思いと、光と目を失った世界で歪められ汚された時の流れが、巨大なかたまりとなって、

我々の上にのしかかっているように感じられた。(世界の終わり.地) +

(31) 小児期の脳は柔軟で多くのことを学習でき、人間はこの期間に食物や水がある場所、群れでの関係など、生きるための知恵を学んできた。現代では この期間 が 短縮される 一方、脳が対応しなければならない外的刺激や情報は増えるばかりだ。(毎日)

コトの状態変化であっても、一般化された有情者や組織・専門家など、実体としての動作主を想定できる例もある。

(32) たとえば、日本では 嫁姑の問題 は「家」の中のみで 解決されなければならず 、いびられた嫁は自分の親兄弟、親類、近隣の人々から援助を受けることなく、孤軍奮闘しなければならない。(タテ社会)

(33) さらに 均等法 と 労働者派遣法 が昨年 改正され 、女性の働き方は新たな様相を見せてきた。(毎日)

抽象的なコトの消滅を表わす受身構文も、コトの状態変化に位置づけた。

(34) 情死という平凡さに、すぐ答えが出たのか、途中の運算がない。 答えが出る前の手数 が、どこかに はぶかれている ような空隙を感じるのだ——。(点と線)

(35) 67年には、パークス２代目イギリス公使夫人が、外国人女性として初登頂している。 富士の女人禁制 が 解かれた のはそれから５年後、明治になってからだ。(毎日)

有情者の部分＝所有物が主語にたち、さらに主語の所有者である有情者が動作主でもあるという構造を持つ受身構文がある。この種の受身構文は、「所有者-ガ 所有物-ヲ Vスル」という能動文と対立しているが、動作主が主語に立つ非情物の所有者であるため、主語が外的な行為者から働きかけを受けるという意味をほとんど持たない。外的要因（状況）の影響があったために当該事態が発生したという意味が現れる場合もあるが、意志を持った動作主を想定できないため、きわめて自動詞に近い表現になる。よく見られるのは、「能力・特性などが発揮される／失われる」という受身構文である。(37) と (38) には、出現場所を表わすニ格名詞句が現れている（波下線は出現場所）。

(36) いいかえれば、自発性を生かしてこそ、人間の能力は存分に発揮される、ということになる。(ゆとり)

(37) 人間の幸福の「ほど」の違いについて考え込ませるほどの深さに、作者の人間を見る目の凄（すご）さは遺憾なく、のびやかに発揮されている。(毎日)

(38) こんなことにもいわゆる資格（嫁さんという）を同じくする者の社会的機能が発揮され、家という枠に交錯して機能しているのである。(タテ社会)

(39) この温暖化で地球の平均海面は50年までに約20センチ、2100年には約50センチ上がり、バングラデシュでは国土の約11％が失われ、500万人以上が移住を余儀なくされる。(毎日)

(40) 西欧では極右・極左による暴力的政権掌握は見られなかったが、経済苦境や失業や内閣の不安定から、伝統的な議会民主制の権威は失われようとしていた。(二十世紀)

(41) ところが、そのとき上空が雲におおわれていると、放射された赤外線は雲に反射し、また地表に戻ってくる。それで地表の熱の失われ方が少なく、霜は降りにくい。(化学)

I 状態変化型の周辺と他のタイプ

　先に、「モノの状態変化」におけるラレテイル形が結果状態を表わす例を挙げたが、そこでは先行する変化への意識があり、その変化の結果としての状態を述べていた。一方、ラレテイル形及び連体修飾において、「変化」の局面の具体的時間性（及び場所性）が欠けると、先行する変化への意識がまったくない「特性」を表わす受身構文になる。こうした受身構文はⅠ特徴規定型（Ⅰ超時）である。

(42) たしかに荒蕪地はアスファルトで固められているが、ずっと遠い暗がりには草と水があったのだ。ここから掘り起していこうとぼくは思った。(裸の王様.地)

(43) ニューヨークなど一部の大都会ではそういうことがあるかもしれないが、大部分のアメリカでは、加工された食品を家庭でそのまま皿の上にのせるようなことはほとんどない。(たべもの)

(44) これに対して、社会人類学でいう「ソーシャル・ストラクチュア」というのは、ずっと抽象化された概念であって、一定の社会に内在する基本原理ともいうべきものである。(タテ社会)

有情者が主語に立ち、対象がヲ格のまま受身構文に現れるとAA所有物の変化型(AA変化)へ移行する。

(45) 二人は同じ町に住んでいたが、戦争中空襲で家屋を焼かれた。(植物群.地)

(46) 織物問屋の男は、文子の死よりも、土蔵を血で汚されたことをきらって、杉の葉をもうもうとくべ、[後略](死児を育てる.地) +

「私がプライドを壊される」のように、有情者が主語に立ち、ヲ格の対象に有情者の心理・感情を表わす名詞句が来ると、AA評価動作的態度型(AA態度)へ移行する。このような状態変化動詞の比ゆ的な使用によるAA評価動作的態度型は、「プライドを壊す」のような能動文よりも受身構文の使用の方が自然であるように思われる。

(47) なにより彼女は自分の感傷を——思い出のありあまる青山の土地を久方ぶりに訪れて複雑におし寄せてきた感情の波立ちを、ひどくぶしつけなやり方で壊されたのが腹立たしかった。(楡家.地) +

(48) だが、内藤は、その直後のリターンマッチにも敗れ、三度目の対戦にもノックアウトでタイトル奪還の夢を砕かれていた。(一瞬の夏.地) +

1.1.2 I位置変化型 「庭に木が植えられた」「指令が送られる」

I位置変化型は、外的行為者からの働きかけを受けて、具体的なモノもしくは抽象的なコトに、今まで存在していた場所から別の場所への位置の変化が起きることを表わす。I位置変化型は、着点を表わすニ格の場所名詞、もしくは起点を表わすカラ格の場所名詞、もしくはこれら両方を補語としてとる。しか

しながら、有情主語のAA位置変化型同様、用例では着点のニ格名詞補語をとる場合がほとんどであった。すなわち、奥田の連語の〈とりつけ〉タイプがほとんどであった。こうした頻度の偏りは、能動文と平行した現象なのか、受身構文であるために結果がより意識される着点ニ格と共起する例が多かったのか、今後の調査が必要である。

(49) I位置変化型

対象	着点・起点	外的要因による位置変化
IN-ガSUB	場所N-ニ／カラCOM	位置変化V-ラレル

「たくさんの花が庭に植えられた」「様々な指令が脳から全身に送られる」

位置変化動詞は、漢語動詞も含めれば大変な数になる。用例には、次のような動詞が見つかった。

(50) 送られる、運ばれる、移される、出される、入れられる、つけられる、かけられる、掲げられる、貼られる、置かれる、積まれる、敷かれる、並べられる、盛られる、配られる、集められる、備えられる、たくわえられる、残される、とめられる、届けられる、隠される、ばら撒かれる、投げ込まれる、担ぎ込まれる、閉じ込められる、持ち込まれる、押し流される、打ち上げられる、埋められる、固定される、収納される、輸出される、出品される、放射される、吸収される、吸着される、跳ね返される：離される、しりぞけられる：書かれる、記される、etc.

まず、具体名詞が対象である「モノの位置変化」の例から見ていこう。着点や起点を表わす場所名詞は文脈の中で省略されることもあるが、構造上は必要なものである（波下線は着点／起点）。主語に立つ名詞の具体性の高い順に例を挙げる。

(51) ホットケーキがフン先生の前に出された。（ブンとフン．地）
(52) その代り、その頭髪は黒々と若々しく光沢があり、実に丹念に櫛があてられ、その髭は更に黒々と豊かで、先のほうはぴんと跳ねあがり、[後略]（楡家．地）

(53) フィンガー・ペイントがしりぞけられたので、ぼくはつぎに彼を仲間といっしょにぼくのまわりにすわらせて童話を話して聞かせたが、その結果、聡明な理解の表情は浮かんでも、彼の内部で発火するものはなにもないようだった。(裸の王様.地)

(54) ハムやソーセージは多くのばあい、うす切りしたものが買われ、それがそのままの姿で皿に盛られる。(たべもの)

(55) 漆喰壁では、二酸化炭素を吸収するのは乾くまでの間であり、吸収された二酸化炭素は壁面に固定されてしまう。(化学)

(56) 彼が死骸になり、脆い灰白色の骨片になって素焼の壺に入れられ、土の中に埋められる。(植物群.地)

(57) この投書が[紙面に]掲載されるころには2000年を迎えているのだろうか。(毎日)

(58) 99年10月には上棟式が行われ、スピルバーグ氏がハリウッドで採火した炎が、はるばる太平洋を越えて空輸され、屋外モニュメントに点火されて、ムードを盛り上げた。(毎日)

(59) [前略]古くなった地上の鉄道網は順次廃止され、地下に移される。(毎日)

次のように有情者が主語相当になる場合も、総称的な一般化された有情者であったり、その人格性(意志や感情)が無視されている場合にはモノ扱いと考えられ、「モノの位置変化」に分類されるものと考える。

(60) [アトラクションの説明]タイムマシンのデロリアンに乗り込んだ客は、氷河、雪崩、噴火口などに次々と送り込まれる。(毎日)

(61) ここの篤志面接委員をしている人に聞いたのであるが、収容される人の六〇パーセントに近い人が偏食であることがわかったということである。(たべもの)

(62) 展望台は閑散としていて、全部の観覧客が昇降機に吸い込まれ、彼一人が残される時間もあった。(植物群.地)

(62)のように、「吸われる、吸い込まれる、吸収される」という動詞の受身

構文におけるニ格補語は、着点場所でもあるが、同時に行為者性も持ち合わせている。次の文も、「大気と地面、海が炭酸ガスを吸収する」という能動文が可能であり、他のⅠ位置変化型と構造的に異なっている。しかし、このように場所性と行為者性の両方を併せ持ったニ格名詞を取る位置変化動詞のタイプを別個に立てられるかどうかは、対象にしたテクストにおける用例の数（頻度）が少ないため、よく分からない。

(63) 例えば、炭酸ガスが出ても大気と地面、海に吸収されれば問題ないが、大気の炭酸ガス吸収能力は海の100分の1にも満たないのに、炭酸ガスの半分が大気中に残っている。(毎日)

次に、抽象名詞が対象である「コトの位置変化」の例を見てみよう。コトの位置変化と言っても、抽象名詞のみを補語にとる動詞の受身構文は少なく、ほとんどが「モノの位置変化」に用いられる具体的作用動詞の比ゆ的な使用である。

(64) 目や耳などの受容器から脳に送り込まれてくる情報もこのような信号ですし、脳から全身に送られていく指令も同じ信号です[4]。(記憶)

(65) 気がつくと、いつの間にかコンピューターに包囲されているのに驚く。政府も企業も家庭もコンピューターに組み込まれてしまった。(毎日)

(66) 一年の時も、二年の時も、進級成績は抜群で、開校以来の秀才というような言葉が、教室で大人しい鮎太に好意を持つ国漢の教師の口から出されたりした。(あすなろ.地)

(67) それは、冴子が、女学校で下級生から万年筆と時計を取り上げた事件をひき起し、そのために一年停学になり、郷里の町にいにくくて、ここへ来ているのだという噂が村へばら撒かれたからである。それは勿論、日曜ごとに村へ帰って来る冴子と同じ女学校へ行っている村の二人の女学生に依って伝えられたものであった。(あすなろ.地)

(68) 小淵恵三首相がこだわった朝鮮民主主義人民共和国（北朝鮮）のミサイル問題だけは、ケルン・サミットのG8宣言に「憂慮」という表現が盛り込まれたが、地域問題に関する声明にコソボ以外で取り上げられた

のは、南東欧の安定、中東和平、ナイジェリア、ヨルダン、キプロスといった欧州や中東地域の問題ばかり。(毎日)

(69) しかし、彼が京子の軀に加える荒々しい力は、抵抗なくその軀の中に吸収され、かえってその軀を生き生きとさせ、その皮膚は内側から輝きはじめる。(植物群.地)

次の「もたらされる」は具体名詞が主語相当になっているが、「もたらす」という動詞が具体的作用を表わしていないため、主語は「中国陶磁器の技術」というような意味と考えられ、コトの位置変化であると考えられる。

(70) またもともと陶器を作る技術があったところに17世紀のオランダ東インド会社によってもたらされた中国陶磁器がヒントになり、今日のデルフト焼の産業が興った。(毎日)

次のような、組織内のセクションのようなものは、モノとコトの中間的な名詞だろうか。

(71) 政府としては現在、憲法改正する意思はないが、次の通常国会から衆参両院に憲法調査会が設置され、2000年が憲法を正々堂々と与野党含めて検討しようという年になったことは大変意義深い。(毎日)

(72) 中国総監府は広島文理大学のなかに置かれていて、中国五県を管轄し、総監の大塚維精氏は古武士のような風格の人であったそうだ。(花埋み.地) +

実体としての動作主が想定できず、主語を取り巻く状況から当該事態が発生することを述べる「残される」なども、I位置変化型と考えられる。

(73) しかし、これらの理論を、歴史も民族も西欧のそれとは著しく異なる社会に適用する場合、西欧社会に適用した場合と違って、うまく割りきれない問題が残されるのは当然である。(タテ社会)

特に小説などの地の文では、「目／視線-ガ 人／モノ-ニ 注がれる」のような受身構文が少なくない。このとき、ニ格に現れるのは場所名詞ではなく人名詞（有情名詞）ないしモノ名詞（非情名詞）である。この種の受身構文が1つの構造的なタイプとして定着しているのかどうかは、まだよく分からない。今

1 Ⅰ事態実現型　183

回は「コトの位置変化」として分類した。

(74) 学芸会が終って講堂を出ると、無数の讃嘆と好奇の眼が自分に注がれているのを、鮎太は感じた。(あすなろ.地)

(75) 門礼の後に立っていた加恵は、まさか自分にまで於継が気付くとは思わなかったので、彼女の視線がぴたりと自分の眉間に据えられたときは、小太刀の先を当てられたように緊張し身動きもできなかった。(華岡青洲.地)

(76) その眼は伊木に向けられていたが、はっきり焦点を結んでいないことに、彼は気付いていた。(植物群.地)

Ⅰ位置変化型の周辺と他のタイプ

次のように、「場所-ニ モノ-ガ 塗られる」であればⅠ位置変化型であるが、これが「紅殻で 煉瓦が 塗られる」となればⅠ状態変化型（Ⅰ変化）へ移行する。これは、能動文と平行した移行関係である。

(77) 煉瓦の表面に、洩れなく酸化第二鉄、つまり紅殻が塗られ終ったところなのである。(楡家.地)

非情物の対象が主語に立つ位置変化動詞による受身構文は、ラレテイル形／ラレテアル形になるとⅠ存在様態受身型（Ⅰ存在）へ移行する[5]。

(78) 瞬間、ぎんは息を呑んだ。眼の前に木製の台があり、その上に黒い皮が敷かれている。(花埋み.地)

次の例は、「命名に２人の思いが込められた」という完成相であればⅠ位置変化型であるが、ラレテイル形なので、Ⅰ抽象的存在型（Ⅰ存在）へ移行する。

(79) 国際会議場の命名には、サミットを「宮崎観光浮揚の切り札に」と期待する２人の思いが込められている。(毎日)

次の例は、位置変化の構造を持っているが、呼称を表わすト格を伴って「Ｔ下名がつけられる」と述べることもでき、ＡＡ呼称型（ＡＡ態度）に近接している。

(80) 英国の探検家クックが豪州東海岸に到達してまもない1788年に入植

が始まり、町には英内務大臣シドニー卿の名がつけられた。(毎日)

　同じ位置変化動詞による受身構文で、有情者が主語に立つと AA 位置変化型（AA 変化）へ移行する。ただし、有情主語受身構文の中で、AA 位置変化型は特に有情者がモノ扱いである場合が多く、本来は有情主語も非情主語も1つのタイプとして分類するべきところかもしれない。

(81)　だから加恵は綿帽子を冠って見事な花嫁衣裳で平山まで窓をあけた駕籠で運ばれると、ただ一人で家の中に上らなければならなかった。(華岡青洲.地)

(82)　「二人はさ、シベリアへ送られる途中で、仲間と列車から飛びおりて脱走してきたんだ。山こえて中国へ出て、そうして仲間のうちの何人かが死んでさ、それでやっと逃げ還ってきたんだよ」(新橋烏森口)

1.1.3　I 所有変化型　「手紙が良子に渡された」「女性に選挙権が与えられる」

　I 所有変化型は、主語に立つ非情物の所有権あるいは占有権（一時的使用権）の移動（変化）が起きることを表わすもので、大きく I 譲渡型と I 奪取型の2つのタイプがある。

　I 譲渡型では、所有権を得る有情者がニ格で表わされ、この所有権を得る有情者、すなわち着点＝受取相手は構造上義務的な補語である。一方、I 奪取型では、所有権を失う有情者（起点）がカラ格で表わされることがあるが、主語に立つ非情物の規定語として現れることもあり、義務的な補語ではない。

　受身構文の場合、I 位置変化型（I 変化）でニ格着点と共起する位置変化動詞（奥田連語論の〈とりつけ〉）の用例が多いのと平行して、この I 所有変化型においても、着点＝受取相手と共起する I 譲渡型の頻度が I 奪取型に比べてかなり高い。

(83)　I 所有変化型：I 譲渡型

対象	起点＝動作主	着点＝受取相手	外的要因による譲渡
IN-ガ SUB	（A N-カラ MOD）	A N - ニ COM	譲渡 V-ラレル

「オリーブの冠が勝者に与えられる」「女性に選挙権が与えられる」

1 Ⅰ事態実現型   185

譲渡動詞：与えられる、贈られる、渡される、引き渡される、受け渡される、売られる、貸される、譲られる、預けられる、恵まれる、ささげられる、戻される、取り戻される、返される、授けられる、配られる、払われる、寄せられる、託される、あてがわれる、ふるまわれる、供給される、提供される；負わされる、科せられる、還元される、拡充される、etc.

(84) Ⅰ所有変化型：Ⅰ奪取型

対　象	起点＝所有者	外的要因による奪取
IN-ガ SUB	（A N-カラ MOD）	奪取 V-ラレル

「多くの絵画が美術館から盗まれた」「戦後の復興政策により、秩序が取り戻された」

奪取動詞：とられる、盗まれる、買われる、譲り受けられる、借りられる、受け取られる、もらわれる、奪われる、巻き上げられる、取り戻される、取り返される、購入される、etc.

1.1.3.1　Ⅰ譲渡型

まず、具体物が主語に立つ例を見てみよう。主語の具体性の高い順に例を挙げる（波下線は着点＝受取相手）。

(85) 当初、勝者にはオリーブの冠だけが与えられるとされたが、時代を経るにつれ出身都市国家から経済的援助が贈られることが当然となり、腐敗が進行した。(毎日)

(86) 遺体は無事に引取人に渡された。(点と線.地)

(87) 『タイム・カプセル EXPO'70』2号機は開封、点検が済めば、秋に再埋設して、21世紀の人々に託される。(毎日)

(88) カプセル事業の企画・製作・埋設までのいきさつは、日本語と英語で300ページ近い『記録書』に記載され世界の主要図書館に贈られた。(毎日)

(89) 修復作業のためには、日本ユネスコ協会連盟に一般市民から寄せられた約300万円の寄付も使われている。(毎日)

(90) 子供は画で現実を救済しようとしているのに傷口をつつきまわされ、酸をそそがれたような気持になってしまう。その結果ぼくに提供されるのは、防衛本能から不感症の膜をかぶった恐怖の肉体だけである。(裸の王様.地)

所有権をめぐる移動の対象となるのは、通常非情物であるが、対象が「子ども」を代表とする扶養者や庇護される者を表わす場合は、有情者であってもⅠ所有変化型の対象＝主語に立つ。

(91) しかし、鮎太は六歳の時からこのおりょう婆さんに引き取られていたので、すっかりこの戸籍上の祖母になついていたし、祖母もまた、鮎太に親身の愛情を感じていた[6]。(あすなろ.地)

(92) シスター桑原は孤児だった。生まれるとすぐ、福岡市の郊外にあるカトリックの女子孤児院にあずけられ、そこで育った。(ブンとフン.地)

所有の変化は基本的には有情者間の関係の中で起こることだが、次のように非情物間における所有権のやりとりも、Ⅰ所有変化型（次の例はⅠ譲渡型）と考えられる。

(93) これで、マイナス電極は電子2個を失い、プラス電極は電子を2個得たので、電子2個分の電荷がマイナス極からプラス極へ受け渡されたことになる［後略］(化学)

次に、抽象名詞が主語に立つ例を見てみよう。

(94) 一九年三月のローラット法では、煽動者とおぼしき者を裁判なしで拘留する権限が総督政府に与えられ、また、陪審なくして審問する権限が裁判官に与えられた。(二十世紀)

(95) 加恵には厳格な武家の躾が与えられていたのだが、深窓の育ちは却って躰の奥に稚さを押しこめてしまっていたのであろうか。(華岡青洲.地)

(96) 巨大イベントの利益は庶民に還元されなければならない。(毎日)

次の「取り戻される」は、ニ格の着点を補語としてとっているが、このニ格補語「西欧」は対応する能動文の主語になり得、動作主的でもある[7]。

(97) だが、曲がりなりにも一九二〇年代末までには、ある程度の秩序が

<u>西欧</u>に<u>取り戻された</u>。(二十世紀)

1.1.3.2 I 奪取型

I 奪取型は I 譲渡型に比べ、用例がかなり少ない。具体物が主語に立つ例から見てみよう。

(98) 私の自宅近くにある都立の有料公園が一時無料になったとき、中の貴重な植物が次々と<u>盗まれた</u>。(毎日)

(99) その剣は、黄金の国ジパングへの扉を開くカギだった。七支刀が<u>盗まれた</u>ことで、古墳では半身入れ墨の古代人が千年の眠りから覚め、地獄極楽丸の追跡を開始。(毎日)

(100) いくらせいいっぱい、わたしなりにいい絵を描いても、常に本来の価値ではなく後から附加された価値によって賞讃されるのです。いくら褒められ、いくら<u>絵</u>が高い値で<u>買われて</u>も、それはわたしの才能とは無関係なのです。(エディプス.地) +

(101) 男は、遺留品のナイフなどが<u>一括購入された</u>京都府宇治市内の量販店などで防犯カメラのとらえた男と酷似し、同一人物の可能性が高い。(毎日)

(102) 長男の嫁が家を取りしきるのは当り前だと思いながらやはり他人者に自分達の家が<u>奪われる</u>といった感じは拭えなかった。(花埋み.地) +

(103) 「そのうち、生命保険が四千八百円、健康保険が二千五百円、残りが十四万二千七百円。それがファイトマネーだけど、一割が源泉徴収で<u>引かれる</u>から、十二万八千五百円になる。［後略］」(一瞬の夏)

I 所有変化型の周辺と他のタイプ

次のように、有情者が主語に立つ所有変化動詞による受身構文は、有情者と有情者の間の所有をめぐる「関係」が表わされている AA 譲渡型（AA 変化）である。しかし、(105)のように、主語も動作主も一般人称的であると、個別有情者間の「関係」という意味は薄くなる。よって、(105)は、「幹部候補生には、美人秘書つきの個室があてがわれる」という I 譲渡型の受身構文と意味的

に大きく違わないだろう。しかし、複文の主語をそろえるために、有情者を主語にした AA 譲渡型が用いられている。

(104) 「お茶汲みだけじゃないのよ。キャッシュカードを渡されて、銀行へ行くのよ。そして課長や部長のキャッシュをとってくるの。[後略]」(結婚式)

(105) 大学出の幹部候補生は、若いうちから美人秘書つきの個室をあてがわれ、工場の現場へはやって来もしない。(ゆとり)

次のような「責務-ガ 科せられる／負わされる」のようなタイプは、二格の着点＝受取相手と共起することから、Ⅰ譲渡型に構造が似ているが、意味的に要求的態度動詞[8]に近く、「所有権の変化」という意味特徴が当てはまるかどうかも分からない。

(106) 古代オリンピックでは相手を買収する不正行為が多発した。発覚すると、選手は公衆の面前でむち打ちを受けたうえ、厳しい罰金が科せられた。(毎日)

(107) だが、これとても満足のいく条件においてではなく、しかも責任はいっさい、インド側に負わされた。(二十世紀)

次の例は現象名詞が主語に立っており、行為者は有情者ではなく先行する事態である。これも「所有の変化」と言えるだろうか。今回は、Ⅰ奪取型の周辺に位置づけた。

(108) ところが、冬のよく晴れた風のない朝は、赤外線をさえぎるものがなく、放射冷却が起こってどんどん熱が奪われるから、霜が降りやすい。(化学)

(109) の「機会 N-ガ 開かれる」という連語は慣用的な例であるが、Ⅰ譲渡型の周辺的タイプと考えられる。しかし、(110)のように、習慣的、一般的なアスペクトになると、これはⅠ抽象的所有型（Ⅰ存在）へ移行する。

(109) 五輪の実施競技は 1988 年ソウル五輪以降、増加の一途をたどっている。[中略] 種目も、重量挙げや水球、ハンマー投げなどで女子に門戸が開かれ、前回より 29 増の 300。(毎日)

(110) 彼らに 開かれた 選択肢 は、（1）広大な屋敷に住むことを、いさぎよくあきらめるか、あるいはそれとも、（2）Do it yourself に忙殺されてでも、未練がましく広大な屋敷に住みつづけるか、どちらかしかない。(ゆとり)

1.1.4　I結果型　「駅前にビルが建てられた」「文化が形成される」

　I結果型とは、これまで現実の世界には存在していなかったモノやコトが、動作実行の結果として出現する（生み出される）ことを表わすタイプで、主語に立つ非情物は動詞で表わされる事態の実現の結果として現れる結果対象を表わす。通常話し言葉であれば、「モノ／コトができる」という表現になる。

(111)　I結果型

出現場所	結果対象	外的要因による結果的出現
(N －ニ MOD)	IN －ガ SUB	作成 V －ラレル

　「丘の上に教会が建てられた」「文化が形成される」

　作成動詞：作られる、築かれる、建てられる、結成される、形成される、製造される、開発される、造営される、製作される、設けられる、創設される、設立される、出版される、（法が）制定される、（条約が）結ばれる、書かれる、刻まれる、完成される、生み出される、打ち出される、出される、etc.

　I結果型には、出現場所を表わすニ格名詞が現れることがある（波下線）。まず、具体名詞が主語に立つ「モノの結果型」の例から挙げよう。

(112) 反対に、黒鉛を45,000気圧という超高圧で1100℃に保つと、ダイヤモンドになる。こうして 人造ダイヤ が作られるようになった。(化学)

(113) 橋は戦争中に爆撃されてからとりこわされ、すこしはなれたところに 鉄筋のもの が新設された。(裸の王様.地)

(114) 元は15世紀に建てられた 女子修道院 で、16世紀末にはオランダ建国の祖オラニエ公ウィレム1世（沈黙公）の住居にもなった。(毎日)

(115) レザーはさらに、トランス・イラニアン鉄道の建設をはじめ、自国経

済および社会の近代化をはかった。トランス・イラニアン鉄道は三九年に完成され、第二次世界大戦中、米英側がソ連に軍需品を輸送するうえの通路となっている。(二十世紀)

(116) アフリカは、ナイジェリアでの回教徒とキリスト教徒、スーダンでの回教徒と原始宗教信徒との対立をはじめ、かつては欧州の政治家たちによって引かれ、いまは便宜的に各独立国の標識となっている国境線によって、統一的状態からほど遠い。(二十世紀)

(117) 少女は軀を強張らせ、苦痛を訴えつづけ、すこしずつ擦上っていった。眉と眉の間に深い縦皺が刻まれ、それが少女の顔を歪め醜くした[9]。(植物群.地)

「書かれる」「刻まれる」などの動詞では、内容節(-ト)を伴うと主語のない受身構文になることがあるが、これもやはり「モノの結果型」と考えられる。次の例は、「という文字が」のような主語に相当すると考えられなくもない。

(118) その台座には「速い足と体力では勝つことができても、金では勝つことができない」と刻まれた。(毎日)

次のように、組織・機関が主語相当である受身構文は、モノとコトのいずれに分類するか迷うところだが、その関係性や特性よりもモノ性(実体性)を重視し、「モノの結果型」の周辺に位置づけることにする。

(119) ネルー(一八八九—一九六四)を議長として結成された全インド独立連盟は、完全独立のみならず、社会主義路線に沿う根底的社会変革を標榜していた。(二十世紀)

(120) AISは、豪州が76年モントリオール五輪でメダルなしに終わった反省から、8900万豪ドル(約61億円)をかけて81年に設立された。(毎日)

次に、抽象名詞が主語に立つ「コトの結果型」を見ていく。

(121) クロマトグラフィーという分別法は、比較的新しく開発された分析手段である。(化学)

(122) もちろん、抽象された理論と現実の社会の諸現象の間には、相当なずれがみられるのであり、これらの理論が西欧社会にそのままあてはめら

れるというものではない。まして、社会というものは動態であり、いったん設定されたモデルもつねに修正を加えられる運命にあることはいうまでもない。(タテ社会)

(123) 彼は以後二回逮捕され、彼に従った多くの者も投獄されたが、ようやく三五年八月のインド統治法で、不十分ながらインド連邦の構想が打ち出された。(二十世紀)

(124) すでに戦前・戦時中から、農地改革のシナリオが、日本の官僚たちの手で書かれていたという事実は、無視してはならない。(ゆとり)

こうした受身構文では、まだ動作主が何らかの組織や専門家集団であることが想定できるが、「コトの結果型」には、動作主をまったく想定できない例も少なくない。動作主を想定できない受身構文は、まさに自動詞相当として機能していると考えられる。ただし、そのような場合でも、原因や条件となるコトが句や節の形で現れることもある（点下線）。

(125) 包丁さばきによって、料理文化が形成されていったといってもよい。(たべもの)

(126) そして、後天的につくられる脳機能、つまり条件反射は経験によって新しい信号路がつくられることを意味します。(記憶)

(127) この試みが成功すれば、不況の時勢の中、新たな雇用が生み出され、地域全体を活性化することができるかもしれない［後略］。(毎日)

「結ばれる」という動詞は、具体物を紐などでつなげたりまとめたりする意から、抽象的な関係を築くという意味を発展させている。特に、「男女が関係を築く」という意味の「結ばれる」は、意図的な行為者を想定できないことの方が多く、ほとんど自動詞化していると言っていい。

(128) こんな経緯があって結局妹背家と華岡家の縁組が結ばれることになったのは、最後には加恵の意志が働いたからだと云うことができる。(華岡青洲.地)

I 結果型の周辺と他のタイプ

「企画される、計画される、考案される、(特集が) 組まれる、(協定が) 合意される」などの意志的な態度を含んだコトの作成動詞も、コトの結果型の周辺例と言えるだろう。ただし、これらの動詞では出現場所を表わすニ格補語が現れることはない。

(129) このプロジェクトは、98年に開通した明石海峡大橋とともに、淡路島を国際交流の拠点としていくことを見据えて計画されたものです。(毎日)

次のように、遂行動詞による受身構文は、当該行為の結果として主語に立つ対象 (行為) が出現 (ないし実現) する点で、I 結果型に含めてもよいだろう。

(130) ローザンヌ条約はケマル外交の大勝利であり、ここに、五百年の歴史をもつオスマン帝国は決定的な死をとげた。そして二三年十月、ケマルを大統領として [ここに] トルコ共和国が正式に宣言された。(二十世紀)

次の例は、I 結果型の構造を持ちつつも、主語に心情を表わす名詞、出現場所のニ格に人間の心理にかかわる身体部位の名詞が要素になることで、全体の意味としては AI 心理・生理的状態型 (AI 状態) を表わしている。このことにより、原因を表わす抽象名詞節のニ格と共起している。

(131) その唇が、不可解なまま記憶の中に埋もれていたことに、彼の心に屈辱に似た気持が喚び起された。(植物群.地)

先に、「コトの結果型」において、動作主を想定できない例が少なくないことを述べた。そして、その際には、当該の事態発生の原因や条件が明示されることもあるとした。一方で、この原因としての事柄を行為者と考えることも可能で、そのように解釈するなら、「N₁-ガ N₂-ニヨッテ 作成 V-ラレル」という受身構文は、「N₂-ガ N₁-ヲ 作成 V-スル」という能動文と対立するとも考えられる。このような対立が成立するなら、これは論理的な関係の表現と見なせ、II 構成関係型 (II 関係) に限りなく近づいていく。

(132) a. 包丁さばきによって、料理文化が形成されていったといってもよい。(たべもの)

b．包丁さばきが、料理文化を形成した。
(133) a．なぜなら、条件反射もすべて過去の経験によって形成されるからです。(記憶)
   b．過去の経験が、条件反射を形成する。

1.1.5　I表示型　「画面に絵が表示された」「金額が提示された」

　I表示型は、何らかの外的要因により、それまで当該の場所に知覚できる形では存在していなかったものが現れることを表わす。I表示型には、I表示型とI公開型の2つのサブタイプがある。いずれのタイプも、動詞の生産性及び頻度があまり高くなく、完全に一般化できていないが、暫定的にタイプとして立てた。

　I表示型を構成する動詞の代表は「示される」であるが、この「示す」という行為は、対象を相手の知覚領域と知的領域の両方に合わせる行為である。このことは、「示される」の主語（対象）に具体名詞も抽象名詞も立つという構造的特徴に現れている。また、(136)のように、対象を提示する相手をニ格に取ることから、言語活動の側面も持ち合わせているが、(134)と(135)のように、相手が対象を知覚で認識するために対象を置く場所をニ格で取ることができる[10]。対象を置く場所＝対象の出現場所を表わすニ格名詞をとることから、述語がラレテイル形になると、I存在型（I存在）にも移行する。また、(134)のようにニ格の出現場所が対応する能動文の主語に立つ場合がある（「画面が文字を示した」）という構造の特徴を持ち、この場合は、有情行為者を主語にした能動文を想定することができない。

(134)　画面に文字が示された。
(135)　計画書には具体策が示された。
(136)　若手弁護士によって、新たな問題が会員たちに示された。

　本研究では、(134)を表示型、(136)を公開型とし、(135)は表示型の周辺に位置づけた。以下、表示型と公開型のそれぞれについて、構造と相互移行を考察していく。

1.1.5.1 I 表示型

表示型の受身構文は、話し言葉であれば「現れる」という動詞で述べられるタイプで、「モノの表示」と「コトの表示」がある。モノの表示は、ニ格に具体名詞が立ち、「A に B が現れる」という意味をおよそ表わしている。これは、I 結果型（I 変化）の「丘に教会が建てられる」のような受身構文に通ずるところがあるが、モノの表示の場合、ニ格の名詞が義務的である上、有情者の行為者を想定することができない。一方、コトの表示では、ニ格にはあらゆる名詞句が立ち、モノの表示同様、「A に B が現れる」という意味を表わすが、さらに抽象化して「A が B を持っている」という意味になる場合もある（用例参照）。

(137) I 表示型

出現場所＝行為者		対象	外的要因による表示的出現
N －	ニ COM	N－ガ SUB	表示／発表／提示 V－ラレル

「画面に絵が表示された」「経済に回復軌道が示される」

　　表示動詞：示される、表示される、提示される、明示される、暗示される、映し出される、図示される、etc.

先に述べたように、表示動詞による I 表示型の受身構文は、行為者の想定が不可能で、対立する能動文がないともとも考えられるが、ニ格の出現場所を対応する能動文の主語にして述べることができる。例えば、(138) は「ディスプレーがボタンやメッセージを表示する」、(141) は「日本経済が回復軌道を示す」といった能動文にそれぞれ対応しているとも考えられる。

まず、具体名詞が主語に立つ「モノの表示」の例から見ていこう（波下線は出現場所）。モノの表示の頻度はコトの表示よりも低いのだが、これは「示される」という動詞の主語に抽象名詞が立つことが多いためである。

(138) 8インチのカラー液晶ディスプレーに表示される ボタンやメッセージ に触るだけでファクシミリの設定やホームページの URL 入力などができるのでキーボードアレルギーの人も楽勝だ。（毎日）

(139) わたしの打った文字 は CRT のうえに表示される。（パチンコと日本人）＋

(140) 湖に山が映し出された。

次に、抽象名詞が主語に立つ「コトの表示」の例を挙げる[11]。

(141) 世界経済は、好調を続ける米国とは対照的に、日本や欧州では回復への足取りが重く、日本も今年上半期まで［経済に］明確な回復軌道が示されなければ、各国が一層の景気回復策を求めてくる可能性がある。(毎日)

(142) 伊勢神宮における波波木神の在処も、図に示されるように、内宮の御垣の一番外側の荒垣の東南隅である。(日本人の死生観) +

(143) また、言語を断つ行は、たとえば奈良時代に元興寺の沙門であった頼光が、この難行を完遂して極楽浄土に生まれ変わることができたというエピソードに示されているように、古くからあった。(神と仏) +

(144) 東南は辰巳、竜蛇を象徴する方位であって、その神格は、その祭祀方位にも暗示されているのである。(日本人の死生観) +

(145) 東西の疎隔は、戦時中の協力のいま一つの所産である国際連合にも映し出された。(二十世紀) +

I 表示型の周辺と他のタイプ

表現動詞がI表示型の構造の要素となることで、表示的出現を表わす場合がある[12]。表現動詞とは、次のような動詞である。

(146) 表現動詞：描かれる、書かれる、表わされる、映される、表現される、描写される、真似られる、etc.

ただし、この場合には、何らかの組織・専門家集団が動作主として想定されるのが普通で、ニ格名詞句が主語に立つような能動文との対応関係を持つことはない。(147)や(148)などは、ニ格名詞句が具体物であり、場所性が高いため、I結果型(I変化)ないしI位置変化型(I変化)にも近づいている。同時に、(147)は((150)も)では、ニ格名詞句は出現場所でもあるが、動作主が対象を表現するための手段的でもある（デ格で言い換えることが可能である）。

(147) ギリシア神話に登場する神々が、古くから彫刻や絵画に表現された

ことはひろく知られている。(紙と仏) +

(148) 第20歌集「ヴォツェック／海と陸」には、「抱かれるために美しい胸があるやうにむかしの世界はあつた」のような甘美な回想や、「その母とわれは別れむそれと知りて三人子ひしとかたまれる見ゆ」のような痛切な私生活も抉(えぐ)られる。(毎日)

(149) 会社の営業システムにも習熟した頃、彼の脳裡には販売体制全般についての改善案が描かれ始めていた。(稟議と根回し) +

(150) これは、雑誌のヌードグラビアや、アニメのような平面、つまり二次元に描かれた異性を相手にしてしか性衝動がおこらないというものです。(全能型勉強法のすすめ) +

(151) この点は、条例制定がいわゆる権力事務にも及ぶことになった変革にも表現されることになる。(憲法を読む) +

特に副詞句を伴う場合に、場所を表わすニ格が現れない場合もあるが、これもI表示型の周辺に位置づけることにする。

(152) 人物の肌はいずれも生き生きといぶき、まるでたった今描かれたのではと思わせるほど新鮮な輝きに満ちている。(毎日)

(153) したがって、天皇制においても、古来国民が純粋理念の高みで天皇に求めたものが適切に表現されたことになるというのである。(憲法を読む) +

こうした表現動詞は、「N-ガ N-デ／ニヨッテ／ト／トシテ 表現 V-ラレル」という構造で、表現手段を表わす句を伴うと、I表現型(I態度)を表わす。

(154) いま電気メッキで銀を析出させるとすると、Ag＋(銀イオン1モル)＋e－(電子1モル)→Ag(銀原子1モル)という反応式で表わされる。(化学)

(155) 「枠」集団としての一族郎党「家」よりも大きい集団としては、中世的な「一族郎党」によって表現される集団がある。この表現によってあらわさる集団構成のあり方は、筆者の提出している枠による集団のあり方をまったくよく反映している。(タテ社会)

そして、「示される、暗示される」なども、この構造に入るとⅠ表現型（Ⅰ態度）へ移行する。

(156) 路線図では銀座線はいつも黄色いラインで示されている。(世界の終わり.地) +

(157) 国王の全権力は、司法と統治とで示されていた。(憲法をよむ) +

(158) ただし、彼は科学的であることに徹していましたから、「ソ連はパブロフを受け入れたが、パブロフはソ連を受け入れなかった」ということばで示されるように、彼の政治思想に対する関心は弱かったようです。(記憶)

(159) これは神話作者によってたびたび用いられる起源譚の手法ではあるが、ここに注意されるのは、山の蛇神の手中に、岩によって象徴される永遠の生命と、花によって暗示される短い生命と、この二種類の生命が掌握されているということである。(日本人の死生観) +

また、「考え、判断、情感」など、主語に有情者の知的ないし感情的な活動を表わす名詞が立つ場合も、表現動詞の場合同様、ニ格名詞句を主語にした能動文との対立は考えられなくなる。これも、Ⅰ結果型（Ⅰ変化）ないしⅠ位置変化型（Ⅰ変化）に近いだろう[13]。

(160) 宮沢俊義『日本国憲法』(昭和三〇年) 五六一ページのほか、法学協会『註解日本国憲法』(昭和二八年) 一六二ページに示された考え方が今日にいたるまで影響力を持ちつづけている。(憲法を読む) +

(161) そこで、まず西鶴の『好色五人女』を素材として、この作品に当時の民衆のどんな情感が示されているかを考えてみよう。(近世の日本) +

(162) ここでは、人種差別、言論の自由、議員定数再配分などに、議会を上まわる進歩的な判断が示された。(憲法をよむ) +

「示される」という動詞は、超時的なテンス・アスペクトで述べられると、Ⅱ象徴的関係型（Ⅱ関係）へ移行し、「象徴される、代表される」のような動詞の意味に近くなる。先の (143) (144) は、習慣的な反復のアスペクトと見なしたが、これらの例もⅡ象徴的関係型に近づいている。

(163) 近代国家のイデオロギーは、自由・平等の標語に示されるが、これは人間を抽象的均一なものにかえてしまう結果にもなった。(憲法を読む) +

(164) しかし大新聞の多くは、『大阪朝日新聞』に典型的に示されるように、ボリシェヴィキのことを「過激派」と呼んだ。(近代の潮流) +

(165) ドゴールの脱アメリカ政策は、ドル防衛のための「金プール」、すなわち、六〇年に成立した金醵出の欧米八ヵ国共同市場を、六七年の夏、フランスが脱退した事実にも示される。(二十世紀) +

(166) 原田氏の指摘によれば、この新吉原も寛文ころから大名・旗本・町奴などの遊び場から、紀文・奈良茂などの豪商の大尽遊びに示される町人の遊興地に変化してくるのだ。(近世の日本) +

述語の形がラレテイル形（連体修飾ではラレタ形も）になると、「出現」から「存在」を表わすようになる。このとき、「モノの表示」はⅠ存在様態受身型（Ⅰ存在）へ、「コトの表示」はⅠ抽象的存在型（Ⅰ存在）へ移行する。

(167) 彼が井村の視線を辿ると、飾り戸棚のガラスが鏡の役目をして、恭子の横顔が映し出されていた。(植物群.地)

(168) 画そのものにも、また彼の叙述内容にも、ふつうの子供より彼が感情生活で数年おくれている事実はまざまざと露呈されているが、経験によってぼくはその赤を怒りのサイン、そして攻撃と混乱の表徴と考えた。(裸の王様.地)

(169) でるくいは打たれるということわざがあるが、価値の多様性を許さない姿勢がよくそのことばに表わされている。(たべもの) +

(170) そこまで作者は考えていたわけではないでしょうが、論理を越えたものはしらべの魔術による以外に手はないことが、この句によく示されていると思います。(俳句のたのしさ) +

次の例は、ニ格に人名詞が立っていて、次に見るⅠ公開型の構造に似ているが、このニ格名詞句は提示相手ではなく、出現場所＝行為者であるのでⅠ表示型である[14]。

(171) この態度が慣習的となって極端にあらわれる例は、離島といわれる島

の人たちや、山間僻地に住む人々などに往々にして示される、冷たさや疎外の態度である。(タテ社会) +

1.1.5.2 Ⅰ公開型

　Ⅰ公開型は、主語に立つ対象が、何らかの動作主の働きかけにより、相手の有情者の認識領域に入ることを表わす。Ⅰ公開型の要素となるのは発表や提示を表わす動詞だが、「示される」など一部の動詞は表示型と重なる。だが、ニ格に出現場所＝行為者ではなく、対象を提示する相手をとるのがⅠ公開型の構造的特徴である。このニ格の提示相手は、個別の有情者である場合もあるが、「発表される、公開される」など、不特定多数の人々でなければならない動詞もある。ニ格名詞句が不特定多数の人々である場合は、構造上現れないのが普通で、義務的な要素ではなくなる。

(172) Ⅰ公開型

対　象	提示相手	外的要因による提示／公開
IN-ガ	(AN-ニ)	発表／提示 V-ラレル

「各チームのメンバーが発表された」「議員たちに修正案が示された」
発表される、公開される、公表される、披露される、示される、提示される、暗示される、紹介される、案内される：放送される、放映される、封切られる、etc.

主語に立つ名詞の具体性の高い順に例を挙げよう。

(173) 同時に、実物施設の96分の1の巨大模型（9メートル×7メートル）も完成し、関係者に披露された。(毎日)

(174) たとえば、古代ギリシアにおいては、天の神ゼウスと穀物の神デメテルとの神婚の儀礼がおこなわれたが、その結果として、神の子ではなく麦の穂がまつりにあつまった信者たちに示された（フレイザー『金枝篇』）。(日本の神々) +

(175) 31日は前橋市内のホテルで監督会議と開会式が行われ、各チームのオーダーも発表された。(毎日)

(176) 「西洋医学は漢方とは違います。診断治療の原則はすべて公開され討

論され、定まっています。医者が替ったから治療が変るなどということはありませぬ」(花埋み)

(177) 政府としても、国民に対して早期に周知徹底することが必要であると表明しているが、具体的に、いつ、どのような方法で周知徹底するかということについて、有効だと認められるような方策は何ら示されていない。(毎日)

次のように、「節-コトガ 提示 V-ラレル」という構造をとることも少なくない。引用のト節と共起した例は見あたらなかったが、引用のト節と共起すれば、言語活動にかなり近づくだろう。

(178) ワイスマンの実験で、獲得形質が遺伝するという説は否定され、遺伝は生殖細胞だけを通して行われることが示されたことになる。(進化論が変わる) +

(179) 宇宙の初め、つまり時間の一番最初はどうなっているのか……は、まずは渡り鳥物理学者のガモフによって提示されたのである。(時間の不思議) +

また、「発表される、示される」などの動詞では動作主がカラ格で現れることがある。これは、これらの動詞が言語活動的な意味も持ち合わせていることの表れだろう。

(180) 今年の沖縄サミットでも福岡で蔵相会議、宮崎で外相会議が行われ、蔵相会議の結果が、沖縄での首脳会議に報告され、G7議長声明として、小渕恵三首相から発表されることになる[15]。(毎日)

I 公開型の周辺と他のタイプ

I公開型に含めていいものか分からないが、「放送される、上映される、演奏される」など、視聴覚情報を人々に送ることを表わす動詞がある。暫定的にI公開型に含めた。

(181) 正月三が日は多くの映画が放送される。(毎日)

次の例は、意味的にI公開型に極めてよく似た事態(「披露され」)を表わし

ているが、ニ格の公の相手ではなくニ格の着点と共起することからⅠ位置変化型（Ⅰ変化）と見なすべきだろう。

(182) 古代、中国との交流を示す国宝の金印も展示され「国際都市・福岡」を世界にアピールするにはもってこいの場所だ。（毎日）

提示相手である有情者が主語に立って、「AN-ガ AN-ニ／カラ N-ヲ 表示 V-ラレル」という構造になると、AA相手への提示型（AA態度）になる。

(183) a．関係者に模型が披露された。〈Ⅰ公開型〉
　　　b．関係者は模型を披露された。〈AA相手への提示型〉
(184) 理一はその手紙を澄江から見せられたとき、もういちど澄江を問いつめた。（冬の旅.地）＋

なお、AA相手への提示型（AA態度）では、「見せられる」という動詞が代表的な要素としてあるが、この「見せられる」がⅠ公開型の要素となることはほとんどないだろう。また逆に、Ⅰ公開型の代表的な要素である「発表される」などで有情者が主語に立つと、はた迷惑の意味を帯びやすい。このように、Ⅰ公開型とAA相手への提示型の要素となりやすい表示動詞は、分布が異なっている。

1.1.6 Ⅰ実行型　「明日学校で保護者会が開かれる」

　Ⅰ実行型とは、背景化された何らかの動作主によってある出来事の開催が実現することを表わす。動作主の人格性や責任性には関心がなく、「ある出来事が起きる（起きた）」ということが前景化されて表現される。この「出来事」というのは、「起きる」ことが前提となって初めてその存在を確認できるのであり、結果補語の性格を持っている。よって、Ⅰ実行型の要素となる催行動詞及び達成動詞も、作成動詞的な性格を持っていると言える。Ⅰ実行型は、Ⅰ結果型のサブタイプと考えることも可能かもしれない。

　Ⅰ実行型には3つのサブタイプがある。それぞれ、Ⅰ行事実行型、Ⅰ動作実行型、Ⅰ出来事の局面型とした。

(185) I 実行型

　　a：I 行事実行型

$$
\underbrace{(時\,\text{N}_{\text{MOD}})\ (場所\,\text{N}_{\text{MOD}})}_{}\ \underbrace{行事\,\text{N}\,/\,動作性\,\text{N-ガ}_{\text{SUB}}}_{対\ \ \ \ \ 象}\ \underbrace{催行\,\text{V}\,/\,達成\,\text{V-ラレル}}_{開\ \ 催\,/\,実\ \ 行}
$$

「明日、学校で保護者会が開かれる」

　　b：I 動作実行型

$$
\underbrace{動作性\,\text{N-ガ}_{\text{SUB}}}_{対\ \ \ \ \ 象}\ \underbrace{催行\,\text{V}\,/\,達成\,\text{V-ラレル}}_{実\ \ 行\,/\,達\ \ 成}
$$

「人間についてのさまざまな研究が行われる／成し遂げられる」

　　c：I 出来事の局面型

$$
\underbrace{動作性\,\text{N}\,/\,行事\,\text{N-ガ}_{\text{SUB}}}_{対\ \ \ \ \ 象}\ \ 局面\,\text{V-ラレル}
$$

「昨日から予算委員会での討論が開始された」

I 行事実行型と I 動作実行型はともに催行動詞が要素となる共通性を持ち、I 出来事の局面型は動作性名詞ないし行事名詞が主語に立つ点で他の2つのサブタイプと共通している。以下、サブタイプごとに例文を見ていく。

1.1.6.1　I 行事実行型

I 行事実行型は、典型的には個別具体的な時と場所において、何らかの行事があることを表わす。よって、時と場所を表わす名詞句は義務的な補語ではないが、構造にとって特徴的な修飾語である。主語には、会（会議、大会、展覧会等）、式典、選挙や祭といった行事名詞が立つ。また、「行われる」を始めとする次のような催行動詞が要素になる。

(186)　行われる、開かれる、開催される、催される、再開される、実施される、施行される、予定される、etc.

I 行事実行型は、話しことばであれば「行事がある」のように存在動詞「ある」が用いられるタイプである。

(187)　<u>アメリカンフットボールの第17回日本選手権『第53回ライスボウル』</u>が3日に東京ドームで<u>行われる</u>。（毎日）

(188) 一九一二年には、国王ジョージ五世（在位一九一〇―三六）の戴冠を祝う式典がデリーで行なわれたが、絢爛豪華をきわめた儀式の最中、国王は不服従の声ひとつも聞くことなく、土侯や有力筋から忠誠の宣誓を受けた。(二十世紀)

(189) ヒントになるのは昨年11月、日本の呼びかけでマニラで開かれた日中韓3カ国首脳会談だ。(毎日)

(190) 賞与式は二階の娯楽室で行われる。娯楽室はちょうど中央玄関から後方の幾棟かの病棟に通ずる大廊下の階上に当り、百二十畳敷きの大広間であった。年に何回かここでは患者慰安のための演芸会が催される。日比野雷風が居合抜きを見せたり、男女の漫才がやたらとぱちぱちと扇子を鳴らしたり、職員と患者有志によるちょっとした芝居が演じられたりする[16]。(楡家．地)

(191) エリツィン氏辞任に伴う次期大統領選は3月26日に実施される見通し。(毎日)

「予定される」という動詞による受身構文は、当該の行事の催行を未来に認めているだけの動詞であるが、これも行事実行型である。新聞テクストに現れることの多い受身構文である。

(192) これにより、3月末にも予定されている大統領選挙で、プーチン首相が圧勝する可能性が一層高まり、「プーチン時代」の幕開けが現実性を帯びてきた。(毎日)

(193) 天皇、皇后両陛下は5月20日から6月1日にかけて、オランダ、スウェーデンへの公式訪問が予定されている[17]。(毎日)

(194) 河野外相は1月下旬に予定されているイワノフ外相の来日を待って平和条約締結に向けた協力を確認し、早期の日露首脳会談実現を要請したい意向だ。(毎日)

(195) そして03年からは関東、近畿、中京の3大都市圏で地上波放送のデジタル化が予定されている。(毎日)

次のように、法律・制度名詞が主語に立つものも、行事実行型の一種と考え

られる。

(196) <u>この４品目の使用済み廃家電製品について、回収と再利用を義務づける「家電リサイクル法」</u>が来年４月、<u>施行される</u>。(毎日)

1.1.6.2 Ⅰ動作実行型

　Ⅰ動作実行型は、背景化された有情者＝動作主による何らかの動作がなされることが出来事として捉えられ、そうした出来事が起きる（起きた）ことを表わす。主語は、動作性名詞が要素になり、動詞は催行動詞、もしくは達成動詞が用いられる。催行動詞には次のようなものがあるが、こうした催行動詞は動作実行型の中ではいわゆる機能動詞的（村木1991）である。

(197) 　行われる、なされる、実行される、展開される、再開される、進められる、繰り広げられる、引き起こされる、(議論が)交わされる；(処置・方法が)とられる、講ぜられる、etc.

達成動詞には次のようなものがある。

(198) 　成し遂げられる、果たされる、達成される、確立される、樹立される、etc.

　Ⅰ動作実行型の主語に立つ名詞は基本的に動作性名詞なので、次の２つの例文を見て分かるように、動作性名詞が動詞として用いられた受身構文で表現することができる場合もある。

(199) 　受容器から送り込まれてきた信号は、脳の神経網の中を伝わるのですが、シナップスのところで、ある方向にだけ信号が伝わるという形で<u>交通整理</u>が<u>行われます</u>。(記憶)

(200) 　大切なのは、その信号の交通整理で、送られてきた情報に対して、生きるのに都合のよい指令が全身に送り出されるように<u>交通整理されなければなりません</u>。(記憶)

以下、動作実行型の例を挙げよう。

(201) 　だが、曲がりなりにも一九二〇年代末までには、ある程度の秩序が西欧に取り戻された。<u>経済再建</u>がなされ、失業が相対的に減少し、種々の国際問題が話合いによって、さらには、ソ連が世界革命よりも一国社会主義に転じることによって、解決されるかに見えた。(二十世紀)

(202)　もちろん賞与式のあとの従業員の宴会もここでやるのだし、基一郎の衆議院出馬のときには集団構成のあり方 |無数の手紙の発送| はここで な された。(楡家.地)

(203)　|特別昇格| は、評価面で一般職女性が受けていたしわ寄せを一気に解消することを目指して |行われた|。(毎日)

(204)　できるものも麦が主であるから、動物性の食品は、生存上欠かすことができない、そのため、|牧畜| が広く |行われた| のである。(たべもの)

(205)　そして、再び性に関する |会話| がはじまった。しかし、無難な、社交的な話題として |取交されている| ものとは、かなり趣が違ってきた。(植物群.地)

達成動詞による動作実行型には、次のようなものがある。

(206)　三四年十月からまる一年にわたる、この歴史的な「大長征」の間、貴州省遵義での会議で、党全体に対する |毛沢東の指導権| は確立されたが、紅軍は一日に一回の割合で国民党軍と交戦している[18]。(二十世紀)

(207)　だが |王政復古| が |成しとげられ|、明治となってからは新政府は彼を大博士とし、翌年三月には正六位、十月には大典医に任じた。(花埋み.地)

(208)　戦時中のイギリスの約束にもかかわらず、シリアとレバノンはフランス委任統治領、メソポタミアとパレスティナはイギリス委任統治領となり、さらにエジプトでは、|イギリスの全面的支配| が |達成された|。(二十世紀)

|「有情者の所有物（権利・動作・関係など）－ガ　達成 V－ラレル」| というタイプは、「動詞－ラレル」の意味が可能用法の実現の意味にも近づいているように思われる。

1.1.6.3　I出来事の局面型

I出来事の局面型では、背景化された有情者＝動作主による動作や行事が始まったり終わったりという、出来事の展開過程の局面が表わされる。出来事が起こる開始の局面、途中の局面、終わりの局面など、テンス・アスペクト的に分割される出来事の局面のいずれかを捉えるものである。主語には動作性名詞

ないし行事名詞が立ち、動詞には催行動詞のうちの局面を捉えるものが用いられる。

(209) 始められる、開始される、終了される、中断される、中止される、見送られる、打ち切られる、繰り返される、続けられる、etc.[19]

次のような例がある。

(210) こうして、セーヴル条約の改訂とインドのスワラージ（自治）とを求める、インド人民全体をあげての対英非協力運動が、一九二〇年九月をもって開始されたのであった。（二十世紀）

(211) だがそのとき休みの刻限になり、与平の話は中断された。（さぶ．地）

(212) 当時のブランデージIOC会長は「五輪がテロによって中止されることがあってはならない」と強い決意を見せ、1日延期しただけで大会を継続した。（毎日）

(213) 辞任により、日露両政府間で合意している今年3月の大統領訪日は見送られ、3月末の大統領選まで模様眺めを強いられるのは確実で、2000年中の平和条約締結をうたった1997年のクラスノヤルスク合意の実現は事実上、困難な情勢となった。（毎日）

(214) 「そりゃあなた、もう半狂乱でしたよ。捜査が打ち切られてからもひとりで山の中を歩きまわったり、近くの村や町を尋ねまわったりね。〔後略〕」（エディプス）

(215) おそらく、くり返される単純な反応とか習慣のような現象を、条件反射ととらえている人が、多いのでしょう。（記憶）

(216) とくにはっきりしているのは、江戸時代である。この時代は、鎖国政策をしき、これが徳川の支配している時代のほとんどの間続けられた。（たべもの）

(217) その男女は、新婚とおもえた。たわいのない会話が、いそいそと続けられてゆく。（植物群．地）

次の受身構文も出来事の局面型と言えるだろう。この場合、「X-ハ 幕が閉じられた」となっていて、「幕が閉じられた」全体が一つの動詞相当になっている。

(218) 紀元前8世紀に始まった古代五輪は約1200年間続き、最後は選手の報酬をめぐる腐敗や為政者の意向などによって幕が閉じられた。(毎日)

I実行型の周辺と他のタイプ

次のように、動作性名詞ではなく、動作の方法・処置を表わす名詞句が主語に立ち、催行動詞が要素となる場合も、動作実行型と考えられる。(219)は「何らかの方法で集団結集力を導き出すことがなされる」というような意味と考えられる。

(219) そこで次に問題となるのは、このように異なる資格をもつ者から構成される集団が強い機能をもつ場合、集団結集力を導き出す何らかの方法が必ず講ぜられなければならないということである。(タテ社会)

動作性名詞の中でも状態的な意味を表わす名詞[20]や状態名詞が主語に立ち、保持・維持を表わす動詞で構成される受身構文がある。これは、「I状態保持型」として、1タイプとして立てるべき受身構文かもしれないが、今回のデータでは頻度が低かったため、出来事の局面型の周辺に位置づけた。一方で、このタイプは、意味・構造的に、I社会的約束型のI社会の保障型にも近いかもしれない。

(220) どうしてこのような長い期間鎖国が守られたのかというと、それは、肉食の完全な禁止によると考えてもよいのではなかろうか。(たべもの)

(221) しかし、これはあくまでも平城京のような都市生活者のあいだのことであって、わが国の農村部では、戦後まで村の行事の時にしか酒を飲まぬ「儀礼的集団飲酒」の習慣が、比較的よく守られていた。(酒飲みの心理学) +

(222) 小集団というものが、いかに個人にとって社会学的に重要な意味をもち、その成員と常に仕事や生活を共にしているといっても、現実の個々人の生活においては、小集団以外の多くの人人に接し、またその人たちとさまざまな関係が維持されている。(タテ社会) +

(223) だから、税の高い負担に不満をもちながらも、いざ投票する段になると、与党たる社会党に票を入れ、ずっと社会主義政権が維持されてき

たわけであった。

(224) そして、この負担感の高まりが存在感の保証を上まわらない範囲で、日本の組織の均衡が保たれているのである。(稟議と根回し) +

(225) 一般にものが燃えつづけるには、ある温度以上の温度が保たれる必要がある。(化学) +

さて、I実行型では、動作主が動作性名詞や行事名詞の規定語として現れることがある。こうした例では、動作主が主語の規定語として、語順上先行する方が自然な表現である。

(226) ヨコハマで、日本とドイツの動物学者たちによる緊急学会が開かれた。(ブンとフン.地)

(226)' a. ヨコハマで、日本とドイツの動物学者たちによって緊急学会が開かれた。

b. ?ヨコハマで、緊急学会が日本とドイツの動物学者たちによって開かれた。

(227) ヴァスコ・ダ・ガマ、コロンブス、マジェランらの航海が行なわれてから後には、世界を区分けしたのは常に欧州であり、その世界支配過程は不断に進められてきた。(二十世紀)

(227)' ヴァスコ・ダ・ガマ、コロンブス、マジェランらによって航海が行われてから後には…

(228) 欧州による支配は一八三〇年、フランスのアルジェリア侵略をもって開始され、一九一一年イタリアのリビア征服をもって、いちおう完結した。(二十世紀)

(228)'?*支配は千八百三十年、フランスのアルジェリア侵略をもって欧州によって開始され…

(229) 地方を治める役人を決める選挙では、決定権のある公家に取り入ろうと、候補者による貢ぎ物合戦が繰り広げられた。(毎日)

また、ニヨッテ形式で動作主が標示される場合もある。このときは、規定語によって示されるよりも、情報的に際立って焦点が当てられているようである。

(230) 村では心中事件はそう珍しくなかった。一年に二回か三回同じような事件が都会の若い男女に依って惹き起され、その度に、村では青年たちが駆り出された。(あすなろ.地)

1.2 I無変化型（I無変化）　「ドアが叩かれた」

I無変化型とは、主語に立つ対象が持ちうる機能が、何らかの動作主のはたらきかけによって発現することを表わす[21]。主語には具体名詞ないし現象名詞が立ち、動詞には対象を変化させることのない、接触動詞や同属目的語を取る無変化動詞が要素となる。

(231) I無変化型

具体／現象 IN-ガ SUB　接触 V-ラレル
対象

「ドアが叩かれる」「鐘が鳴らされる」

無変化動詞[22]：打たれる、押される、押さえられる、引かれる、引っ張られる、触れられる、触られる、叩かれる、突かれる、つかまれる、握られる、踏まれる、etc.

また、光や音や臭いなど知覚で捉えられる現象を引き出す、同属目的語を取る次のような動詞も要素となる。これらを機能発現動詞と仮に呼んでおく。

(232) （音が）鳴らされる、出される、（火が）たかれる、起こされる、（明かりが）灯される、つけられる、（歌が）歌われる、弾かれる、演奏される、（踊りが）踊られる、舞われる、etc.

まず、接触動詞によるI無変化型の例を挙げる。こうした、接触動詞による非情主語の受身構文の頻度は非常に低く、また、ジャンルも小説の地の文にほぼ限られる。接触動詞の頻度の低さは、接触動詞が対象に働きかけた結果までの変化を含まない無変化動詞であることと無関係ではないだろう。次の (233) – (237) は、そのように対象に接触することで、対象の持つ機能を引き出すか、対象に何らかの機能を果たさせることを表わしている。対象から何の機能をも引き出すことなく、単に対象に接触するだけの事態を表わす例はほとんどない。

(233) はじめ周二はたいそうな時間を要したが、毎度繰返してゆくたびにその時間が短縮し、自分でも興味を示しだして、ストップ・ウォッチが押される前には意気ごんで手に息をふきかけて待機するようになった。(楡家.地) +

(234) 「よばはりましたんとちがいまっか。麻縄がひっぱられましたんどす」(雁の寺)

(235) 楽器というよりは美術工芸品として十分に通用しそうだった。[中略] おそらくそれはかなり長いあいだ人の手に触れられることもなく放置されていたのに違いない。(世界の終わり.地) +

(236) このとき、廊下に足音がして、戸が叩かれた。(冬の旅.地) +

(237) 今はその束縛がとれ、心理の垂幕は引きちぎられ、現にトランペットとトロンボーンは調子よく鳴りわたり、クラリネットが甲高い響きを上下させ、太鼓とシンバルまでが勇ましく叩かれている。(楡家.地) +

次の例は、変化動詞に近くなっている。(238)は作成動詞ないし「書かれる」などの書記動詞に近いし、(239)はテクル形式を伴って位置変化動詞に近くなっている。

(238) これが、「X日を十二月八日午前零時と定め、開戦」の意味であることは、周知の通りだが、一般に誤って解されているように、この短文そのものが暗号で、「ニ、イ、タ、カ、ヤ、マ、ノ、ボ、レ」とモールス符号が打たれたわけではない。(山本五十六.地) +

(239) 大勢の従業員がばらばらと寄ってきて、飯を容器に移しはじめた。むこうでは大鍋から汁をよそっている。アルミニウムの食器がかちゃかちゃ鳴る。下に車のついた配膳台が押されてくる。日に三度の、慌しくも活気のある光景なのである。(楡家.地) +

次の(240)は少し異質であるが、これは「足の下に」とあることから、存在文に近づいている。

(240) そこで、棟から棟へ渡ると、もっとも新らしい木の色から、もっとも古い木の色にいたるまでの、各種の濃淡のモザイクが、足の下に踏ま

れた。(金閣寺．地) +

次に、機能発現動詞の例を挙げる。こちらは、新聞テクストに例が見られる。新聞テクストに現れた例は、動作主が不特定多数の人々でかつ具体的な場所と時間を持っているためイベント的であり、全体が表わす意味はⅠ実行型にも近い。

(241) 登録決定の連絡が入った12月2日未明、市民約50人が手作りのあんどん413個を点灯し祝った。午前8時には市内7寺院の鐘が一斉に鳴らされた。(毎日)

(242) 会場前には2000の数字が浮かび上がり、若い男女ら約5万人のカウントダウンで新千年紀の到来を祝福。花火が次々打ち上げられ、歓声が響き渡った［後略］。(毎日)

(243) 人々の手にろうそくがいきわたった午前0時、中央に置かれた大きな器に67年前に滅んだ先住民モリオリの血をひく島民の手で火がたかれ、式典が始まった。(毎日)

(244) スキャットとは即興的にうたわれる歌詞のない唱法で、楽器によるジャズのフレーズを声でまねしたものであるが、［後略］(ブンとフン．地)

最後に、主語が有情者の所有物としての非情物である接触動詞の例を挙げる。同じ接触動詞による受身構文でも、主語が有情者の所有物(主に身体部位)である以下の受身構文は、先に挙げた(233)-(240)とは異なり、対象の機能を発現させるというような意味はほとんど読み取れない。むしろ、「有情者が与影者である動作主から接触の働きかけを受ける」というAA接触型の受身構文と同じ意味を表わしている。その構造的な表れとして、先の(233)-(240)の例では動作主が誰であるかということは問題にされず、明確でないのに対し、以下の例ではある個別の動作主の存在が明確に読み取れる。また、接触の動作を行うための道具や接触動作の様態が副詞句として現れることが多いのも特徴的である。

(245) もし私が私の傲慢によって、罪に堕ちようとした丁度その時、あの不明の襲撃者によって、私の後頭部が打たれたのであるならば――(野火．

地）+

(246) 私の背が柏木の尖った指先で押された。私はごく低い石塀をまたいで、道の上へ跳び下りた。二尺の高さは何ほどでもなかった。(金閣寺.地) +

(247) 税関の列は長かったが私の場合は実に簡単に済んだ。ほとんどの人がスーツケースなどを開かれ念入りに調べられていたのに、私のものだけは全く手も触れられなかった。(若き数学者.地) +

(248) 竹小刀が胃袋の左脇でぐいっと上部へ移行して心臓を大きくえぐったのだ。つづいて、慈海の腹はもう一本の肥後守でとどめをさされるように力強く突かれた。血がふき出した。[中略]蕗の葉の上でけいれんを止めた慈海の軀を黒い影が抱き起していた。影は本堂との間にある中門を押した。慈念である。(雁の寺.地) +

(249) 私は自分の頭が皮や肉をそがれ脳味噌を取り去られてその棚に並び、老人にステンレス・スティールの火箸でこんこんと叩かれる様を想像してみた。(世界の終わり.地) +

(250) 鮎太は物も言わずに、雪枝の前をすり抜けると、そこから駈け出そうとした。が、鮎太の鞄は雪枝の手に摑まれていた。(あすなろ.地) +

(251) 信夫は思わずふじ子の手を取った。細い柔らかい手が、信夫の両手に素直に握られた。とけてしまいそうな柔らかなその手を握っていると、ふじ子の細々とした命がじかに感じられて、信夫は胸がつまった。(塩狩峠.地) +

(252) そして僕は数人の外国兵が笑いざわめきながら僕の躰へ腕をかけるのをどうすることもできない。[中略]僕は四足の獣のように背を折り曲げ、裸の尻を外国兵たちの喚声にさらしてうなだれていた。僕は躰をもがいたが両手首と首筋はがっしり押さえられ、その上、両足にはズボンがまつわりついて動きの自由をうばっていた。(人間の羊.地) +

無変化型の周辺と他のタイプ

　上で述べたように、有情者が主語に立って「AN-ガ　AN-ニ　身体部位N-

ヲ 接触 V-ラレル」という構造になると AA 接触型（AA 無変化）を表わす。

(253) 「ひとかどの武将たる者が、茶坊主に頭を叩かれたのだ」［後略］（さぶ）

(254) 連絡船が出るまでには四十分の間があったが、船までの長いホームを旅客がいい席を取るため、気ちがいのように競走していた。三原は背中を何度もこづかれた。（点と線.地）

(255) そのとき、利兵衛は刑事に右手首をつかまれ、この野郎なぐってやろうか、と思ったとき、手錠がかかった。しまった！　と思ったときはすでにおそかった。（冬の旅.地）＋

接触動詞が特に身体部位のニ格名詞句と組み合わさった場合、ニ格名詞句は道具を表わすのだが（奥田 1962:308-309）、次の例では述語がラレテイル形であるため、ニ格名詞句が存在場所的になっており、Ⅰ存在様態受身型（Ⅰ存在）に近づいている。

(256) 僕は彼の丸っこい指に注射器が握られているのを見ながら、眼をふせて黙っていた。（死者の奢り.地）＋

1.3　Ⅰ認識型（Ⅰ認識）

　Ⅰ認識型は、主語に立つ非情物が、対象として、何らかの有情者の認識領域に取り込まれることを表わす。Ⅰ認識型は、知覚、思考、発見、及び言語活動を表わす動詞で構成される。これらの動詞を、本研究では広義認識動詞と呼んでいる。

　Ⅰ認識型のサブタイプは、奥田（1968-72）の〈認識のむすびつき〉及び〈通達のむすびつき〉の連語を構成要素としている。奥田自身、〈通達のむすびつき〉に関しては、〈認識のむすびつき〉の下位カテゴリーとして分類しうると述べている（同:109）ので、〈通達のむすびつき〉を要素とするⅠ発話型をⅠ認識型のサブタイプとすることには、さほど問題はないだろう。よって、Ⅰ認識型には、次の4つのサブタイプが存在する。

　Ⅰ知覚型　　「細胞分裂が観察された」
　Ⅰ思考型　　「実験を通して仮説が検証された」

I発見型　「山中で死体が発見された」

I発話型（I言語活動型）　「関係者に事件のいきさつが報告された」

知覚や思考などの広義認識動詞は、特に非情物がガ格（主語）に立つ場合、習慣的社会活動型として現れることが多く、個別一回的な事態であるI認識型の頻度はあまり高くない。その理由のひとつに、I認識型は自発・可能用法と意味が曖昧になることが多いことが挙げられる[23]。I認識型と自発・可能用法は、文の構造がまったく同じであることがあり、いずれの意味であるかの判断は、最終的には視点がどこにあると解釈するか（文脈の構造）による。次の例では、主人公「ぎん」の視点から場面が描かれており、前文の述語「起きて過ごした」の主語も「ぎん」であることから、「ぎん」が動作主で彼女の視点から述べられた可能用法であると解釈できる。

(257)　終日、ぎんは奥の八畳間で過した。部屋では布団が敷きづめだったが、気分の良い時は床の上に起きて過した。部屋からは川上の家と同じように縁越しに庭が眺められた[24]。（花埋み．地）

以下、I認識型のサブタイプについて、それぞれの構造と相互移行の関係を見ていく。

1.3.1　I知覚型　「細胞分裂が観察された」

I知覚型は、主語に立つ非情物の対象が、何らかの有情者の知覚的（感性的）な認識領域に取り込まれる（入る）ことを表わす。感覚器官で捉えられる具体的なモノないし現象がガ格に立ち、知覚動詞が要素となる。

(258)　I知覚型

対　　　象	外的行為者による知覚行為
具体／現象 IN-ガ SUB	知覚 V-ラレル

「細胞分裂が観察された」

見られる、感じられる、聞かれる、読まれる、気づかれる、認められる、認識される、意識される[25]、感覚される、観察される、識別される、点検される、検査される、etc.

奥田 (1968-72) が挙げている知覚動詞（感性的な経験を示す動詞）のすべてが等しくこのタイプの要素となるわけではない。「嗅がれる、にらまれる、みつめられる」といった動詞がⅠ知覚型を構成することはまずないだろう。また、「見られる、感じられる、認められる」などの一段動詞は常に受身用法か自発用法かという意味の曖昧さを持つ。

(259)　実際、地上波テレビやBSアナログ放送、CSデジタル放送もケーブルテレビを通じて見られている割合が多い。12月に始まるBSデジタル放送も半分近くはケーブルテレビで見られるとの見方もある。（毎日）

(260)　栄二は抱き起こされた。縄が解かれ、二人に抱えられて火の側へいったが、火のあたたかみが感じられるまでには、かなり暇がかかった。（さぶ．地）

(261)　諸外国とくらべて日本の「特殊性」を描いた書物が、次々と出てさかんに読まれ、「日本論」「日本人論」「日本文化論」が大流行しているのも、むべなるかな——という気が、いちおうはする。（ゆとり）

(262)　それは、脳に送り込まれてくる情報の大部分は、本人に感覚されないことがわかってきたためで、感覚されない情報が感覚器から送られてくるというのはおかしいからなのです。（記憶）

(263)　実は、原子は1個のときには、色や硬さなどの性質を持たない。原子が集まってある大きさの物となったとき、初めて色とか硬度が観察されるのである[26]。（化学）

(264)　署にかえった死体は、綿密に検査された。（点と線．地）

(265)　「20世紀の文化を5000年後に伝えよう」と、毎日新聞社と松下電器産業が1970年に開かれた日本万国博覧会（大阪万博）を記念して製作した「タイム・カプセルEXPO'70」2基のうち1基がいよいよ3月、30年ぶりに初めて開封され、収納品が点検される。（毎日）

Ⅰ知覚型の周辺と他のタイプ

Ⅰ知覚型は、ラレル文の可能用法との境界に位置している。特に、一段活用

の動詞では、可能か受身かの判断に迷うことが多い。可能用法であるか、受身用法であるかの違いは、先にも述べたように、話し手の視点がどこにあるかによる。すなわち、動作主（ないし経験者）が話し手自身で、視点が話し手＝動作主の側にあれば可能用法と解釈されるし、動作主（ないし経験者）が不特定の人で、中立的な視点であれば受身用法と解釈される。また、「感じる」とは違い、「見る、認める」などの動詞は、スル形が未来を表わす動作動詞的なテンス対立を有している。よって、「見られる、認められる」などが未来ではなく現在を表わすようであれば、可能用法と解釈するのが妥当かと思われる[27]。次の例は、述語が否定形であり、かつこれが現在を表わしているので可能用法とした。視点も、前文に「こちらに」というダイクティックな表現があり、「職人」の視点から述べられていると解釈できる。

(266) すると、聖子はこちらにむかって、わずかに首をうごかして挨拶をかえした。どこか困惑したように、ほとんど<u>認められない</u>ほどに口元をゆるめたが、冬の曇り空の下のその血の気のない表情は、そうしたかすかな微笑によってなおさら職人の心を打ったのである。(楡家.地)

Ⅰ知覚型を構成する知覚動詞が対象の存在場所を表わすニ格名詞と共起すると、Ⅰ存在型（Ⅰ存在）のⅠ存在確認型へ移行する。この構文は存在文の構造を有しており、ニ格の場所に主語の非情物が「ある」ことを述べている（波下線は存在場所）。また、Ⅰ知覚型では、具体名詞ないし現象名詞のみが主語に立つが、Ⅰ存在確認型では、抽象名詞も主語に立つようになる。

(267) ［前略］ふたたび彼は、濃い朱色の雲が上空に拡がっている絵に、眼を移した。幾つもの塊に分れているそれらの雲々の中に、かすかに黒い線が<u>認められる</u>ことに、はじめて気付いた。眼を近寄せて、凝視する。(植物群.地) ＋

(268) どの画用紙も余白が多く、描かれた線には対象への傾倒がまったく<u>感じられなかった</u>。(裸の王様.地)

(269) 無重力の宇宙ですごした宇宙飛行士に、骨の退化が<u>見られる</u>ということも聞いたが、その構成成分の交替をうかがわせる事実である。(化学)

次のように、ニ格の存在場所が省略された場合、I知覚型であるかI存在確認型であるか迷うところだが、情景を描写している当該の場所における非情主語の存在を表わしている点で、I存在確認型に位置づけるのが妥当かと思われる。

(270) 月曜日の昼さがりの川原はみわたすかぎり日光と葦と水にみちていた。対岸の乱杭にそって一隻の小舟がうごいているほかには ひとりの人影 も見られなかった。(裸の王様．地)

なお、I知覚型以外のI認識型（I認識）のサブタイプは、すべて対応するI習慣的社会活動型の受身構文タイプを持っている。I知覚型の受身構文でも、(259) や (261) などは、不特定一般の動作主で習慣的な社会活動を表わしている。しかし、手元のデータでは頻度が低く、受身構文の構造的なタイプとして確立しているか疑問が残るので、これは単なるアスペクトの違いとして、すべてI知覚型に位置づけた。

有情者が主語にって、「AN-ガ AN-ニ IN-ヲ 知覚 V-ラレル」という構造になると、AA知覚型（AA認識）になる。次の例は、「とてつもないきんきら声が姉たちに聞かれた」であればI知覚型であるが、「彼女」が主語であるので、「とてつもないきんきら声を姉たちに聞かれた」という文が連体修飾になっていると考えられ、この場合は AA 知覚型である。

(271) 彼女は、姉たちに 聞かれなくて幸いといえる、とてつもないきんきら声 でそう叫んだ。(楡家．地)

1.3.2 I思考型 「実験を通して仮説が検証された」

I思考型は、主語に立つ非情物が、何らかの有情者の知的な認識領域に取り込まれる（入る）ことを表わす。奥田 (1968-72) の〈認識のむすびつき〉の中の〈知的なむすびつき〉をあらわす連語で構成される。すなわち、I知覚型と違い、原則的に抽象名詞（ないし現象名詞）が主語に立つ。また、下位構造 b のように、主語と述語を持つ節が主語に立つこともある。

218　第4章　非情主語一項受身構文

(272)　I 思考型

対象	外的行為者による知的認識
抽象 IN／節-ガ SUB	思考 V－ラレル

「実験を通して仮説が検証された」「商品の賞味期限が切れていたことが確認された」

I 思考型の要素となる動詞は、奥田（1968-72）が〈知的なむすびつき〉を構成する動詞として挙げている「思考活動をしめす」動詞及び「その結果である理解をしめす」動詞の多くである。しかし、「わきまえる、おもいしる」などが I 思考型の要素となるとは考えにくい。この他、奥田（1960）が〈動作的な態度のむすびつき〉の中で挙げている「対象にたいする調査活動」を表わす動詞も I 思考型の要素とした。

(273)　思考動詞：考えられる、思われる、知られる、考察される、検討される、分析される、考慮される、反省される、心配される、かえりみられる、連想される、気づかれる、認められる、認識される、意識される、忘れられる；理解される、捉えられる、解される、誤解される、把握される、察知される、推測される、予想される、見落とされる；確かめられる、確認される、証明される、実証される、調べられる、探される、探られる、調査される、研究される、テストされる、etc.

これらの動詞のうち、「考えられる、思われる、案じられる、心配される」など、いくつかの動詞は、受身用法か自発用法かという意味の曖昧さを持つことが多い。

まず、抽象名詞が対象である（主語に立つ）例から見ていく。

(274)　庄吉さんのうちの放養池は異常が認められなかった。（黒い雨．地）＋

(275)　また、近年、日本でもたいへん評判になっているパーソンズとかホーマンなどをはじめとする社会集団に関する結論も、それ自体としてはたしかにすぐれているが、異なる社会の質的差異、変数をどのように解釈し、処理すべきかという比較研究にとって重要な問題が十分考慮されていない。（タテ社会）

(276) それまでピストンのヘッドの形状はあまり考えられなかったが、ピストンのヘッドの形状を、燃料の噴射方向に対してある傾斜を持たせたらどうであろうか。噴射されて来る噴霧状の燃料は、そのピストンヘッドの傾斜角度に助けられて、堅の渦巻を作る。そうすれば燃料と空気との混合はよくなる[28]。(孤高の人.地) +

(277) その瞬間から、傍の女の存在が、強く意識されはじめた。(植物群.地)

(278) 克己とは何だろう。自分に克つ。その言葉の意味は充分に理解されなかったが、しかし、鮎太はこれまでに、これほど魅力ある言葉にぶつかったことはなかった[29]。(あすなろ.地)

次に、節が主語に立つ例を見ていく。

(279) 太郎は、五月さんと競技場の入口で別れた。別に人目をしのぶわけではなく、それまでにもさんざん知り合いに会ったから、太郎が「女連れ」で競技場にやってきたことなどはとっくに知られてしまったのである。(太郎物語.地) +

(280) 私たちがかくまわれていることはまだ気づかれていなかったのです。(沈黙.地) +

(281) 死因は両人とも青酸カリの中毒死であることが確認された。(点と線.地)

(282) 安田が北海道に行ったことは証明されるであろう。(点と線.地)

(283) たとえば、シナップスにおける信号の交通整理に際しては、そこに伝達物質とか抑制物質とよばれる物質が分泌されることが、かなり研究されています。(記憶)

奥田 (1968-72) は、〈知的なむすびつき〉のヲ格名詞句が、「-について」という後置詞によっても表わしうることを、このヲ格名詞句が対象的であることの傍証として挙げている。つまり、「言い訳」などの「思考活動の内容を質的に特徴づける」(同:137) 内容規定的な名詞は、「言い訳を考える」とは言っても、「*言い訳について考える」とは言わないことから、対象的性格が低い。これに対し、「政治、人生、環境、格差」などの名詞では、それぞれ「N-について考える」と言えることから、対象的な性格を持っているとする (奥田 1968-72:

97)[30]。「N-について」が主語になった受身構文を挙げておく。

(284) こうした立場は「家」というものを、特に封建的な道徳規範などと結びつけたイデオロギー的見地から論じたものであって、その社会的集団としての本質的構造についてはかならずしも十分考察されていない。(タテ社会)

一方で、奥田 (1968-72) は、内容規定的な名詞に、「対策、策略、方針、方法、理由、わけ」「当否」などを挙げているが、これらの名詞句が「内容規定的」である、つまり対象性が低いといっても、受身構文の主語に立ちにくいということはない。

I 思考型の周辺と他のタイプ

奥田 (1960) でも認識動詞に分類されている「計算活動」を表わす動詞は、本研究でも認識動詞の周辺的タイプと見なした。「計算活動」を表わす動詞とは、「かぞえる、計算する、測定する」などである。次の例は、I 思考型の周辺例である。

(285) この春に放送150回を迎えた時の記念プレゼントで、応募者がはがきに書いた「好きな世界遺産」が集計されていて、日本人の好みがうかがえる。(毎日)

〈知的なむすびつき〉は、抽象名詞がヲ格に立ち、むすびつきが抽象的であるのが特徴である。ところが、次のように、具体名詞が主語に立つ受身構文も見られる。

(286) たまたま、ある読書会の忘年会があった。そこで福引をやることになり、その年読んだ本の題名をもじった景品が考えられていた。(化学)

こうしたむすびつきは、他にも「明日着ていく服を考える」(能動文) のような例が可能だが、ここでは「明日着ていく服をどれにするか考える」といった含意があり、単なる知的活動ではなく、話し手の意図や選択といった「判断」の態度が含まれている。よって、これは I 思考型ではなく、I 判断型 (I 態度) である。I 判断型は、奥田 (1968-72) の〈態度のむすびつき〉で構成されるので、

具体名詞でも抽象名詞でも自由に主語に立つのである。

　また、その構造に引用句を取ることがⅠ判断型（Ⅰ態度）の特徴であるが、いくつかの動詞では、主語を引用句で言い換えてもそれほど意味の変わらない場合がある。例えば、(281)は次のように述べれば、Ⅰ判断型である。

(287)　死因は両人とも青酸カリの中毒死であると<u>確認された</u>。

　先にも述べたように、「病状が案じられた」など、いくつかの動詞では自発用法との意味の曖昧さが常に存在する。次の(288)の「知られる」という動詞は、「刑事たち」の視点に立てば自発用法と解釈できるが、ここでは中立視点と考え、Ⅰ思考型とした。一方、(289)は可能動詞「知れる」の形ではなく「知られる」であるが、前後文脈の述語がすべて「吟子」を主語にしているため、これは「吟子」の視点から述べた可能用法と解釈した。

(288)　男の上着のポケットから名刺入が出た。 身もと はそれによって <u>知られた</u> 。［中略］名前の横に、「××省××局××課　課長補佐」の肩書があった。左には自宅の住所名がある。(点と線．地)

(289)　試験への焦りも、明日の生活への不安もなかった。すべて吟子の一存でやりたいだけ自由に勉強することができる。読むほどに 面白いこと が<u>知られる</u>。それと合せるように医者という立場の利点で、さまざまな世間から人の表裏まで見られる。(花埋み．地)　＋

　また、次の「読まれる」の例も受身用法ではなく、身元を確認している人物の視点から述べられた自発ないし可能用法と解釈するべきだろう。

(290)　「女の方の身もとは、どうだね？」／それは出てきた。八千円ばかりはいった折りたたみの財布の中に、小型の女もちの名刺が四五枚、バラにはいっていた。みな同じものだった。／「東京赤坂××　割烹料亭小雪　時」／ 名刺の行書体文字 はそう<u>読まれた</u>。(点と線．地)　＋

　Ⅰ思考型は、実際の用例の頻度は非常に低い。これに対し、動作主がある社会的範囲の不特定多数の人々で、反復のアスペクトで述べられると、Ⅰ社会的思考型（Ⅰ社）へ移行する。このⅠ社会的思考型になると、頻度が高くなる。

(291)　プランク尺度という、 非局所場の頃とは比較にならないような小さい

長さや時間が考えられるようになってきたのは、統一場の理論などで、ものすごいエネルギーが問題にされなければならなくなってきたからである。(時間の不思議) +

(292)のように、対象である非情物の所有者が主語に立ち、「AN-ガ AN-ニ IN-ヲ 思考 V-ラレル」という構造になると、AA思考型（AA認識）へ移行する（波下線は対象）。一方、(293)では、主題化された対象はガ格かヲ格か判断できない。動作主がニ格で標示されていることから、AA思考型とも見なせるが、ここでは「小さい事件」が主語として述べられていると考え、I思考型に分類した。

(292) 娘の頃は兄達の後ろで坐って聴いた。今度も聴いてみようか、ぎんは奥の間へ行ってみたかったが、万年には女として死ぬほど羞ずかしいことを知られていた。(花埋み.地)

(293) 加島浜子が脳貧血を起して、椅子から床へ崩れるように倒れたのは、宴席が半ばを過ぎてからであった。

　　給仕は直ぐやって来て、彼女を助け起し、会場から連れ出して行ったので、この小さい事件は、その周囲の極く少数の人にしか、知られないですんだが、鮎太は彼女の前に席を取っていた関係で、ボーイがやって来るまで、床にしゃがむようにして彼女を支えてやっていた。(あすなろ.地) +

1.3.3　I発見型　「山中で死体が発見された」

I発見型とは、また知られていない、あるいは探していた非情物の対象＝主語が、何らかの有情者の知覚的（感性的）ないし知的な認識領域に取り込まれる（入る）ことを表わす。主語には具体名詞、現象名詞、抽象名詞のいずれも立つことができる。

　奥田(1968-72)は、〈発見のむすびつき〉を表わす連語は、「対象の存在場所-ニ　対象-ヲ　発見動詞」という「発見の構造」をとるという特徴を持っているとしている。しかし、具体物が主語に立つ場合は、存在場所を表わすニ格

名詞句より、動作の行われる場所を表わすデ格名詞と共起する場合の方が多い。「具体IN-ガ 発見される」の場合は、動作主の認識的活動よりも、動作性（デキゴト性）が際立っているように述べられるのだろうか。本研究では、存在場所を表わすニ格名詞句と共起した発見動詞の受身構文はI存在型（I存在）のサブタイプにI存在確認型として位置づけた。このI存在確認型に対し、動作の行われる場所をがデ格で示されるI発見型は、動作的発見である。

(294) I発見型

発見場所	対象	外的行為者による発見
(場所 N-デ MOD)	具体IN-ガ SUB	発見 V-ラレル

「山中で死体が発見された」

I発見型は、奥田(1968-72)の〈発見のむすびつき〉の連語を要素とするが、〈発見のむずびつき〉を構成する発見動詞は限られており、その意味で、生産性は低い。奥田(1968-72)は「発見する、みつける、みいだす」という3つの動詞を挙げているが、「みつけられる」という動詞がI発見型に現れることは少ないと思われ、「発見される、見出される」の2つの動詞がこのタイプの要素となる発見動詞と考えられる。

具体名詞が主語に立った例から挙げよう。

(295) 「[前略]全員立ちあいの上で北のはしから捜索する。品物が発見されるまで、独立行動は許さないことにする」(不意の唖)

(296) 石見銀山というのは、石見の国にあった銀鉱山（いまの島根県大田市にあった）である。中世に発見され、その所有をめぐって、大内、小笠原、尼子、毛利などの諸大名が争ったという。(化学)

(297) 関野さんは1993年12月、南米の最南端を出発し、ベーリング海峡をカヤックで渡るなど、動力を使わずに逆ルートでたどってきた。[中略]2001年中に、人類最古の足跡の化石が発見されたタンザニアのラエトリにゴールする予定だ。(毎日)

抽象名詞が主語に立った例は、次のようなものがある。

(298) いつもおなじ手口で成功するとはかぎらないが、彼らひとりひとりの

生活と性癖をのみこんでいさえしたら、きっと突破口は発見されるのだ。（裸の王様.地）

発見場所のデ格名詞句が現れた例には、次のような例文がある（波下線は動作の行われる場所）。

(299)　筑波山中で新たに発見されたガマ蛙につけられた学名）（ブンとフン.地）

(300)　しかし、そのお時は、同伴の男といっしょに、思いもかけぬ場所で、死体となって発見されたのである[31]。（点と線.地）

I発見型の周辺と他のタイプ

上に述べたように、対象の存在する場所がニ格で標示され、「対象の存在場所-ニ 対象-ガ 発見動詞-ラレル」という構造をとった場合は、存在の意味を帯びていると見なし、I存在確認型（I存在）に位置づけた。

(301)　古く縄文時代には各地に土偶が発見され、古墳時代には埴輪が大量に制作された。（神と仏）＋

(302)　影村一夫の一重まぶたの細い眼はいつも光を放っていた。容易に妥協を許さない鋭い眼なざしだった。その視線が当ったところには、きっとなにかが発見され、その発見に理由づけられ、そして結末をつけようとする眼であった。（孤高の人.地）＋

(303)　ぼくは彼女に一瞬ひどく肉にあふれたものを感じさせられた。ぼくは彼女の眼のなかをのぞきたい欲望を感じた。きっとそこには短切な夜の輝きが発見されるはずであった。（裸の王様.地）

1.3.4　I発話型（I言語活動型）　「事件のいきさつが述べられた」

I発話型とは、主語に立つ対象をめぐって、有情者による言語活動が行われることを表わす。奥田（1968-72）の〈通達のむすびつき〉を要素とするのだが、そこで指摘されるように、原則的に抽象名詞が対象＝主語となることから、I思考型によく似ている。ただI発話型の場合は、相手のニ格と共起する場合が

ある点で、I思考型と異なっている。

(304) I発話型

対象=発話内容	発話相手	発話行為の発生
抽 象 IN-ガ SUB	(AN-ニ MOD)	発話 V-ラレル

「事件のいきさつが淡々と述べられた」

発話動詞：言われる、話される、述べられる、知らされる、伝えられる、訴えられる、耳打ちされる、論じられる、語られる、報告される、通達される、伝達される、通告される、説明される、論議される、議論される、指摘される、強調される、討論される、etc.

次のような例がある。

(305) その言葉は、道化た余裕のある口調で言われた。伊木は安堵すると同時に、花田のその余裕を憎んだ。(植物群.地)

(306) 「薬餌の及ばんところ、鍼灸の及ばんところ、そこが外科医の出る幕なんですから、お父さんから僕に伝えられた外科というものは、医者では大喜利にかまえた看板役者のようなものですわのう。[後略]」(華岡青洲)

(307) それを探ろうとするとき、われわれは1章で論じられたテーマにもどることになる[32]。(ゆとり)

(308) 今年の沖縄サミットでも福岡で蔵相会議、宮崎で外相会議が行われ、蔵相会議の結果が、沖縄での首脳会議に報告され、G7議長声明として、小渕恵三首相から発表されることになる。(毎日)

(309) 試験の結果は鮎太が一番だった。その試験の結果が通達されて一週間目に、鮎太は新しい中学の校門をくぐった。(あすなろ.地)

(310) それはこの寄場の役人にも通告され、さらにもっこ部屋の小頭たちにも耳打ちされたようで、[中略]栄二が意地になって反抗しても、かれらのほうで相手にならなかった。(さぶ.地)

(311) 「[前略]これは私の内面の問題であり、裁判でとやかく論議されるべき性質のものではないと思います」(冬の旅)

(312) と同時に、他方では自国第一主義が強調され、アラビア語の追放をはじめ、近代建築もアケメネス朝時代のスタイルが要求された。(二十世紀)

(313) 「西洋医学は漢方とは違います。診断治療の原則はすべて公開され討論され、定まっています。医者が替ったから治療が変るなどということはありませぬ」(花埋み)

(314) 「今回は弟がとんだ恥さらしをして赤面しております。死の原因については、新聞などにいろいろ言われていますが、役所のことは、私にはとんとわかりません。[後略]」(点と線)

I 発話型の周辺と他のタイプ

次の例に見られる「言葉が口から出された」や「噂が村へばら撒かれた」という受身構文は、I位置変化型（I変化）の構造を持つため、「コトの位置変化」に分類したが、意味的には個別一回的な言語活動が行われたことを比ゆ的に述べている。

(315) 一年の時も、二年の時も、進級成績は抜群で、開校以来の秀才というような言葉が、教室で大人しい鮎太に好意を持つ国漢の教師の口から出されたりした。(あすなろ.地)

(316) それは、冴子が、女学校で下級生から万年筆と時計を取り上げた事件をひき起し、そのために一年停学になり、郷里の町にいにくくて、ここへ来ているのだという噂が村へばら撒かれたからである。それは勿論、日曜ごとに村へ帰って来る冴子と同じ女学校へ行っている村の二人の女学生に依って伝えられたものであった。(あすなろ.地)

しかし、次の位置変化動詞による例は、比ゆではなくすでに言語活動を表わす動詞に移行していると考え、I発話型に位置づけた。

(317) 「反射」ということばよりも、「反応」ということばを使うことが多いことも、すぐに心が持ちだされたりすることも、そのあたりの事情と無関係ではありません。(記憶)

動作主が個別の有情者ではなく、不特定一般の人々で、反復のアスペクトで述べられると、I社会的言語活動型（I社会）へ移行する。

(318) 考えてみれば、そうした「特殊性」論は、日本人には"大和魂"があるから絶対に不敗だ――という議論と、瓜二つではないだろうか。"大和魂"がしきりにいわれたあの不幸な時代、私は小学生だった。（ゆとり）

(319) ［前略］儀礼的なやりとりが簡略になってきたとか、敬語が乱れてきたとか、戦後の社会生活における変化がいろいろ指摘されようが、その変化の代表選手のようにみなされている若い人たち、たとえば学生の間では、今も上級生、下級生の根強い区別があり、［中略］同一集団内における上下関係の意識はあらゆる面に顔を出している。（タテ社会）

上の例は、I社会的言語活動型の引用節を伴わない例であるが、引用節を伴うI社会的言語活動型に対応する個別一回的な事態の受身構文の例が見つからない。引用節を伴うタイプとは、例えば、「その病は治らないと言われている」のようなタイプである。これが、「その病は（山田医師によって）治らないと言われた」のような個別一回的な事態としては存在しないということである。「断定される」のような動詞であれば、個別一回的な事態として成立しないわけではないが、I社会的言語活動型に引用節を伴うものの頻度が高いのに比べれば、まれである。

発話相手が主語に立って、AN-ガ AN-ニ／カラ 抽象 N-ヲ 言語活動 V-ラレル という構造になると、AA相手への発話型（AA認識）へ移行する。

(320) 「漢字で愛していたの？　平仮名であいしあっていたの？」
「未紀にもおなじことをきかれましたね。両方ですよ」（聖少女）

1.4 I態度型（I態度）

I態度型とは、態度動詞で構成される個別具体的な事態の非情主語の受身構文である。I態度型には、I判断型、I意義づけ型、I要求型、I表現型の4つのサブタイプがある。

I判断型　　　　「その現象は突然変異と見なされた」
I意義づけ型　　「カレンダーが土産にされた」
I要求型　　　　「本部長に計画の見直しが求められた／許された」
I表現型　　　　「水の電気分解は次の式で表わされる」

　このうち、I判断型には格体制が同じである有情主語の受身構文タイプがある（AA判断型）。態度動詞で構成される受身構文タイプは、非情主語の用例がきわめて少なかった上、このI判断型以外は、通常の非物物が主語に立つ例がなく、すべて有情者の所有物である非情主語の例であったため、それらは有情有情受身構文のタイプの中に含めた（AA感情＝評価型、AA表現的態度型、AA呼称型、AA評価動作的態度型、AA接近型）。一方、I判断型については、通常の非物物が主語に立ち、有情主語の受身構文とは明らかにその意味・用法が異なると判断したため、有情主語の受身構文（AA判断型）とは区別して、非情一項受身構文のサブタイプとした。

　I判断型は、「N-ト　思考V-ラレル」という動詞句で構成されるが、同じ動詞句で構成された有情主語の受身構文はAA判断型（AA態度）である。次の例を比べてみると、有情主語の受身構文は話し手の主観的な感情を表わす外部構造で用いられており（「V-ラレルート　辛い」）、受影の意味を帯びているのに対し、非情主語の受身構文はより客観的、中立的な受身構文である。

(321)　西暦2000年は日本の放送界にとって、デジタル化へ完全シフトを取った年として記憶されるだろう。（毎日）〈I判断型〉

(322)　「佐久間君、君はぼくと違ってたくましい男だが、人間というものはねえ、寿命がわかってみると……あと何年も生きられない、それも普通の症状ではなく、……まあそんなことは話したくないが、天寿というか、その残された何年かを……それを非国民というふうに思われるとぼくは非常に辛いんだ」（楡家）〈AA判断型〉

　また、I意義づけ型については、当初、有情主語の受身構文についても同じタイプに位置づけていたが、「意義づけ」を表わす動詞句で構成される個別一回的な有情主語の受身構文は、すべて何らかの評価性を帯びていると考えた。

よって、有情主語の意義づけタイプは AA 評価動作的態度型（AA 態度）の中に含めることにした（324）。

(323) いろんな家の押入れの中や納屋にはときどき古い楽器が埋もれていることがあるんです。おおかたのものは使いみちがないままに焚き木がわりにされてしまいましたが、少しはまだ残っていました。（世界の終わり）＋〈Ｉ意義づけ型〉

(324) そうしたおりょう婆さんに関する風評は、何となく、子供の鮎太の耳にも入っていたが、どうして村人が祖母のことを悪く言うのか、その理由はよくは納得行かなかった。／「すっかり功は人質に取られて、喰い物にされとる！」（あすなろ）〈AA 評価動作的態度型〉

Ｉ要求型は、要求的態度動詞で構成される受身構文タイプだが、同じ要求的態度動詞で構成される有情有情受身構文が AA 相手への要求型（AA 態度）である。しかし、AA 相手への要求型は、対応する能動文のニ格の要求相手が主語に立っている点で、Ｉ要求型とは能動文との対応関係が異なる。

Ｉ態度型の 4 つ目のタイプである I 表現型には、対応する有情主語の受身構文は存在しない。

以下、Ｉ態度型の 4 つのサブタイプについて、その意味・構造的特徴と他のタイプとの相互関係を見ていく。

1.4.1 Ｉ判断型（知的態度）「その現象は突然変異と見なされた」

Ｉ判断型は、現実の実体や属性に対して、何らかの動作主による知的な判断が下されたことを表わす。Ｉ判断型は、奥田（1968-72）の〈知的な態度のむすびつき〉の連語を構成要素とするが、個別具体的な事態である I 判断型の頻度は非常に低い。一方、同じ〈知的な態度のむすびつき〉を構成要素とし、動作主が不特定一般の人々で、反復のアスペクトで述べられるＩ社会的判断型（Ｉ社会）の頻度は非常に高い。これは、先に見たＩ認識型（Ｉ認識）と同じ特徴である。また、動作主が特定の個人で、かつ文末で「V-ラレル形」で用いられると、動作主に視点が置かれることが多く、可能ないし自発用法へ移行して

しまう点も同じである。

　Ⅰ判断型は、次のような構造を持つ。Ⅰ判断型のみに用いられる動詞は、「見なされる、解釈される、判断される」などのいくつかの動詞に限られるが、Ⅰ思考型（Ⅰ認識）が判断内容をともなうことで、Ⅰ判断型（Ⅰ態度）を構成する（奥田1968-72:119）。よって、Ⅰ思考型（Ⅰ認識）の要素となる思考動詞はもちろん、知覚動詞もまた、この構造の要素となる。

(325)　Ⅰ判断型

a：| 対　象	思　考　判　断　内　容	（有情者による判断の発生）
IN-ガSUB	IN-ト／ニ／トシテ COM	思考／知覚 V-ラレル

「その現象は突然変異と見なされた」

b：| (N〔主語〕-V〔述語〕) 節-ト　思考／知覚 V-ラレル |
|---|

「この仕事は彼には向かないと判断された」

　この他、基本構造aのバリエーションとして、「N-ハ　N-トシテ／ノヨウニ　思考／知覚 V-ラレル」という構造も存在する。

　Ⅰ判断型は、Ⅰ社会的判断型と迷う例も少なくない。(326)(327)などは、事態は個別一回的なアスペクトで述べられているように見えるが、動作主が不特定多数の人々であるため、Ⅰ社会的判断型と考えられなくもない。

(326)　西暦2000年は日本の放送界にとって、デジタル化へ完全シフトを取った年として記憶されるだろう。(毎日)

(327)　この二月、アリがレオン・スピンクスと闘うと発表した時も、単なる金稼ぎの試合にすぎないと見なされた。(一瞬の夏．地) ＋

(328)　何故なら次の一カ月に更に五人が死に、そのうちの三人は我々が徹底的に再チェックした被験者だったからです。再チェックして何も問題はないと判断された人々がその直後にあっさりと死んでしまったわけです[33]。(世界の終わり．地) ＋

　先にⅠ思考型の説明でも述べたが、次の例は、「景品が（どれにするか）考えられていた」という含意があり、これもⅠ判断型である。

(329)　たまたま、ある読書会の忘年会があった。そこで福引をやることにな

り、その年読んだ本の題名をもじった景品が考えられていた。（化学）

次の例も、同様に、「（プロ選手がよしと）認められる」といった含意があり、「娘の変化をめざとく認める」のような単なる知的活動の意味ではなく、「判断」の態度が含まれている。

(330) 83年のIOC総会は「参加資格審査は、その競技者が所属する国際競技連盟が行う」と決め、この後一気にプロ選手への門戸開放に向かう。サラエボ大会（84年）のアイスホッケーを皮切りに、サッカー、テニスと次々に認められ、バルセロナ大会（92年）男子バスケットではNBA（米バスケットボール協会）選手の「ドリームチーム」が誕生、大会の花形となった。（毎日）

I判断型の周辺と他のタイプ

先にも述べたとおり、I判断型は、動作主が不特定一般の人々で、反復のアスペクトで述べられると、容易にI社会的判断型（I社会）へ移行する。

(331) 遼のさらに北東には女真が勢力を張っていた。1019年に九州を襲い「刀伊の賊」と呼ばれたのは、この女真と考えられている。（毎日）

(332) 偏食とふつういわれるのは、ある特定の食品を食べられないことであると思われている。（たべもの）

思考動詞ないし知覚動詞といった、広義認識動詞の一部がラレル形で主に文末に現れると、自発ないし可能の意味へ移行していく。このときの動作主は、話し手である。こうした、「「（主語－述語）節－ト　思考V－ラレル」（話し手動作主）」というラレル文は、書き言葉に用いられ、「だろう」のようなモダリティーの表現に近づいている。

(333) ［前略］それにしても、ブームの間に反射論がもう少し正しく理解されていれば、このような流行現象だけで終わることはなかったと思われます。（記憶）

(334) このような四季の変化は、また、新しいものを好む習性に拍車をかけたのではないかと考えられる。（たべもの）

動作主が話し手でなくとも、前後文に特定個人の主語とその動作である述語がある場合、その個人に視点が置かれることになり、認識動詞のラレル形は自発ないし可能用法と解釈される（点下線は特定個人の動作、網掛けは視点のある動作主）。

(335) と鳥飼は、佐山が宿で電話が外からかかってくるのを待っていたこと、二十日の午後八時ごろに、佐山の宿での変名であると名ざして女の呼び出し電話があったこと、佐山はすぐに出て行き、その晩に情死したと考えられることなどを話した。(点と線.地) +

(336) 池の生命がほぼ頂点に達したかと思われた瞬間、ふいに水音が起って、ぼくは森に走りこむ影をみた。(裸の王様.地) +

用例は多くないが、Ⅰ判断型は、有情者が主語に立って、「AN-ガ AN-ニ IN-ト／ニ 思考 V-ラレル」とという構造になると、AA判断型（AA態度）へ移行する。

(337) 「盗む気持がないのに盗んでしまうというのは、それは、どういうことかな。こんどの場合は、月に三千円しか生活費がないので切羽詰って盗んだのは判るが、しかし、二度三度とかさなっちゃ、常習犯と見做されても仕方ないな。……しかし、僕は、きみが好きになれそうだよ。[後略]」(冬の旅)

(338) 「なんど精のつく食べ物を届けようかと思うていたのやけれども、この不自由なときに当てつけがましと思われてはいかんと思うて控えていたのやして。[後略]」(華岡青洲)

1.4.2 Ⅰ意義づけ型 「ガウディの模型はみんなの手本にされた」

Ⅰ意義づけ型とは、対象（主語）が動作主から何らかの捉え方や意義づけといった態度を含んだ扱いを受けることを表わすタイプである[34]。主語に立つ名詞そのものがもともと持っている属性とは別の新たな価値や意味を動作主に付与され、行為実現後はその「意義」を持ったものとして扱われることを意味する。構造的には、「意義」を表わすニ格もしくはト格の補語を要素とするが、この

ニ格／ト格補語は結果的であると言える。

　多くの場合、対象に対する動作主の態度には何らかの評価性が含まれるものだが、このⅠ意義づけ型は、動作主の対象への評価性が中立的な事態を表わす。また、「意義づけ」は「判断」とは異なるので、このタイプの構造が引用節を取ることはない（奥田 1960:258）。よって、「意義」を表わすニ格やト格に現れるのは、「名詞」に限られる。

(339)　Ⅰ意義づけ型

| 対象 | 意義 | 有情者による意義の付与成立 |
| IN-ガ SUB | N-ニ／ト／トシテ COM | 処遇／使用／例示／選択 V-ラレル |

「ガウディの模型はみんなの手本にされた」

　Ⅰ意義づけ型を構成するのは、対象を扱うことを表わすかなり一般的な意味の処遇動詞である。こうした動詞は、動作の様態や結果といったもろもろの具体的側面をその語彙的な意味に含まず、動作主が対象に新たな意義を与える、もしくは新たな意義を与えながら働きかけるという抽象的な意味だけを持っている[35]。

(340)　される、取り上げられる、例えられる、なぞらえられる、見立てられる、あてはめられる、数えられる、間違えられる；選ばれる、推される、定められる、採用される、決められる、登録される、承認される、指定される、想定される；使われる、用いられる、使用される、利用される、採用される、etc.

動作主が対象に付与する「意義」を表わす名詞は、「目標／見本／代用／代表／土産／秘密」など、やはり何らかの「価値」を表わす名詞であることが多い。以下、用例を見ていく（波下線は意義）。

(341)　いろんな家の押入れの中や納屋にはときどき古い楽器が埋もれていることがあるんです。おおかたのものは使いみちがないままに焚き木がわりにされてしまいましたが、少しはまだ残っていました。（世界の終わり）＋

(342)　そればかりでなく、各新聞紙上にも事件のことが報道された。［中略］

それがひとつの原因ではないかと疑いたくもなるほど、容赦なく記事にされた。(人民は弱し.地) +

(343) 加藤は貯金のことが他人に問題にされはじめたことがむしろおかしくてたまらなかった[36]。(孤高の人.地) +

(344) 会場に想定されているのは市内の大型リゾート施設・シーガイアにある国際会議場「ワールドコンベンションセンターサミット」。(毎日)

(345) 「岡田さんの家に配達に行ったらさ、源ちゃんの指圧器がころがっててさ。それが何に使われてたと思う。蚊取線香を置いてんの。ああ、おかしい」(玉呑み人形)

(346) 調べでは、逃走に使われた自転車は12月4日、枚方市南部の自転車店で売られていた[37]。(毎日)

I 意義づけ型には、次のような、非情物の社会的状態変化とも言うべき例が数例ある。ここでは、ニ格ないしト格(トシテ)の名詞句は、非情物の社会的地位を表わしている。

(347) ホイアンの町並みは昨年12月の世界遺産委員会で、世界遺産に登録された。(毎日)

(348) 第41回日本レコード大賞(日本作曲家協会主催)の最終審査会が31日、東京・赤坂のTBSで行われ、大賞にGLAYの「Winter, again」が選ばれた。(毎日)

(349) 一方で、東京都杉並区の高校生らがめまいや吐き気を訴え、国内で初めて光化学スモッグと認定され、公害問題が噴出。(毎日)

(350) 「日光の社寺」が世界遺産暫定リストに掲載されたのは92年。正式登録には国内法による史跡指定が必要だが、国宝や重文が集中している「日光」は意外にも国史跡には指定されていなかった。(毎日)

(351) ◇トランポリン／体操の新種目として今大会から採用された。4メートル×2メートル、高さ1メートルの演技台で規定と自由で各10種類の跳躍を連続して行う。(毎日)

次の例は、「意義」を表わすニ格やト格の名詞句が省略されて、同一節内に

(352) 北九州市はリサイクル施設の整備で通産省の助成が受けられる「エコタウン」。家電リサイクルでは秋田県と宮城県鷺沢町が昨年 11 月に［エコタウンに］追加承認され、プラント建設が動き出した。(毎日)

(353) したがって、委任統治という一見新しい統治方式が採用されたものの、それは旧来の帝国主義統治の、ほんの一歩前進、要するに変形だ、といっても過言ではない。(二十世紀)

Ｉ意義づけ型の周辺と他のタイプ

「採択される」という選択を表わす動詞では、ニ格やト格の名詞句が省略されていると見なすのは難しい。今回は、便宜的にＩ意義づけ型に分類したが、Ｉ思考型（Ｉ認識）に分類すべきかもしれない。

(354) 世界遺産は 1972 年のユネスコ第 17 回総会で採択された、世界遺産条約に基づくもので、世界的な価値を持つ文化遺産や自然遺産は人類共有の財産との認識に立つ。(毎日)

次の例は、「Ｎ（デアル）－ト　認められる」であれば、Ｉ判断型（Ｉ態度）である。「Ｎ－ト　認定される」は、「認められる」よりも引用節を導きにくいので、まだＩ意義づけ型であると考える。

(355) 一方で、東京都杉並区の高校生らがめまいや吐き気を訴え、国内で初めて光化学スモッグと認定され、公害問題が噴出。総評（当時）が初の公害メーデーを開催した。(毎日)

動作主が不特定多数の一般の人々になり、反復のアスペクトで習慣的な事態として述べられると、Ｉ社会的意義づけ型（Ｉ社会）へ移行する。他のタイプ同様、Ｉ社会的意義づけ型となると、頻度が高くなる[38]。

(356) この社会人類学は、［中略］従来、歴史学者や社会学者によって対象とされていたような、スケールの大きい複雑な社会（これを complex society とよぶ）──日本や西欧諸社会を含めて──をも対象とするようになり、数々の研究成果を生みつつある。(タテ社会)

(357) 材料に使用されている、ビーフ、チキン、シャンピニオンといった違いからはじまって、ヤングタイプとか、オールドエイジタイプなどといった対象とする年齢層の違いによる種類の違いまで作りだしている。(たべもの)

(358) 一方、鉛白は白色の顔料である。大変のびがよいので、昔は白粉として使われたが、鉛の毒作用で害が出たのでいまは使われていない。(化学)

「N-ニ される」という受身構文は、主語に立つ名詞の形状や性質といった属性を変化させることを表わす場合がある。このときは、単なる意義付与ではなく、対象の状態を変化させているので、I状態変化型(I変化)となる。I状態変化型では、ニ格名詞に、「粉々に／剥き出しに／半分にされる」など、主に形状を表わす名詞や、「体験が本にされる」「マグロが寿司にされる」など動作の結果として現れる実体が来る[39] (波下線は状態)。

(359) そして彼女が後ろむきになって障子を締めたとき、三つ編みにして輪にされた後ろ髪につけられた幅の広いリボンがゆらゆらと揺れた。(楡家)

(360) その間に、東京あたりは三度ぐらいまる焼きにされて、非常なみじめな目に会うだろう。(山本五十六) +

1.4.3 I要求型 「学校に対し、父兄から対策が求められた」

I要求型は、ある有情者に対して、当該行為の実現が求められることを表わす。I要求型の頻度は非常に少なく、ほとんど用例が存在しない。

(361) I要求型

対象	相手動作	動作主	外的行為者による動作実行の要求
動作性 IN-ガ SUB	(AN-ニ COM)	(AN-カラ／ニヨッテ MOD)	要求的態度 V-ラレル

「(学校に)父兄から対策が求められた」

要求的態度動詞：求められる、要求される、義務付けられる、任される、頼まれる、要請される、言いつけられる、許される、許可される、容認される、禁じられる、止められる、禁止される、命じられる、命令され

る、強制される、勧められる、指示される、期待される、断られる、迫られる、せがまれる、嘱託される、委託される、勧告される、etc.

次のような例が見つかった。

(362)　しかし、司祭には告悔の秘蹟を拒絶する権利はどこにもなかった。秘蹟は求められれば自分の感情によってそれを承諾したり拒んだりできるものではなかった[40]。(沈黙.地)＋

(363)　その席で、小川所長は、第二号艦の完成期日の大幅な繰上げが、海軍艦政本部から二回にわたって要求されていることを発表した。(戦艦武蔵.地)＋

(364)　政府筋によれば、カーン博士には国家予算にも計上されない膨大な核開発資金の運用が任されていたが、この中から同博士や知人が個人的資産を築いた疑いがあるという[41]。(毎日2月17日)＋

(365)　闘病の初期には、放射線治療の合間を縫って数日間の帰宅が許された。(毎日3月16日)＋

次の例は、「容れる」という動詞であり、「容認する、受け入れる」という意味だが、要求相手である相手動作主をニ格では標示できない点で、周辺的である[42]。

(366)　たとえば、列強がつくった勢力範囲の解消、各国駐在軍の撤退、租界と租借地の返還、日本二十一ヵ条要求の取り消しなどであった。しかし、中国側の要求はほとんど無視されてしまったのである。／要求が容れられないという情報に接すると、欧州近代思想を学び革新思想をもった北京の学生・知識人は、一九年五月四日、親日派要人の邸宅をおそい、軍隊と衝突した。これが、いわゆる五・四運動である。(二十世紀)

I 要求型の周辺と他のタイプ

I 要求型の頻度が低いのは、有情者に対して個別の動作主から動作の要求がある場合、通常は、動作の要求を受ける相手である有情者が主語に立つ「AN-ガ　AN-ニ／カラ　動作性N-ヲ　要求的態度 V-ラレル」という構造のAA

相手への要求型（AA態度）として述べられることが圧倒的に多いためである。特に、「頼まれる、請われる、せがまれる」などがⅠ要求型の要素となることは、極めて少ないだろう。

(367) 過労自殺については今年3月、最高裁が「電通過労自殺訴訟」判決で、「社員の心身状態を把握し自殺を予防しなければならない」と会社側に高度の安全配慮義務を課す初の判断を示しており、企業側は早急な労務環境の改善を司法から求められたことになる。(毎日5月18日) +

(368) この時、理工学部の学生担当教務副主任の梅津光生教授は、学部事務所から学生の処分を任された。そこで提案したのが「罰掃除」だったのだ。(毎日5月27日) +

(369) 副長から感冒患者発生の原因、対策を要求された先任の軍医中尉が一応の報告書を持っていったところ、それが抽象的総論的であるというので、こんなことは素人でもわかると副長は声を荒らげて立腹した。(楡家.地) +

次の例は、要求相手である相手動作主（「各政党」）が大主語として提示されており、AA相手への要求型（AA態度）に近づいている。

(370) 今回から各政党は比例代表名簿に女性を30％以上入れることが義務付けられる。(毎日3月14日)

また、対象である動作性名詞が主語に立つ場合は、動作主が不特定一般の人々であるとⅠ社会的関心型（Ⅰ社会）になり、この頻度は非常に高い。ただし、Ⅰ社会的関心型の要素になる要求的態度動詞は「求められる、要求される、期待される」などに限られており、タイプとしての生産性は低く、慣用的である[43]。

(371) しかし、温暖化の主原因は化石燃料の膨大な消費によるCO_2排出量の増加にある。容易な目標達成の道を探ることではなく、抜本的な排出削減策の実施こそが先進国に求められている。(毎日5月8日) +

(372) 魚雷攻撃には極度の近迫発射が要求され、訓練中雷撃機が近寄りすぎて目標艦のデッキにじかに魚雷を投げこむようなこともあったという。(山本五十六.地) +

「求める」という動詞は、「探し求めて手に入れる」という意味から「発見」の意味をも持ち、対象の発見場所のニ格と共起することがある。このときは、I存在確認型（I存在）へ移行する。

(373) もっとも、反射論の考え方は、デカルトの二元論に<u>源流</u>が<u>求められる</u>ほど、古くからみられたものです。

(374) この意味で、<u>日々の生活を支配する日本人の価値観</u>とは、生活に密着したレベルでの人間関係に<u>求められた</u>といえよう。（タテ社会の力学）+

要求的態度動詞の中でも、許可・禁止を表わす動詞は、動作主が不特定一般の人々になることでI社会的約束型（I社会）へ移行する。

(375) 富士は「女人禁制」の山。それが60年に一度の庚申縁年だけ<u>入山</u>が<u>許された</u>。（毎日）

(376) 「でも<u>お医者様の解剖</u>は<u>禁じられて</u>はいないのでしょう」（花埋み）

このように、本研究では、動作主が不特定一般の人々である場合、同じ要求的態度動詞でも、願望・要求を表わす動詞グループと許可・禁止を表わす動詞グループは、別のタイプに位置づけている。

1.4.4　I表現型　「水の電気分解は次の式で表わされる」

I表現型は、主語に立つ概念がある手段・方法でもって表されることを表わす。主語に立つ概念を表わすための広義手段は、具体性が高ければ道具的になるし、抽象性が高ければ方法的になる。この、表現手段を表わす名詞句は、デ、ニ、ニヨッテ、ト、トシテなどの形式で標示される。ただし、I表現型は手元のデータのみでは頻度が低いため、暫定的な一般化である。

I表現型は、個別一回的な事態の場合には何らかの有情行為者が想定されるが、特に主語に抽象概念が立つ場合は、具体的な時間に位置づけられない超時的事態を表わすことも多く、この場合には行為者は想定できない。

(377) I表現型

対象	表現手段	表現的出現
IN-ガ SUB	IN-デ／ニヨッテ／トシテ	表現 V-ラレル

「水の電気分解は次の式で表わされる」

表現動詞：表わされる、表現される、言い表される、描かれる、書かれる、映される、描写される、etc.

実際の用例を、表現手段の形式別に見て行こう（波下線は表現手段）。以下に挙げる例（378）-（390）は、いずれの形式も、道具・手段のデ格で表わすことができる。

A）デ格

(378) しかしながら、それらの神々の姿は、偶像の形では表現されることがなかった。（神と仏）＋

(379) 問題は色彩ではなくて墨一色であらわされた表現の内容なのである。（近世の日本）＋

(380) ことばで表現された事象は色紙を切ってつくられたモザイクのようなもので、できるだけ実際の事象に近づけようとすれば、色紙の種類をふやして、こまかいモザイクにしていきます。（記憶）＋

(381) いま電気メッキで銀を析出させるとすると、Ag^+（銀イオン1モル）＋e^-（電子1モル）→ Ag（銀原子1モル）という反応式で表わされる。（化学）

B）ニヨッテ

(382) そういう点では、起源の問題としていえば、神は本来、鏡や珠や石のようなものによって象徴的に表現されるのが本筋だったわけで、神像のイメージもむしろ神の仏教化のあとをしめすものであったとしなければならないであろう。（神と仏）＋

(383) 日本固有の親しみのある民謡音階と中世芸術的な律音階とのたくみな交錯が、やや複雑な旋法を可能にし、それによって豊かな情感が表現されたのであろう。（近世の日本）＋

(384) この事実からして、写生の彼岸について述べてきたのですが、此岸にあるものが彼岸について評論的ないい方で完全に述べることができないのは当然であり、ただ、俳句作品によってのみ、あらわされるもので

しょう。(俳句のたのしさ) +

(385) 「枠」集団としての一族郎党「家」よりも大きい集団としては、中世的な「一族郎党」によって表現される集団がある。この表現によってあらわさる集団構成のあり方は、筆者の提出している枠による集団のあり方をまったくよく反映している。(タテ社会)

(386) こういう語尾をつかうことによって表現される言葉の世界を私たちの日本語は持っているということです。(エッセーの書き方) +

C) ト格

(387) この取りきめによると、宇宙の大きさはほぼ100億光年（10の26乗メートル）、宇宙の現在までの寿命は100億年（10の16乗秒）と表わされる。(時間の不思議) +

(388) 心臓の正常の大きさはこぶし大と表現される。(人体の不思議) +

D) トシテ

(389) そしてここでは時間が金でしか計れぬ以上、補償は金銭として表現されざるを得ないだろう［中略］。(働くということ) +

次のように、「ある形式-ヲトッテ」という形で表現手段が現れる場合もある。

(390) ここで面白いことに、その仏像の影響下につくられた神像の多くが、貴族などの官人の姿や俗体をとって表現されているということだ。(神と仏) +

I 表現型の周辺と他のタイプ

「A-ガ B-トシテ 表現 V-ラレル」という構造では、-トシテという形式で標示された名詞句が表現手段ではなく、動作主によって付与された何らかの価値ないし意義を表わすことがある。この場合、-トシテの名詞句はデ格には置き換えることができない。このとき、この受身構文はI意義づけ型（I態度）ないしI社会的意義づけ型（I社会）に移行している。

(391) 見る対象として描かれている風景には、なぜか、想い出のなかの海辺の光景が多い。(まなざしの人間関係) +

(392) そして、民衆レベルでのシンボルとして表現されているかぎり、それらは華麗であり、芸術品であり、歴史的意義をになうものである。(近世の日本) +

(393) この頭の上に腹をのせた土偶が、神格化されたものとして表現されたとすれば、そこには宗教が成立していたことになる。(日本の神々) +

(394) 「平家物語」で理想的な紳士として描かれている平重盛などという人は、さかんにそういう口のきき方をしている。(日本人の言語表現) +

ト格の場合は、主語と述語のある節の形をとっているものもある。これは、デ格で述べることができないので、手段というより引用句である。このとき、受身構文はⅠ社会的言語活動型(Ⅰ社会)に移行している。

(395) 『捜神記』(四世紀)のなかの蛇も、「目は直径二尺の鏡の如し」と描写され、これらを考え合わせると、猿田彦は蛇であることを神話は暗示している[44]。(日本人の死生観) +

(396) また、これらの物質は遺伝情報を「記憶」していると表現されることが多いので、記憶物質とイメージが重なるところもあるのでしょう。(記憶) +

「示される、暗示される」などの表示動詞がⅠ表現型の構造に入ると、Ⅰ表示型(Ⅰ変化)のⅠ表示型からⅠ表現型へ移行する。

(397) 路線図では銀座線はいつも黄色いラインで示されている。(世界の終わり.地) +

(398) ただし、彼は科学的であることに徹していましたから、「ソ連はパブロフを受け入れたが、パブロフはソ連を受け入れなかった」ということばで示されるように、彼の政治思想に対する関心は弱かったようです。(記憶)

(399) ところで、エチルアルコールがC2H5OHと示されるように、有機化合物の中の-OHは、アルコールの性質を持つ。(化学) +

(400) 国王の全権力は、司法と統治とで示されていた。(憲法をよむ) +

(401) これは神話作者によってたびたび用いられる起源譚の手法ではあるが、

ここに注意されるのは、山の蛇神の手中に、岩によって象徴される永遠の生命と、花によって暗示される短い生命と、この二種類の生命が掌握されているということである。(日本人の死生観) +

逆に、「N-ニ IN-ガ 表示 V-ラレル」という構造に表現動詞が入ると、I表示型（I変化）のI表示型へ移行する。

(402) ギリシア神話に登場する神々が、古くから彫刻や絵画に表現されたことはひろく知られている。(神と仏) +

(403) これは、雑誌のヌードグラビアや、アニメのような平面、つまり二次元に描かれた異性を相手にしてしか性衝動がおこらないというものです。(全能型勉強法のすすめ) +

(404) この点は、条例制定がいわゆる権力事務にも及ぶことになった変革にも表現されることになる。(憲法を読む) +

さらに、I表示型は具体物が主語に立って述語がラレテイル形になるとI存在様態受身型（I存在）へ移行する。これは、表現動詞が要素となった場合も同様である。

(405) 「オール7」の回路が点滅しはじめる穴は数字盤のすぐ下につくられているが、これは地が黒でその上に黄色と赤と青の三色が放射線上にデザインされているし、チューリップの部分にはこれまた数色の色をつかった不定形な図形がえがかれていたりもする。(パチンコと日本人) +

また、I表示型において、抽象名詞が主語に立って述語がラレテイル形になれば、I抽象的存在型（I存在）へ移行する。

(406) こう書いてみると、いたってこむずかしいことになりましたが、私自身ハッキリとはいえないほどの深いものが、秀句のなかに表現されており、それはみな写生という方法だけではとらえられない深みを、おのずから読む者に感じさせます。(俳句のたのしさ) +

(407) でるくいは打たれるということわざがあるが、価値の多様性を許さない姿勢がよくそのことばに表わされている。(たべもの) +

2　I存在型（I存在）

　I存在型とは、あるところに主語に立つモノやコトがあることを表わす受身構文で、対象の存在場所や所有者を表わすニ格名詞句をとるという構造的特徴を持つ。I事態実現型が典型的な動詞文であるとすると、I存在型は存在文的である。I存在型の受身構文タイプは、すべて、「場所／人−ニ　モノ−ガ　アル／ナイ」という存在文で表わし得る受身構文である。

　I存在型は、I存在様態受身型、I抽象的存在型、I抽象的所有型、I存在確認型の４つのサブタイプに分けられる。それぞれ、次のような受身構文である。

　I存在様態受身型　　　「窓際に花が活けられていた」
　I抽象的存在型　　　　「この研究では動詞の分類に比重が置かれている」
　I抽象的所有型　　　　「彼女には多くのチャンスが与えられている」
　I存在確認型　　　　　「多くの国に共通の現象が見られる」

　このうち、I存在様態受身型、I抽象的存在型、I抽象的所有型は、対象の存在場所であるニ格名詞句をとり、かつ動詞が状態性動詞であるラレテイル形になることで「存在」の意味を帯びている。これに対し、I存在確認型は、対象の存在場所であるニ格名詞句をとり、動詞が発見的認識を表わす動詞で、かつ動作主が不特定一般の人々であることで「存在」の意味を帯びている。

　I存在型は、構文タイプのレベルで言えば、第３レベルの構文タイプである。すなわち、その構造的な特徴に、テンス・アスペクトや主題性といった、より文の構造的特徴に近い要素を含んでいる。I存在型には、第２レベルの構文タイプであるI事態実現型に、それぞれ対応するタイプがある。すなわち、I存在様態受身型、I抽象的存在型、I抽象的所有型では、動詞がラレル形になるとI事態実現型の各タイプへ移行する。また、I存在確認型では、対象の存在場所ではなく動作の行われる場所がデ格で標示されると、I事態実現型の各タイプへ移行する。以上の対応関係を表にすると以下のようになる。

表3:I 事態実現型と存在型の対応関係

I 事態実現型	I 存在型
I 位置変化型／I 結果型／I 表示型のモノ対象	I 存在様態受身型
I 位置変化型／I 結果型／I 表示型のコト対象	I 抽象的存在型
I 所有変化型の譲渡型のコト対象	I 抽象的所有型
I 発見型（I 認識）／I 知覚型（I 認識）	I 存在確認型

　このうち、I 抽象的所有型については、生産性も頻度も低く、I タイプとして立てられるかどうか検討の余地がある。また、I 存在様態受身型についても、アクチュアルなアスペクトを表わすラレテイル文の中で、このタイプだけを受身構文タイプとして立てる積極的な理由がなければならないが、現段階ではそれほど説得力のある理由は用意できていない。

　個別具体的な、アクチュアルなアスペクトには、「存在様態」のほかに、「結果状態」と「動作進行」がある[45]。しかし、本研究では、ラレテイル形のアクチュアルなアスペクト用法については、「存在様態」のみを受身構文タイプとして立てている。そして、「結果状態」と「動作進行[46]」に関しては、単なるアスペクトの違いとして、受身構文タイプとしては取り上げていない。なぜ I 存在様態受身型だけを受身構文タイプとして立てるのかについて、強いて言えば、I 存在様態受身型は頻度が高いということ、また、他の存在系の受身構文を説明するためにも、I 存在様態受身型をタイプとして立てる方が、都合がいいことが挙げられる。

　また、I 抽象的存在型のアスペクチュアルな意味が何であるか、という問題もそれほど簡単ではない。用例を見る限りでは、一回的な事態、反復的な事態、超時的な事態とさまざまであるが、一回的な事態であっても抽象的な事態なので、これを「アクチュアル（個別具体的）」と言えるのか、疑問である。いわば、「抽象的存在様態」とでもいうべきアスペクト用法である。

　I 存在確認型は、発見的認識を表わす動詞が要素となる受身構文で、「見られる」が主要な動詞である。ニ格で示される場所に、今まで存在が確認されていなかった実体ないし属性が見つかるということだが、動作主が一般人称で述

べられることで、「一般的に見つかる＝存在」という意味を結果的に表わしている。テンス・アスペクト的には、特に「見られる」という動詞の場合は、ラレテイル形が用いられることはほとんどなく、通常ラレル形でかつ現在形で用いられることが圧倒的に多い。しかし、「識別される、確認される」など、他の動詞では、ラレテイル形で述べることも可能であり、アスペクトは反復を表わすと考えていいだろう。また、Ⅰ存在確認型は、認識動詞である知覚動詞が要素となる非情主語受身構文であるので、視点の位置（文脈の構造）によっては、可能用法と意味の曖昧性が生じるタイプである。

ところで、「存在系の受身構文」には、上に挙げた4つのタイプ以外に、AI状態型のAI陥る型、Ⅱ関係型のⅡ内在的関係型がある。AI陥る型の場合は、ラレテイル形でのみ、存在を表わす。

(408) 私たちは悲惨な状況に置かれている。〈AI陥る型〉

Ⅱ内在的関係型は、「AにBが含まれる」という内在の関係を表わす受身構文である。これもある種存在文的であるが、行為者が非情物であり、かつ現実界の作用関係ではなく論理の表現であるという共通性を考慮し、Ⅱ関係型のⅡ論理的関係型（Ⅱ内在的関係型）に位置づけた。

(409) イチゴにはビタミンCが豊富に含まれる。〈Ⅱ内在的関係型〉

以下、Ⅰ存在型に位置づけた4つのサブタイプについて、その構造的特徴と相互移行関係を考察していく。

2.1 Ⅰ存在様態受身型 「窓際に花が活けられていた」

Ⅰ存在様態受身型は、何らかの外的行為者の働きかけの残存として、ある場所にあるモノがあるあり方で存在していることを表わす。典型的には参照時において知覚される状況を描写する受身構文である。述語はラレテイル形ないしラレテアル形で、主に位置変化動詞、作成動詞、表現・表示動詞が要素となる。

(410) Ⅰ存在様態受身型

存在場所	対象	ある様態で存在する
場所 N-ニ COM	具体 IN-ガ SUB	位置変化／作成／表現 V-ラレテイル／ラレテアル

「たくさんの花が庭に植えられている」

　Ⅰ存在様態受身型は、ニ格の存在場所を補語とする〈存在様態文〉のサブタイプと考えられる。〈存在様態文〉とは、野村（2003）から借用した概念で、対象が「「どのようにあるか」までを表わす存在文である」（野村2003:3）。野村は典型的な〈存在様態文〉の構文的特徴として、①アル・イルに置き換えて文意が通ずること、②ニ格で場所が表わされること、③動作・作用が現に行われた結果と言いにくいこと、などを挙げている（同:4）。野村は、主にシテイル形式の体系の一概念として「存在様態」を述べているが〈存在様態文〉には、無意志自動詞（自然動詞）のテイル形（a）以外に、広義位置変化他動詞[47]のテアル形（b）、もしくは広義位置変化他動詞のラレテイル形（c）、ラレテアル形（d）という、全部で4つのサブタイプが認められる。

(411) a．壁に絵がかかっている。
　　　b．壁に絵がかけてある。
　　　c．壁に絵がかけられている。
　　　d．壁に絵がかけられてある。

(412) a．庭にたくさんの木が植わっている。
　　　b．庭にたくさんの木が植えてある。
　　　c．庭にたくさんの木が植えられている。
　　　d．庭にたくさんの木が植えられてある。

〈存在様態文〉のサブタイプであるⅠ存在様態受身型は、上のc、dの例文に相当する。〈存在様態文〉は、対象の参照時点での状態と以前の状態との差には関心がなく、先行する変化への意識が薄いのが特徴である。この点が、「（赤ん坊の服を見て）あ、ここも汚れている」というような、結果状態を表わす文のアスペクトとの違いである。しかしながら、受身構文の1タイプであるⅠ存在様態受身型では、変化前と変化後の状態の差に意識はないものの、主語に立つ対象がその場所に存在している仕方に関わった外的行為者の存在は含意される。

　なお、Ⅰ存在様態受身型は、Ⅱ現象受身型同様、古代日本語にも存在した非

情主語受身構文のタイプで、金水（1991）で「叙景文」と呼ばれた受身構文の一部を構成する。

実際の例を見ていこう。まず、もっとも用例の多い設置や付着などを表わす位置変化動詞による例の、典型的な眼前描写の例から挙げる（波下線は存在場所）。知覚場面の描写であるⅠ存在様態受身型は、特に小説の地の文に例が多い。

(413) 今送り出されてきた妹背家の奥座敷にずらりと四十客分並べられていた、二の膳つきの本膳四つ椀に盛られた品々とは較べものにもならなかった。（華岡青洲．地）

(414) 店へはいると、四十がらみの男が、灯を入れたはちけんを天床へ吊りあげているところだった。三間に五間くらいの土間に、飯台が二た側、おのおの左右に作り付けの腰掛が据えられ、蒲で編んだ円座が二尺ほどの間隔をとって置いてある。（さぶ．地）

(415) いったい結び目を彼はどこにかくしたのだろう。ぼくはテーブルにおかれたコーヒーをゆっくりかきまぜながらつぶやいた。（裸の王様．地）

(416) それは入念に探された。しかし、どのポケットにも遺書らしいものはかくされていなかった。（点と線．地）

次の例も位置変化動詞による例であるが、知覚場面の描写ではない。

(417) 緑の中に埋もれるように配された〈夢舞台〉は、ホテル、展望テラス、百段苑、温室、野外劇場、国際会議場といったさまざまな施設群から成りますが、［後略］（毎日）

(418) 昭和10年ごろ、昆虫採集用の毒ツボを持って薬屋に行き、10銭出せば青酸カリを一かたまり買えた。［中略］いまは学校の実験室でも、鍵つきの戸棚に厳重に保管されている。（化学）

(419) ［前略］オランダ国内の四つの宮殿に所蔵されているコレクション、什器（じゅうき）の中から絵画、工芸品、宝飾品、調度品や日本から贈られた美術工芸品が日蘭の専門家による数度の調査でよりすぐられた[48]。（毎日）

次は、作成動詞による例である。

(420) 田圃から視線を移すと、土蔵の鉄の棒のはまっている窓から、土蔵の内部が見えた。どこかに明り窓でも造られてあるのか、土蔵の内部は明るく、ミシンが一台置かれてあるのが見えた。(あすなろ.地)

(421) ——その北に面したほうに舟着きと門があり、門の左右に収容者たちの長屋が建っている。長屋は東側にもあり、そこには湯舎も設けられていた。(さぶ.地)

最後に、「書かれる、記される」などの「書記」を表わす動詞及び、「描かれる、示される」などの、表現・表示を表わす動詞の例を挙げる。

(422) その下には白墨で日附が書きこまれており、それぞれの曜日の診察を担当する医師の名、または宿直医の名が記されていた。(楡家.地)

(423) ハンサム軒。／と、入口のガラス戸に金文字で書かれてある[49]。(植物群.地)

(424) 鮎太は受取って初夏の夕明りの中で封筒を確かめた。封筒の隅にはコスモスの絵が描かれてあった。(あすなろ.地)

(425) 要するに、盤面の中央にネオンで表示されている数字が完全に7でそろってしまったのだ。(パチンコと日本人) +

(426) 銅鐸に高床倉庫が表現されているのも、そのような意味があったはずである。(日本の神々) +

次の受身構文は、「二酸化マンガンは、酸化剤として乾電池の中に封入されている」というⅠ存在様態受身型と考えていいだろう。

(427) 乾電池の中の二酸化マンガンも、酸化剤として封入されているのである。(化学)

次のように、特定の有情者が主語に立つ場合もあるが、位置変化動詞を用いた受身構文では、モノ的な扱いとして解釈されがちである[50]。次の「葬られる」は有情者のみを主語にとる位置変化動詞であるが、これもⅠ存在様態受身型と考えていいだろう。

(428) 結婚を機にプロテスタントからカトリックに改宗したと言われているフェルメールが、旧教会に葬られているのもうなずける。(毎日)

250　第4章　非情主語一項受身構文

「残される」という動詞が要素になるラレテイル文は、多くの場合動作主の意志性がまったく想定されず、まだ外的行為者の存在は含意されるものの、ほとんど存在文である[51]。

(429)　貝塚は一種のゴミ捨て場であるが、ここには、すぐに手にいれやすい貝や魚の骨などが主として残されている。(たべもの)

(430)　橋脚だけのこされたコンクリート橋のしたでぼくと太郎は腰をおろした。橋は戦争中に爆撃されてからとりこわされ、すこしはなれたところに鉄筋のものが新設された。(裸の王様.地)

また、通常の位置変化動詞であっても、次のように外的行為者を想定できない受身構文もある。このように、外的行為者の意志性が含意されない受身構文は、同じ〈存在様態文〉であるシテアル文では述べることができない[52]。こうした受身構文は、「ある」に代表される存在表現のバリエーションとして、文学表現を豊かにしているのだろう。

(431)　実物は返した後で写真だけだったけれど、長野県の王滝営林署で伐採した木曽ヒノキ。75センチの中になんと1030年分の年輪が実に細かく刻まれていた。(毎日)

(432)　加恵は朱が古びて冴えた色をしている塗盃の中に、盛上るように湛えられている濃い酒を見詰めて、ここから新しい生き方が始まることを思った。(華岡青洲.地)

(433)　放課後の運動場へ雪枝が入って行くのが見えた。何十という紺の制服がいっぱいにばら撒かれている中で、雪枝の和服だけが異様に目立っていた。(あすなろ.地)

(434)　港は暗く、桟橋と貨物船の燈火が、黒と灰色の底で光っていた。反対側の市街地には、燈火の黄色い点が敷き詰められている。(植物群.地)

I 存在様態受身型の周辺と他のタイプ

「残される」による受身構文でも、次の受身構文は、ニ格補語に存在場所ではなく有情者をとる。これは、I抽象的所有型（I存在）である。

(435) 第二に、蔣介石の権威主義的な一党支配は、反対グループが立憲的手段で自己を主張することを不可能にし、民主政治の芽をつぶした。だから、革命こそが唯一の［彼らに］残された手段なのであった。(二十世紀)

表示動詞による受身構文は、「ガラスに横顔が映し出された」という受身構文が「ガラスが横顔を映し出した」という能動文に対応していると考えられる。これは、Ⅰ表示型（Ⅰ変化）の構造であるが、この構造がラレテイル形になった次の受身構文も、やはりⅠ存在様態受身型と見なせる。

(436) 彼が井村の視線を辿ると、飾り戸棚のガラスが鏡の役目をして、恭子の横顔が映し出されていた。(植物群.地)

表現動詞が主語と述語を持つト節と共起した場合、これはⅠ発話型（Ⅰ認識）を表わすが、この受身構文が「IN-ニ 節-ト 表現V-ラレテイル／ラレテアル」という構造になれば、これもやはりⅠ存在様態受身型である。次の例がそうである。

(437) しかし楡病院の入院案内書には、このラジウム風呂のことが特に一項目をもうけられて、ものものしい美文で説明されていたのである。(楡家.地)

(438) この人口が農村より移動してきたものであることは、西鶴の『日本永代蔵』に、「これ皆、大和・河内・津の国、和泉近在の物つくりせし人の子供」とか、「大方は吉蔵・三助がなりあがり」などと表現されているので明らかである。(近世の日本) +

2.2 Ⅰ抽象的存在型　「動詞の分類に比重が置かれている」

Ⅰ抽象的存在型は、Ⅰ位置変化型（Ⅰ変化）の〈コトの位置変化〉のタイプにおいて、述語がラレテイル形になった受身構文である。抽象的概念ないし現象が別の概念やコトに存在していることを表現する文である。主語には抽象名詞ないし現象名詞が立ち、ニ格の名詞にも、基本的には抽象名詞が立つ。動詞は位置変化動詞が多いが、Ⅰ存在様態受身型（Ⅰ存在）同様、作成動詞や表示動詞の一部もこのタイプの要素となる。また、「誰かが当該の事態を引き起こした」

という含意はまったくなく、行為者を想定することはできない。つまり、対応する能動文が存在しない。

I抽象的存在型は、上のI存在様態受身型から派生したタイプと考えられる。

(439)　I抽象的存在型

存在場所	対象	抽象的に存在する
IN－ニCOM	抽象／現象N-ガSUB	位置変化／作成／表現V-ラレテイル

「動詞の分類に比重が置かれている」「彼女の額には深い皺が刻まれていた」
まず、抽象名詞が主語に立つ例から見てみよう（波下線は存在場所）。

(440)　すなわち、日本人の集団意識は非常に場におかれており、インドでは反対に資格（最も象徴的にあらわれているのはカースト――基本的に職業・身分による社会集団――である）におかれている。(タテ社会)

(441)　したがって切り方にあまり大きな比重は置かれていない。(たべもの)

(442)　このように日本の社会には、かなり徹底した平等主義が、たしかに貫かれている。(ゆとり)

(443)　「その序章の部分に、自分にとって何かの意味が隠されているに違いない」(植物群)

(444)　その京子の隠された生活を、ある機会に明子は知ってしまった。昼間の短い時間に、京子の秘密が畳み込まれていたのである。(植物群.地)

(445)　於継が加恵を見込んだという理由の中に加恵の健康があげられていたように、丈夫で病知らずだった加恵が俄かに痩せやつれていく様子は、親たちを狼狽させずにはおかなかった。(華岡青洲.地)

(446)　華岡家の人となったからには、家の由緒もよく知っておかねばならないという意識よりも、直道の話に手繰られて医家の歴史の中には並々ならぬ人間の執念が積み重ねられているのを知ったからである。(華岡青洲.地)

(447)　[前略]――以上のような大盗賊から、ほったらかしにしておいても、どうということのない賽銭泥棒まで、すべての犯罪人の名前が、彼女の灰色の脳細胞のなかに叩きこまれていた[53]。(ブンとフン.地)

(448) シーガイアを経営する第三セクター・フェニックスリゾートの佐藤棟良社長と、全国で真っ先に2000年サミット誘致に名乗りを上げた宮崎県の松形祐堯知事は30年来の"盟友"だ。国際会議場の命名には、サミットを「宮崎観光浮揚の切り札に」と期待する2人の思いが込められている。(毎日)

(449) ［前略］また、家族成員の集団参加が、日本人の「家」にみられるような全面的参加ではなく、居住（または財産共有体としての）家族というものは、「家」のように閉ざされた世界ではなく、個人は家の外につながる社会的ネットワーク（血縁につながるという同資格者の間につくられている）によっても強く結ばれているのである。(タテ社会)

次は、現象名詞が主語に立つ例である。

(450) 彼女の顔には、深いしわが刻まれていた。

(451) それというのも妻の心の奥には、彼女が妹背家に嫁して以来今日までの労苦を省みる嘆息が込められているからである。(華岡青洲.地)

現象名詞が主語に立つ受身構文は、現実界で知覚できることなので、抽象名詞が主語に立つものよりも、具体的な存在を表わすⅠ存在様態受身型に近づくだろう。

作成動詞による例はあまり見あたらなかったが、次のような受身構文が考えられる。

(452) そこで、つねに新鮮な食品材料を求めることが安全への道であった。ここに、日本人の性格が浮き彫りにされているように思う。(たべもの)

(453) 若い世代には新しい文化が形成されている。

頻度が低いので、確定的な一般化はできないが、「IN-ニ 抽象IN-ガ 作成V-ラレテイル」という受身構文は、存在というよりも習慣的な社会活動を表わしやすいのではないかと考えられる。

I抽象的存在型の周辺と他のタイプ

抽象名詞が主語に立つⅠ表示型（Ⅰ変化）の受身構文がラレテイル形になると、

Ⅰ抽象的存在型へ移行する。このタイプは、「あらわれている」に言い換えられる受身構文だが、上にあげてきた位置変化動詞によるⅠ抽象的存在型に比べ、単に「ある」に置き換えられない例もある。だが、暫定的にⅠ抽象的存在型の周辺に位置づけることにした。

(454) でるくいは打たれるということわざがあるが、価値の多様性を許さない姿勢がよくそのことばに表わされている。(たべもの) +

(455) だが問題は、この併合が一方的に琉球藩と命名し、軍隊を派遣し、清朝との外交断絶を強要し、国王が諸外国に助けを求めると、軍隊でおどして東京へ呼びつけ、ついに明治十二年（一八七九）には藩を廃して沖縄県の設置にまでもちこんだことにあらわされている。(近代の潮流) +

(456) 氏の人生は波乱と曲折に富んでいるが、それだけにその立身出世の物語には、大衆の心をひきつける人情のドラマが映し出されていた。(神と仏) +

(457) 経済が複興し、会社がようやく形を整備し終えた頃に入社したぼくの眼に、工場長や部長と職場の班長クラスの板金作業者との地位の隔りはあまりに大きなものとして映し出されていた。(働くということ) +

(458) それがオオクニヌシノ神のまつりと変わったところにも、出雲大社の祭祀がいくつもの信仰を重層したものであることが示されている。(日本の神々) +

次の例は、知覚で捉えられる事態を表わすことから、Ⅰ存在様態受身型の周辺に位置づけたが、現象名詞が主語に立つⅠ抽象的存在型に近づいている。ここでは、動作主は「木曽ヒノキ」であろうが、「木曽ヒノキ」が何らかの意図性を持って「刻む」という行為を行ったという意味はまったく読み取れないことも、行為者を想定できないⅠ抽象的存在型に近い要因である。

(459) 実物は返した後で写真だけだったけれど、長野県の王滝営林署で伐採した木曽ヒノキ。75センチの史になんと1030年分の年輪が実に細かく刻まれていた。(毎日)

2.3 I抽象的所有型　「彼女には多くのチャンスが与えられている」

I抽象的所有型とは、ニ格補語の有情者が何らかの権利や属性、機会を持っているという意味を表わす。このタイプも、I抽象的存在型同様、対応する能動文を想定することができない。一方で、I抽象的所有型は頻度も生産性も非常に低いので、1タイプとして立てられるのかどうか、検討の余地がある。

(460)　I抽象的所有型

所有者	対象	所有している
AN-ニ COM	抽象 IN-ガ SUB	譲渡 V-ラレテイル

「彼女には多くのチャンスが与えられている」

I抽象的所有型に用いられる動詞は「与えられている」のような譲渡動詞や「用意されている」のような意志的態度動詞に近い動詞、「残されている」のような位置変化動詞である。また、動作主は基本的に想定不可能で、テンス・アスペクト的には反復・習慣を表わしている（波下線は所有者）。

(461)　さらに、一度や二度のミスでは間引きせず、「敗者復活」のチャンスが与えられている点は、長い目でみて人間を評価する姿勢であり、あるいはそれは"日本的"なやさしさなのかもしれない。（ゆとり）

(462)　つまり、いま問題としている差は、与えられた条件のちがいに起因するにちがいない。（ゆとり）

(463)　[女子体操選手の紹介] その間、学校の授業には出席できないが、近くの公立校とAISが提携しているため支障はない。一般の生徒より1、2年卒業は遅れるが、望む教育は受けられるプログラムが［彼女には］用意されている。（毎日）

(464)　彼らに開かれた選択肢は、（1）広大な屋敷に住むことを、いさぎよくあきらめるか、あるいはそれとも、（2）Do it yourselfに忙殺されてでも、未練がましく広大な屋敷に住みつづけるか、どちらかしかない。（ゆとり）

(465)　私たちに残された時間は限られている。

上の例では所有者である有情者が想定できるので「所有」と呼べそうだが、次の例では所有というより存在の意味しか読み取れない。所有者をより具体的に想定しているか否かが意味の違いに関係しているようだ。

(466) しかも当時、インドでは回教徒とヒンズー教徒との提携の道が開かれていた。(二十世紀)

(467) その携帯サイトには、ユーザーが利用可能なあらゆる機能が用意されている。

次の例は「許される」という要求的態度動詞だが、これも動作主がほとんど想定不可能であり、意味的にⅠ抽象的所有型に近づいている。

(468) チャンピオン・ベルトを持っているのは相手であり、そのフォアマンへの挑戦が、アリに許されたほとんど唯一の、そして最後のチャンスだったからである。(一瞬の夏.地) +

Ⅰ抽象的所有型の周辺と他のタイプ

Ⅰ抽象的所有型は、主に譲渡動詞で構成されることから、Ⅰ所有変化型(Ⅰ変化)の動作主及びテンス・アスペクトが一般化することで抽象化したタイプと考えられる。次の例は個別の動作主の個別具体的な事態なのでⅠ所有変化型である。

(469) 一九年三月のローラット法では、煽動者とおぼしき者を裁判なしで拘留する権限が総督政府に与えられ、また、陪審なくして審問する権限が裁判官に与えられた。(二十世紀)

(470) 加恵には厳格な武家の躾が与えられていたのだが、深窓の育ちは却って躰の奥に稚さを押しこめてしまっていたのであろうか。(華岡青洲.地)

2.4 Ⅰ存在確認型 「彼の性格に攻撃性が発見された」

Ⅰ存在確認型では、あるところにあるモノないしコトが存在することが、何らかの動作主が認識することとして表わされる。奥田(1968-72)の〈発見のむすびつき〉を表わす連語のうちの、「対象の存在場所-ニ 対象-ヲ 発見動詞」

という「発見の構造」をとる連語を要素としている。Ⅰ存在確認型は、対象が主語に立ち、動詞がラレル形になり、「N-ニ 対象-ガ 発見 V-ラレル」という構造になることで、存在文に近づいている。ただし、単に「アル」を用いた存在文と異なり、「Nにおける対象の存在」が動作主（経験者）の認識で確かめられることが表わされる。

奥田（1968-72）によれば、通常の知覚動詞が基本的に具体名詞を対象とするのに対し、「発見」を表わす動詞（発見動詞）は具体名詞とも抽象名詞とも自由に組み合わさると言う（pp.105-6）。そして、知覚動詞も、「発見の構造」にはいることで、抽象名詞とも自由に組み合わさるようになる。よって、「発見の構造」の連語を要素とするⅠ存在確認型の主語には、具体名詞から抽象名詞まで、あらゆる名詞が立つ。しかし、実際のデータでは、抽象名詞が主語に立つものが非常に多かった。以下、主語に立つ名詞の具体、抽象の順にデータを見ていく。

2.4.1 具体的存在　「雲の間に黒い物体が発見された」

Ⅰ存在確認型の具体的存在を表わすタイプは、ある具体的な場所に具体物ないし知覚できる現象が存在することが、動作主の認識で確認されることを表わす。具体的存在を表わすタイプは、発見ないし知覚を表わす動詞で構成され、対象の存在場所を表わすニ格名詞句と共起する。

(471)　Ⅰ存在確認型（具体的存在）

存在場所	対象	外的行為者による存在確認
場所 N-ニ COM	具体／現象 IN-ガ SUB	発見 V-ラレル

「雲の間に黒い物体が発見された」

発見動詞を要素とするⅠ存在確認型の頻度はそれほど高くない。具体物が主語に立つ「発見の構造」を持つ例は数例しかない（(472)）（波下線は対象の存在場所）。

(472)　古く縄文時代には各地に土偶が発見され、古墳時代には埴輪が大量に制作された。（神と仏）＋

(473) 影村一夫の一重まぶたの細い眼はいつも光を放っていた。容易に妥協を許さない鋭い眼なざしだった。その視線が当ったところには、きっとなにかが発見され、その発見に理由づけられ、そして結末をつけようとする眼であった。(孤高の人.地) +

発見動詞によるⅠ存在確認型の頻度は非常に低いが、知覚動詞によるⅠ存在確認型の頻度は低くはない。この場合、知覚動詞による受身構文は、Ⅰ知覚型（Ⅰ認識）からⅠ存在確認型へ移行していると言える。具体名詞ないし現象名詞が主語に立った例には次のようなものがある。

(474) さらにもう数歩を退いて眺めれば、屋根にはもっとおどろくべき偉観が見られた。あまり厳密な均衡もなく、七つの塔が仰々しく威圧するように聳えたっていたのである。(楡家.地)

(475) 1996年、ハーグで開かれた「大フェルメール」展以来、「フェルメールの町」を訪れる観光客も増え、町のあちこちにフェルメールに関連した場所を紹介する表示が見られるようになった。(毎日)

(476) 栄二の着物から湯気がたちはじめ、軀にあたたかみが感じられると、全身の筋肉や骨のふしぶしが、熱をもったように痛みだした。(さぶ.地)

(477) 書斎の厚い扉が閉じられると、広い邸内にはなんの物音も感じられなかった。(裸の王様.地)

(478) ［前略］ふたたび彼は、濃い朱色の雲が上空に拡がっている絵に、眼を移した。幾つもの塊に分れているそれらの雲々の中に、かすかに黒い線が認められることに、はじめて気付いた。眼を近寄せて、凝視する。(植物群.地) +

このような知覚動詞の例は、Ⅰ知覚型（Ⅰ認識）同様、やはり可能用法との境界が曖昧になる。こうした個別一回的な事態は、動作主が話し手もしくは話し手の視点のある人物である上、ラレル形が現在を表わしているため、可能ないし自発と解釈するべきかもしれない。

次の例は対象の存在場所がデ格で現れているが、これは存在の実際性を強調するためと考えられる。こうした例が具体的な「発見」や「知覚」ではなく、

存在を確認するタイプだと言えるのは、動作主が特定の個人ではなく、不特定一般の人として述べられているためである。

(479) ヨーロッパの家庭では、冬中、このような深鍋に肉と汁を入れ、ストーブの上にのせてやわらかく煮ているという風景がよくみられるようである。(たべもの)

(480) 太古に分離した豪大陸に生息する動植物は、ほかでは見られない独特なものばかりだ。(毎日)

しかし、次の例ように、特に発見動詞の受身構文が個別の有情者の個別具体的な事態として述べられると、認識としての「発見」の意味が強調される。こうした受身構文は、Ⅰ発見型（Ⅰ認識）である。

(481) (筑波山中で新たに発見されたガマ蛙につけられた学名）(ブンとフン.地)

(482) しかし、そのお時は、同伴の男といっしょに、思いもかけぬ場所で、死体となって発見されたのである。(点と線.地)

2.4.2 抽象的存在 「多くの国に共通の現象が見られる」

Ⅰ存在確認型の抽象的存在は、ある実体Ａないし属性Ａに何らかの実体Ｂないし属性Ｂが存在することが、知的な領域で確認されることを表わす。

(483) Ⅰ存在確認型（抽象的存在）

存在場所	対象	存在の一般的確認
IN－ニCOM	IN－ガSUB	知覚／発見 V－ラレル

「多くの国に共通の現象が見られる」【話し手含一般の人々行為者】

このタイプの述語は「見られる」に代表されるが、この「見られる」はアスペクトの対立を持たず、もっぱら「見られる」の形で用いられる。テンス対立は持つものの、実際にはラレタ形（過去）の用例は３例のみであった。また、認識動詞であるため、動作主が話し手（の視点のある人物）のみであると捉えれば可能の意味を帯び、話し手を含めた一般の人であると捉えれば受身用法になる。

(484) どの画用紙も余白が多く、描かれた線には対象への傾倒がまったく感じられなかった。(裸の王様.地)

(485) 鑑別所には、三年前の行助の鑑別書が保存されていた。今度も新たに綿密な鑑別がおこなわれたが、結果は前回と大差がなかった。殊に、性格に爆発性がまったく認められない点は前回と同じであった。(冬の旅.地) +

まず、ニ格名詞句が場所名詞であるものの例を挙げよう（波下線は存在場所）。存在場所が場所名詞である場合は、デ格で現れることもある。

(486) これも、日本人の新しがりとか、時流主義が学問の世界にも見られたということでしょうが、[後略] (記憶)

(487) このような論理を、いま「修正だめ派」と名づけよう。『修正だめ派』的な主張は、随所にみられる。(ゆとり)

(488) 西欧では極右・極左による暴力的政権掌握は見られなかったが、経済苦境や失業や内閣の不安定から、伝統的な議会民主制の権威は失われようとしていた。(二十世紀)

次は、対象の存在場所が場所名詞ではない例である。

(489) ぼくは彼女に一瞬ひどく肉にあふれたものを感じさせられた。ぼくは彼女の眼のなかをのぞきたい欲望を感じた。きっとそこには短切な夜の輝きが発見されるはずであった。(裸の王様.地)

(490) 一見わかり切ったことのようだが、少し突っ込んで考えてみると、必ずしも単純ではない。いくつかのパラドックスが発見されるのである。(ゆとり)

(491) しかし、脳が障害を起こすと、知的機能も障害を起こすことがありますが、感情や人間関係が障害を起こすこともありますし、運動機能が障害を受けたり、感覚が異常になったり、皮膚も含めて内臓が病気になったりすることもあります。つまり、全身のすべての機能、すべての行動に、障害がみられます。(記憶)

(492) 無重力の宇宙ですごした宇宙飛行士に、骨の退化が見られるという

ことも聞いたが、その構成成分の交替をうかがわせる事実である。(化学)

(493) そして興味あることは、この方向は、最も先端をゆく大企業ほど、また、近代的とか先進的とかいわれる経営にきわめて顕著にみられることである。(タテ社会)

対象の存在場所が人である場合は、存在というより所有を表わすが、このとき所有者である人名詞句は、ニ格ではなく主題のハで提示されることがある。

(494) 「辻谷黎子さんは、自分の気持ちを抑え込む傾向が見られます。いじめられた経験、母親の自殺も、心の奥底に封印してきたんでしょう」(砂の上の恋人たち)

時を表わす語や「よく、普通」などの頻度を表わす副詞は、その時間的な幅(期間)における対象の存在を一般的に示している場合がある。このときは、ニ格の存在場所は省略される(点下線は時や頻度の副詞)。

(495) 昔はこのビタミンB1が極度に足りない人がいて、脚気などという病気があった。今はそれほどひどいのはみられない。(たべもの)

(496) 五月四日に始まる抗議運動は、中国史上かつて見られないほど激烈で広範な民族主義感情の表明であった。(二十世紀)

(497) ごくふつうに見られる銅合金はシンチュウ(黄銅)であるが、同じシンチュウ製の金ボタンでも、メーカーがちがうと色がわずかながら異なる。(化学)

I存在確認型に現れる動詞は、ほとんど「見られる」であるが、「見られる」以外には次のような動詞の例があった。

(498) アラブ反抗運動の過程には、ある共通したパターンが識別される。(二十世紀)

(499) だがしかし、現代史の時期区分は、以上のような大ざっぱな二分化にとどまるのではない。第二次世界大戦の以前と以後にも、それぞれ諸時期が認められる。(二十世紀)

(500) 地近年は、脳の話がもてはやされる傾向がありますが、人間の行動や精神活動が脳という物質の現象として説明される科学性に新鮮さが感

じられるからでしょう。(記憶)

(501) まるで見世物小屋の呼び込み人が、「さあいらっしゃい。世にも珍奇な動物がいますよ」と叫んで客寄せしているかの気配が、濃厚にうかがわれる。(ゆとり)

I 存在確認型の周辺と他のタイプ

「対象を欲して探し、手に入れようとする」という意味の「求める」という動詞が、「N-ハ N-ニ 求められる」のように、対象の存在場所をニ格で標示することがある。これも「発見の構造」に準ずるものとして、I 存在確認型の周辺に位置づけられるだろう。

(502) その意味で、人事の不公平による弊害の有無は、日本的システム自体にあるというよりは、その集団の機能の高さ、性能の度合に求められるといえよう。(タテ社会) +

(503) もっとも、反射論の考え方は、デカルトの二元論に源流が求められるほど、古くからみられたものです。(記憶)

(504) さきの柳田説によれば、日本人が視線に敏感になったことの理由は、わが国の近代化の過程に求められているわけである。(まなざしの人間関係) +

(505) 治療のため「くすり」を用いることがなかったわけではないけれども、しかし主たる病気退散の方法は、あくまでも加持僧による祈禱に求められたのである。(神と仏) +

(506) そこには無限の修業、無窮の向上が求められるだけでなく、それを自らの生活規範として課する姿勢がある。(稟議と根回し) +

「帰す(帰する)」という動詞は、古くからヲ格に抽象名詞をとるようであるが、この受身形「帰せられる」による次のような受身構文も、I 存在型と考えられるだろうか。I 存在型においても、I 存在確認型か I 抽象的存在型か位置づけに迷うところだが、ラレル形で用いられることから、I 存在確認型の周辺に位置づけることにした。ただし、ニ格に有情者がくる場合(「彼らに罪が帰

せられた」)は、「科せられる、負わされる」に似たⅠ所有変化型のⅠ譲渡型とも考えられる。

(507) しかし|他の理由|は、|協商国間の不一致|に帰せられる。(二十世紀)
(508) 坐禅における坐法は、眼の位置、両手の組み合わせ、按摩法、調息法および丹田の運用などの身体的訓練について細かく規定しているが、|そのシステムの多く|は天台智顗の発想もしくは独創に帰せられる。(紙と仏) +

「挙げられる」という動詞は、ニ格名詞句と共起しない場合もあるが、これも「アル」に置き換えられるので、Ⅰ存在型に位置づけた。Ⅰ存在確認型の意味が当てはまるとは言いがたいが、これもラレル形で用いられることから、Ⅰ存在確認型の周辺に位置づけた。

(509) さらに、恵まれている証拠の一つに、|日本には砂漠がないこと|があげられる。(たべもの)
(510) この例としては、|化学調味料の効いた食品を多くとることや、せっかくの料理にウスターソースをかけたり、化学調味料をふりかけたりして食べることなど|があげられる。(たべもの)

以上指摘した「求められる」「帰せられる」「挙げられる」の例は、いずれも述語の形がラレル形である。これらの例は、動作主が不特定一般の人々であると見なせば、受身用法である。一方、動作主話し手であると解釈すれば、可能用法の意味を表わすことになる。

「うかがわれる」という動詞では、主語の存在を確認した場所＝コトがカラ格で現れることもある。この例は、思考活動の結果としての理解を示す「分かる」という動詞に近づいている。

(511) 番組はビデオ化され、人気の回は7000〜9000本売れている。こうしたことからも、|世界遺産への人々の関心の高さ|がうかがわれる。(毎日)

視覚では捉えられない音声などが主語に立つ場合に、「聞かれる」という動詞の用いられる例があった。これらの例には存在場所を表わすニ格名詞句が現れていないが、知覚動詞で構成され、動作主が1人称を含んだ一般の人である

こと、また、ある範囲において主語に立つ名詞が存在していることを表わす点で、I存在確認型の周辺に位置づけられるのではないかと思う。

(512) 「ゆとり」ということばがよく聞かれるのも、近年の傾向である。(ゆとり)

(513) そこで、「パブロフはもう古い」などということばも聞かれるようになりましたが、これは反射論や条件反射学が政治思想の中で扱われてきたためで、パブロフにとっても不本意なことに違いないことでしょう。(記憶)

3　I習慣的社会活動型（I社会）

　I習慣的社会活動型とは、ある社会的な範囲における不特定多数の一般の人々＝動作主の習慣的な活動を表わす。I習慣的社会活動型の構造は、動作主とアスペクトが特徴的である。動作主は特定の個人ではなく、不特定多数の一般の人々で、「具体的な誰かが当該の動作を行う」ということにはまったく関心がない。また、動作主が不特定一般の人々であることと連動して、アスペクトは個別具体的ではない、非アクチュアルな反復のアスペクトで、ラレル vs. ラレテイルのアスペクト対立は中和する。具体的な動詞の形式としては、「V-ラレテイル」「V-ラレテキタ」「V-ラレガチデアル」のような反復・習慣のアスペクトを表わす形で現れる。このように、I習慣的社会活動型は、動作主とアスペクトが具体性を失い、より抽象化したタイプと考えられる。構文タイプのレベルとしては、I習慣的社会活動型は第3レベルの構文タイプである。

　動作主が不特定多数の一般の人々であるこのタイプが、受身構文の特徴的な1タイプとして立てられることと、受身構文が持つ「行為者の背景化」という重要な一機能とは、決して無関係ではないだろう。つまり、受身構文の「行為者背景化」という機能が、動作主が不特定一般の人々であるI習慣的社会活動型を発達させたのだと考えられる。

　しかしながら、すべての動詞がI習慣的社会活動型を1タイプとして発達さ

せているわけではない。Ⅰ習慣的社会活動型を構成する動詞は、認識活動を表わす動詞と態度を表わす動詞の一部に限られる。すなわち、主に対象への心理的な関わりを表わす心理動詞である。

構造は、次のようになる。

(514) **Ⅰ習慣的社会活動型**

対　象	動作主（経験者）	不特定一般の人々による習慣的心理活動
IN-ガ$_{SUB}$	（みんな-ニ$_{MOD}$）	心理 V-ラレル／ラレテイル

　もちろん、基本的にはどんな受身構文タイプでも、動作主が不特定一般の人々で反復のアスペクトで述べられれば、習慣的な事態を表わせるだろう。例えば、次のような動作動詞による受身構文である。

(515) 　わたしは、いつもみんなに頭を<u>たたかれる</u>。〈AA接触型（AA無変化）〉
(516) 　この公園では、毎年秋に運動会が<u>行われる</u>。〈Ⅰ実行型（Ⅰ変化）〉

　このような受身構文がまったく存在しないわけではないが、本研究で扱ったデータ内での頻度は高くなかった。よって、こうした受身構文は、当該の受身構文タイプにおける単なるアスペクトの対立であると見なすことにした。これに対し、Ⅰ習慣的社会活動型として立てたタイプの頻度は非常に高く、1つの構造的なタイプとして受身構文の体系の中に定着していると判断した。さらには、特に非情主語の場合、心理動詞の受身構文は、個別具体的な事態よりも、Ⅰ習慣的社会活動型として現れることの方が多いのである。

　Ⅰ習慣的社会活動型は、主に、認識や判断などの心理的活動を表わす動詞で構成される。唯一、Ⅰ社会的意義づけ型は、「動作的態度」を表わす受身構文で、動作と心理の中間のような活動を表わしている。よって、先に (515)-(516) の例を挙げて述べたが、典型的に物理的動作を表わす動詞によるⅠ習慣的社会活動型は、タイプとしては立たなかった。

　Ⅰ社会的思考型
　　Ⅰ社会的対象思考型　　「縄文時代には、霊魂の存在が信じられていた」
　　Ⅰ社会的判断型　　　　「多くの行動は生まれつきと思われている」
　Ⅰ社会的言語活動型

Ⅰ社会的対象言語活動型　　「自由競争が叫ばれている」
　　　Ⅰ社会的判断言語活動型　　「近年、日本では格差が拡大したと言われている」
　Ⅰ社会的呼称型　「このビルはランドマークと呼ばれている」
　Ⅰ社会的評価型　「この政策は非常に重要視されている」
Ⅰ社会的関心型
　　Ⅰ活動への社会的関心型　　「本部の対応が注目されている」
　　Ⅰ結果への社会的関心型　　「いい結果が期待されている」
　　Ⅰあり方への社会的関心型　「国政の真価が問われている」
Ⅰ社会的約束型
　　Ⅰ社会的規制型　「人身売買は禁止されている」
　　Ⅰ社会的保障型　「国民の人権は守られている」
　　Ⅰ社会的意義づけ型　　「鉛白は、昔は白粉に使われた」
　　　　　　　　　　　　　「この現象は心理学の問題として扱われてきた」
　その他の社会活動型

　Ⅰ習慣的社会活動型は、個別一回的な事態を表わす受身構文タイプと、次の表4のように対応している。

　「対応している」と言っても、実際には、要素となる動詞に若干のずれがあったり、用例が極めて少なかったりと、対応の仕方は単純ではない。

　①のⅠ社会的対象思考型に対応する個別具体的な事態であるⅠ思考型（Ⅰ認識）は、きわめて頻度が低く、実際の確かな用例として得られたのは「考慮される、理解される、意識される、確認される、証明される」などのごくわずかな例に限られる。特に、「信じられる[54]」といった動詞が個人の動作主によるⅠ思考型に現れるとは考えにくい。また、「思われる、考えられる、案じられる」などいくつかの動詞は、個別具体的な使用では、可能ないし自発用法と解釈されることが多く、受身構文としてのⅠ思考型には現れにくい。

　②のⅠ社会的判断型も、非情主語の個別具体的な受身構文としてのⅠ判断型（Ⅰ態度）の頻度はきわめて低い。すなわち、思考動詞による受身構文は、個人の動作主の個別具体的な事態としての受身構文タイプはほとんど成立していない

3 Ⅰ習慣的社会活動型（Ⅰ社会） 267

表4：Ⅰ習慣的社会活動型と個別一回的な事態との対応関係

	習慣の事態	個別一回的事態
①	Ⅰ社会的思考型の社会的対象思考型	Ⅰ思考型（Ⅰ認識）
②	Ⅰ社会的思考型のⅠ社会的判断型	Ⅰ判断型（Ⅰ態度）
③	Ⅰ社会的言語活動型の社会的対象言語活動型	Ⅰ発話型（Ⅰ認識）
④	Ⅰ社会的言語活動型の社会的判断言語活動型	なし
⑤	Ⅰ社会的呼称型	なし
⑥	Ⅰ社会的評価型	AA感情＝評価型
⑦	Ⅰ社会的関心型	Ⅰ要求型（Ⅰ態度）
⑧	Ⅰ社会的約束型	Ⅰ要求型
⑨	Ⅰ社会的意義づけ型	Ⅰ意義づけ型

と言ってよい。

③のⅠ社会的対象言語活動型とⅠ発話型（Ⅰ認識）は、要素となる動詞にあまり違いもなく、両タイプともにそれほど頻度も高くなく、よって1つのタイプとしてまとめる方がいいのかとも思われる。つまり、両者は単なるアスペクトの違いであって、受身構文タイプとしては1つと考えるのが妥当かもしれない。しかし、本研究では、Ⅰ社会的思考型と平行して、このⅠ社会的言語活動型にもⅠ社会的対象言語活動型を立てた。

④のⅠ社会的判断言語活動型には、これに対応する、個人の動作主の個別具体的な受身構文タイプが存在しない。すなわち、「N-ガ N-ト 言語活動 V-ラレル」という構造の個別具体的な受身構文は1例も見つからなかった[55]。

⑤のⅠ社会的呼称型も、同じく、対応する、個人の動作主の個別具体的な受身構文タイプが存在しない。

⑥のⅠ社会的評価型に対応する非情主語の個別一回的な事態は、有情有情受身構文のAA感情＝評価型（AA態度）に含まれている。しかし、それらはすべて有情者の広義所有物である非情物が主語に立つ例である。一方、Ⅰ社会的評価型になると、通常の非情物が主語に立つ。評価的な態度を表わす動詞には、

この他に、評価的態度を言語活動によって表わす表現的態度動詞（叱られる、ほめられる、etc.）と評価的態度を動作によって表わす評価的処遇動詞（かわいがられる、笑われる、etc.）があるが、Ⅰ社会的評価型には、心理面での評価を表わす感情＝評価的態度動詞のみを要素と考えた。これは、感情＝評価的態度動詞の場合には、不特定一般の人々が動作主となると、通常の非情物が主語に立つことがあるのに対し、他の動詞では有情者の広義所有物が主語に立つ例しか見つからなかったためである[56]。

⑦のⅠ社会的関心型に、構造的に対応する個別具体的な受身構文タイプは、Ⅰ要求型（Ⅰ態度）である。Ⅰ社会的関心型は、思考動詞の一部と要求的態度動詞の一部から構成される。思考動詞の場合は、個別具体的な事態としては、自発用法と解釈されるのが普通である。一方、要求的態度動詞の場合は、統計の対象にしたデータには個別具体的な事態の例が見つからなかったが、Ⅰ要求型としてⅠ態度型に位置づけた。統計の対象でないデータからは次の例が見つかった。

(517)　その席で、小川所長は、第二号艦の完成期日の大幅な繰上げが、海軍艦政本部から二回にわたって要求されていることを発表した。（戦艦武蔵.地）＋

⑧のⅠ社会的約束型も、Ⅰ社会的関心型同様、要求的態度動詞で構成されるため、これに対応する個別事態の受身構文はⅠ要求型（Ⅰ態度）である。統計を取ったデータに個別具体の用例は見つからなかったが、統計の対象外のデータからは、次の例が見つかった。

(518)　聯合艦隊が佐伯湾に入り、宮崎神宮参拝の上陸が許された時、宮崎の旅館の女中が、禿頭の黒島先任参謀を長官と思いこんで応待しているので、［後略］（山本五十六.地）＋

⑨のⅠ社会的意義づけ型については、構成要素の動詞グループの語彙的な意味にあまり統一性がなく、課題の残るタイプである。「意義づけ」の構造をとる動詞の中でも、「使われる」などの使用動詞は、心理面より動作面が前面に出ており、個別具体的な事態も見つかる。これをⅠ意義づけ型（Ⅰ態度）とした。

以上、Ⅰ習慣的社会活動型と、それに対応する個別一回的な受身構文タイプを確認したが、認識動詞の中では、知覚動詞のみ、Ⅰ習慣的社会活動型が立たなかった。Ⅰ習慣的社会活動型を構成するのは、すべて心理動詞であり、時間・場所においても、動詞の表わす行為においても、抽象度の高い事態である。一方で、知覚動詞が対象とするのは、基本的に具体名詞であることから、知覚行為は認識活動の中ではより動作的＝物理的な活動であると考えられる。次の例は反復のアスペクトで社会的な習慣を表わしている。しかし、用例としての頻度も低いので、Ⅰ知覚型（Ⅰ認識）に、個別具体的な事態とともに位置づけた。

(519) 実際、地上波テレビやBSアナログ放送、CSデジタル放送もケーブルテレビを通じて見られている割合が多い。12月に始まるBSデジタル放送も半分近くはケーブルテレビで見られるとの見方もある。（毎日）

(520) 諸外国とくらべて日本の「特殊性」を描いた書物が、次々と出てさかんに読まれ、「日本論」「日本人論」「日本文化論」が大流行しているのも、むべなるかな――という気が、いちおうはする。（ゆとり）

なお、Ⅰ習慣的社会活動型は非情一項受身文の下位タイプだが、ここには少数ではあるが、有情主語の受身構文が含まれている。有情主語の受身構文が含まれるタイプは、主にⅠ社会的呼称型とⅠ社会的評価型である。

(521) 鮎太は誰からも、シンドウ、シンドウと呼ばれていた。（あすなろ.地）
〈Ⅰ社会的呼称型〉

(522)「世間のひとたちは、おまえの痛快なあばれぶりに、いまのところは拍手喝采を送ってくれている。だが、きっとそのうちにきらわれるようになるよ」（ブンとフン）〈Ⅰ社会的評価型〉

Ⅰ社会的呼称型については、評価性に中立的であり、主語が有情者であっても非情物であっても「影響を受ける」という受影の意味にとって特に違いがないと考え、有情主語であってもここに分類している。一方、Ⅰ社会的評価型については、動作主が不特定多数の一般の人々であるという共通性をかんがみてここに分類したが、「受影」という観点から見るとAA感情＝評価型に分類するのが適当であったかもしれない（有情主語のⅠ社会的評価型は7例）。今後、

有情主語、非情主語という構造の形式的な特徴と「影響を受ける」という受影の意味、及び話し手の視点（共感）を主語に置くという機能との関係を吟味しながら分類を整えていかなければならない。

以下、Ⅰ習慣的社会活動型のサブタイプについて、その意味と構造的特徴及び、他のタイプとの相互関係を詳しく見ていく。

3.1　Ⅰ社会的思考型　「肥満は現代病と考えられている」

Ⅰ社会的思考型とは、ある社会的な範囲における不特定多数の人々の習慣的な思考活動を表わすタイプである。Ⅰ社会的思考型は、大きくⅠ社会的対象思考型とⅠ社会的判断型の2つに分けられる。この2つのタイプの要素となる動詞は、次のような思考認詞及び思考活動の結果の理解を表わす動詞である。

(523)　思われる、考えられる、知られる、信じられる、考察される、検討される、分析される、考慮される、反省される、心配される、かえりみられる、連想される、認められる、認識される、意識される、忘れられる；理解される、捉えられる、受け取られる、解される、誤解される、把握される、察知される、推測される、予想される、見落とされる、怠られる、確かめられる、確認される、証明される、実証される、etc.

以下、それぞれ例文を挙げながら、構造と意味を見ていく。

3.1.1　Ⅰ社会的対象思考型　「縄文時代には、霊魂の存在が信じられていた」

Ⅰ社会的対象思考型は、不特定多数の人々が主語に立つ対象をその「知的な認識の領域にとりいれていること」（奥田 1968-72:120）を表わす。Ⅰ社会的判断型と異なり、ここには対象に対する人々の判断活動は含まれない。また、Ⅰ社会的対象思考型では、抽象名詞のみが主語に立つという点でもⅠ社会的判断型と異なる。

(524)　社会的対象思考型

対象	人々の思考認識活動
抽象 IN／節-ガ SUB	思考 V-ラレル／ラレテイル

「縄文時代には、霊魂の存在が信じられていた」

「ある種の偏食は大した問題にならないことが知られている」

用例を見ていこう。まず、抽象名詞句が主語に立つ例から挙げる。

(525) そもそも世界遺産の精神は、「保存も完ぺきな一流観光地」を褒めるものではなく、「放っておけば危機にたつかもしれない」ところを保護するもの。その精神が結構理解されているのかもしれない。(毎日)

(526) プランク尺度という、非局所場の頃とは比較にならないような小さい長さや時間が考えられるようになってきたのは、統一場の理論などで、ものすごいエネルギーが問題にされなければならなくなってきたからである。(時間の不思議) +

(527) こうした例をあげればきりのないほどあるが、要するに、同じ資格、あるいは身分を有する者の間にあっても、つねに序列による差が意識され、また実際にそれが存在するということは、[後略](タテ社会) +

(528) フェルメールの絵も生前、高く評価されていたが、寡作のうえ小品ばかり。オランダの黄金時代が去るのと歩調を合わせるように、没後、その存在はオランダ国外では忘れられた。(毎日)

次に、節が主語になる例を挙げる。主に「節-コトガ」という形で思考内容が現れる[57]。「確かめられる、確認される、実証される」などの証明的認識活動を表わす動詞は、主にこの構文の要素となる。

(529) そこで、2種類以上の電解質の溶液を混ぜたとき、そういう強い結びつきをするイオンがあったとすると、すぐに結びついて溶けなくなることが考えられるだろう。(化学)

(530) そのため、このような形態の偏食はたいした問題にならないことが、栄養学的にも認められている。(たべもの)

(531) これらの手法が子供の抑圧の解放に役だつことはみとめられねばならないし、ぼく自身もときどき試みるが、それがすべてなわけではない。(裸の王様.地)

(532) 文明は人間の未来を明るく彩どるものであり、車は便利なものであり、

医師は病いの療治師であり、性は隠すべきものであり、[中略] 人間がいかなる悪さや悪企みをしようと地球は大盤石である、などの常識が一般にはまだ信じられていた。(ブンとフン)

(533) もっと長い時間を単位にしてみると、地球は過去、10万〜11万年の周期で「氷期」と温暖な「間氷期」を繰り返していることが確かめられている。(毎日)

(534) しかし、研究がこのように細部に向かって展開されていくために、脳機能を機械のしくみのように説明する傾向が強くなり、脳全体が人間が生きるために、はたらいているという点が見落とされつつあります。(記憶)

このⅠ社会的対象思考型と次に見るⅠ社会的判断型との意味的な違いは曖昧になる場合が少なくない。例えば、(527)は「序列による差があると意識される」というⅠ社会的判断型の構造と同じようにも考えられるのである。また、特に(532)のように主語の節内が名詞文である場合は、Ⅰ社会的判断型に限りなく近づく。次の例の「主として」は、副詞的でもあるが、述語性を帯びていると見なせばⅠ社会的判断型に近づく。

(535) また、加熱をしないと、古くなった腐りかけの肉は食べられないし、また、生命に対する安全性も確保できなかったのである。そこで加熱調理が主として考えられるようになった。(たべもの)

3.1.2 Ⅰ社会的判断型 「多くの行動は生まれつきと思われている」

Ⅰ社会的判断型では、ある社会的な範囲における不特定多数の人々が、主語に立つ対象に対して何らかの判断や捉え方をしているという、人々の判断内容が表わされる。対象に対して何らかの判断をくだすという思考活動は、対象に対する人々の思考活動的な態度である。Ⅰ社会的判断型には、思考動詞のほか、「見られる」に代表される知覚動詞も頻繁に用いられる。

(536) I 社会的判断型

a：
対象	思考判断内容	人々の思考・判断活動
Np-ハ SUB	Nq-ト／ニ COM	思考認識 V-ラレル／ラレテイル

「多くの行動は生まれつきと思われている」

b：(N〔主語〕-V〔述語〕) 節-ト 思考認識 V-ラレル／ラレテイル

「生物は進化していると考えられている」

このタイプは、いずれが基本構造であるか迷うところだが、通常の受身構文同様、能動文におけるヲ格の名詞句が受身構文で主語に立つという点で、aを基本構造と考える。これに対し、bの構造は、主語のない文と考えられ、他言語によく見られる非人称受身構文（impersonal passive）に類似している[58]。基本構造aも、「Np-ハ Nq-ダ（-ト）」という名詞文の判定詞が省略され、「Nq-ト」となっているとも考えられ、下位構造bにかなり近いものである。その証拠に、NpとNqの語順はかなり厳密に守られる。

まず、基本構造aから例を挙げよう（波下線は思考判断内容）。

(537) 遼のさらに北東には女真が勢力を張っていた。1019年に九州を襲い「刀伊の賊」と呼ばれたのは、この女真と考えられている。（毎日）

(538) しぜんではあるが、原の意がまったく忘れ去られ、その結果、穢れが罪穢れというような抽象的な意味にのみ理解されるようになっては、まことに困るのである。（日本人の死生観）＋

(539) カナダといえば「森と湖の国」と連想されがちだが、実はハイテク産業が急成長している。（毎日）

(540) ［前略］経営者と従業員とは「縁あって結ばれた仲」であり、それは夫婦関係にも匹敵できる人と人との結びつきと解されている。（タテ社会）

(541) 「ねえ、君。どうなんだろう。ネズミの勢力はいまが最高潮だといえないかね。一般にはどう受けとられているか、そこが知りたいな」（パニック）

「Np-ハ Nq-トシテ／ノヨウニ 認識 V-ラレル」のような構造の受身構文も、基本構造aの構造のバリエーションと考えられる。

(542) ところで、脳の信号活動は電気現象としてとらえられますが、そこには物質変化、または化学現象があることはいうまでもありません。(記憶)

(543) 骨粗しょう症というと現代病のように思われがちだが、1000年前にも苦しんだ人がいたはずだ」と話す。(毎日)

次に、下位構造 b を見ていこう。基本構造 a では、主語と判断内容が名詞文に準ずる構造であることから、まさに「判断文」の構造を有している。これに対し、下位構造 b には、個別一回的な動作や変化といった、動詞文が現れる。だが、判断内容が個別一回的な事態（動詞文）であるものは、思考認識動詞よりも、「見られる、観測される」などの、知覚動詞に多い。さらに、この「動詞文－ト 見られる」は、事実報告などの内容が多い新聞テクストに頻繁に現れ、他のテクストにはほとんどみられない。

まず、思考動詞で構成された例を見ていく。判断内容には動詞文も現れるが、個別一回的な事態を叙述した典型的な動詞文ではなく、超時の一般的事実ないし習慣的な事柄を述べる文がほとんどである。

(544) 黙っていても食事は与えられる。何不自由なく傍から見ると結構な身分だと思われる生活だが、ぎんは楽しめなかった。(花埋み.地)

(545) 男性的と女性的な性格の差は、きわめて大きいと考えられていたのに、それも社会（環境）によってつくられたものであるということになると、性格差の多くを生まれつきとするようなとらえ方はきわめて疑問です。(記憶)

(546) さて、カマイタチという現象は、空気中にミニ低気圧ができていて、それに人間がぶつかるとき、体の外と内の圧力差によって、皮膚が破れるのだと考えられるようになった。(化学)

(547) そして近代化に伴って、特に新憲法によって「家」がなくなったと信じられている[59]。(タテ社会)

(548) つまり、材料はどんどん新しいものを求める。そのため、ナマコ、タコ、イカなどおよそ勇気がいると思われるようなものまで利用している。(たべもの)

(549) 　人類はこの地球上にあらわれて何百万年も生存し続けていると推測されているが、その個体は災厄死をまぬかれても自然死があり有限である。（高齢化社会）＋

　次に、知覚動詞による下位構造 b の例を見ていく。知覚動詞による I 社会的判断型は、すべて新聞テキストからの用例で、思考判断内容が個別一回的な、具体的な事態の叙述で、まさに「動詞文-ト　見られる。」という構造をとっている。この「動詞文-ト　見られる。」は、モダリティー形式などは伴わずに、文末言い切りで用いられることが多い。また、「見られる」の意味もかなり漂白化している。この「動詞文-ト　見られる。」については、通常の I 社会的判断型よりもさらに抽象化の進んだタイプとして立てる必要があるかもしれない。

(550) 　雅子さまは今後しばらくは公務を離れ、静養するとみられる。（毎日）

(551) 　パキスタン国営通信によると、同国東部のラホール近郊で 12 月初め、たるに入った子供のバラバラ死体が見つかった事件で、ジャベド・イクバル容疑者が 30 日、警察に自首した。逃走資金に困って自首したとみられる。（毎日）

(552) 　95 年、2 回にわたって心臓発作を起こし、もはや政治生命は断たれたと観測されたが 96 年の大統領選で劣勢を跳ね返して当選。（毎日）

(553) 　インド政府は交渉団を派遣し、犯人側が要求するイスラム武装組織メンバーの釈放要求をめぐり交渉を続けた。だが交渉団に対テロ特殊部隊を忍ばせ、同時に強襲作戦を練っているともみられていた。（毎日）

　数は少ないが、新聞テキストに現れた「節／句-ト　見られる。」には、名詞句がートで導かれた基本構造 a の例もある。しかし、これも動作性名詞であったり、名詞句が動詞文の連体修飾節を伴っていたりと、やはりート節が動詞文的である。

(554) 　2000 年生まれの「ミレニアムベビー」を望むカップルが「産み控え」る半面、インフルエンザと肺炎による死亡者が増えたのが原因とみられる。（毎日）

(555) 　最近、日本から経済関係の代表団や有力政治家らが相次いでミャン

マーを訪問、軍事政権側と接触しており、スーチーさんのメッセージは、こうした日本の姿勢に対する不満の裏返しとみられる。(毎日)

この「動詞文-ト 見られる。」は、「見られる」の語彙的な意味がかなり漂白化しており、「ラシイやヨウダ」のような「推定」のモダリティ形式にも近づいている（工藤1989a[60]、早津2000、志波2013）。

I 社会的思考型の周辺と他のタイプ

次の「公認される」は、「公によしと認められる」という意味で、I社会的判断型であるが、動作性名詞が主語に立ち、社会的な許可や禁止を表わす文なので、I社会的約束型のI社会的規制型（I社会）（許されている、etc.）に近づいている。

(556) 党活動は公認されているんだ。合法政党だからね。(青春の蹉跌)

「N-ト 比較される／区別される」といった動詞も、I社会的思考型の周辺に位置づけた。様々なタイプの名詞句が主語（対象）になるので、知的な態度の活動であると考えられる。

(557) ところが、「日本論」「日本人論」「日本文化論」の大流行にもかかわらず、そこで日本と比較される外国は、ほとんどが欧米である。(ゆとり)

(558) が、聖子は慌てて、よく姉がやるように首すじをしゃっきりとやや後方にそらした。そうやっていれば、たとえば桃子が腹這いになって両足を宙にあげて絵本を見るような下町っ子にちかい自堕落さとは明らかに区別されるのだ。(楡家.地)

「認識内容-トシテ／デ 知られる」という受身構文も、I社会的判断型と考えられる。しかし、この構造は文末にはほとんど現れず、ほとんど連体修飾で用いられることから、「特性規定的」な特徴も持っている[61]。

(559) 記録に残る女性の最初の登頂は、1832年の高山辰（たつ）とされる。山開き期間外だったことや、キリシタン大名として知られる高山右近の子孫だったことなどから許されたらしい。(毎日)

(560) 東京大進学者の多さで知られる筑波大付属駒場中・高校（東京）。授

業中にほおづえをつく姿が後を絶たない。(毎日)
(561) 現在、白と藍色（あいいろ）の美しい「デルフト陶器」の生産で知られるこの町は、17世紀当時、城壁に囲まれたオランダ有数の商業都市だった。(毎日)
(562) 芳古堂は表具と経師とで、格も高く、手堅いので知られていた。(さぶ．地)

また、「知られる」という認識動詞は、次の例では思考判断内容を伴っているが、「よく」などの程度副詞と共起すると「有名な」というナ形容詞に近づく。次の例はまだⅠ社会的思考型であるが、「よく知られる」となれば、これはⅠ社会的評価型（Ⅰ社会）もしくはⅠ特徴規定型（Ⅰ超時）である。

(563) アラビア語でマグリズ、すなわち「太陽の沈む所」として知られる、エジプト以西の北アフリカは、十九世紀を通じて欧州の支配下にはいった地域である。(二十世紀)

さらに、「人に知られない」という受身構文では、動作主である「人に」を省略することができない。連体修飾では、まさに「非常識的な」ないし「辺鄙な」「秘密の」などの形容詞に近づいていて、Ⅰ特徴規定型（Ⅰ超時）に移行している。

(564) けれども、そのほかにも、世間に知られないへんてこりんでみょうちきりんな小事件がゴマンと起こっていた。(ブンとフン．地)
(565) われわれはうやうやしく敬礼しました。いま、ここに骨になっている人々も、いずれはめいめい家族もあり、仕事もあり、それぞれの希望をもっていたのでしょう。それが、世界の中でも人に知られないビルマの山の中で、無理な労役やはげしい疫病のためにたおれたのです。(ビルマの竪琴．地) ＋
(566) これを記念して、毎日新聞社は、東京、京都の両国立博物館と共催で「オランダ王室―知られざるロイヤル・コレクション―」展を開催する。(毎日)

さて、Ⅰ社会的思考型の要素となる思考動詞は、次の(567)のように、述語

が文末にありながらラレル形になると、当該の文章を書いている書き手（話し手）＝動作主に視点が行きがちになり、可能・自発の解釈が優勢になる。文末における思考認識動詞のラレル形は、受身と可能・自発の間で常に移行するタイプである。

(567) それによると、米はほぼ七〇であるのに対して、小麦では四八という低い数字になる。このような質では、いくら量的にタンパク質をとったとしても、生命を維持することができない。そこで<u>本能的に肉類がほしくなり、その結果として、肉食が生まれたと考えられる</u>。(たべもの)

(568) 反射機能もその過程にホルモンが介在する場合も少なくありません。したがって、記憶とホルモンの関係も無視できませんが、<u>それも一種の伝達機能と考えられます</u>。(記憶)

(569) 日本における社会集団構成の原理は、このように、「家」に集約的にみられ、日本の全人口（少なくとも江戸中期以降いかなる農村においても）に、共通して「家」がみられることは、日本の社会構造の特色として、枠設定による集団構成というものが<u>とらえられる</u>のである。(タテ社会)

3.2　Ⅰ社会的言語活動型　「視力は遺伝すると言われる」

　Ⅰ社会的言語活動型は、ある社会的な範囲における不特定多数の人々の、主語に立つ対象をめぐる、習慣的な言語活動を表わす。個別一回的な事態であるⅠ発話型（Ⅰ認識）が、反復のアスペクトで述べられたタイプである。Ⅰ社会的言語活動型は、その構造的特徴が上で見たⅠ社会的思考型の構造に非常によく似ている。Ⅰ社会的言語活動型もまた、Ⅰ社会的対象言語活動型とⅠ社会的判断言語活動型に下位分類される。

3.2.1　Ⅰ社会的対象言語活動型　「近年、経済格差が盛んに議論されている」

　社会的対象言語活動型は、主語に立つ対象をめぐって、ある社会的な範囲における不特定多数の人々が言語活動を習慣的に行うことを表わす。原則的に、

抽象名詞が主語に立つ。

(570) I社会的対象言語活動型

対　　　　象	人々の言語活動
抽象 IN ／節-コトガ SUB	言語活動 V-ラレル／ラレテイル

「近年、経済格差が盛んに議論されている」
「放任主義は問題であることが言われている」

I社会的対象言語活動型には、I発話型（I認識）同様、次のようにさまざまな発話動詞が要素となる。抽象名詞が主語に立つ構造には、I社会的判断言語活動型に頻繁に用いられる「言われる」や「-とされる」という動詞よりも、論調の強さや頻度の高さを含んだ議論動詞が要素となることが多い。

(571) 言われる、話される、述べられる、知らされる、伝えられる、訴えられる、叫ばれる、論じられる、語られる、報告される、通達される、伝達される、通告される、説明される、論議される、議論される、指摘される、強調される、喋喋される、引用される、語り継がれる、etc.

まず、抽象名詞が主語に立つの例を挙げる。

(572) 考えてみれば、そうした「特殊性」論は、日本人には"大和魂"があるから絶対に不敗だ——という議論と、瓜二つではないだろうか。"大和魂"がしきりにいわれたあの不幸な時代、私は小学生だった。（ゆとり）

(573) 規制緩和や自由競争が声高に叫ばれ、能力主義が尊重され出した昨今の時代風潮に対し、「日光」が「共存」のメッセージを伝えている、と見ている。（毎日）

(574) それに加えて、「福祉国家」の評判がとみに悪くなり、「福祉」の"切り捨て"が臆面もなく議論されるようになった。（ゆとり）

(575) このような枠単位の社会的集団認識のあり方は、いつの時代においても、道徳的スローガンによって強調され、そのスローガンは、伝統的道徳的正当性と、社会集団構成における構造的妥当性によってささえられ、実行の可能性を強く内包しているのである。（タテ社会）

(576) あの頃はまだいわゆる過激派の学生たちが健在、というより、ようやく誕生しかけていたぐらいの時であり、テレビはコント55号の天下だった。公害論争もそう派手には喋々されてはいず、佐藤首相の周辺には、引退の「い」の字の気配もなく、彼は団栗まなこを炯炯と光らせて、天下を睥睨していた。(ブンとフン)

(577) 記憶についての話にしても、それが心理学者のものであっても、脳との関係が多く引用されています。(記憶)

次の例は、対応する能動文のヲ格名詞句ではなく、ニツイテで標示された対象が主語に立った例である。

(578) 「家」については、従来法学者や社会学者によって「家制度」の名のもとにずいぶん論ぜられてきた。(タテ社会)

発話相手を表わすニ格名詞句が共起した例は見あたらなかったが、「報告される、通達される」などでは現れうるだろう。

(579) 近年、さまざまな症例が学会に報告されている。

しかしながら、このようにニ格の発話相手を取る発話動詞よりも、いわば論争・議論動詞とでもいうべき動詞グループがⅠ社会的対象言語活動型の抽象名詞が主語に立つ構造には多く見られることは、指摘しておかなければならない。

ただし、伝授・伝承を表わす動詞によるⅠ社会的対象言語活動型は用例があり、これらの動詞では、伝授する相手がニ格もしくはへ格の名詞句で現れることがある。こうした伝授・伝承動詞は、単なる言語活動ではなく、所有変化の譲渡のような意味も持っているが、本研究ではⅠ社会的対象言語活動型に位置づけた。

(580) 近年、中野氏は、「ユーカラ」と同じく北方圏の国フィンランドに伝承された叙事詩「カレワラ」の美しい日本語訳に出合い、壮大な天地創造の英雄譚に書魂の感応を覚えて没入、スケールの大きな受賞作品を制作した。(毎日)

(581) その代りに、一つでも[事件が]起ればこれは消えることなく口から口へ親から子へと語り継がれていく。於継が平山にきたのは宝暦の半ば

頃であったから、それからまだ十年そこそこしか歳月は流れていず、話は登場人物が実在しているだけに一層ことあるごとに女たちの口によって繰返され、今では名手荘内で知らない者はいない程になっている。(華岡青洲．地)

(582)　包丁の使い方に関しては、室町時代に発した料理の家元「四条家」の『四条流庖丁書』、「大草家」の『大草家料理書』にはじまる。これが伝統として伝えられ発達した。(たべもの)

(583)　港町だから魚介類が豊富で、ワインも南欧の技術が直伝された良質品がそろっている。(毎日)

次に、節が主語に立った例を挙げる。この構造は、Ｉ社会的判断言語活動型に位置づけるべきタイプかもしれないが、用例が少ないため、判断できなかった。よって、本研究では、Ｉ社会的思考型（Ｉ社会）の分類と平行して、このＩ社会的対象言語活動型に位置づけることにした。

(584)　たとえば、『植物性の食品を主に食べている国民の性質は、静かでおだやかであるが、肉食の国民は気が荒い』などといったことがいわれる。(たべもの)

(585)　発展途上国で高級官僚や学者の家に招かれると、『なぜ日本はこういう国を援助しなければならないのか』と思う——という話は、いまでは言い古された感じがする。(ゆとり)

(586)　いかに年金問題を解決すべきかが議論されている。

また、次の(587)は、補語の連体修飾に言語活動の内容が現れている。これも「言語活動内容-コトガ 語り継がれている」というＩ社会的対象言語活動型の周辺例と考えたい。同様に、(588)では発話動詞が用いられていないが、「言語活動内容-ということばかりが 議論されていた」という文に相当すると考え、これもＩ社会的対象言語活動型の節が主語になる構造の周辺例と考えた。

(587)　さらに自らが出場するために「悲劇・音楽」「騎馬10頭立て戦車競走」の2種目を加え、自分自身が優勝できるように競技者や審判に命令したというこの大会はネロの死後、ギリシャ人によって抹消された。現実主

義のローマ人がギリシャの精神主義を理解しようとはしなかった極端な例として、語り継がれている。(毎日)
(588) 数年前までは「だめ派」の天下で、日本は「特殊」だからだめだという議論一色に塗りつぶされていた。(ゆとり)

3.2.2 Ⅰ社会的判断言語活動型 「マラソンは、持久力勝負の種目と言われている」

Ⅰ社会的判断言語活動型は、ある社会的な範囲における不特定多数の人々の判断を伴う言語活動の内容を表わす。Ⅰ発話型（Ⅰ認識）の説明でも述べたが、このⅠ社会的判断言語活動型に対応する個別具体的な事態を表わす非情主語の受身構文タイプは、手元のデータには見つからなかった。すなわち、「N-ト 言語活動 V-ラレル」という非情主語の受身構文は、通常、不特定多数の人々が動作主で、反復のアスペクトで述べられるということである。

(589) Ⅰ社会的判断言語活動型

a: 対象　　発言内容　　人々の言語活動
　　Np-ハ$_{SUB}$ Nq-ト／ニ$_{COM}$ 言語活動 V-ラレル／ラレテイル

「マラソンは、持久力勝負の種目と言われている／される」

b: (N [主語] -V [述語]) 節-ト 言語活動 V-ラレル／ラレテイル

「近年、日本では格差が拡大したと言われている」

このタイプも、Ⅰ社会的思考型同様、下位構造 b は主語のない非人称受身構文である。Ⅰ社会的言語活動型では、次のような動詞が要素になる。

(590) 言われる、される、伝えられる、指摘される、強調される、説明される、書かれる[62]、etc.

動作主の「判断」を含むⅠ社会的判断言語活動型は、「言語活動」と言っても、「話す、語る、述べる、告げる」などのように、特に言語活動の様態が語彙的意味に含まれる動詞が要素になることはなく、用例のほとんどが「言われる」、「される」である。このことから、動詞は「言う」という発話動詞であっても、実際に人びとが当該の内容を声に出して「言っている」かどうかはあまり問題になっていないと言える。この点で、引用節の内容は思考・判断内容とも考え

られ、I社会的思考型（I社会）の一種とも考えられる。特に、「引用節-ト される」のように、動詞の実質的な意味がまったくなくなると、両タイプのいずれとも解釈できる。

　このタイプがI社会的思考型（I社会）と異なるところは、I社会的言語活動型では、文末であっても、ラレル形に自発・可能との間で解釈の揺れが生じることがないということである。「引用節-ト される」も、こうした解釈の揺れは生じないので、I社会的言語活動型に分類した。

　I社会的判断言語活動型は、特に「引用節-ト される」という受身構文では、対応する能動文で述べることが難しいことが多い。

　まず、基本構造aから例を挙げよう（波下線は言語活動内容）。

(591)　マラソンが持久力勝負の種目と言われていたころ、女子の記録はいずれ男子を追い抜くのではないかという見方もあった。（毎日）

(592)　「（メモに書いて見せ）家庭内暴力や性犯罪、子供の頃に虐待を受けた人たちが、その後遺症に苦しむ。その特徴的な症状があるんですが、戦争や災害などの極限状態で衝撃的な体験をした人たちも同じ症状に苦しむことが判ったんです。それが、心的外傷後ストレス障害と言われるようになったんです」（砂の上の恋人たち）

(593)　"ノーミスの女王"を生んだのは、体操では世界一の規模とされる同国のナショナルトレーニングセンターでの猛練習。（毎日）

(594)　こうして、一九一九―二九年が相対的安定への時期とされるならば、一九二九―三九年は不安と危機の時期とされ、第二次世界大戦に直接つながっている。（二十世紀）

　先のI社会的思考型同様、「Np-ハ Nq-トシテ／ノヨウニ 言語活動 V-ラレル」のような構造の受身構文も、基本構造aのバリエーションと考えられる。

(595)　近年は、脳の話がもてはやされる傾向がありますが、人間の行動や精神活動が脳という物質の現象として説明される科学性に新鮮さが感じられるからでしょう。（記憶）

　次は、有情主語の例である。

(596) プーチン氏 は、昨年8月に首相に就任するまで無名だった。その後、チェチェンの武装勢力に対する強硬姿勢が国民に支持され、最近では 次の大統領に最も近い人物 といわれるまでになった。(毎日)

(597) 清兵衛「 当藩きっての一刀流の遣い手 て 言われる お方のお言葉とは思えましね。私の役目はあんたを斬ることでがんす。見逃すわけにはいきましね」(たそがれ清兵衛)

(598) 天城の南麓の小さい幾つかの部落では、 梶家 は昔から代々の医家で通っており、 他の農家とは格式が違うものとされていた [63]。(あすなろ.地)

次の例は、構造的には基本構造 a の形をとっているが、主語相当節の主題性が低いため、下位構造 b に近づいている。

(599) 大切なのは、多様な働き方、暮らし方を男女ともに選べ、人として認められることだ。高度成長期以降、 いい学校、いい会社に入ること が ハッピー と言われてきた。(毎日)

次に、下位構造 b の例を挙げよう。この、I 社会的判断言語活動型の下位構造 b は、伝聞を表わすモダリディ形式「ソウダ」にも近づいている。

(600) 味覚の発達は、ふつう学習効果が必要である といわれる。(たべもの)

(601) 現に、去年の秋から某省を中心として不正事件が進行していた。 それには多数の出入り商人がからんでいる といわれている。(点と線.地)

(602) 男性が女性化したり、女性が男性化した ともいわれますが、要するに男女差が小さくなってきたのです。(記憶)

(603) 従って、 三百年の樹齢を数える と言われる椎の老樹を玄関口に持っている梶家の大きい家屋敷は、鮎太の生れる前から天城営林署に貸してあり、そこの代々の署長官舎のようになっていた。(あすなろ.地)

(604) 清少納言の「枕草子」は1000年ごろに成立した とされる。(毎日)

(605) 中には 「富士山を見たいという願望から名付けられた」 と伝えられる 土地もあるという。(毎日)

I 社会的言語活動型の周辺と他のタイプ

「言われる」という動詞によるⅠ社会的判断言語活動型において、主語相当の名詞句が「言われる」の被修飾語になる外部構造をとると、Ⅰ社会的呼称型（Ⅰ社会）（呼ばれる、etc.）に意味が接近していく。

(606) 近代的とか先進的とかいわれる<u>経営</u>では、「愛社精神」を真正面から吹きこむというよりは、「愛社心が旺盛であるかどうかは事務管理のバロメーターである」というように、経営方針の結果として、それを望むのであるらしいが、［後略］（タテ社会）

(607) 環境先進国といわれる<u>ドイツ</u>を上回っている。（毎日）

しかし、「言われる」の場合、上のような連体節構造をとらなくても、Ⅰ社会的呼称型になることがある。次の例は、ト格の名詞句が主語の名称そのものなので、Ⅰ社会的呼称型に分類した。

(608) 沈澱した炭酸カルシウムは、結晶していないのでやわらかい。<u>これ</u>は、沈降性炭酸カルシウムといわれる。（化学）

この「INp-ガ INq-ト 言われる」という受身構文は、「INq」の名詞句の属性的な側面が問題になっているのであればⅠ社会的判断言語活動型であるし、その名称が問題になっているのであればⅠ社会的呼称型（Ⅰ社会）の意味を表わすことになるのだろう。

思考動詞や知覚動詞に比べ、発話動詞が可能用法との間で意味が曖昧になることはあまりないが、次の例は、可能用法とも解釈できる。

(609) 集団が資格の共通性によって構成されている場合には、その同質性によって、何らの方法を加えなくとも、集団が構成されうるものであり、それ自体明確な排他性をもちうるものである。もちろん、さまざまな条件が加えられることによって、<u>その機能の強弱</u>は<u>論ぜられ</u>ようが、集団構成の基盤に、その構成員の同質性自体が大いにものをいうのであって、条件は二義的なものとなる。（タテ社会）

3.3 Ⅰ社会的呼称型 「このビルはランドマークと呼ばれている」

Ⅰ社会的呼称型は、ある一定の社会的範囲において、不特定一般の人々が主語に立つ対象をある呼称で呼んでいることを表わす。

(610) Ⅰ社会的呼称型

対象	呼称	人々の呼称活動
Np-ハ SUB	Nq-ト COM	呼称 V-ラレル／ラレテイル

「このビルは、ランドマークと呼ばれている」

呼称動詞：呼ばれる、言われる、称される、etc.

まず、非情主語の例を挙げる。非情物が対象であるⅠ社会的呼称型の特徴は、「INq-ト 呼ばれる INp」のように、受身構文の主語相当の名詞句が被修飾語になった連体節の外部構造で用いられることが非常に多いということである。このように、連体節で用いられた「A-ト 呼ばれる B」は、「A という B」という表現に言い換えることができる場合がある。その場合、ヴォイスの対立は中和していると言える（高橋 1975）（波下線は呼称）。

(611) つまり、きわめて単純な形のインパルスとよばれる信号が網の中を走りまわっているのです。(記憶)

(612) すでにその例をいくつかみたとおり、ふつう「日本特殊性」と呼ばれるものは、一歩突っ込んで検討してみると、実態はむしろ、「日本的」でも何でもないケースが、意外に多い。(ゆとり)

(613) かつては金と羊毛の産出でうるおい、「ラッキー・カントリー」と呼ばれた豪州も、アジア経済圏の貿易で成長するしかない時代を迎えている。(毎日)

(614) 400万年前に東アフリカに誕生した人類が、南アメリカの最南端まで達した約5万キロの足取りは「グレートジャーニー」と称される。(毎日)

(615) 「それはたぶん、人間にはけっして理由がわからないから悪いことなのでしょう。理解しがたい禁止が掟というもので、その禁じられたものが悪と名づけられるのでしょう？」(聖少女)

Ⅰ社会的呼称型には有情主語の受身文が少数ながら含まれている。これは、呼称というものが通常はなんら感情＝評価的な態度を帯びないため、有情主語であっても非情主語の受身構文と表わす意味に変わりがないからである。「さぶと呼ばれる男」と「ダイヤと呼ばれる石」との間に、意味・機能上の違いは認められないだろう。

次に、有情主語の例を挙げる。

(616)　鮎太は誰からも、シンドウ、シンドウと呼ばれていた。梶とも、鮎太とも呼ばれなかった。「神童」という言葉がそのまま鮎太の綽名になったのである。(あすなろ.地)

(617)　それでも、弁天さまの祭りの日には、羽二重の羽織なんか着て、くるわでは『当り矢のせんせ』ってよばれてたんです。(忍ぶ川)

(618)　「なあに、あの娘はいままでずっとトンカツ屋で働いていたものでね、ねえちゃんと呼ばれないと落着かないと、本人がそう言うのだ。[後略]」(樹々は緑か)

(619)　それというのも妹背家は近郷の地士頭と大庄屋を代々勤めている名門であり、藩主が伊勢路へ往復するときの宿と定められていたので、通称を名手本陣と呼ばれるほどの家柄だったから、士分の娘が百姓娘のように畝道を駈けまわるような真似は許されていなかったからである。(華岡青洲.地)

「呼称−トイウ 名−デ」という形式で呼称が示されることもある。

(620)　なんといっても、生原稿から抜けだしたブンは、仲間から尊敬されていた。オリジナル・ブンという尊称でよばれているぐらいである。(ブンとフン.地)

(621)　「——悪かったら堪忍してくれ、おまえさんは油絞りで、こぶっていう仇名で呼ばれる人か」(さぶ)

先にⅠ社会的判断言語活動型の説明でも述べたように、「言われる」という動詞が名称を表わすト格名詞句と共起した場合は、Ⅰ社会的呼称型を表わす。

(622)　「本当だよ。お父さんが戦争から帰ってきてちゃんと元の会社に勤め

てたら、槇ちゃんだって、お嬢さんっていわれてたよ」(玉呑み人形)
(623) 一般に、酸といわれる物質と塩基（アルカリ）といわれる物質は、反対の性質を呈するが、混ぜると中和し、両方の性質をなくして、塩という化合物になる。(化学)

3.4 Ⅰ社会的評価型　「素材が重視される」

Ⅰ社会的評価型は、主語に立つ対象がある一定の社会的範囲において一般の人々からある評価を受けていることを表わす。Ⅰ社会的評価型の要素となる動詞は主に感情＝評価的な態度を表わす動詞であるが、感情＝評価的な内容を伴った広義認識動詞もⅠ社会的評価型を構成する。

(624) Ⅰ社会的評価型

a： 対象　　人々の感情＝評価的態度
　　　N-ハ SUB 感情＝評価的態度 V-ラレル／ラレテイル

「ピカソの作品は広く愛されている」

b： N-ハ 感情＝評価 N／Adj-ト／ニ 感情＝評価的態度／認識 V-ラレル・ラレテイル

「ピカソの作品は、天才的と見られている」

Ⅰ社会的評価型には、次のような感情＝評価的態度動詞が要素となる。これらは、主に心理的側面における感情＝評価的態度である。評価的な態度を表わす動詞には、この他に、評価的態度を言語活動によって表わす表現的態度動詞（叱られる、ほめられる、etc.）と評価的態度を動作によって表わす評価的処遇動詞（かわいがられる、笑われる、etc.）があるが、Ⅰ社会的評価型には、心理面での評価を表わす感情＝評価的態度動詞のみを要素と考えた。これは、感情＝評価的態度動詞の場合には、不特定一般の人々が動作主となると、通常の非情物が主語に立つことがあるのに対し、他の動詞では有情者の広義所有物が主語に立つ例しか見つからなかったためである。

(625) 愛される、憎まれる、嫌われる、好かれる、気に入られる、親しまれる、もてはやされる、見捨てられる、望まれる、疎まれる、恨まれる、信頼される、尊ばれる、尊敬される、尊重される、たたえられる、軽蔑

される、評価される、注目される、重んじられる、重視される；疑われる、怪しまれる、etc.

　Ⅰ社会的評価型の主語には、有情者も非情物も、さらには具体名詞も抽象名詞も自由に立つことができる。また、このタイプは非情主語であっても、不特定一般の人々を表わす動作主がニ格標示で現れやすいという特徴を持つ。

　基本構造 a の例から見ていこう。主語の具体性の高い順に挙げる。

(626)　フェルメールの絵も生前、高く評価されていたが、寡作のうえ小品ばかり。（毎日）

(627)　以上のようなことから、とうぜんであるが日本では素材がひじょうに重視される。（たべもの）

(628)　マラソンでは心肺能力や持久力が重要視されがちだが、同じ動作を延々と繰り返すのだから、百メートル以上に効率的なフォームを身につけることが大切だという。（毎日）

(629)　近年は、脳の話がもてはやされる傾向がありますが、人間の行動や精神活動が脳という物質の現象として説明される科学性に新鮮さが感じられるからでしょう。（記憶）

(630)　規制緩和や自由競争が声高に叫ばれ、能力主義が尊重され出した昨今の時代風潮に対し、「日光」が「共存」のメッセージを伝えている、と見ている。（毎日）

(631)　高校総体にも出ず、ひたすら将来へ向けた練習を重ねるスタイルは異端視もされた。（毎日）

　次のように、「-トシテ」という形式で「意義」を表わす名詞句が現れることがある。これは、評価内容が「-ト」で導かれる下位構造 b に形が似ているが、「-トシテ」の場合は評価内容というより「意義」であり、思考や知覚を表わす動詞と組み合わさることもないので、基本構造 a のバリエーションと考える。

(632)　[ダイヤモンドは] 無色透明で、光の屈折率が大きいので、みがくとキラキラと輝き、宝石として尊重される。（化学）

(633)　富士山と日本人の関係は長く、深い。万葉の時代からその姿が歌われ、

江戸時代には信仰の対象として<u>あがめられた</u>。(毎日)

(634) ガソリンエンジンに代わる次世代環境技術として<u>本命視される</u>「燃料電池自動車」の開発に要する費用は数千億円ともいわれ、[後略](毎日)

次に、評価内容を伴った下位構造bの例を挙げる。-トで導かれる引用節には評価形容詞や評価名詞が現れる（波下線は評価内容）。

(635) シドニーの観光名所、シドニー湾やオペラハウスが舞台となる。マラソンより長い51・5キロを、遠泳（1・5キロ）と自転車（40キロ）、長距離走（10キロ）の3競技に分け、タイムを競うサバイバルレース。勝者は「鉄人」と<u>たたえられる</u>。(毎日)

(636) 登録は、地元に「明るいニュース」と<u>受け止められている</u>一方、「一過性のものにしないで、いかに文化財の保護意識につなげるかが大切」という声も上がっている。(毎日)

次の例では、評価内容が評価形容詞の連用形で現れているが、これも下位構造bのバリエーションである。

(637) そういう時代風潮の下では、およそ何事につけても、"小"よりは"大"のほうが好ましく<u>思われた</u>かもしれない。(ゆとり)

I 社会的評価型の周辺と他のタイプ

評価内容ではなく、評価的な様態がデ格で現れた「感情＝評価的様態-デ 知覚V-ラレル」という構造の次のような例も、I社会的評価型の周辺例と見なせるだろう。

(638) 「学校に戻ったって、どうせ白い目で<u>見られる</u>だけじゃないか。それなら、いっそ、学校などはやめちまった方がいいんだ」(冬の旅)

同様に、次の例では、感情＝評価的様態が動詞の中止形（連用形）で現れている。

(639) ここで重要なことは、この「家」集団内における人間関係というのが、他のあらゆる人間関係に優先して、<u>認識されている</u>ということである。(タテ社会)

3.1でも述べたように、「知られる」という動詞が「よく」などの程度副詞を伴ったり、「名-ガ 知られる」という構造をとると（(641)）、「有名だ」のような評価形容詞に近くなる。これは、I社会的評価型の周辺に位置づけられる。

(640) これまで、データ放送といえば「見えるラジオ」として知られるFM多重放送などがよく知られている。（毎日）

(641) パブロフはロシアの脳生理学者ですが、脳生理学者で一般の人々にこれほど名前の知られている人はいないと思います。なにしろ「パブロフのイヌ」などということばがよく使われるほどです。／しかし、これだけ名前が知られているのに、その業績が彼ほど知られていない人も、珍しいでしょう。（記憶）

認識動詞が判断内容を伴ったI社会的思考型（I社会）のI社会的判断型において、判断内容に評価性を帯びた形容詞句ないし名詞句が用いられると、I社会的評価型へ近づく。

(642) 「ああ、そいつはコミュニストより百倍もわるい。変質者、殺人狂のたぐいと同列にみられる。［後略］」（聖少女）

(643) 荻江を知っている人々は荻江を無愛想な男勝りな女だと言っていたが、実際に会って話してみると、外から見る印象とは随分違っていた。［中略］愛想のない女と見られたのは、あまりにも出来すぎた女の一面だけを見た結果かもしれなかった。（花埋み．地）

次の例は、構造的には「意義」を表わすニ格が現れており、I社会的意義づけ型（I社会）であるが、この「意義」が評価性を帯びているため、I社会的評価型に近づいている。

(644) 成績のいい品行方正な生徒は、とかく悪童連から揶揄や嘲笑の対象にされ易かったが、鮎太ひとりは別格で、そうした生徒たちも鮎太の頭脳の優秀さには、何となく敬意を払う以外仕方がないと言ったような恰好であった。（あすなろ．地）

「選ばれる」とういう動詞も、「意義」を表わすニ格と共起することがあるが、次のような例では評価的側面が前面に出ていると言えるだろう。これらは、I

社会的評価型である。

(645) しかし、同じ業種の中では、環境保全に努力している企業が選ばれているようだ。(毎日)

(646) この洗剤がママ達に選ばれるのには理由があります。

次の例では、先に見たⅠ社会的言語活動型（Ⅰ社会）の周辺例（(587)(588)）と同じように、補語の連体修飾に評価内容が現れている。これも、Ⅰ社会的評価型と見なす。

(647) 環境先進企業は資金調達で有利になる一方、環境への取り組みがおろそかというレッテルを張られることは、市場から退場勧告を受けるのに等しい重みを持つことになる。(毎日)

3.5 Ⅰ社会的関心型　「本部の対応が注目される」「国政の真価が問われる」

Ⅰ社会的関心型とは、ある実体の動作や活動、現状やあり方、もしくはある活動や出来事の結果や効果といった広義属性に、社会的な関心が集まっていることを表わすタイプである。Ⅰ社会的関心型は、Ⅰ要求型（Ⅰ態度）の願望・欲求を表わす受身構文タイプが、動作主とテンス・アスペクトが一般的になることで抽象化したタイプである。動作主は、他のⅠ習慣的社会活動型同様、ある社会的範囲の不特定一般の人々であると考えられるが、動作主をほとんど想定できない場合もある。テンス・アスペクトは、反復で現在を含むこと（ラレル形ないしラレテイル形）が多い。ラレル vs. ラレテイルの対立は中和しているが、ラレル形の方が、動作主が話し手を含んだ一般の人々であることが強調されるだろう。

Ⅰ社会的関心型は、抽象名詞が主語に立ち、要求的態度動詞の一部か、思考活動の結果を表わす次のような動詞が要素となる。

(648) a．要求的態度動詞：求められる、要求される、期待される、望まれる；問われる[64]、問い直される、etc.

　　　b．思考活動の結果動詞：見直される、注目される、懸念される、心配される、危ぶまれる、疑問詞される、予想される、見込まれる、待

たれる、想定される、etc.

「要求的態度動詞」とは、能動文であれば、相手ニ格にヲ格の動作性名詞が表わす動作の実現・非実現を要求するようなデオンティックな動詞である（ex.「部下に出入りを許可する」）。しかし、I社会的関心型の受身構文タイプには、「命ずる、許可する」のような、相手に動作を促す要求者の許可や禁止、命令を表わす動詞は現れない。「要求的態度動詞」の中でも、要求者の願望や欲求を表わす動詞が要素となる。

一方、「思考活動の結果動詞」とは、思考活動の結果としてのある対象への心的態度を表わすもので、感情＝評価的なニュアンスを含む動詞もある。「思考活動の結果動詞」は、能動文で、相手のニ格を取ることはないが、ヲ格動作性名詞（結果名詞／状態名詞）の規定語として、当該の動作や現状の所有者が現れることが多い（ex.「部下の出入りを見直す」）。

これらの動詞は、奥田の連語論ではまったく別の連語タイプであるが[65]、いずれも対象への期待や注目といった「関心」を表わす点で共通している。

I社会的関心型の構造は、次のようになる。

(649) I社会的関心型

対　　　　　　象	社　　会　　の　　関　　心
動作性／抽象IN／節-ガSUB	要求／思考活動の結果V-ラレル／ラレテイル

「本部の対応が注目される」

I社会的関心型には、次の3つのサブタイプがある。3つのサブタイプは、主語に立つ名詞句のカテゴリカルな意味の違いによって区別される。

1) I活動への社会的関心型
2) I結果への社会的関心型
3) Iあり方への社会的関心型

(650) I社会的関心型のサブタイプ

　　a：I活動への社会的関心型

対象（活動）	社　会　の　関　心
動作性IN-ガ	要求／思考活動の結果V-ラレル／ラレテイル

「本部の対応が注目される」

a'：(主語−意志V)節−ガ 要求／思考活動の結果 V−ラレル／ラレテイル

「本部がどのように対応するかも問われる」

b：I結果への社会的関心型

出現場所	対象（結果）	社会の関心
(N−ニ)	無意志的動作性IN−ガ	要求／思考活動の結果 V−ラレル／ラレテイル

「エネルギー供給に大変革が予想される」

b'：(主語−無意志V)節−ガ 要求／思考活動の結果 V−ラレル／ラレテイル

「実のある会議になるのか疑問視されている」

c：Iあり方への社会的関心型

対象（あり方）	社会の関心
状態・特性IN−ガ	要求／思考活動の結果 V−ラレル／ラレテイル

「国政の真価が問われている」

c'：(主語−状態述語)節−ガ 要求／思考活動の結果 V−ラレル／ラレテイル

「その活動に本当に意味があるのかが問われている」

　I社会的関心型の要素となった要求的態度動詞は、要求相手＝（主語の動作性名詞の）所有者をニ格補語としてとるよりも、主語に立つ名詞の規定語としてとることが多い。すなわち、「政府の早急な対応が求められる」のように、主語に立つ動作性名詞のノ格規定語として現れることが多く、「?政府に早急な対応が求められる」という受身構文はきわめて少ない。統計を取ったデータ以外のデータに、数例が見つかるのみである（波下線は要求相手）。

(651)　と言っていたそうだが、それで自然、早期講和の方法探求がブレーンの学者グループに期待されることになったのである。(山本五十六.地)＋

(652)　そこで、働く人間に問われねばならぬのが職業意識なのではあるまいか。(働くということ)＋

　なお、I社会的関心型は、新聞テクストに特徴的な受身構文タイプで、他のジャンルでの頻度はそれほど高くないものの、新聞テクストではI実行型（I変化）について、非常に高い頻度を見せている。このI社会的関心型は、誰が

当該の動作や状態を要求ないし望んでいるかといった行為の具体性が希薄であるため、非常に間接的な「願望・当為」のモダリティ表現に意味的に近づいているように思われる。

以下、それぞれのサブタイプについて、用例を確認していく。

3.5.1　I活動への社会的関心型　「本部の対応が注目される」

まず、I活動への社会的関心型から見ていこう。I活動への社会的関心型には、何らかの実体の活動や動作を表す動作性名詞が主語に立つ。そして、主語の表わす動作の動作主が、「実体Aの活動B（実体Aは活動の動作主）」という形で現れることも多い。こうした実体の活動に、人々の関心が集まっていることを表わす（波下線は要求相手＝動作性名詞の動作を行う人）。

(653)　しかし、公認が得られない場合は出馬しない意向も示し、党本部の対応が注目される。(毎日)

(654)　ちょうど米国では11月の大統領選に向けてゴア副大統領が白熱したキャンペーンを展開し、上院選ではニューヨーク州から出馬するヒラリー夫人の選挙戦も注目されている。(毎日)

(655)　本人の適性にあった就職先を見つけられるよう、ハローワークなどでのきめ細かい職業紹介もいっそう求められる[66]。(毎日6月28日) ＋

(656)　積極的なレース運びが求められる。(毎日3月5日) ＋

(657)　日本の会社はイエ共同体的色彩を濃厚にもっており、そこで生きるには共同体成員への全体的気くばりが求められることをこれまでに見てきたが、［後略］(稟議と根回し) ＋

(658)　秀吉を祭った豊国社の臨時祭に、京都の町衆の大量参加が予想された。(近世の日本) ＋

I活動への社会的関心型a'として示したように、主語が節の形で現れることもある。このとき、節内の述語となる動詞は、意志性の動詞である。

(659)　86年の男女雇用機会均等法の施行で注目されたのは、女性が総合職として大企業でも男性と肩を並べてキャリアを追えるかどうかだった。

(毎日)

(660) その一部となっている五ヵ条の御誓文でも、「広ク会議ヲ興シ万機公論ニ決ス可シ」とあるように、天皇みずから統治権者として行動することは予想されていない。(憲法を読む) +

(661) 服装についても、昔より自由になったとはいえ、やはりスーツを着込んでネクタイをしめることが暗黙のうちに求められている。(働くということ) +

(662) 19世紀のスイスでは、国民が定住し戸籍を持つことが求められた。(毎日1月25日) +

(663) また、廃家電の回収ルートをいかに合理的につくり運用するかも問われる。(毎日)

3.5.2 Ⅰ結果への社会的関心型　「エネルギー供給に大変革が予想される」

次にⅠ結果への社会的関心型であるが、このタイプには、何らかの実体の活動や出来事の結果や効果を表わす無意志的動作性名詞が主語に立つ。無意志的動作性名詞とは、「スル」を後接すると無意志動詞になる動作性名詞である。そうした出来事の結果・効果に、人々の関心が集まっていることを表わす。動詞は、期待や予想を表わす動詞が多く用いられる。

(664) 2時間21分47秒の日本最高を持つ高橋尚子（積水化学）は3月の名古屋国際に臨む。［中略］東京で山口衛里（天満屋）が2時間22分12秒の好タイムで優勝しただけに、残る2レースでもハイレベルの結果が求められる。(毎日)

(665) しかし、それを真の人間的課題として克服するためには、被害者であると同時に加害者でもある、企業内部で働く人々の「職業意識」の成熟と強化こそが求められるのだ、といわねばならぬ。(働くということ) +

(666) シドニーでの活躍が期待される注目の選手たち。(毎日)

(667) 財政再建および行政改革の行方がすこぶる注目されるし、郵便貯金の急速な伸びも警戒を要する点である。(ゆとり) +

3 I習慣的社会活動型（I社会）　297

(668) しかしデータ放送の本命は衛星放送で、その帯域の広さ（データ伝送スピードの速さ）や、カバーできる地域の広さで将来の急速な普及が見込まれている。(毎日)

(669) 一方で、Y2K問題には数日間にとどまらない長期的な側面もあり、改めてその影響が懸念される。(毎日)

(670) 特に最大の貸手であるドイツの大手銀行は、1998年夏以降のロシア危機で巨額の融資焦げ付きが心配されたことで、株価が急落するなど大きな影響を受けた。(毎日)

(671) 柔道で最も厳しい戦いが予想されるのは男子60キロ級の代表争いだ[67]。(毎日)

(672) 2000年を迎える前に携帯電話による「おめでとうコール」の殺到が予想されたため、NTTドコモが通話規制したためだが、事前に利用者に告知していなかったという。(毎日)

I結果への社会的関心型でも、I結果への社会的関心型b'として示したように、主語が節の形で現れることもある。このとき、節の述語となる動詞は、無意志性の主に自動詞である。

(673) 今年11月に大統領選挙を控えているクリントン政権の戦略もかなり政治的な色彩を帯びることが予想され、サミットでは、新ラウンド開始に向けて米国のイニシアチブも含めた議論が、重要な議題の一つに浮上したと言える。(毎日)

(674) ABM条約改定についても、改定交渉にゴーサインを出したエリツィン大統領の辞任を機に、ロシア軍部の「改定反対論」が強まることも予想される。(毎日)

(675) これはいわば文明人間の宿命であり、抑制力をもちその調和に懸命に努力する人間——私はこれを文化人間と呼んできた——への転身をどうして成しとげ得るかが問われているのが現状である。(高齢化社会) +

(676) そのテストには、海軍で使われている発煙筒が利用され、海面に流れ出る濃い煙が、進水した艦を完全に包み込んでしまうことが期待され

298   第4章　非情主語一項受身構文

たのだ。(戦艦武蔵.地) +

(677) 新大統領の就任式は8月上旬の予定で、直後に退任するエリツィン大統領が参加して実のある会議になるのか、疑問視される。(毎日)

I結果への社会的関心型では、I結果型が出現場所のニ格名詞を補語とするように、結果の現れるところがニ格で現れる場合がある（点下線は出現場所）。

(678) もとより国家機能の中心が行政に移ることには大きな弊害も予想されるので、別の選択が有効であればそれに越したことはない。(憲法を読む) +

(679) さらに、20世紀の文明を支えたエネルギーにも大変革が予想される。現在確認されている埋蔵量を今の年間生産量で割ると、原油は約40年、天然ガスは約60年、ウランも約70年で底をつく計算になる。代替エネルギーをどこに見いだしていくのか。(毎日)

(680) ディーゼル機関については理論上の大発展は期待されないとしても、小改良点はいくらでもあった。(孤高の人.地) +

周辺的な例ではあるが、出現場所がガ格相当となり、結果を表わす名詞がヲ格で現れて、「N-ガ　N-ヲ　予想される」という例が見つかった。

(681) 第二の仕事は、技術的研究であったが、最も困難を予想されるのは、進水だった。(戦艦武蔵.地) +

(682) それまでどの民間企業も手をつけていなかった光ファイバーの量産開発は、当然のことながら多大のリスクを予想される事業だった。(稟議と根回し) +

3.5.3　Iあり方への社会的関心型　「国政の真価が問われている」

Iあり方への社会的関心型の主語に立つ名詞は、何らかの実体の現状やあり方、その価値、能力といった状態や特性を表す名詞である。こうした実体のあり方に、人々の関心が集まっていることを表わす。

(683) わが国リーダーたちの先見性が問われる局面だ。(毎日)

(684) いま、記憶力が問われている一方、創造性についてもその開発が求められています[68]。(記憶) +

(685) これに対して日本の職場は、仕事の目で見た「使用価値」だけで結びついた組織ではなく、全人格的な「存在価値」が求められ問われる職場である。(稟議と根回し) +

(686) いや、民衆と一般的にいうよりも、労働者階級が勝利できるかどうかの可能性が問われはじめていたのである。(近代の潮流) +

(687) 米国が行き詰まっていく中で日本の精神風土が見直され、それが広く普遍的な目標になるのではないか。(毎日)

(688) アトランタ五輪で活躍した大黒柱、ミレーヤ・ルイス(32)が姿を消して世代交代が難航したキューバ。昨夏の国際試合で日本にまで敗れ、『女王』の座が危ぶまれた。(毎日)

(689) こうした流れの延長線上に、高度情報社会では、合意形成の方法や代表することの意味自体が問い直される時代まで見通せる。(毎日)

(690) [前略]昨年のケルン・サミット(独)に続き、再発防止に向け、国際通貨基金(IMF)を中心とした体制強化の必要性が確認されるだろう。(毎日)

(691) と同時に、他方では自国第一主義が強調され、アラビア語の追放をはじめ、近代建築もアケメネス朝時代のスタイルが要求された。(二十世紀)

(692) 音楽監督、指揮、演出、それにオペラの主役など専門性が要求される部分は、日本を代表する人たちに頼ってきたが、[後略](毎日)

Ⅰあり方への社会的関心型でも、主語が節の形をとることがある。次の(693)は、Ⅰ活動への社会的関心型 a' とも考えられるが、「能力」の状態性述語と捉え、Ⅰあり方への社会的関心型 c' と考えた。

(693) 人間がどこまで気候変動のメカニズムを理解し、対応できるかが問われている。(毎日)

(694) 自然との戦いに勝ち、月にまで着陸するという時代になって、はじめて世界的規模で、人間とは何か、どんな環境で生活すべきなのかが、人

類破滅の危機を宿しながら、問われだしたのである。(二十世紀) +

(695) 古墳と関係があると思われる神社は、宗像神社の辺津宮とか伊勢の外宮などもあって、あんがい多いことが予想される。(日本の神々) +

(696) 第二には、進水台の取りつけ時期が早いので、固った獣脂も進水の日までの長い期間、絶対にひびわれしたりしないことが要求されるのだ。(戦艦武蔵.地) +

次の (697) も、I活動への社会的関心型に近づいているが、「突き進むこと」よりもそうした「姿勢＝あり方」が主語に立っていると見なし、あり方への社会的関心型と考えた。

(697) これからは、自身で自分なりの方向を見つけ、突き進む姿勢が求められる。リスクも伴うが、後戻りすることはできない。(毎日)

次の例は、動詞が要求的態度動詞または思考動詞ではないが、実際の「試す」という行為は問題になっておらず、「問われている」に近いだろう。よって、Iあり方への社会的関心型の受身構文と考えられる。

(698) 代替エネルギーをどこに見いだしていくのか。地球規模の難題の数々。次の100年は、人類の英知が試されている。(毎日)

I 社会的関心型の周辺と他のタイプ

特に「注目される」という動詞では、具体名詞から抽象名詞までさまざまな名詞が主語に立つ。通常の思考活動の結果動詞であれば、抽象名詞のみが主語に立つはずである。これは、この「注目される」という動詞が評価性をもあわせもった、感情＝評価的態度動詞に近いことを意味しているのだろう。次の例では、ある結果を目指した動作の行われる場や、ある結果や効果をもたらすであろう実体が主語に立っている。これらは、周辺的ではあるが、実体がもたらす何らかの結果やそのあり方といった属性に人々の関心があるという点で、I社会的関心型の周辺に位置づけたい。

(699) [2選手が五輪に] ともに出場すれば金メダル候補だけに、代表最終選考会となる4月の全日本選抜体重別選手権（福岡）が注目される。(毎

3 Ⅰ習慣的社会活動型（Ⅰ社会）　301

　　　日）

(700)　人口の多いアジア、アフリカなどに今後自動車を普及させることを考えれば、各メーカーが排ガスの出ない「究極の環境車」の開発を迫られるのは必然ともいえる。／そこで注目されるのがガソリンを使わない燃料電池自動車だ。（毎日）

一方で、「世界的に注目される」というような表現になると、かなり社会的な評価性のニュアンスを帯びる。こうした例も、やはり実体の持つ属性に関心がある点で上の(699)(700)の例と連続的であるが、これらはⅠ社会的評価型（Ⅰ社会）と見なした。

(701)　［インタビュー］——これからの課題は何ですか。◆デリバティブ（金融派生商品）の大証と自負しているので、デリバティブの分野で世界に注目されるよう力を入れていきたい。（毎日）

(702)　この国は東西軍事ブロックの廃止を呼びかけ、東西対話の口火を切ることによって、世界から注目されてきた。（二十世紀）＋

また、「注目される」は「N-トシテ／デ」といった「意義」を表わす名詞句と共起する場合がある。この「意義」を表わす名詞句は「N-ト／ニ」と述べられないことから、典型的ではないが、これはⅠ意義づけ型（Ⅰ態度）またはⅠ社会的意義づけ型（Ⅰ社会）の周辺に位置づけたい（波下線は意義）。

(703)　RNAとかDNAは遺伝を左右する物質として注目されたもので、しかも、これらはすべての細胞に含まれています。（記憶）＋

(704)　ただどういうわけか、「オール20」になってからパチンコは賭博性をもつものとして警察当局から注目されるところとなり、昭和三八（一九六三）年には「オール20」は、その製造、販売、使用を禁止されるようになった。（パチンコと日本人）＋

(705)　だが堀川病院はそれを負担しながら赤字を切り抜けることができる状態になったのであるから、地域社会の老人対策に関する一つのモデル・ケースとして注目されてよいと思う。（高齢化社会）＋

(706)　オッタワ会議は、世界にブロック経済の大勢をうながす契機となっ

た点で注目される。(二十世紀) +

　要求的態度動詞や思考活動の結果を表わす動詞の多くが、-トで導かれる引用節の構造をとることができる。このときには、Ⅰ社会的判断型（Ⅰ社会）に移行する。次の (707) はⅠ社会的判断型の基本構造 a の形[69]をとっているし、(708) は b の構造[70]をとっている（波下線は判断内容）。

(707)　シドニー五輪に臨む日本競泳陣の中で「一番メダルに近い種目」と期待されているのが女子背泳ぎだ。(毎日)

(708)　しかし、たとえば将来の住民補償や保険金支払額が環境対策によっていくら減るかを予想するのは、仮定が多すぎて正確な把握は困難だ。今後も試行錯誤が続くと予想されるが、環境会計への取り組みは、企業に自発的で持続的な環境対策への取り組みを促すきっかけとなりそうだ。(毎日)

　Ⅰ社会的関心型の要素となる動詞は、有情者の対象への関心という心的態度を含む精神活動を表わすとういう点では通常の認識動詞と異なるが、広く精神的な活動という点では「思われる、考えられる、見られる」といった動詞に共通している。よって、抽象名詞が主語に立つ構造や、節-コトガが主語に立つ構造、さらに引用節-トと共起する構造をもとりうるのだろう。また、ラレル形で述べられる際には、話し手が動作主に含まれることが暗示され、このときに自発用法との境界が曖昧になることも、認識動詞と共通している。次の例は、いずれもⅠ社会的関心型であるが、話し手に視点があると解釈すれば、自発用法である。

(709)　大型台風の襲来が｛懸念される／心配される｝。

(710)　日本人選手の活躍が｛期待される／予想される｝。

　特に、次のような思考活動の結果動詞による個別一回的な例では、動作主が話し手（ないし話し手の視点のある人物）としか解釈できない。この場合、自発用法と見なすべきかと思われるが、動作主が話し手である受身用法と見なすなら、Ⅰ思考型（Ⅰ認識）に位置づけられるだろう。

(711)　この図でもアルファ波が減少していないことが注目されます。(全能

型勉強法のすすめ）＋

(712) デッキに出てみると潮風が実に心地良い。波も、これが太平洋かと思われるほど穏やかだったから、のどかで快適な一日の遊覧が予想された。（若き数学者のアメリカ）＋

上のように、思考活動の結果動詞による個別一回的な例は自発用法と見なされる。一方、要求的態度動詞によるラレル文はどうであろうか。「動作性 N-ガ（個別 AN-ニヨッテ）要求的態度 V-ラレル」といった個別一回的な例は、I 要求型（I 態度）である。ただし、I 要求型の頻度は非常に低く、統計をとったデータにはほとんど例が見つからなかった。

(713) その席で、小川所長は、第二号艦の完成期日の大幅な繰上げが、海軍艦政本部から二回にわたって要求されていることを発表した。（戦艦武蔵.地）＋

要求的態度動詞の中でも、「期待される、望まれる」などは、動作を要求する相手を取らずに、通常の抽象名詞が主語に立って、思考活動の結果動詞のように振る舞う場合がある。しかし、動作性名詞が主語に立ち、動作を要求する相手をとる場合でも、これらの動詞では、自発用法との曖昧性が生じるようである。

(714) 大正が昭和に変ったことは、なにかそこに新しいものが期待されたけれど、すぐ、加藤は、新しいものが、大正時代より更に暗いもの、つまり、大正から昭和への移行は、暗転でしかあり得ないように考えると、見るもの聞くものすべてが憂鬱に思われてならなかった。（孤高の人.地）＋（思考活動の結果動詞）

(715) a．生徒たちの成績向上が期待された。（要求的態度動詞）
　　　b．生徒たちに成績向上が期待された。（要求的態度動詞）

要求的、もしくは意志的態度動詞が連体修飾の外部構造に現れるとき、具体的時間性を失って行為者が想定できない、属性形容詞的な意味を表わす場合がある。このような例は、I 特徴規定型（I 超時）に移行する。

(716) 予想される問題、想定された使い方、約束された勝利、約束された運

命、期待される内容、期待された効果、求められる力、求められる情報、望まれた結婚、望まれた結末、意図された目的、用意されたシナリオ、etc.

有情者が主語に立って、「AN-ガ 動作 N-ヲ 要求的態度 V-ラレル」という構造になると、AA 相手への要求型（AA 態度）へ移行する。

(717) 海軍艦政本部が、軍令部から、帝国海軍第三次補充計画の一つとしてこの新戦艦の研究を要求されたのは、昭和九年、山本がロンドンに着いたか着かぬかの十月のことであった。(山本五十六.地) +

(718) ここでも、聞き手や読者は、理解のための相当の努力を求められる。(日本人の言語表現) +

(719) おれには無限に大きな未来がある。おれは多くの人たちから将来を期待されているのだ。(青春の蹉跌.地) +

「求められる」という動詞は、「N-ニ N-ガ 求められる」という構造になると、I 存在確認型（I 存在）へ移行する。この I 存在確認型における「求められる」は、可能用法との境界が曖昧になる。

(720) もっとも、反射論の考え方は、デカルトの二元論に源流が求められるほど、古くからみられたものです。(記憶)

(721) さきの柳田説によれば、日本人が視線に敏感になったことの理由は、わが国の近代化の過程に求められているわけである。(まなざしの人間関係) +

(722) 日本人にとって「神」「祖先」というものは、この「タテ」の線のつながりにおいてのみ求められ、抽象的な、人間世界からまったく離れた存在としての「神」の認識は、日本文化の中には求められないのである。(タテ社会) +

3.6 I 社会的約束型　「人身売買は禁止されている」「国民の人権は守られている」

I 社会的約束型は、主語に立つ有情者の広義所有物（動作や属性など）が、社会的な約束・ルールによって規制ないし保障されることを表わす。社会的な

ルールによって人々の動作を規制する事態を表わすのが「社会的規制」であり、これは「許される」などの要求的態度動詞で構成される。また、人々の属性や権利といった広義所有物を社会的なルールによって保障していることを表わすのが「社会的保障」で、これは「守られる」などの保護動詞で構成される。

(723) I社会的約束型

所　有　者	対象＝所有物	社 会 的 規 制　／　社 会 的 保 障
(AN-ノ／ニ)	動作性N／N-ガ	要求的態度V／保護V-ラレル／ラレテイル

「夜間の入場は禁止されている」「国民の人権は守られている」

いずれも有情者の広義所有物が主語に立つのだが、これが社会的な制度等によって規制ないし保障される場合、制度／設備-ニヨッテ／デ という修飾語が共起することがある。

「社会的規制」の要素となる動詞は、モーダルな態度(デオンティックな態度)を含む要求的な態度動詞のうちの、願望や欲求を表わすもの[71]ではなく、より相手の行動を規制することを表わす許可や禁止の動詞である。

(724) 許される、許可される、認められる、定められる、禁止される、禁じられる、廃止される、制限される、規制される、義務づけられる、etc.

また、「社会的保障」を構成する動詞は、「約束される」のような意志的態度を表す動詞も要素になるが、ほとんど「保護」を表わす評価的処遇動詞に限られている。

(725) 守られる、保障される(保証される)、保護される、約束される、etc.

次のように、個人の動作主による要求的態度動詞の個別具体的な事態はI要求型(I態度)である。I社会的約束型は、このI要求型の動作主とテンス・アスペクトが一般的になることで抽象化したタイプと考えられる。

(726) さらに、地球温暖化防止京都会議で各国に義務づけられた二酸化炭素(CO2)削減も大きな課題になっている。(毎日)

(727) 聯合艦隊が佐伯湾に入り、宮崎神宮参拝の上陸が許された時、宮崎の旅館の女中が、禿頭の黒島先任参謀を長官と思いこんで応待しているので、[後略](山本五十六.地) +

上の個別具体的なⅠ要求型は、すべてのテクストを通じて頻度が非常に低い。一方で、動作主が不特定一般の人々であるⅠ社会的約束型は、非情主語受身構文でありながら、会話文テクストでの頻度が比較的高く、他のテクストにおいてもⅠ要求型に比べれば圧倒的に頻度が高いのが特徴である。

以下、Ⅰ社会的規制型とⅠ社会的保障型の別に用例を見ていく。

3.6.1 Ⅰ社会的規制型

社会的規制型の要素となる要求的態度動詞は、その他動詞文（能動文）において、ヲ格に動作性名詞、ニ格に要求相手かつヲ格動作性名詞の動作主でもある有情者を補語としてとる（ex.「生徒たちに入場を許可する」）。しかし、社会的規制型は、社会の構成員である「一般の人々」の動作を規制するものなので、要求相手＝動作性名詞の動作主であるニ格名詞句は、省略されることが多い。現れる場合は、ニ格の相手として現れたり（(737)）、主語の規定語として現れたり（(733)）、また、主語に節が含まれる場合はその中で主語として現れたり（(728)(736)）する。

なお、手元のデータを見る限りでは、Ⅰ社会的規制型は「禁止」を表わす場合が多く、「許される」という動詞も、「許されない」という否定形や反語の疑問文で用いられる方が多い。

(728) ［前略］通称を名手本陣と呼ばれるほどの家柄だったから、士分の娘が百姓娘のように畝道を駈けまわるような真似は許されていなかったからである。（華岡青洲.地）

(729) 「恋愛のない結婚なんて許されないことだわ」（楡家）

(730) 富士は「女人禁制」の山。それが60年に一度の庚申縁年だけ入山が許された。（毎日）

(731) 「俺達の商売は江戸の昔からちゃんと認められた商売だ」
「人身売買は寛政にすでに禁止されています」
「あの女にはちゃんとした証文があるんだ」
「廓での女性の売買は、明治五年の芸娼妓契約無効令により廃止されて

おります」(花埋み)

(732) 「[教練]は]文部省の中学校令施行規則によって定められているのです。仕方がありませんね。[後略]」(雁の寺)

(733) 「でもお医者様の解剖は禁じられてはいないのでしょう」(花埋み)

(734) 江戸時代、それまで武士などの間に行われていた肉食の風習が強く禁止されてしまった[72]。(たべもの)

(735) 現在は毒物及び劇薬取締法があって、取り扱いが制限されている。(化学)

次の例は、主語の動作性名詞が節として現れた例である。ここでは、(737)のように、節内の動詞述語の主語相当の動作主が主題として現れている例もある。

(736) ナレーション「あの頃、侍の家族が町人やお百姓のお祭りを見物することなどは、固く禁じられていたのですが、朋江さんはそんなこと一向に気にされませんでした。私たち武家の暮らしはお百姓のおかげで成り立っているのですよと話して下さったことをよく憶えております」(たそがれ清兵衛)

(737) 「だから、近親相姦はふつうの人間には禁じられているのだ。これをおこなう資格があるのは、自分の兄や妹を愛することができるほどの精神的エネルギーをもった女、あるいは男にかぎられますよ。こういう精神的王族は、自分たちだけで愛しあい、神に対抗して自分たちもまた神の一族であると主張することがゆるされるのだ。[後略]」(聖少女)

(738) しかし、「興奮しないように」と産前・産後に新聞を読んだり、テレビをみることは禁止されていた。(毎日)

3.6.2 I社会的保障型

I社会的保障型では、有情者の属性や権利といった広義所有物が社会的な約束として守られていることが表わされる。

(739) まず「終身雇用」制によって、いかにいいかげんな働きぶりでも、

定年までの雇用は完全に保証されているから、人びとはけっして勤勉に働こうとはしない。(ゆとり)

(740) いわば、かつてはエリートないし金持ちにだけ保障されていた"生存権"(?)が、いまや一般大衆ないし貧乏人にまで拡充されたのである。(ゆとり)

(741) 受験なんてものは、早くすませられればそれにこしたことはないんですもの。三百万円で、大学まで保証されるんだったら、安いものよ。(女友だち)

(742) 個人の時間までも社宅や厚生施設や企業の病院によって物質的に守られているからというだけではなく、彼の意識そのものも、本当は見えない深部においてまた企業の保護を受けているのである。(働くということ) +

(743) こう考えてくると、日本の文化は明日の生が約束された基盤の上に立っているといってもよい。(たべもの) +

主語に立つのは基本的に有情者の属性や権利であるが、次のように非情物の属性が現れることもある。

(744) 天皇制の神聖性は、刑罰で守られるということがなくなったのである。(憲法を読む) +

I 社会的約束型の周辺と他のタイプ

次の例は、動作性名詞がヲ格で現れており、「有情者-ガ 動作性N-ヲ 要求的態度 V-ラレル」というAA相手への要求型（AA態度）の構造をとっているが、主語に立つ有情者が一般化されているため、意味的にⅠ社会的規制型に移行している。

(745) その現存作品はわずか三十数点、すべて所蔵美術館の至宝となっており、ほとんど貸し出しを許されないが、うち5点が今春、日本で一挙に公開される。(毎日)

保持を表わす動詞は、状態名詞が主語に立つと「状態N-ガ 保持 V-ラレル」

という構造でⅠ実行型（Ⅰ変化）（出来事の局面型）の要素にもなる（(746)(747)）。また、いずれのタイプにも位置づけられなかったが、「具体N-ガ 守られる」という受身構文もある（(748)）。

(746) どうしてこのような長い期間鎖国が守られたのかというと、それは、肉食の完全な禁止によると考えてもよいのではなかろうか。（たべもの）

(747) 環境経済学者、ハーマン・デイリーは人類の文明がサステーナブル（持続可能）な発展を遂げるための三つの条件を挙げている。例えば「物を使ったらその分補充する」とか「物を捨てるのは吸収能力の範囲内にする」とか、実に簡単なこと。ところが、それが守られていない。（毎日）

(748) そこで、亜鉛が溶け出し、鉄は守られて、さびにくくなるわけである。（化学）＋

3.7 Ⅰ社会的意義づけ型 「その顔はよく漫画の材料にされる」

Ⅰ社会的意義づけ型は、主語に立つ対象がある一定の社会的範囲において一般の人々から何らかの意義を付与されていることを表す。Ⅰ社会的意義づけ型は、個別一回的な事態のⅠ意義づけ型（Ⅰ態度）に対応しており、「意義」を表わす結果的なニ格ないしト格（トシテ）の補語を取るという構造的特徴を持つ。

(749) Ⅰ社会的意義づけ型

対象	意義	人々による意義の付与
Np-ハ SUB	Nq-ニ／ト／トシテ COM	サレル／使用／例示／選択 V-ラレル／ラレテ

「その面長の顔はよく漫画の材料にされる」

Ⅰ意義づけ型同様、次のような、対象を扱うことを表すかなり一般的な意味の処遇動詞の他、使用動詞、例示動詞、選択動詞が要素となる。

(750) 扱われる、される、取り上げられる、使われる、用いられる、使用される、利用される、あてられる、例えられる、なぞらえられる、見立てられる、あてはめられる、数えられる、間違えられる；選ばれる、推される、定められる、採用される、決められる、登録される、承認される、指定される、想定される、etc.

有情主語の例から挙げよう（波下線は意義）。有情主語の意義づけを表わす個別具体的な事態のタイプは、すべてAA評価動作的態度型（AA態度）に位置づけた。これは、個別具体的な事態の場合には、評価性に中立な「意義づけ」の例を見つけるのが困難だったためである。しかしながら、動作主が不特定一般の非アクチュアルな事態になると、次のように評価性に中立な「意義づけ」が見られる。

(751) いつになったら女も男と同じに扱われる時代が来るのであろうか。(花埋み.地) +

(752) ［前略］と、書かれているが、その温容がひと目で純真な子供の心をひきつけたのでもあろうか。一歩教会堂へはいっただけで、たちまち日曜学校の教師に扱われたのは、後にも先にも永野信夫一人であったろう。(塩狩峠.地) +

(753) 男子は10～14歳で元服、女子は裳着（もぎ）という式をあげ、成人として扱われ、結婚年齢は男15歳、女13歳前後だった。(毎日)

(754) あのときは、宇野電機に入社できるかどうか、入社しても社長の息子としてあつかわれるかどうかの危惧があった。(冬の旅.地) +

(755) 本人は西欧への開放改革を行ったピョートル大帝を範としたとされるが、「大動乱の時代」へ導いた僭越（せんえつ）王ボリス・ゴドノフに例えられることも多かった。(毎日)

(756) 乗組員には、定まった訓練以外にこれといってしなければならない事もなかった。春島の平坦な場所に建設される小さな飛行基地の使役に使われたり、秋島の一割をきりひらいて作物を植え武蔵農園と称したりした。(戦艦武蔵.地) +

次に、非情主語の例を挙げる。

(757) 当時ジンギスカン料理はまだ珍しく、中華料理屋で前菜のようにあつかわれていたが、千代子ははじめて食べる羊の肉の臭みが鼻についたので箸をつけるのをやめ、いずれ出てくるであろう中華料理を愉しみに待つことにした。(楡家.地) +

(758) ふたつの半円は北の広場と南の広場と呼ばれ、一対のものとして扱われたが、実際には両者が見るものに与える印象は正反対と言っていいほどに違っていた。(世界の終わり) +

(759) ［蔵王山の］その頤の長い、しばしば漫画の材料にされる面は通路にむかって伏せられ、果してケー・エヌ丸の効果があったのかどうか判断をくだすことは難かしかった。(楡家.地) +

(760) この社会人類学は、［中略］従来、歴史学者や社会学者によって対象とされていたような、スケールの大きい複雑な社会（これを complex society とよぶ）——日本や西欧諸社会を含めて——をも対象とするようになり、数々の研究成果を生みつつある。(タテ社会)

(761) それというのも妹背家は近郷の地士頭と大庄屋を代々勤めている名門であり、藩主が伊勢路へ往復するときの宿と定められていたので、通称を名手本陣と呼ばれるほどの家柄だったから、士分の娘が百姓娘のように畝道を駈けまわるような真似は許されていなかったからである。(華岡青洲.地)

(762) ファラデーは「電気化学の父」と呼ばれるが、電気分解に関するファラデーの法則は、化学の教科書に必ず出ている基礎的な法則である。そして、電気化学の面から、電気量の単位に、その名が使われている。(化学)

(763) 緑青は、緑色の顔料に使用される。一方、鉛白は白色の顔料である。大変のびがよいので、昔は白粉として使われたが、鉛の毒作用で害が出たのでいまは使われていない。(化学)

(764) つまり、目的とか必要性というのは、生きるという方向性に伴うものですから、それがないコンピューターは、人間の目的や必要性に応じて道具として使われるだけです。(記憶)

(765) しかも馬鹿高い税金のほとんどが、この町の修復に充てられているのよ。町はどんどん老朽化していく。(冷静と情熱)

I 社会的意義づけ型の周辺と他のタイプ

　使用動詞の受身構文は、「節-タメニ／コトニ 使用 V-ラレル／ラレテイル」という構造をとる場合がある。これは、「動作性 N-ニ 使用 V-ラレル」として述べることも可能である[73]。しかしながら、(765)の例も含め、ニ格に動作性名詞が立つと、これが直接的に「意義」を表わすとは言いにくい。いわば、ニ格の動作性名詞が示す動作の材料や道具として、主語に立つ対象が使用されることを表わしている。そして、その「動作の材料や道具」というのが「意義」だと言える。よって間接的な意義づけではあるが、これもⅠ社会的意義づけ型の周辺に位置づけることにする。

(766)　修復作業のためには、日本ユネスコ協会連盟に一般市民から寄せられた約300万円の寄付も使われている。(毎日)

(767)　同じ「日本的」制度・慣行が、かつては「だめ派」によって、日本がいかにだめかを説明するために用いられ、いまでは逆に、「すばらしい派」によって、日本がいかにすばらしいかを説明するために用いられる。(ゆとり)

(768)　ドライアイスをお湯の中に投入すると、それといっしょに蒸発する水蒸気が冷えて、霧になる。これがドラマの舞台や結婚式場で、白い雲を作ることに利用される。(化学)

　また、使用動詞では、「意義」が明らかな場合は、これが省略されることがある。特に、「よく、しばしば」などの頻度副詞が共起した場合に、省略されることが多い。

(769)　パブロフはロシアの脳生理学者ですが、脳生理学者で一般の人々にこれほど名前の知られている人はいないと思います。なにしろ「パブロフのイヌ」などということばがよく使われるほどです。(記憶)

(770)　たとえば、アメリカで多く使用されるソースにグレービーソースがある。(たべもの)

(771)　日本では、この包丁は、広く使われている。

　さらに、使用動詞による受身構文は、「対象-ガ 着点場所-ニ 使用 V-ラレル」

という構造をとることがある。これは、I位置変化型（I変化）に限りなく近づいているが、「調味料として」や「方法論として」などが省略されているとも考えられるので、I社会的意義づけ型の周辺に位置づけた（点下線は着点場所）。

(772) そして、このソースが煮込み以外の料理でも西洋料理のほとんどに使用されるのである[74]。（たべもの）

(773) クロマトグラフィーという分別法は、比較的新しく開発された分析手段である。[中略]しかし、一般の学者の注目をひくようになったのは、それから20年もたってからで、第二次大戦後にいろいろな方面に活用されるようになった。（化学）

次のように、意義を表わす名詞句が評価性を帯びると、I社会的評価型（I社会）へ移行する。

(774) 成績のいい品行方正な生徒は、とかく悪童連から揶揄や嘲笑の対象にされ易かったが、鮎太ひとりは別格で、そうした生徒たちも鮎太の頭脳の優秀さには、何となく敬意を払う以外仕方がないと言ったような恰好であった。（あすなろ．地）

先にも述べたが、有情主語で個別具体的な事態になると、AA評価動作的態度型（AA態度）を表わす。

(775) 楡家って家は、本当に冷たい、たとえようもなく冷たい家ね。上の者は、質のいい人たちは大事にされるわ。でもそれは愛情じゃなくって、功利的なだけなのよ。（楡家）

(776) 十年の余も稼ぎに稼いで、子供が三人もできたのに、亭主らしい扱いをされたことは一度もなく、朝から晩まで頭ごなしにどなられ、追い使われた。（さぶ．地）

(777) 鮎太は、勉強はしていなかったが、黙って大学生の方へ頷いてみせた。急に自分が大人扱いにされているような変な気がした[75]。（あすなろ．地）

(778) そのメデルが、若いボクサーに軽くあしらわれ、涙を浮かべながら引退の十点鐘に聞き入っている。私は顔をそむけた。（一瞬の夏．地）＋

3.8 その他の社会活動型

本研究で立てたI認識型（I認識）及びI態度型（I態度）のサブタイプは、I知覚型、I発見型、及びI表現型以外は、対応するI習慣的社会活動型を持っている。このうちI態度型のサブタイプであるI表現型（I態度）は、次のように、反復ないし特性のアスペクトで述べられることも多く、これを個別一回的な事態とは別に立てる必要があるかもしれないが、全体の用例の頻度が低かったため、今回はすべてI表現型として位置づけた（波下線は表現手段）。

(779) いま電気メッキで銀を析出させるとすると、Ag^+（銀イオン1モル）+ e^-（電子1モル）→ Ag（銀原子1モル）という反応式で表わされる。（化学）

(780) この取りきめによると、宇宙の大きさはほぼ100億光年（10の26乗メートル）、宇宙の現在までの寿命は100億年（10の16乗秒）と表わされる。（時間の不思議）＋

(781) そしてここでは時間が金でしか計れぬ以上、補償は金銭として表現されざるを得ないだろう［中略］。（働くということ）＋

I知覚型（I認識）には、次のように、動作主が不特定多数の一般の人々で、反復アスペクトで述べられた例が数例見つかったが、これも頻度が低かったため、すべてI知覚型に位置づけた。

(782) 実際、地上波テレビやBSアナログ放送、CSデジタル放送もケーブルテレビを通じて見られている割合が多い。12月に始まるBSデジタル放送も半分近くはケーブルテレビで見られるとの見方もある。（毎日）

(783) 諸外国とくらべて日本の「特殊性」を描いた書物が、次々と出てさかんに読まれ、「日本論」「日本人論」「日本文化論」が大流行しているのも、むべなるかな——という気が、いちおうはする。（ゆとり）

I発見型（I認識）は、頻度が低い上、不特定一般の人々が動作主である習慣的な事態は見あたらなかった。ただし、I発見型の、発見場所がデ格ではなくニ格で表示された場合はI存在確認型としてI存在型（I存在）のサブタイ

プに位置づけた。I存在確認型は、抽象名詞が主語に立つことが多く、この場合、動作主は不特定一般の人々で、存在のアスペクトを有している。このI存在確認型は、非常に頻度の高いタイプである。

　また、所有変化動詞である「売られる」という受身動詞は、対象の移動が逆向きである「買われる」やその他の所有動詞に比べ、不特定一般の動作主の反復アスペクトの事態として述べられることが多い。しかし、今回はすべてI所有変化型に位置づけた。

(784)　肉を焼いたときにしたたり落ちた汁をベースにしたソースであるが、これが、インスタント的な食品に加工されて多く売られている。(たべもの)

(785)　DDI（第二電）とIDO（日本移動通信）は31日、高音質携帯電話サービス「cdmaOne」用端末の2機種（京セラ製）が、「1999年12月31日（金）」の日付を「2000年12月31日（日）」と誤って表示した、と発表した。2機種は60万台が売られているが、誤作動は初めて。(毎日)

先に本項の冒頭で述べたように、催行動詞による受身構文も、特に評論文テクストでは反復、習慣のアスペクトでよく現れる。これらも、今回はI実行型に位置づけた。

(786)　社会集団のあり方については、すでに社会学の分野で多くの試みがなされてきた。(タテ社会)

(787)　できるものも麦が主であるから、動物性の食品は、生存上欠かすことができない、そのため、牧畜が広く行われたのである。(たべもの)

(788)　ヴァスコ・ダ・ガマ、コロンブス、マジェランらの航海が行なわれてから後には、世界を区分けしたのは常に欧州であり、その世界支配過程は不断に進められてきた。(二十世紀)

4　I超時的事態型（I超時）

I超時的事態型とは、具体的な時間の流れの中における対象の変化を問題に

しない事態で、主題化された名詞句の特性や実体ないし属性間の関係を述べる受身構文である。構造上の特徴として受身構文の主語が主題化されるか、主語相当の名詞句が被修飾語となった連体修飾の構造をとることが多い。また、具体的な働きかけを表わさない事態であるため、行為者は通常想定できない。このような特徴を持つⅠ超時的事態型は、形容詞文に近いタイプであると言える。

Ⅰ超時的事態型には、次のようなサブタイプがある。

　Ⅰ特徴規定型　　「この箱は中が仕切られている」「洗練された人」
　Ⅰ論理的操作型　「水に溶ける物質は、大別して２つのグループに分けられる／分類される」
　Ⅰ限定型
　　条件限定型　　「製品化される発明品は、小型のものに限られる」
　　縮小化型　　　「戦時中の食糧生産量は限られていた／抑えられている」

なお、超時の事態を表わす受身構文には、このほかに、非情非情受身構文のⅡ関係型（Ⅱ関係）がある。Ⅱ関係型とは、次のような受身構文である。

　Ⅱ位置関係型　　「この国は海に囲まれている」「樹々にさえぎられる」
　Ⅱ論理的関係型
　　Ⅱ内在的関係型　「イチゴにはビタミンＣが豊富に含まれる」
　　Ⅱ構成関係型　　「委員会は５人の議員から構成されている」
　　Ⅱ象徴的関係型　「戦後の高度経済成長は、東京オリンピックに代表される／象徴される」
　Ⅱ影響関係型　　「人の性格は環境に左右される」

これら、Ⅱ関係型については第６章非情主語非情行為者受身構文で詳しく述べる。以下では、非情一項受身構文に位置づけたⅠ超時的事態型の３つのサブタイプについて、その構造と相互移行のあり方について考察していく。

4.1　Ⅰ特徴規定型　「この箱は中が仕切られている」「洗練された人」

Ⅰ特徴規定型とは、主語に立つ非情物の時間を越えた特徴を規定する受身構文である。Ⅰ特徴規定型は、動詞性をほとんど失っていて、「恵まれた環境（≒

豊かな環境)」のように形容詞に限りなく近い。

　I特徴規定型には、広く対象を変化させる変化動詞が要素となるが、中でも状態変化動詞が代表的である。ただし、作成動詞も広義状態変化動詞として、I特徴規定型を頻繁に構成する。I特徴規定型は、連体修飾の外部構造をとることが多く、その場合はラレタ形もしくはラレテイル形が用いられ、文末ではラレテイル形となる。

(789)　I特徴規定型

対　象	特　　性
IN-ハ SUB	変化 V-ラレテイル

「この箱は、中が仕切られている」【行為者想定不可能】

実例を見ていこう。まず、連体修飾構造に現れた例から挙げる。

(790)　とくに煮込み用に作られたずんどう鍋は、その料理の形態をよく表わしている。(たべもの)

(791)　「うん、昔の私はいつも心がささくれだって荒れていた。表向きは穏やかなんだけれど、心の中にいつも満たされないものを持っていた。[後略]」(冷静と情熱)

(792)　アリストテレスやプラトンの時代なら世界を統一的、体系的に説明する「知」の世界があった。イデオロギーもその範ちゅうだ。しかし我々は細分化された無数の情報の山の前で右往左往している。(毎日)

(793)　人影疎らな冬の公園の中で、そのトランクは置き忘れられたもののように見えた。(植物群.地)

(794)　日比谷公園には、戦捷祝賀の連合国旗に彩られた山形の大門が建ち、群衆は押しあって怪我をした。飾りつけはなかなかの見物であった。(楡家.地)

(795)　フン先生は、刑務所の正面玄関の方へ、歩いて行った。前庭にはよく手入れされた松がほどよい間隔で、緑と枝ぶりのよさを誇りあっている。(ブンとフン.地)

(796)　後に説明するように、「パブロフのイヌ」の実験は、条件反射の基本

318　第4章　非情主語一項受身構文

的性質を知るために工夫された、実に優れた実験として選ばれたものなのです。(記憶)

次は、ラレル述語が文末ないし連用中止に現れた例である。

(797)　もし、両方の箱とも、中がテニスボール大の12の区画に仕切られていて、その1区画にそれぞれのボールが1個ずつ入っているとするなら、ピンポン球でもテニスボールでも、1ダース入りの箱の大きさは同じということになろう。(化学)

(798)　石の家は、幽霊でも住んでいるみたいだけど、台所の設備も、インテリアも洗練されてる筈です。(ドナウ)

(799)　つまり日本の料理は、一見いろいろなものがいりまじっているようにみえるが、味の面からいうと、日本的なものという単一化したもので固められているといってもよいのである。(たべもの)

(800)　「ソーシャル・ストラクチュア」の持続性・固執性の度合いは、その社会の歴史が古いほど、またその社会の人口が大量で密度が高いほど強いものである。これは社会がそれ自体高度に統合されており、社会としての質が高く厚いために、いっそう根強い力をもつものである。(タテ社会)

次の例の主語は有情者名詞であるが、個々の人格性(意志や感情)は問題にされていないので、非情物相当と見なす。

(801)　[前略] 居住(または財産共有体としての)家族というものは、「家」のように閉ざされた世界で[77]はなく、個人は家の外につながる社会的ネットワーク(血縁につながるという同資格者の間につくられている[76])によっても強く結ばれているのである。(タテ社会)

(802)　「そんなことを言っても仕方ないよ。現代人はみんな要領がいいようにつくられているからね」(冬の旅)

(803)　この不思議な祖父と孫が、本当に人々が言うように痴呆的な夢想家だったのか、正義と情熱に裏打ちされた告発者だったのか。彼等には何があって、何が足りなかったか。(ドナウ)

この他、次のような例がある。

(804) 恵まれた環境、加工された食品、記憶について書かれている本、疎外された人々、血塗られた大会、開かれた社会、抽象化された概念、制度化された組み立て、舗装された道、隠された生活、etc.

こうしたラレル動詞は、結果状態を表わすものと違い、「V-ラレル」が起きる以前の状態と以後の状態との違い、すなわち先行する変化はまったく意識されていない。いわば、特徴を規定する形容詞に近づいている。例えば、「抽象化された概念」などは、「抽象的な概念」ということであり、「加工された食品」は「加工食品」としてもほとんど意味が変わらない。しかし、受身構文構造をとることで、具体的な動作主はまったく想定できないものの、やはり何らかの外的要因が当該の特徴づけに関与したことが含意されるだろう。

I 特徴規定型の周辺と他のタイプ

次の例も、変化前の状態と変化後の状態の差に意識がある「結果状態」ではなく、対象の特徴を述べるI特徴規定型とみなした。しかし、動作主を想定することは一応可能である。もし結果状態のアスペクトと見なすなら、I状態変化型（I変化）になる。

(805) 冷静さを取戻せたことに、彼は驚いていた。当然、彼は川村朝子の濃く塗られた唇を、眼の前の少女の唇から連想していた。(植物群.地)

(806) この家は考えると太郎そのものであった。美しくて、整理され、しみも埃りもないが空虚であった。部屋は死んだ細胞だ。みんなそのなかに隔離されて暮らしている。(裸の王様.地)

対象としたテクスト内にそれほど多くの実例が見つかったわけではないが、要求的もしくは意志的態度動詞が連体修飾の外部構造に現れ、具体的時間性と具体的な行為者を失った次のようなタイプも、I特徴規定型であろう[78]。

(807) 想定される問題、想定された使い方、約束された勝利／運命、期待される内容／効果、求められる力／情報、望まれた結婚／結末、用意されたシナリオ、意図された目的、仕組まれた戦争、etc.

次の例の「予定された」も意志的態度動詞が具体的時間性と具体的行為者を失った例である。「決まった環境」というような、対象を限定修飾するだけの意味しか持たないと考えられる。

(808) しかし、下等動物は生きていくことのできる環境がほぼ決まっていて、それからはずれると生きていけません。巧妙な生存機能は<u>予定された環境</u>の中でのみ発揮されるのです。(記憶)

4.2 Ⅰ論理的操作型　「水に溶ける物質は大きく２つに分けられる」

Ⅰ論理的操作型は、生産性も頻度も低く、未だ暫定的にしか一般化できていない。Ⅰ論理的操作型は、Ⅰ位置変化型（Ⅰ変化）のコトの位置変化やⅠ抽象的存在型（Ⅰ存在）にも意味・構造的に近い。それは、もともと物理的はたらきかけを表わす位置変化動詞がこのタイプの要素となることに現れている。また、奥田（1960：213）は、このタイプが「くらべる」「たとえる」などの論理的な態度をしめす例示動詞に近いことを述べている。本研究では、例示動詞はⅠ意義づけ型の要素である。確かに、例示動詞と共起するニ格やト格の名詞句に似た意味の名詞句がこのタイプの要素となる。

また、Ⅰ論理的操作型は、意味的にはⅡ論理的関係型（Ⅱ関係）のサブタイプであるように思えるが、構造的に、そのテンス・アスペクトは個別の一回的な事態でもあり得る点で他のタイプと異なる。

(809) Ⅰ論理的操作型

対象	位置づけ場所	論理的操作
IN-ハ SUB	IN-ニ／カラ COM	論理的操作 V-ラレテイル

「水に溶ける物質は（通常）大きく２つのグループに分けられる」【行為者想定不可能】

Ⅰ論理的操作型の要素となる動詞は、次のような動詞を考えている。

(810) 分けられる、分割される、分類される、分散される、振り分けられる、結び付けられる、切り離される、入れられる、加えられる、足される、引かれる、除かれる、etc.

次のような例が見つかった（波下線は位置づけ場所）。

(811) 水に溶ける物質は、大別して二つのグループに分けられる。（化学）

(812) 日本人の意識では、文化は「表」と「裏」に分けられる。（日本人の意識構造）＋

(813) アジア大陸の東に住んでいる人種は、北モンゴロイド、中央モンゴロイド、南モンゴロイドの三つに分類される。（進化論が変わる）＋

(814) 牛乳は、タンパク質も多くふくむが、カルシウムも多くふくむので、アルカリ性食品の仲間に分類されている。（化学）＋

(815) 朝の食事を抜くことは、それだけどこかで抜いた分だけの栄養をとらなければ必要なものを満たせない。ふつうは昼と夜の食事にこれが分散される。（たべもの）

(816) バレーボールの男子は昨年末、上海のアジア予選で敗れたため、7月の世界最終予選がラストチャンス。3枠をめぐりフランス、ポルトガル（ともに21〜23）、ギリシャ（24〜26日）の3大会いずれかに振り分けられ、各1位がシドニーに行ける。（毎日）

(817) いずれにしても、ある神が特定の土地に結び付けられ、そこに「坐」しているという状態をあらわしている点では、共通しているといえるであろう。（神と仏）＋

(818) ところが、フランス大革命で彼の一般意思は人権宣言のなかに書きこまれ、大共和国と結びつけられてしまった[79]。（憲法を読む）＋

(819) 欧州内においても、この原則は万遍なく適用されたのでなく、将来に禍根を残したが、欧州外世界が適用範囲から除外されたということは、アジア＝アフリカ植民地問題をいよいよ深刻にした。（二十世紀）

I 論理的操作型の周辺と他のタイプ

次のような「抽象 IN-ニ／トシテ 挙げられる」の受身構文も、I 論理的操作型と言えるだろうか。これらの例は、本研究では I 抽象的存在型（I 存在）に位置づけている。

(820) 企業の環境問題への取り組みが例に挙げられた。

(821) さらに、恵まれている証拠の一つに、日本には砂漠がないことがあげられる。(たべもの)

(822) ヨーロッパの隅々にまでルーベンス芸術が浸透した理由の一つに、こうした制作方法が挙げられる。(毎日)

特に「分けられる、挙げられる、あてはめられる」などは、可能用法との境界が曖昧であることが多い。次の例では、先行する「みられる」も可能用法との意味が曖昧であるが、「みられる」はⅠ存在確認型（Ⅰ存在）、「あてはめられる」はⅠ論理的操作型（Ⅱ関係）として受身用法に数えている。

(823) もちろん、抽象された理論と現実の社会の諸現象の間には、相当なずれがみられるのであり、これらの理論が西欧社会にそのままあてはめられるというものではない。(タテ社会)

4.3 Ⅰ限定型

Ⅰ限定型とは、主語に立つ非情物の広い意味での属性がその通りに発現せず、属性の発現がある範囲に狭められたり、弱められたり、縮小されたりする意味を表わす。Ⅰ限定型は大きくⅠ条件限定型とⅠ縮小化型[80]に分けられる。

Ⅰ条件限定型は、ある集合全体の中で、主語で表わされる属性Ａを持つものが、ニ格名詞で表わされる属性Ｂ＝条件を持つものだけであるという意味を表わす。集合の中から、主語が表わす動作や事態、特性を可能にする、もしくは持ちうるグループを、ニ格名詞句の条件で限定しているのである。

一方、Ⅰ縮小化型は、主語に立つ非情物の属性が、何らかの外的要因により、通常通り発現せず縮小されることを表わす。

(824) Ⅰ限定型

a．条件限定型

集合全体＝範囲	動作・事態・特性	条　　件	限　定・制　限
(N p - で$_{MOD}$)	属性Ａを持つNq-ハ$_{SUB}$	属性Ｂを持つNr-ニ$_{COM}$	限ラレル／ラレテイル

「(発明品の中で) 製品化されるのは、小型のものに限られる」【行為者想定

不可能】

b．縮小化型

```
  対象        縮小化される
  N-ハ SUB   限ラレル／ラレテイル
```

「戦時中は、食糧生産量が限られていた」【行為者想定不可能】

Ⅰ限定型には、次のような動詞が要素になる。

(825)　限られる、限定される、制限される、抑えられる、抑制される；抑圧される、圧迫される、etc.

Ⅰ限定型のテンス・アスペクトは、もっとも用例の多い「限られる、限定される」については、通常具体的時間性を持たない、非アクチュアルな事態になる。一方、これ以外の動詞では、一回的な出来事として現れることも少なくない。ただし、その場合でも、動作主はほとんど想定できない場合が多い。よって、常に超時的事態を表わすわけではないが、便宜的にⅠ超時的事態型のサブタイプに位置づけておく。

4.3.1　Ⅰ条件限定型　「製品化されるのは、小型のものに限られる」

Ⅰ条件限定型の構造は、具体的には次のように文に現れる。

(826) a．発明品の中で製品化されるのは、小型のものに限られる。
　　　b．製品化される発明品は、小型のものに限られる。

以下、用例を見ていこう（波下線は条件）。なお、例(832)のように、「抑えられる」のニ格補語に現れるのは、数値を表わす名詞句に限られる。

(827)　過去数世紀にわたって、モロッコにあるスペイン領土は、地中海沿岸の四つの小さな飛び地に限定されていた。（二十世紀）

(828)　しかしこの境界線を越えるのは白人に限られていた。（ゆとり）

(829)　入浴は12日のうち8日が凶とされたため、申（さる）、酉（とり）などの4日だけに限られた。（毎日）

(830)　このように、小集団のあり方はさまざまであるが、構成員がお互いによく知りあった仲間に限定されるので、その大きさは二人から十数人

が常で、[後略]（タテ社会）＋

(831) 衆議院すら、選挙権は直接国税十五円以上を納める二十五歳以上の男子の記名投票に制限されたのだった。（近代の潮流）

(832) 1973年に規制が開始される前の8%に抑えられ、2005年にはさらに0・04グラムまで制限される見通しだ。（毎日）

4.3.2 Ⅰ縮小化型 「時間が限られている」

次に、Ⅰ縮小化型の例を挙げよう。Ⅰ縮小化型は、主語に立つモノの数量が少ないことや、コトの発現する範囲などが狭い、小さいということを表わす。

(833) ところで、同じものばかりを食べていると、脳細胞のうちよく刺激される細胞が限定されてくる。（たべもの）

(834) 平本さんは「[中略] その後、仏教の浸透で肉食がタブー化し、食糧生産量が限られたなかで、人口を維持、増加させるために体が小型化したのではないか」と話す。（毎日）

(835) 理解力が高まれば記憶力はひとりでに高まりますが、記憶力だけを高めようとすれば理解力が抑えられて、結局は記憶力も高まらないことになるのです。（記憶）

(836) とにかく仲よくやっていかなければならない人たちで、個人の好みは抑制されたり、また長いあいだに友情が形成されたりする。（タテ社会の力学）＋

(837) この当時の幸福追求の意味は非常に限定されていた。（憲法を読む）＋

Ⅰ縮小化型の中でも特に「限られる」は、連体修飾の外部構造で、「限られた時間／予算／条件」といった形で用いられることも多い。

Ⅰ限定型の周辺と他のタイプ

Ⅰ条件限定型では、主語で表わされる属性Ａを持つグループの範囲をニ格補語で表わしているとも考えられる。そのように考えると、次のような範囲を表わすニ格補語をとる「適用される／拡大される／拡充される」などの受身構文

は、この条件限定型に近いものであると考えられる[81]。暫定的にI条件限定型に位置づけた。

(838) しかも、こうした方式が戦勝国的発想の所産であり、戦勝国の植民地には適用されなかったということ自体、意味深長である。(二十世紀)

(839) [リサイクルは]当面4品目が対象だが、いずれはOA機器やパソコンにも拡大される見通しで、各社は研究を進めている。(毎日)

(840) いわば、かつてはエリートないし金持ちにだけ保障されていた"生存権"（？）が、いまや一般大衆ないし貧乏人にまで拡充されたのである。(ゆとり)

また、次の(841)のように、動作性名詞が主語に立って、社会的なルールとして有情者の動作が制限されることを表わす場合、「禁止される」のようなI社会的約束型（I社会）に非常に近くなる。同様に、(842)のように、有情者が主語に立ち、動作性名詞がヲ格に立つとAA相手への要求型（AA態度）へ移行する。いずれも「要求的態度動詞」の特徴を持っているということだろう。

(841) 現在は毒物及び劇薬取締法があって、取り扱いが制限されている。(化学)

(842) 問題は、若干の（場合によっては多数の）成員が発言を抑制されたり我慢させられたりして、気がねと遠慮のもとでの全会一致という場合であろう。(稟議と根回し) ＋

5 その他の非情主語一項受身構文

本節では、本研究で取り出したサブタイプに位置づけられなかった非情一項受身構文を紹介する。

奥田(1968-72：62)で「生き物にたいするはたらきかけ」とされている「おう、おいはらう、そだてる、やしなう、かう、かる、かりたてる、ならす、しつける」などの動詞がある。このうち、「追う、追い払う、駆る、駆り立てる」は接近動詞（AA接近型）とし、「育てる、養う、飼う、ならす、しつける」は

生理的変化動詞（AA 生理的変化型）の周辺に位置づけた（第 2 章 1.1.3 (p.63) 参照）。しかし、「飼う」という動詞は動物のみを対象とする点で有情主語の受身構文には位置づけにくく、また「変化」を表わすわけではないので、位置づけが難しい。次の例は、非情一項受身構文のその他に含めた。

(843) たとえば、母親はわが子に乳をのませることができるように、生まれつきできていますが、のませる方法は後から身につけます。動物の場合は、主として仲間の模倣で身につけるので、仲間から離されて飼われている動物の中には、乳ののませ方がわからずに、ついには乳を子どもにあたえられないという場合もあるのです。（記憶）

注
1) 一方で、AA 態度型に現れた非情主語の受身文はすべて潜在的受影者のいる受身構文だったので、それらはすべて AA 態度型の各サブタイプに位置づけた。
2) たとえ非アクチュアルなアスペクトで述べられても、当該タイプにおける頻度が低ければ、これは単なるアスペクト的な対立であるとして、アクチュアルなアスペクトの用例と同列に扱っている。
3) ただし、こうした特殊な構造の受身構文が他の言語でも可能かどうかは、対照するさいに留意しなければならない。
4) 「受容器から」は起点である場所と考えられるが、次の例の「脳から」は動作主的でもある。
5) 「置かれる」の場合では、用例の半数以上がⅠ存在様態受身型であった。
6) 「引き取られる、受け取られる」と共起するニ格の有情者は、着点＝受取相手であると同時に動作主でもある。よって、この種の受身構文は、主語が非情物であるが、動作主が必須の補語であると言える。
7) このとき、「取り戻される」は本来カラ格の起点を補語としてとり得るが、この例では起点のカラ格名詞を想定することは難しい。
8) 非情主語の要求的態度動詞によるタイプは、Ⅰ社会的関心型とⅠ社会的約束型があった。個別一回的な要求行為の受身構文（「市民に重労働が強制された／命じられた」）のような受身構文は、手元のデータには見つからなかった。
9) 「深い縦皺」は現象名詞的であるが、モノ名詞と見なした。
10) この構造的特徴は、「書かれる」という動詞にも似ている。
11) 以下の例には、いくつかラレテイル形の例があるが、これは〈Ⅰ抽象的存在型〉ではなく、反復のアスペクト（習慣）と考えた。

12) ただし、表現動詞の場合は、Ⅰ表示型とはニ格名詞句の性格が異なるため、これを1タイプとして立てる必要があるかもしれない。今回は頻度が低かったため、Ⅰ表示型の周辺に位置づけた。表現動詞は、動詞そのものの意味としては「動作的な態度」を示すものであって、その点で表示動詞に近いが、構造はⅠ結果型ないしⅠ位置変化型にむしろ近いという特殊な動詞である。
13) もっとも、(160)(161)はⅠ抽象的存在型である。
14) 連体修飾の外部構造であるために、意味の混乱を生じずに解釈できるのだろうか。
15) 先行する述語に現れている「首脳会議に報告され」という発話動詞による受身構文も、「発表される」という動詞と極めて似た構造を持つ。違いは、ニ格補語の有情者がより個別的か、より一般的かということだろう。
16) 最後の「芝居が演じられる」はⅠ動作実行型である。
17) 「天皇、皇后両陛下」が実際に「予定した」かどうかは分からないが、「天皇、皇后両陛下は公式訪問を予定している」という能動文が可能なので、これを動作主と見なす。次の(194)も同様。
18) この例は、動作実行というより、コトの結果型(Ⅰ結果型)に分類すべきかもしれない。
19) 「延期される」などの動詞は、局面動詞とは言いにくいが、行事名詞(出来事名詞)が主語に立つことから、Ⅰ出来事の局面型の周辺に位置づけておく。
20) 動作性名詞の動作的なものとは、「スル」を伴って他動詞になるものであり、状態的なものとは自動詞になるものである。
21) ただし、Ⅰ無変化型は用例(頻度)も少なく、未だ十分な一般化ができていない。
22) こうした無変化動詞は、「対象へのはたらきかけ」を表わす動詞の中では、異質な動詞である。なぜなら、「対象へのはたらきかけ」というのは、通常、対象を変化させることを前提としているからである。先にAA動作型の説明で引用した奥田(1968-72)の「ふれあいのむすびつき」の説明を再度ここに引用する。

・ふれあいのむすびつきをあらわす連語では、を格の名詞でしめされる物へのはたらきかけが、なんの変化もよびおこさないで、たんなる接触あるいは把握におわっている。しかし、観察や感情表現のようなばあいをのぞいて、物にたいする物理的なはたらきかけが、その物になんの変化をももたらさないなら、それは無意味である。したがって、おおくのばあい、ふれあいのむすびつきは、物にたいして物理的にはたらきかけて、それを変化させる全過程のうちから、接触の段階あるいは接触のし方だけをとりだして、表現しているといえるのである。このことは、なぐりころす、うちたおす、かみくだく、にぎりつぶす、ひきぬく、うけとめるのようなあわせ動詞の存在が証明してくれる。(同 p.36、太字原文、波下線志波)

このように、接触動詞は「物へのはたらきかけ」の中でも特殊な動詞であるため、

非情主語の接触動詞による受身構文も頻度が低いと考えられる。
23) 単に可能用法と言っても、潜在系と実現系などさまざまな可能文のタイプがあるが、本研究ではⅠ認識活動型と相互移行する可能文のタイプについてまでは一般化できなかった。
24) このように、「場所-カラハ IN-ガ 知覚 V-ラレル」という構造で、場所の特徴を述べる文は、小説の地の文の叙景文によく現れる。
25)「認められる、認識される、意識される」は、その語彙的な意味にずれ＝抽象化をおこさずに具体名詞とも抽象名詞とも自由にむすびつく（奥田1968-72：103）。
26)「観察される」という動詞は、動作主が1人称の受身構文を構成する。「一定の温度が観察された」という文は、動作主が1人称であり得る。「認められた、見られた」などもこの種の表現が可能であるが、一段動詞であるため、動作主が1人称の場合は常に可能用法との曖昧さが生じる。
27) ただし、事態が反復・習慣的なアスペクトで述べられると、ラレル形が現在を表わすことになる。
28) この例は、「どうであろうか」と考えている人物の視点からのべた不可能の用法とも読める。ここでは、「考えられていなかった」という意味で解釈し、受身とした。
29) この受身構文は、動作主が「鮎太」という話し手の視点が置かれた人物である。このため、動詞の形態はラレル形であるが、「理解できなかった」という実現系の可能の意味に近くなっている。
30)「政治、環境、格差」などの抽象名詞と思考動詞との〈知的なむすびつき〉が対象的な性格を持っているのは、こうした名詞の表わすものが、動作主の「意識のそとに存在する対象の側面であるか、対象間の関係で」あるからである（奥田1968-72：97）。つまり、動作主にとって外的な実体である。
31) 有情者が主語に立っているが、「死体」であるのでモノ扱いと考える。もし、主語に立つ有情者の意志性や人格性が意識されて述べられているとすれば、AA知覚型になる。
32) この受身構文は動作主が1人称である。こうした受身構文が自然な使用かどうかは検討の余地がある。
33) この例は、AA判断型の主語相当の有情者が被修飾語になった文とも考えられるが、「人々」という語がかなり特定性の低い有情者を指すことから、Ⅰ判断型と見なすこととした。
34) このタイプは、奥田（1960：257-259）の〈態度のむすびつき〉の中の〈意義づけ的な態度〉の連語に対応しているが、奥田（1968-72）では〈意義づけ的な態度〉はなくなっていて、この連語で扱われていたいくつかの動詞は〈知的な態度のむすびつき〉で取り上げられている。

　意義づけ的な態度のむすびつきを表わす連語として、「かごを手土産にする」「い

もやき餅を冬の朝の代用食とする」などが挙げられている。また、「しっかりものを媒酌に決める」「相手を発情中の動物に例える」などは、構造的にみて意義づけ的な態度のむすびつきに近いと述べている。

35) ただし、選択・決定を表わす動詞は、動作の結果や動作主の対象に対する評価性をある程度含んでいるだろう。選択・決定動詞が評価性を含むと見なすなら、これらは AA 感情＝評価的態度型となる。いずれにしても、Ⅰ意義づけ型の要素となる動詞にはいくつかの意味の異なるグループが盛り込まれていて、寄せ集め的になってしまっている。

36) この例の「他人に」のように、不特定動作主の場合には非情主語であってもニ格標示が不自然でないことが多い。しかし、この例では、「加藤」という有情者に視点があることも、動作主のニ格標示を自然にしている要因かもしれない。

37) ニ格に動作性名詞が立つと、直接的に「意義」を表わすとは言いにくくなる。いわば、ニ格の動作性名詞が示す動作の「材料」や「道具」として、主語に立つ対象が使用されることを表わしている。この「材料」や「道具」がすなわち「意義」である。

38) ただし、「使われる、使用される、利用される」などの使用動詞が圧倒的多数を占めており、これは、テクストの内容にも影響されいているかもしれない。

39) しかし、現段階の分類では「秘密にされる」はⅠ意義づけ型、「明らかにされる」はⅠ状態変化型ということになっている。

40) ここでは対象が主題化されているため、ヲ格かガ格かが判然としないが、後続する述語の主語でもあるので、ガ格相当と判断した。なお、この文は恒常的な条件として述べられているため、動作主は特定できないが、個人の動作主が想定されていることは確かである。

41) 「任される」には、ニ格名詞句に「有情者」ではなく「有情者の所有物」が立つ、次のような例が見られる（波下線）。
    ・カウンセリングも一部では行われているが、面接委員の人選や指導内容は各刑務所の裁量に任され、書道やそろばんを教えるだけのところもある。（毎日5月27日）＋

42) 次の例を比較されたい。
    ・中国の要求が｛容れられる／容認される｝。
    ・??中国に要求が｛容れられる／容認される｝。

43) ただし、Ⅰ社会的関心型には、要求的態度動詞のほかに「注目される、予想される、望まれる」などの思考動詞、及び「問われる」などの発話動詞も要素となる。(p.292参照)。

44) この受身構文は個別具体的な事態なので、本来、Ⅰ社会的言語活動型ではない。しかし、本研究では、判断の構造を持つ発話動詞の非情主語受身構文は、通常の

発話動詞による用例が得られなかったため、タイプとして立たなかった。もし立てるとするなら、非情一項受身構文のⅠ態度型のサブタイプとしてⅠ判断言語活動型というタイプを立てることになる。なお、この用例の主語を有情者と見なすなら、AA表現的態度型（AA態度）に分類されることになる。

45) このアスペクトの分類は野村（2003）にしたがっている。本研究では、アクチュアルなアスペクトとして、「存在様態」「結果状態」「動作進行」、非アクチュアルなアスペクトとして「反復（習慣）」「パーフェクト」「超時（特性）」を認めている。この他、「いらいらさせられる」などの生理・心理状態や「星がきらきらしている」などの現象は、「一時的状態」のようなアスペクトとして認められると考えている。

46) それぞれ、次のような受身構文である。
　　・結果状態：先ほどまではきれいだった壁が汚されている。
　　・動作進行：答案用紙が次々に配られている。

47) 李（2007）によると、テアル文の存在様態用法に現れる動詞は、963例中、「設置・付着」を表わす動詞が554例、「書記」を表わす動詞（書く、記す、記入するなど）が378例、「つくりだし」を表わす動詞が31例だったという。李は、これらの3タイプの動詞グループを「いずれも対象である物の位置を変化させることを表わす動詞である」とし、三類の動詞を合わせて「物の位置変化動詞」と呼んでいる。本研究では、李の「設置・付着」を表わす動詞を通常の「位置変化動詞」と呼んでいるので、この3タイプを合わせた動詞グループを「広義位置変化他動詞」と呼ぶことにする。

48)「所蔵される」という動詞は、ニ格の存在場所が同時に「所蔵する」という動作の行為者かつ対象の所有者でもある点で、位置変化動詞とは言いがたいが、暫定的にここに分類しておく。

49)「書かれる」などでは、このように引用のートを伴うと、主語のない文になる場合がある。

50) しかし、「（死んだ）和子はこんなところに埋められているんだね」など、主語に立つ有情者への私的な感情が強く、さらに「こんなところに」のような評価性が加わると、存在様態であっても「受影」の意味を帯びるようである。

51) なお、次のような例の存在を考えると、ニ格の場所名詞が主語に立った能動文が対応しているとも考えられる。
　　・デルフトの町にはフェルメールが暮らした雰囲気が残されている。
　　　⇔デルフトの町は、フェルメールが暮らした雰囲気を残している。

52) さらに、ラレテアル形でも不自然なようである。

53) この例は、「彼女は脳細胞の中にすべての犯罪人の名前を叩き込んだ」という能動文が可能である。次の例でも、「2人は国際会議場の命名に思いを込めた」という能動文が一応可能だろう。「能動文が存在しない（行為者を想定できない）」とい

う構造の一般化は強すぎるだろうか。
54)「神の存在が（和夫によって）信じられた」のような受身構文。
55) 非情主語の例としては、「その病気は、（山田医師によって）不治と言われた」ないし、「その病気は、（山田医師によって）治療が難しいと言われた」のような受身構文である。有情主語であれば、後者の例は多数存在するが、前者の例（「私は太郎に次期生徒会候補と言われた」）の例は手元のデータには見つからなかった。
56) 態度動詞は、対象が具体名詞であっても抽象名詞であっても、語彙的な意味に変化のない動詞である。また、有情者とも非情物とも自由に組み合わさる。しかし、受身構文においては、通常の非情物が対象となって主語に立つのは、感情＝評価的態度動詞のみであった。しかも、動作主が不特定一般の人々であるⅠ習慣的社会活動型においてのみである。
57) もしくは、「節-形式名詞-ガ」という形で現れる。
58) この種の主語のない受身構文は、鈴木（1972）で「内容のうけみ」と呼ばれているもの一種である。
59)「信じられる」という動詞は、他の思考認識動詞と異なり、ラレル形で用いることができないようである。ただし、過去の習慣を表わすラレタ形を用いることは可能である。
60) 工藤（1989a）では、「推定」の2次的なモダリティ形式に「～と見える」が挙がっている。
61) また、他の思考動詞では、対応する能動文で「人々は～と考えている／思っている／信じている」などど述べてもそれほど不自然ではないが、「知られる」の場合は、対応する能動文で述べると不自然な表現になるようである。
62) ただし、「書かれる」は他の動詞と異なり、動作主が不特定の個人である。また、基本的に存在文の構造を持つ点でも異なる（「黒板には、本日休業と書かれていた／書かれてあった」）。
63) この例は、Ⅰ社会的意義づけに分類すべきかもしれない。
64)「問われる、問い直される」は、発話動詞とするべきかもしれない。
65) 要求的態度動詞は、〈モーダルな態度のむすびつき〉の〈要求的なむすびつき〉、思考活動の結果動詞は〈認識のむすびつき〉の〈知的なむすびつき〉の構成要素である。
66)「求められる、要求される」などの動詞では、単に動作性名詞のみが主語に立つのではなく、その動作性名詞の特徴を規定する語を伴うことが多い。この例では、「きめ細かい」、後続する例では「積極的な」「全体的」がこれにあたる。「求められる、要求される」はⅠあり方への社会的関心型を構成することが多く、こうした例も、動作性名詞が主語に立ちながら、同時にその動作のあり方も問題にしていると言える。

67)「戦い」という名詞は動作性名詞であり、「2人の戦いが注目される」であれば、先のⅠ活動への社会的関心の(654)の例に近いだろう。しかし、「最も厳しい」という形容詞で、当該の活動がそのようになる、という結果が表わされているので、これはⅠ結果への社会的関心型である。また、動詞が期待や予想を表わす動詞であることも、「結果や効果に注目している」という意味と関わっているのだろう。

68)「開発が求められている」はⅠ活動への社会的関心。

69)「日本は、先進国と思われている」のような、「Np-ハ Nq-ト／ニ 思考認識 V-ラレル／ラレテイル」という構造。

70)「近年、日本では生活格差が拡大したと考えられている」のような、「(N〔主語〕-V〔述語〕)節-ト 思考認識 V-ラレル／ラレテイル」という構造。

71)「のぞむ、ねがう、もとめる、いのる、希望する、期待する」など。Ⅰ社会的関心型では、逆に、要求的態度動詞のうちの願望や欲求を表わすこうした動詞が要素となった。

72) この例では、-テシマウが用いられているが、やはりこれも非アクチュアルな、個別具体的ではない反復的社会活動を表わしているだろう。

73)「修復作業に使われる」「説明に用いられる」「白い雲の作成に利用される」など。

74) この例では、「調味料として」のような意義が省略されているとも考えられる。

75) この受身構文の「大人扱いにされる」は、「大人に扱われる」という「意義づけ」の連語に相当すると考えられる。

76) この「つくられている」は、Ⅰ抽象的存在型である。

77) この「閉ざされた」は主語相当名詞句が非情物の例である。。

78) 英語の「expected」といった形容詞に相当する表現だろう。「expected」の場合は、「unexpected」のように、形容詞にしか付かないun-という接頭辞がついた語もあり、形容詞として語彙化してるといえる。

79)「結び付けられる」という動詞では、補語がト格で標示されることもある。この点は、Ⅰ意義づけ型にも極めて近い。

80)「縮小化」という名づけはあまりよくないと思うが、他にいい名づけが思いつかなかった。

81) こうした受身構文は、まだどのように位置づけられるか、分かっていない。なお、このニ格補語はさらに使用動詞がとる用途を表わすニ格補語にも通じていくものだろう。

第5章　非情主語非情行為者受身構文

　本章では、主語も行為者もモノないしコトといった非情物である受身構文を見ていく。この非情主語非情行為者受身構文には、大きく、Ⅱ現象受身型とⅡ関係型という2つのタイプを含めた。Ⅱ関係型には、さらに細かい下位タイプであるⅡ位置関係型、Ⅱ論理的関係型、Ⅱ影響関係型を含めた。そして、Ⅱ論理的関係型には、さらなる下位タイプである、Ⅱ内在的関係型、Ⅱ構成関係型、Ⅱ象徴的関係型、Ⅱ継承関係型という4つのサブタイプを含めた。

　Ⅱ現象受身型　　「炎が風にあおられて燃え広がった」
　Ⅱ関係型
　　Ⅱ位置関係型　　「この国は海に囲まれた島国だ」
　　Ⅱ論理的関係型
　　　Ⅱ内在的関係型　　「紫芋にはアントシアニンが豊富に含まれる」
　　　Ⅱ構成関係型　　　「委員会は5人の役員から構成される」
　　　Ⅱ象徴的関係型　　「高度経済成長は東京オリンピックに象徴される」
　　　Ⅱ継承関係型　　　「昔ながらの風景が白川郷に受け継がれている」
　　Ⅱ影響関係型　　「人の性格は環境に左右される」

こうしたⅡ現象受身型とⅡ関係型はいずれも非情物が主語に立ち、行為者も非情物である受身構文タイプだが、実際の用例には有情者が主語ないし行為者に立つ場合もわずかながら見られる。

　（1）　彼は、雨に打たれながら歩いていた。〈Ⅱ現象受身型〉
　（2）　委員会は5人の役員から構成される。〈Ⅱ構成関係型〉

しかしながら、こうした例における有情者は、意志や感情を持った人格者としての側面は問題にされていないと考え、非情物相当と見なして、いずれも非

情非情受身構文に分類している。

なお、Ⅱ現象受身型は、テンス・アスペクト的にアクチュアルな事態であり、これは第2レベルの構文タイプであると考えられる。一方、Ⅱ関係型は、テンス・アスペクトが超時を表わしており、これがⅡ関係型の構造的特徴でもあることから、第3レベルの構文タイプであると言える。

以下、非情主語非情行為者受身構文のサブタイプについて、その意味と構造的特徴を考察していく。

1 Ⅱ現象受身型（Ⅱ現象）　「水面が陽に照らされてきらきらしている」

Ⅱ現象受身型とは、主語に立つ実体が、何らかの自然現象による作用の中に取り込まれることを表わす。参照時において眼前に展開する現象を、それを引き起こした原因である自然現象をニ格行為者として描写する受身構文である。この現象名詞のニ格行為者は、勢力を持って対象に働きかけて変化を引き起こすような行為者ではなく、自然現象として作用している状況の中に対象を巻き込むだけの存在である。このような自然の動きを、知覚された現れとして述べるのが現象受身構文である。

古代日本語に存在した非情主語受身構文について、金水（1991）は、その多くがその場面で知覚的に捉えられた状況を描写する「叙景文[1]」であったことを指摘している。Ⅱ現象受身型は、この叙景文としての受身構文に重なる。ただし、ここで言うⅡ現象受身型は非情主語に限らず、有情者も主語に立つ。

Ⅱ現象受身型のアスペクトは、典型的には状態を表わす「V-ラレテイル」であるが、テンス・アスペクトの対立がないわけではない[2]。

（3）　Ⅱ現象受身型

対　象	原　因	自然現象による作用を受ける
具体 N-ガ SUB	現象 N-ニ COM	無変化作用 V-ラレテイル

「水面が陽に照らされてきらきらしている」　●能動文が不自然、文末に現れにくい

Ⅱ現象受身型は、より上位レベルの〈現象型〉とでもいうべき構文タイプのサブタイプとして存在する受身構文である。現象型は、ニ格の現象名詞をその構造の特徴とし、無意志自動詞（自然動詞）も要素となる。

（４）　彼女の長い髪が風になびいている。

（５）　椿の花も雨にぬれていた。

（６）　霧に {煙る／むせぶ／かすむ} 森

現象型にはこのほか、「陽に染まる／光る／溶ける／灼ける」「雪に輝く／散る／舞う／埋もれる」「風に揺れる」などがあり、ある程度生産性のあるタイプである。

さて、Ⅱ現象受身型の要素となる動詞は、自然現象のみを行為者とする動詞は少なく、ほとんどが通常の動作動詞である。その中でも対象に変化を引き起こさない、接触動詞や包囲動詞がほとんどである。また、「雨に打たれる」「波に洗われる」などは、対応する能動文で述べることが極めて難しい。このことも、Ⅱ現象受身型の構造的な特徴と言える。

（７）　照らされる、吹かれる[3]、あおられる、なぶられる、（雨に）打たれる、降られる、たたかれる、ひたされる、洗われる、打ち寄せられる、あぶられる、さらされる、おおわれる、つつまれる、かこまれる、etc.

Ⅱ現象受身型は、「V-ラレテ 状態」「V-ラレナガラ 状態」という外部構造、もしくは連体節のような、状態性の高い外部構造で用いられることが圧倒的に多い。文末に現れることはまれである。また、有情主語は可能であるが、用例は少ない。

（８）　「……道の向こうの方に湖のようなものが見えるんだ。日に照らされてユラユラと揺れている。もちろん蜃気楼じゃないと思う。［後略］」（一瞬の夏）

（９）　彼は汐風に吹かれながら、埠頭を歩いていた。（孤高の人.地）＋

（１０）　その丘の禿げた頂上から、一条の細い煙が、朝の微風になぶられて、ためらうように揺れながら、次第にその勢を増しつつあった。（野火.地）＋

（１１）　ぎんは起き上り障子を開けた。風を交えた豪雨であった。隙間からの

雨で縁側の廊下も濡れている。庭土の部分は雨水に浸されてなにも見えない。(花埋み.地)

(12) 足元の小石はごろごろして草履をはいた足にも歩き難かった。それは元は珊瑚礁の細片らしく、波に洗われて丸くなっていた。(楡家.地) +

(13) 七月の、晴れて、あつい日だった。照りつけるつよい陽にあぶられて、バラック建てのひくい屋並をつらねた街々は、白い埃と陽炎をあげてくすぶっていた。(忍ぶ川.地) +

(14) 「いったいどうしたっていうの、十五日の日に酔っぱらって、また来ると云って出てったっきり、からっ風に飛ばされた枯葉みたいに音沙汰なし、[後略]」(さぶ)

(15) 眼鼻や口にはさして変化はないが、頭髪が薄くなり、三十七年間空気にさらされてきた顔の皮膚はしぶとく厚くなっていて、まぎれもない中年男の顔であった。(植物群.地)

(16) 南条の山々は、一夜のうちにすっかり真綿のような雪におおわれ、村の家々は終日吹雪にとじこめられた。(越前竹人形.地) +

(17) [前略]自分に今までに一番大きいものを与えてくれた二人の人間が、同時に、同じ場所で死んでいることが、鮎太の心に悲しみよりもっと大きい得体の判らぬ衝撃を与えていた。二つの全く異質なものが、雪に包まれて、息をひそめている感じだった。(あすなろ.地)

(18) ふたりの存在だけを照らす明るさを残して、豆ランプがともった。部屋は闇に包まれた。(孤高の人.地) +

(19) 何よりも目の奥に残ったのは、花のように白い肌と、一筋の後れ毛もなく今結いあげたばかりのように艶やかな丸髷であった。肌の白さに強められて髪の色も一層黒々として、青い眉は昨日剃ったばかりの新妻のように鮮やかで初々しくさえ見えたのを、加恵ははっきりと覚えている。(華岡青洲.地)

先に述べたように、もともと動作動詞であったものもⅡ現象受身型に比ゆ的に使用されることでこのタイプの要素として定着したと考えられる。しかし、

(16)の「とじこめられる」や次のような動詞はまだ比ゆ的な使用と言えるだろう。

(20) 昼になっても風雨は弱まる気配はなかった。二階の蚕室の窓からみると 畑も街道もすべて が 白い雨 に ぬりつぶされている 。(花埋み)

(21) スコットランドの火山岩地帯を切り裂くように細長く斜めに走るネス湖は、不思議な湖である。 すべて が 霧と氷 に 閉ざされる スコットランドの冬がやって来ても、この湖は凍らない。(ブンとフン.地)

次の例のように、主語の部分がヲ格で現れた例もある[4]。

(22) 私も、Aさんも、Oさん も、足もとを 波 で 洗われ 、裸足になって頑張った。日本海の海水は恐ろしく冷たく、長く足をつけていると感覚がなくなる。(風に吹かれて.地) +

II現象受身型の周辺と他のタイプ

上で見てきたように、包囲動詞による受身構文は、ニ格に現象名詞が立つと、II位置関係型（II関係）からII現象受身型へ移行する。

(23) 月の光に見ると、 僕等の舟 は 泡立った波 に 囲まれて 、湾の中心を村とは反対の方角にやや押し流されて、ぽつんと孤立していた。(草の花.地) +

(24) 金閣 が見えはじめた。 木立のざわめき に 囲まれて 、それは夜のなかで、身じろぎもせず、しかし決して眠らずに立っていた。(金閣寺.地) +

AA接触型（AA無変化）のニ格に有情者ではなく現象名詞が立つと、II現象受身型へ移行する。

(25) 加藤 は雨の中で野宿したときのことや、 みぞれ に 打たれ ながら一晩中、歩きつづけたことなど思い出していた。(孤高の人.地) +

(26) 曲目が終り、アンコールも終った。 僕 がホールの中から 人波 に 押されて出て来ると、明るい廊下に、菅とし子が少し顔色を蒼ざめさせて、僕を待って立っていた。(草の花.地) +

次のような非情主語の受身構文もII現象受身型であるが、こうした受身構

文にも、ニ格の行為者から接触のはたらきかけを受けるという意味が残っている。よって、非情主語の接触動詞によるⅡ現象受身型は、非情主語一項受身構文であるⅠ無変化型（Ⅰ無変化）ではなく、このAA接触型（AA無変化）から派生したのではないかと考えられる。

(27)　昔どおりの小舎だ。わずかな砂洲の端に建てられたそれは、床几が一つ置いてあるきりで、雨に叩かれて木目が出ていた。(越前竹人形.地) +

(28)　丘の頂上の草は、水の流れに押されて、靡いていた。そして火は頂上を取り巻く低く黒い林に向って、追われるように、逃げて行った。(野火.地) +

「吹き飛ばされる」「流される」などは、主に現象名詞がニ格に立つことからⅡ現象受身型に近いが、ニ格やマデ格などの着点場所と共起した場合はⅠ位置変化型（Ⅰ変化）に分類した。次の例は着点場所が省略されているが、「-テキタ」という形式で位置変化が表わされているので、Ⅰ位置変化型とした。

(29)　木綿のモンペをつけ、白いほおかぶりをしながら、かよはしゃがみ込み、押し流されてきた大石を抱え込んでいる。(花埋み.地)

同様に、「崩される」「壊される」などの状態変化動詞がニ格の現象名詞と共起した場合も、その現象名詞は変化を引き起こす自然勢力であり、人間の動作主に準ずるものと考えた。よって、これは、Ⅰ状態変化型（Ⅰ変化）とした。

(30)　さらにまた夏作は洪水でよくいためつけられたが、洪水のない年には夏作はもちろん、春作は上流から運ばれてきた肥沃な土壌のため農作に恵まれた。(花埋み.地)

「AN-ガ 病気におかされる」などはAI心理・生理的状態型（AI状態）であるが、次の例は、まだⅡ現象受身型であると見なした。

(31)　「また出たのですよ。この前治りきらないうちに向島まで出歩いて雨に当てられた故かもしれません」(花埋み)

2 Ⅱ関係型（Ⅱ関係）

　Ⅱ関係型とは、主語に立つ実体ないし属性とニ格やカラ格で現れる実体ないし属性との間の関係を表わす受身構文である。このⅡ関係型におけるニ格やカラ格などの名詞句は、対応する能動文の主語に立てるという意味で「行為者」と呼ぶが、意味的にはこれを「行為者」と呼べるかどうか疑問が残る。

　Ⅱ関係型の構造的な特徴としては、行為者が非情物であるということに加え、テンス・アスペクトが基本的に時間を越えた超時の事態を表わすということがある。これは、Ⅱ関係型が、時間軸上に起こる、非常に広い意味での「変化」を語るものではなく、「関係」を語るタイプであることによる。

　Ⅱ関係型には、つぎの6つのサブタイプがある。このうち、Ⅱ内在的関係型、Ⅱ構成関係型、Ⅱ象徴的関係型、Ⅱ継承関係型をまとめてⅡ論理的関係型とした。Ⅱ論理的関係型は、現実界の作用として実際に起きることではなく、論理的に結び付けられた関係を表現する受身構文である。

　Ⅱ位置関係型　　　「日本は海に囲まれた島国だ」
　Ⅱ論理的関係型
　　Ⅱ内在的関係型　　「紫芋にはアントシアニンが豊富に含まれる」
　　Ⅱ構成関係型　　　「この素粒子は3つのクォークから構成される」
　　Ⅱ象徴的関係型　　「西欧先進国はイギリスに象徴される」
　　Ⅱ継承関係型　　　「昔ながらの飛騨の風景が、白川郷に受け継がれている」
　Ⅱ影響関係型　　　「人間の性格は環境に左右される」

　これらのⅡ関係型のサブタイプは、テンス・アスペクト的に超時という特徴を持ち、抽象度も高い受身構文タイプであることから、第3レベルの構文タイプであると考える。ただし、本研究の分類では、Ⅱ影響関係型に個別具体的な例も含まれてしまっている。本来なら、この個別具体的な例は、Ⅰ事態実現型の中に1つのサブタイプとして立てるべきであるが、用例が少なかったため、すべてここに含めた。

以下では、II 関係型の 6 つのサブタイプについて、その意味と構造的な特徴、及び他のタイプとの相互関係を考察していく。

2.1 II 位置関係型　「日本は海に囲まれた島国だ」

II 位置関係型は、主語に立つ実体とニ格名詞句に立つ実体との位置関係を表わす。A と B との位置関係を表わすわけであるから、ニ格ないしデ格、もしくはニヨッテの名詞句は構造上義務的な要素となる。このニ格名詞句は場所名詞である必要はなく、むしろ空間化のてつづき（「〜の下に」「〜の間に」など）をされると、I 存在様態型（I 存在）に移行する。このニ格名詞と動詞述語との語順上のむすびつきは強く、間に他の名詞句が介入することはまれである。また、II 位置関係型が表わす位置関係は、ある一定期間動かない実体の間の位置関係であるので、行為者に有情者が立つことはなく、主語に立つのも基本的には非情物である。

時間的には、先行する変化が想定されず（もしくは存在せず）、発話時に存在する位置関係だけが主語に立つものの「特性」として述べられる。よって、II 位置関係型は I 特徴規定型のサブタイプであるとも考えられる。そのため、II 位置関係型は、連体修飾の外部構造で用いられることが多い。

(32)　II 位置関係型

行　為　者	位置関係にある	対　象
具体 IN_2-ニ／デ／ニヨッテ$_{COM}$	包囲 V ラレタ	具体 IN_1

「日本は海に囲まれた島国だ」

　　包囲動詞：囲まれる、取り囲まれる、囲われる、はさまれる、包囲される、包まれる、覆われる、巻かれる、しきられる、区切られる、etc.

次のような用例がある。

(33)　ユーカリ林に囲まれた近郊の国立公園では、カンガルーやコアラを野生の姿で観察できる。（毎日）

(34)　鋳鉄製の唐草模様の柵でかこまれた美しい邸のなかで彼がどういうふうに暮らしているのか、そこでなにが起っているのか、ぼくには見当

のつけようがなかった。(裸の王様.地)

(35) 母の髪はそれほど白くはないのに、燈火が映えてそう見えたのである。その髪に囲まれた小さな顔は動かなかった。(金閣寺.地) +

(36) 僕はチェロと太鼓にはさまれたところに転がっている手風琴に目をとめて、それを拾いあげてみた。(世界の終わり.地) +

(37) いつもは錠前の掛った入口を明けると、土間の向うに祭壇のある八畳間、その隣が六畳の控室、そして裏に、厚い壁に仕切られて、解剖室が附いていた。(草の花.地) +

(38) 動物の生活圏は眼に見えない城や壁や境界標によって種族ごとに区切られ、領土は固く守られるのがふつうの場合である。ある地方では、一軒の家の屋根裏に住むネズミと床下や溝に住むネズミとで、もう種族のちがってくることがあるくらいなのだ。(パニック.地) +

(39) 火葬場は木立に包まれ、炭焼小舎に似ていた。(草の花.地) +

(40) 口の中は粘膜でおおわれている。(たべもの)

(41) 「気管から左右に分れて肋骨におおわれる部分に両の肺臓、左の肺の下に隠されるように拳大の心臓、右は傘形に肝臓、横隔膜を境に腹部となり左に脾臓、[後略]」(花埋み)

特に小説の地の文というジャンルに、包囲動詞によって人物の身体特徴を描写する受身構文が顕著に現れる。これも、Ⅱ位置関係型に位置づけたが、上に挙げた例に比べ、超時というより一時的状態を表わす例も見られる。

(42) 紺色のセーラー服に似た洋服を着て、女子高校生の年頃である。白粉気のない薄桃色の顔はうぶ毛で覆われているようにみえた。(植物群.地)

(43) そこで大人たちの不精鬚におおわれた、貧しく陰険な顔が緊張にゆがみながら少年を見おろした。(不意の唖.地) +

(44) しかし老師のふくよかな皺に囲まれた目は、何の感興もあらわさずに、私を経て隣りの顔へ移って行った。(金閣寺.地) +

(45) 眺めている彼の眼に、明子の裸体が映っている。それがセーラー服によって覆い隠されているために、余計あらわに浮び上ってくる。(植

物群.地)

(46) 一方、隣にボアのショールに包まれて、しかし明らかに首をしゃっきりさせて乗っているその姉龍子のほうは、そんな職人の挨拶にはてんで気がつかないようだった。(楡家.地)

次は、主語に立つ実体の部分ないし側面がヲ格名詞句で現れている例である。

(47) 裏庭はひっそりとして三方を社屋で取囲まれ、一方は欅の木の茂る岡の麓につづいている。(黒い雨.地) +

(48) 一つの丘があった。両側を細い支流に区切られて独立し、芒が馬の鬣のように、頂上まで匍い上っていた。(野火.地) +

II 位置関係型の周辺と他のタイプ

「N-ニ さえぎられる」という動詞は、包囲動詞とは言い難く、また、特殊な振る舞いを見せる。文末に現れることはほとんどなく、「雲に遮られた富士山」と言えば、2つの実体の位置関係を単純に表わしているようであるが、「富士山が雲に遮られて見えない」と言えば、2つの実体と視点者との位置関係が表わされる。特殊な動詞であるが、II 位置関係型の周辺に位置づけることにする。

(49) 塔の外に拡がっている夜景に眼を向けて、彼はしばらく沈黙していた。昇降機の出入口に遮られて姿は見えないが、円型展望台の向う側から、若い男女の声が相変らず聞えてきていた。(植物群.地)

「具体N-ガ 有情者-ニ 包囲 V-ラレル」という構造になると、AA接近型（AA態度）を表わす。次の (50) がそうであるが、(51) と (52) はまだII 位置関係型である。ただし、行為者が組織や団体のような有情者性を帯びているため、AA 接近型に近づいている。

(50) 「(見据えて) さっき、週刊誌の記者に囲まれた」(砂の上の恋人たち)

(51) 北九州ジムは国鉄小倉駅から十分ほど歩いたところにあった。一般の商店や事務所にはさまれながら、辛うじてその存在を主張しているといったかたちの間口が二間あるかないかの小さなジムだった。(一瞬の夏.地) +

(52) ロシア革命後、第二次世界大戦までの時期には、社会主義国家はソ連一国に代表されていただけであり、そのソ連が資本主義諸国に包囲されていた。(二十世紀)

「具体N-ガ 現象N-ニ 包囲V-ラレテイル」という構造は、II現象受身型(II現象)である。次の例はいずれもII現象受身型である。

(53) 「その石、御影石だからな。今朝がたまで、青苔で包まれておった石だろう」(黒い雨) +

(54) 12月初旬のウィーンは、市内で最もにぎやかなショッピング・ストリートと言われる聖シュテファン大寺院とオペラ座を結ぶケルントナー大通りをはじめ、随所にクリスマスツリーが立ち並ぶ華やかな雰囲気に包まれていた。(毎日)

II位置関係型を構成する包囲動詞は、もともと状態変化を表わす動詞である。次の例も、先行する変化がほとんど想定されておらず、特徴規定的ではあるが、意志的な動作主の含意があり、ニ格ないしデ格名詞は道具的である。これらの例は、I状態変化型(I変化)に分類した。

(55) 白布に包まれた棺が唐門を出るとき、曇った空一杯の雲がわずずかばかり割れて陽がさしてきた。(雁の寺.地) +

(56) 『砂糖入りの甘いお汁粉』というビラが下手糞な墨の字で書かれて、その下に、『但し本日は五人限り』と断わり書きがしてあった。ビラは竹の棒に挟まれて地面に突きさされてあった。(あすなろ.地) +

(57) ぎんは立ち上り男に命じられるままに白い布で囲まれた部屋の片隅へ入った。(花埋み.地)

上の(55)と(56)のニ格はデ格で言い換えることもでき、道具的であるが、次のように、ニ格名詞が明確に空間を表わして、「場所N-ニ 具体N-ガ 位置変化V-ラレテイル」という構造になるとI存在様態型(I存在)を表わす。

(58) なだらかな裾一円は、すっかり葉の疎らになった落葉樹林にかわっていたが、山の赤い地肌のすけてみえるあたりに、紅葉した楓がいくつもはさまれて映えている。(雁の寺.地) +

(59) 美術年鑑を美術関係書ばかりが並んでいる棚のもとの位置へ戻そうとした七瀬は、数冊隔てた場所に『現代洋画家略伝』という美術雑誌の特集号が部厚い書籍の間にはさまれているのを見つけた。(エディプス．地) +

2.2　II 論理的関係型

II 論理的関係型とは、話し手の頭の中で論理的に結び付けられた関係を表わすタイプである。II 論理的関係型は、II 内在的関係型、II 構成関係型、II 象徴的関係型、II 継承関係型の４つに大きく分類される。

　II 内在的関係型　　「紫芋にはアントシアニンが豊富に含まれる」
　II 構成関係型　　　「バリオンは３つのクォークから構成される」
　II 象徴的関係型　　「西欧先進国はイギリスに象徴される」
　II 継承関係型　　　「昔ながらの飛騨の風景が、白川郷に受け継がれている」

この４つのサブタイプのうち、II 構成関係型以外は、栗原 (2005) で「定位のための受身表現」とされた受身構文タイプである。よって、II 内在的関係型と II 象徴的関係型、II 継承関係型は、論理的な関係を表わすと同時に、ニ格名詞句が、ガ格名詞句が示す実体の現れる／存在する「場」であるという存在文的な特徴もあわせもっている。

また、II 論理的関係型を構成する２つの参与者 (主語=対象と行為者) は、まったく別個の２つの実体ではなく、非常に広い意味で「全体-部分」の関係にあると言える。II 構成関係型は、まさに「全体-部分」の関係であるし、II 内在的関係型と II 象徴的関係型、II 継承関係型では、ニ格名詞句が、ガ格名詞句が示す実体ないし属性を特徴として持っているという関係と見なせる。こうした受身構文は、対象への具体的な働きかけを表わす受身構文から派生したタイプと考えられる。

2.2.1　II 内在的関係型　「紫芋にはアントシアニンが豊富に含まれる」

II 内在的関係型とは、主語に立つモノ／コトがニ格で示されるモノ／コトに

内在していることを表わす。ニ格名詞句は主語に立つ非情物の内在する場所である。さらに、このタイプの構造的特徴として、内在場所を表わすニ格名詞句を主語にした能動文と対立している、ということが挙げられる。

(60)　II 内在的関係型

行為者＝場所	対　象	内　在　す　る
IN$_1$-ニハ COM	IN$_2$-ガ SUB	含有 V-ラレル／ラレテイル

「イチゴにはビタミンCが豊富に含まれる」

ここで注意したいのは、ニ格で表わされる名詞句は対応する能動文の主語に立つ実体なのだが、行為者性はほとんどないということである。行為者らしさの特徴である意志性がないのはもとより、「イチゴはビタミンCを含む」のような他動詞文において、ヲ格で示される名詞句は、主語と別個に存在する実体ではなく、主語の部分として主語に内在する実体である。さらに、受身構文においても、ニ格名詞句が主題化されたり、受身構文主語に前置することが多いという、存在文の構造的特徴を示す。これは、まさにこのニ格名詞句が行為者的ではない、ということの現れである。

さて、奥田（1960）を参照すると、内在の関係を表わす連語を構成する動詞には、「もつ、ふくむ、おびる、そなえる、やどす、ひめる、とどめる、かく（欠く）；保有する、含有する、包含する、具備する」などが挙げられている。しかし、これらの中でヲ格名詞を主語にした受身構文で述べることができる動詞はかなり限られている。それは、内在の関係を表わす他動詞文が、主語が全体であり目的語が部分であるという、同一実体内の関係を表わす、再帰的な文であることが関係しているだろう。

また、II 内在的関係型は、栗原（2005）の「定位のための受身表現」の「含む類」に相当する。栗原（2005）は、このタイプに現れる動詞として次のものを挙げている。この他、「秘める」なども II 内在的関係型を構成する。

(61)　含有する、含む、内包する、包含する、包摂する、内蔵する、etc.

以下、実際の用例を見てみよう。

(62)　これと同じように、物質は何であれ、1モルの中には同数の原子また

は分子がふくまれている。(化学)

(63) 「[前略]それ以外の者は三十分前に出発する。可哀相だが移動の時間は練習時間には含まれない。以上」(自転車の夏)

(64) ただ、ここで「中」とは、ブルジョアジーのこと、いわばお金持ちのことである。プロレタリアートまたは貧乏人は、そこには含まれない。(ゆとり)

(65) 本陣の娘という身分柄には微妙な意味合が含まれていることに、佐次兵衛は迂闊にもごく近頃になって気がついたのである。(華岡青洲.地)

(66) このお時の行動には、情死という感情に密着しない、何かが含まれていそうだった。(点と線.地)

(67) 東照宮の彫刻に秘められた意味を研究している東照宮神職の高藤晴俊さん（51）は、有名な「眠り猫」の裏にスズメの彫刻があることに注目している。(毎日)

(68) このイヤフォンにはマイクが内蔵されている。

II 内在的関係型の周辺と他のタイプ

　さて、このII内在的関係型は、I抽象的存在型（I存在）タイプに非常に似てくる場合がある。例えば、次の(69)は上の(67)に近い意味を表わしている。いずれも、ニ格名詞句は主語に立つモノないしコトが内在する場所を表わしている。しかしながら、(69)(70)はニ格名詞句を主語にした能動文との対立関係がないので、これらはI抽象的存在型に位置づけた。

(69) 東照宮の彫刻に隠された意味を研究する。

(70) 国際会議場の命名には、サミットを「宮崎観光浮揚の切り札に」と期待する2人の思いが込められている。(毎日)

　I抽象的存在型（I存在）に意味・構造的に近いことからもうかがえるように、II内在的関係型を構成する代表的な動詞である「含む」は、本来は位置変化動詞であろう。「口に物を含む」など、主語に立つ動作主の身体部位ないし所有物に対象を持つことを表わす動詞である。

「浮き彫りにされる」などの動詞は、ニ格名詞句で表わされている内在場所以外の何らかの動作主を想定することも可能だが、ニ格名詞句を主語にした他動詞文で述べることも可能な場合がある。つまり、何らかの動作主を主語にした能動文と、内在場所を主語にした能動文のいずれとも対立関係にあるのである。

(71) a．まず、IT面から各社の問題点が浮き彫りにされます。
　　 b．わが社は、まず、IT面から各社の問題点を浮き彫りにします。(動作主主語)
(72) a．この結果には、各社の問題点が浮き彫りにされている。
　　 b．この結果は、各社の問題点を浮き彫りにしている。(内在場所主語)

「封じ込められる」という動詞もまた、動作主を想定することも可能だが、ニ格名詞句を主語にした他動詞文を想定することも可能な場合がある。手元のデータからの観察では、「封じ込める」という動詞は連体修飾での使用が多いようである。こうした構文環境も、II内在的関係型（II関係）への抽象化を促しているだろうか。

(73) a．カニの美味しさを封じ込めたグラタン
　　 b．カニの美味しさが封じ込められたグラタン
　　 c．そのグラタンは、カニの美味しさを封じ込めている。
(74) a．中世の香りを封じ込めたアクセサリー
　　 b．中世の香りが封じ込められたアクセサリー
　　 c．そのアクセサリーは中世の香りを封じ込めている。

このような例の存在は、II内在的関係型（II関係）がI位置変化型（I変化）から派生したタイプであることを表わしている。

2.2.2　II構成関係型　「バリオンは3つのクォークから構成される」

II構成関係型とは、カラ格やデ格、ニヨッテで標示される名詞句が構成部分として、主語で表わされる非情物に属していることを表わす。このタイプの要素となる動詞は、「構成される、組み立てられる、形作られる、形成される」

(75)　II 構成関係型

全体	構成部分	構成的関係にある
IN₁-ハ SUB	IN₂-カラ／デ／ニヨッテ／ヨリ COM	構成 V-ラレル／ラレテイル

「バリオンは3つのクォークから構成される」

実際の用例には、「構成される」しか見つからなかった。構成部分を表わす名詞句の標示形式順に例を挙げる。

(76)　［前略］とくにその中でも、従来より家族形態が単純化され、夫婦とその子供から構成される小家族が圧倒的に大きいパーセンテージを占めるようになることなどは、注目すべき現象であろう。(タテ社会)

(77)　そのため物体はますます地平面に近づき、むしろブラックホールから構成された宇宙になってしまう。(時間の不思議) +

(78)　衆議院議員選挙法も、貴族院令も、同日に公布されたが、貴族院が皇族・華族・多額納税者で構成されることになったのはまだわかるとして、衆議院すら、選挙権は直接国税十五円以上を納める二十五歳以上の男子の記名投票に制限されたのだった。(近代の潮流) +

(79)　恐怖と怒りと快楽の三者で、人間の感情の基本が構成されているわけです。(全能型勉強法のすすめ) +

(80)　日本の小料理屋にせよアメリカのレストランにせよ、複数の人間によって構成された立派な経営組織体である。(稟議と根回し) +

(81)　集団が資格の共通性によって構成されている場合には、その同質性によって、何らの方法を加えなくとも、集団が構成されうるものであり、それ自体明確な排他性をもちうるものである。(タテ社会)

(82)　すなわち、居住（共同生活）あるいは（そして）経営体という枠の設定によって構成される社会集団の一つである。(タテ社会)

(83)　日本髪は四つの部分より構成される。(近世の日本) +

2.2.3 II 象徴的関係型 「西欧先進国はイギリスに象徴される」

II 象徴的関係型とは、主語に立つ抽象的概念がニ格名詞句で示されるモノないしコトに象徴的に現れていることを表わす。II 象徴的関係型の主語には抽象名詞が立ち、この抽象概念をニ格名詞句が属性として持っているとも言える。一方で、この受身構文は、ニ格名詞句を対応する能動文の主語にして述べることができるという構造的特徴を持つ。

(84) II 象徴的関係型

対　　象	出現場所＝行為者	象　徴　的　出　現
抽象 N-ハ	I N － ニ	象徴 V-ラレル／ラレテイル

「西欧先進国はイギリスに象徴される」

この II 象徴的関係型は、栗原 (2005) が提唱する「定位のための受身構文」のうちの「現れる類」に重なる[5]。II 象徴的関係型の要素となる動詞は、次のような動詞である。

(85) 象徴される、代表される、凝縮される、体現される、具体化される、具現される、結実される、集約される、反映される、etc.

以下、具体的な用例を見てみよう。

(86) 大交易時代の再来とダブるサミットへの県や県民の思いは、部瀬名岬の突端に建設中のメーン会場「万国津梁（しんりょう）館」のネーミングに象徴されている。(毎日)

(87) この集団認識のあり方は、日本人が自分の属する職場、会社とか官庁、学校などを「ウチの」、相手のそれを「オタクの」などという表現を使うことにもあらわれている。／この表現によく象徴されているように、「会社」は、個人が一定の契約関係を結んでいる企業体であるという、自己にとって客体としての認識ではなく、私の、またわれわれの会社であって、主体化して認識されている。(タテ社会)

(88) ロシア革命後、第二次世界大戦までの時期には、社会主義国家はソ連一国に代表されていただけであり、そのソ連が資本主義諸国に包囲されていた。(二十世紀)

(89) 一方で、東京オリンピック（1964年）に代表される戦後の高度経済成長が、富士山をますます身近な山にした。（毎日）

(90) 「エコファンド」に代表される資金調達面での企業選別の動きに加え、企業自身が社内の「環境指針」などにより、環境負荷の少ない製品や部品を優先的に購入する「グリーン調達・購入」を進めており、ISO取得の有無はその前提条件となっている。（毎日）

(91) 人物の躍動感や輝かしい色彩などルーベンス作品の特徴がこの1点に凝縮されていると言って過言ではない。（毎日）

(92) 彼らの神がかり的な神秘体験もしくは法悦体験は、本人の人格を永続的に変換させる象徴的な行為であり、そのさい神霊は、いわば彼らの肉体の内部に同化され体現されている。（神と仏）＋

(93) もっとも私たちを招待したウィリアムズ氏は、「憲法に具体化された外来の政治原理とは、欧米民主主義のことであり、日本国民はこれを心から受け入れた」と論文にも書いているくらいだから、もとのボスのため弁明にまわる。（憲法を読む）＋

(94) その過程のなかに、ヨーロッパに形成された市民階級の利害関係が反映されている。（近世の日本）＋

II 象徴的関係型の周辺と他のタイプ

次のように、象徴的に出現する場所を表わす名詞句がニ格以外で現れることもある。ニ格以外の形式をとると、I態度型（I態度）のI表現型（I態度）へ近づく。

(95) 日本の料理が包丁で代表される海岸文化的料理であるのに対して、ヨーロッパをはじめとする料理は、煮込み料理に代表されるといってもよい。（たべもの）

(96) 西欧（とくにイギリスによって代表される）が先進国であるというのは、年代的に工業化（industrialization）のはじまりが早かったという歴史的事実なのであって、現在の日本の工業化の水準が西欧の国々よ

り低いということではない。(タテ社会)

　主に抽象名詞が主語に立った「示される」という動詞によるⅠ表示型（Ⅰ変化）が、時間を越えた一般的なテンスで述べられると、Ⅱ象徴的関係型へ移行する。

(97)　近代国家のイデオロギーは、自由・平等の標語に示されるが、これは人間を抽象的均一なものにかえてしまう結果にもなった。(憲法を読む) ＋

(98)　しかし大新聞の多くは、『大阪朝日新聞』に典型的に示されるように、ボリシェヴィキのことを「過激派」と呼んだ。(近代の潮流) ＋

(99)　ドゴールの脱アメリカ政策は、ドル防衛のための「金プール」、すなわち、六〇年に成立した金醵出の欧米八ヵ国共同市場を、六七年の夏、フランスが脱退した事実にも示される。(二十世紀) ＋

(100)　原田氏の指摘によれば、この新吉原も寛文ころから大名・旗本・町奴などの遊び場から、紀文・奈良茂などの豪商の大尽遊びに示される町人の遊興地に変化してくるのだ。(近世の日本) ＋

2.2.4　Ⅱ継承関係型　「昔ながらの飛騨の風景が白川郷に受け継がれている」

　Ⅱ継承関係型とは、主語に立つ非情物がニ格で示される実体に継承されて存在することを表わす。これは、栗原 (2005) が「定位のための受身構文」の「受ける類」として提唱した受身構文タイプである。主語に立つ実体とニ格で示される実体は、継承される対象と継承先という関係にある一方、ニ格で示された実体を主語にした能動文で述べることができるという特徴を持つ。この継承の関係は、実際に現実界で起きた事態ではなく、論理的に結び付けられた関係であるため、「Ⅱ論理的関係型」に位置付けたが、栗原 (2005) が「定位」としているように、構造的に存在文にも近い。一方で、他のⅡ論理的関係型（Ⅱ関係）と異なり、ラレル形とラレテイル形の対立は中和せず、テンスの対立も持っている点で、他のタイプほどには抽象化が進んでいないようである。

(101)　Ⅱ継承関係型

```
　対　象　　　継承先＝行為者　　継承関係にある
　N₁-ハ SUB　Ⅰ　N₂ －  ニ COM　継承 V-ラレテイル
```

「昔ながらの飛騨の風景が白川郷に受け継がれている」

栗原（2005）では、以下の動詞が挙げられている[6]。

(102) 受け継がれる、踏襲される、引き継がれる、継承される、襲名される、吸収される、etc.

統計を取ったデータには用例が見つからなかった。手元の追加データには、以下のような例が見られる。手元の用例を見る限りでは、ニ格名詞句が主題化された用例は見あたらない。

(103) この伝統は弥生時代の稲作の高い技術に受け継がれ、やがて日本の近代化や科学技術文明を受け入れる際、有効に働いた。（毎日6月3日）+

(104) この告発の文学は、俳句よりもむしろ百年後の川柳に受け継がれていると思います。（毎日5月14日）+

(105) だから、浪花節のようなものは消えた。内容やフィーリングが、時代に合わなくなったということがあります。それと、浪花節は一時、演歌にとって代わられた。短くなって、演歌に受け継がれた。気付かないところで、別のジャンルに受け継がれる。（毎日1月28日）+

(106) この印象派に刺激を受けたフィンセント・ファン・ゴッホらは自身の精神的内面を大胆な色彩で描き、こうした色彩の冒険はさらにアンリ・マティスらのフォービズムに受け継がれた。（毎日1月24日）+

(107) その基本精神は現在のボランティア情報面などに引き継がれ、毎日新聞の震災報道のバックボーンとなっている。（毎日1月16日）+

栗原（2005）は、「吸収される」という動詞も挙げているが、「吸収される」では、テンス・アスペクト的に超時の特性を表わす例は見つからなかった。次の例は、やはり実際に現実界で起きた出来事ではなく、論理的に結び付けられた関係を表わしているが、完了的なアスペクトで述べられている。

(108) ▼［成人の日が］1月10日では、私の大学では、冬休みに吸収されてしまうので無意味。代わりの休日をよこせ！（電通（3）男）（毎日1月14日）+

(109) 多様性の追求が成功のカギであり、東北や九州はその意識で自立的に

よくやっている。事実、成長率が高くなっています。それに反して関西はちょっと東京に吸収されすぎちゃったんじゃないですか。(毎日4月15日) +

後で述べるように、「吸収される」は他のタイプとの移行関係も他の動詞とは異なり、II継承関係型の中では異質な動詞である。

次の例は、ニ格行為者相当の実体が主題化され、「は-が構文」のような構造になっている。

(110) 「赤毛のアン」の舞台で作者L・M・モンゴメリィの故郷として日本でも人気のカナダ東海岸の同島は、美しい自然や移民当初からの古き良き伝統が受け継がれて魅力的だ。(毎日2月2日) +

II継承関係型の周辺と他のタイプ

II継承関係型は、I所有変化型（I変化）のI奪取型が抽象化することで派生したタイプと考えられる。I奪取型とは、所有権が移動する対象を受け取る側（もらう側）の有情者が、対応する他動詞文（能動文）で主語に立つ受身構文のことである。I奪取型では、「盗まれる、買われる」といった動詞による受身構文が多いが、「譲り受けられる」などは、「受け継がれる」という動詞に近いだろう。

(111) a. 外資系企業が株式の20%を譲り受けた。
　　　b. 株式の20%が外資系企業に譲り受けられた。〈I所有変化型(I変化)〉
(112) a. 孫たちが家のしきたりを受け継ぐ。
　　　b. 家のしきたりは、(孫たちに)受け継がれた。〈I所有変化型(I変化)〉

(112)bのような受身構文において、動作主である「孫たち」は同時に所有権の移動先でもある。こうした受身構文で、ニ格の「移動先」に場所やモノを立てることで、非情物と非情物との間の関係を比ゆ的に表現することが慣習化し、II継承関係型がタイプとして定着していったと考えられる。次の例は、受け取る側の有情者にまだ意志性が認められるので、I所有変化型（I変化）であるが、この動作主がすでにヘ格で標示された例もある。

(113) たゆまぬ修練と技術の伝承が伴う芸能がたいていそうであるように、 弓馬の芸 も次第に「家の芸」として 特定の家 に 受け継がれる ようになった。（毎日5月15日）＋

(114) 公社の事業 はやがて 日本たばこ へ、さらに 財団法人の塩事業センター へと 受け継がれた 。（毎日6月14日）＋

「継承する、引き継ぐ」といった動詞では、与える側と受け取る側の両方が他動詞文の主語に立つことができる。

(115) a．日系一世たちが、子孫に日本語を継承する。
　　 b．子孫が、一世たちから、日本語を継承する。

(116) a．和夫は、後輩に仕事を引き継いだ。
　　 b．和夫は、先輩から仕事を引き継いだ。

こうした他動詞文が、対象がガ格に立つ受身構文で述べられた場合、与える側と受け取る側のいずれが動作主であるかは曖昧になる。しかし、ここでもやはりニ格（ないしヘ格）で示される「受け取る側」は、動作主的でもあり、移動先でもある。次の例はいずれもⅠ所有変化型（Ⅰ変化）である。ただし、(120)は対象がかなり抽象的な実体であり、Ⅱ継承関係型へ近づいているとも言える。

(117) 昨年5月に経営破たんした第二地銀上位の幸福銀行（本店・大阪市）の営業譲渡問題は、米個人投資家のウィルバー・ロス・ジュニア氏が主宰する投資ファンドなどが一括買収し、 今年12月末にも設立する新銀行 に 資産 が 継承されることになった 。（毎日5月19日）＋

(118) コンサートに河島家は総出になる。［中略］回を重ね、 長女 から二女へ、今は高校生の長男へと 仕事 は 引き継がれている 。（毎日5月16日）＋

(119) 県警監察官室によると、2人は1997年3月3日、当時高校生だった被害者から調書を取り、診断書の提出も受けた。しかし、同24日付で 2人とも署内で担当がかわり、 関係書類 も後任に 引き継がれなかった という。（毎日4月8日）＋

(120) その志 は、84年から13年余り総主事を務めた草地賢一さん（今月2

日病死)らスタッフに引き継がれた。(毎日1月20日) +

　以上、II継承関係型（II関係）がI所有変化型（I変化）から派生したタイプであることを考察した。一方、「吸収される」という動詞では、対象の移動先のニ格に有情者が立つことがなく、これはもともとI位置変化型（I変化）であったと考えられる。しかし、「吸う、吸い込む、吸収する」という動詞は、具体的な位置変化を表わすタイプでも、やはり着点場所のニ格名詞句が行為者的で、このニ格名詞句を主語にした能動文が成立する。(122)では、「の中に」という形で空間化されているが、やはり「その躯」を主語にした能動文で述べることができる。このニ格名詞句には意志性はないが、対象を「吸収する」性質を持つ実体であり、現実界で起きたこととして述べられていると言える[7]。

(121)　例えば、炭酸ガスが出ても大気と地面、海に吸収されれば問題ないが、大気の炭酸ガス吸収能力は海の100分の1にも満たないのに、炭酸ガスの半分が大気中に残っている。(毎日)

(122)　しかし、彼が京子の躯に加える荒々しい力は、抵抗なくその躯の中に吸収され、かえってその躯を生き生きとさせ、その皮膚は内側から輝きはじめる。(植物群．地)

(123)　漆喰壁では、二酸化炭素を吸収するのは乾くまでの間であり、吸収された二酸化炭素は壁面に固定されてしまう。(化学)

2.3　II影響関係型　「人間の性格は環境に左右される」

　II影響関係型は、主語に立つ非情物が持つ性質に対して、ニ格名詞句で表わされる実体や属性が影響力を持っているという関係を表わす[8]。AのBに対する影響関係を表わすタイプなので、ニ格名詞句は構造上義務的な要素となる。

(124)　II影響関係型

対象	行為者＝影響者	力・性質に影響を受ける
IN_1-ガ SUB	IN_2-ニ／ニヨッテ COM	影響 V-ラレル／ラレテイル

「人間の性格は環境に左右される」

影響動詞：支えられる、支持される、支配される、影響される、左右さ

れる、占領される、掌握される、率いられる[9]、etc.

　II 影響関係型は、物理的はたらきかけを表わす「柱が男たちの手で支えられた」のような受身構文が、抽象名詞を主語にとるようになることで発展したタイプと考えられる[10]。本来であれば、この行為者が有情者である個別具体的な受身構文をI 事態実現型に1つのサブタイプとして立てるべきであるが、今回はデータが少なかったため、すべてII 影響関係型として同列に扱った。

　まず、より具体的な名詞が主語と補語に現れた例から見ていこう。行為者が有情者である次のような例は、I 事態実現型のサブタイプとして立てるべきだが、位置づけができなかったので、ここに含めてしまった。

(125)　企業に支えられたプロ選手が増え、社会主義国家に支えられたステートアマ選手が登場すると、アマチュアの概念は揺らいだ。(毎日)

(126)　第一に、農村地域での国民党は地主層に支持されていたため、抜本的な農地改革は行なわれなかった。(二十世紀)

(127)　プーチン氏は、昨年8月に首相に就任するまで無名だった。その後、チェチェンの武装勢力に対する強硬姿勢が国民に支持され、最近では「次の大統領に最も近い人物」といわれるまでになった。(毎日)

(128)　ガンディーに率いられた国民会議が、このように制約的な改革案を呑まないのは自明のことであった。

(129)　「[前略]どういうわけか知らないけど、いつのまにかレストランになってたんですって。みつけたのは小泉くん。でも彼、日本人の学生には内緒にしてるの。この狭い店が日本人に占領されたら面白くないからって」(ドナウ)

(130)　ここにおいて一九二二年、イギリスはエジプトを独立主権国家とし、スルタンのフアッド(一八六八－一九三六)を国王とする立憲政体を認めた。だが、軍事・外交の実権はイギリスに掌握されていたため、テロリズムは絶えなかった。(二十世紀)

　次に、行為者が非情物である、より抽象度の高い例を挙げよう。

(131)　今のすべてのシステムが、産業社会に支えられた国民国家を前提に

(132) そして「すばらしい派」は、この強い忠誠心・帰属意識が、世界に類をみない「日本的」制度や「日本的」慣行によって、しっかり支えられているとみる。(ゆとり)

(133) 中国や日本に挟まれた小国の繁栄は、こうした海外貿易によって支えられた。(毎日)

(134) この見方はいうまでもなく、単純な発展段階説に依拠するとともに、西欧を日本よりはるかに高次にある先進国としてしか考えることのできない、明治・大正以来の日本インテリにしみついている根強い西欧コンプレックスにささえられている。(タテ社会)

(135) すでに98年度の東京展で大方の注目を浴びたが、新作15点を加えた99年9月の札幌展32点は、言葉のひびきを醇化(じゅんか)した強靱(きょうじん)な筆線と自在な淡墨の韻律に支えられて、いっそうの進境と充実ぶりを発揮。(毎日)

(136) 記憶といえば、ことばや数などの記憶だけを連想する傾向が強いようですが、私たちの生活の大部分は記憶によって支えられているようなものです。(記憶)

(137) では、なぜ人の性格がたべものに支配されるのであろうか。(たべもの)

(138) [前略]したがって、日本の工業化が西欧の水準に達すれば、社会のあり方も西欧と同様なものになるはずだという見方に支配されていたので、西欧にないような社会現象を一括して、日本の後進性とか、封建遺制と説明する傾向が強かった。(タテ社会)

(139) さらに、タンパク質が足りない傾向のときは体力の低下を甘いもので補うように体が要求する。そこで、甘い砂糖のはいった菓子類を多く食べることが多いし、料理も甘味がきいたものや濃厚な味のものがよいと感じる。その結果、甘い味に影響されて、細かい味を知るような味覚は発達しない。つまり、単一性の味覚が生まれる。(たべもの)

(140) 他方、年功序列制について、ふつう人びとが抱くイメージは、企業内

の昇進とそれに伴う昇給と が、ただ年功だけできまり、勤勉・能力や実績にはまったく左右されない——ということである。(ゆとり)

3 その他の非情主語非情行為者受身構文

本節では、非情主語非情行為者受身構文のその他の受身構文について見ていく。

まず、「さまたげられる」という動詞による受身構文がある。「さまたげられる」による受身構文は、行為者が有情者である場合は、動作的態度を表わす動詞(「邪魔される」など)になるだろう。一方、行為者が非情物である場合は、II位置関係型(「N-に囲まれている」など)に近くなる。位置関係を表わすので、ニ格行為者は必須の成分となる。しかし、II位置関係型と異なり、超時的ではなく、個別具体的な事態を表わしうる。

(141) こうして見ると、今も、この電車と十四番線についている列車にさまたげられて、十五番線ホームの見とおしはやっぱりできないのだ。(点と線.地)

(142) ナメクジに塩をかけると溶けるというが、皮膚から体内に入ろうとする水分は塩の粒子に妨げられるのに対し、内から外に出る水は妨げられずどんどん出てしまうため、体がしぼみ、あたかも溶けているかのように見えるのである。(化学)

また、次のような「へだてられる、隔絶される、断絶される」などの動詞は、具体的な行為者は想定されておらず、主語に立つ対象を取り巻く状況から当該事態が発生するという意味である。位置変化動詞による受身構文の周辺に位置付けてもよさそうだが、ト格の名詞句を補語としてとることから、位置変化動詞とは区別して、ここにその他として位置づけた。

(143) それでも、こんなふうに無下に、冷淡に扱われると、人間である以上必然的に一種の……たとえてみれば人とも世とも距てられたというような感情を抱きたくなりますよ。そうでなくてもぼくは、外界から自分一

人が遮断されてしまうような違和感に悩まされているのです。(楡家)

(144) つぎに試みに、死体の発見された二十一日朝の六時半ごろを見ると、列車は岩手県の一戸駅を発車したばかりであった。安田がこの列車に乗っていると、九州香椎の海岸の出来事とは、まったく時間的にも空間的にも隔絶されている。(点と線.地)

消滅を表わす事態で、ニ格の現象行為者をとる受身構文がある。この種の受身構文は、構造的にⅡ現象受身型 (Ⅱ現象) によく似ている。ただし、テンス・アスペクトが完了的である点で、状態性の高いⅡ現象受身型とは異なる。また、対象となる名詞も現象的な名詞に限られる。

(145) 小さく声を出してみたがすぐ風に吹き消された。(花埋み.地)
(146) 二人は帰路についた。雪に足跡を消されないうちに、槍の穂の取付点まで引きかえさねばならなかった。(孤高の人.地) +
(147) しかしこの声は四人の役僧と五人の小僧連の唱和する経文の流れで消された。(橙.地) +

「謎に包まれている」という表現があるが、これは抽象的な包摂関係を表わしていて、Ⅱ論理的関係型のサブタイプであろう。主語-ハ 謎だ という名詞文相当の意味を表わしている。

(148) [前略] その生涯は多くのなぞに包まれている。(毎日)

注
1)「叙景文の特徴は限定された時空に存在する、ものの「現れ」を写し取るというところにある。受動文の新主語は時空を超えた「個体」や「種」の総体として表現されているのではない」(金水 1991:4) とする。
2) ただし、「V-ラレタ」という形でも、完了的な過去の変化の一点ではなく、過去の参照時における状況を状態的に捉えたものと解釈されるのが普通だろう。
3) 本研究では、「風に吹かれる」「雨に降られる」などは、受ける作用が直接的であり、まともな受身 (直接受身) に準ずる受身構文と考えている (杉本 1999 参照)。
4) Ⅱ現象受身型は、接触動詞が多く要素となっていることから、AA接触型と構造的な特徴が似ているのだろうか。
5) 栗原 (2005) は、「現れる類」に用いられる動詞として、次のような動詞を挙げ

ている。
　　凝縮する、体現する、具体化する、具現する、抽象化する、結実する、集約する、反映する、集大成するなど
　　栗原（2004）は「代表される、象徴される」をこのタイプに分類していたようだが、栗原（2005）はこれらの動詞を「現れる類」から外している。「凝縮される、結実される、集約される」などと異なり、「代表される、象徴される、体現される」などはニ格名詞をニヨッテで表わすことも可能である。この点で、単なる「出現場所」とは異なるようである。また、前者はニ格名詞句を「は」で主題化し、ニ格名詞句の性質を述べる文として表現することが可能であるのに対し、後者はこうした述べ方が難しいように思われる。
6）栗原（2004）では、この他に「入力されたデータは、サーバーに記録されます」という例が挙がっている。本著のⅠ表示型（Ⅰ変化）にも近いだろうか。
7）「吸い込まれる」という動詞にも、次のような論理的な結び付けの使用が見られる。ただし、これは実験的な文体が多い小説の地の文の用例であることから、こうした使用は未だ比ゆ的なものにとどまっていると考えられる。
　　・展望台は閑散としていて、全部の観覧客が昇降機に吸い込まれ、彼一人が残される時間もあった。（植物群．地）
8）奥田の連語論では、この種の動詞は扱っていない。
9）「率いる」はむしろ「連れて行く、導く」などの随伴動詞だろうが、ここでは抽象的な使用であったので「影響動詞」に分類した。
10）この物理的はたらきかけを表わす「支えられる」は接触動詞だろうか。この接触を表す物理的はたらきかけの「支える、支持する」が、「彼の努力を支える」などのように抽象名詞を対象に取ることで意味を抽象化させ、態度動詞となったと考えられる。これがさらに抽象化し、行為者に非情物を取る構文を発達させたと考えられる。

第6章　テクスト別　受身構文タイプの分布

　近年、日本語においても大規模コーパスの開発が進み、これを用いて用例を抽出する研究が数多くなされている。一方で、テクストのジャンルについての定義（特徴規定）や詳細な分析が進んでいるとは言いがたい。

　例えば、国立国語研究所の「日本語話し言葉コーパス」は、「話し言葉」であることを謳いながら、9割が「講演」のジャンルとなっている。「講演」とは、多くが書いた原稿をもとにして話したものであり、また1人が多数に向かって、公の場で語ることを特徴とする。こうした特徴をもつ「講演」に、典型的な「話し言葉らしい文」が現れるのだろうか。さらに、「朗読」も「話し言葉」としてこのコーパスに含まれているが、果たして書いたものを声に出して読む「朗読」が「話し言葉」なのか、大きな疑問がある。ここには、「音声」を媒介にしたものが話し言葉であるという認識があるようだが、序の注2でも述べたように、さまざまな特徴が典型的な「話し言葉らしさ」を規定している。この点についての議論は未だ詰められていないままである。

　また、同じく国立国語研究所の「書き言葉均衡コーパス」にしても、その下位分類により精密なフィルターがあれば、より正確にテクストと構文タイプとの関係が捉えられるものと考える。特に「新聞」というテクストは、非常に雑多なジャンルが集まっている。純粋な報道記事以外に、書き手の意見を述べるコラム、各種紹介、スポーツ記事、新聞小説、投書など様々なテクストジャンルがあり、それぞれ異なる文脈構造を持っているのだが、これを選び分けるようにはできていない。

　それぞれのテクストジャンルには、そのテクストにふさわしい文体があり、文脈の構造（パターン）がある。例えば、小説の地の文には場面を描写する文

脈構造、登場人物の心理描写をする文脈構造などが多く用いられる。報道文では、ある出来事が生じたことを伝え、その背景を説明する文脈構造が多く表れる。そして、文脈の構造には、その構造にふさわしい文タイプ（構文）が要素として選ばれるのである。管見では、江田（2013）が日本語のアスペクトについて、テクストジャンルを意識した研究を行っているが、今後、こうしたテクストジャンル構文タイプとの関係についての研究が進んでいくことを期待する。

　受身構文についても同様で、話し言葉には話し言葉の文脈構造にふさわしい受身構文が選ばれ、書き言葉には書き言葉にふさわしい受身構文が選ばれる。本章では、受身構文の4大分類とサブタイプの各テクストにおける割合を示し、それぞれのテクストにおける受身構文の現れ方の特徴を見ていく。

1　4大分類の分布

　受身構文の4大分類の各テクストにおける割合は次ページのようになっている。

　4大分類の割合の比較だけでも、それぞれのテクストの特徴が見て取れる。小説の会話文テクストは、やはり話し言葉に近い文脈構造を持っていると考えられ、この文脈構造にふさわしい受身構文タイプ、すなわち有情有情受身構文が多く現れている。一方で、非情一項受身構文も一割以上を占めているが、どのような受身構文タイプが表われているかは、後の各節で詳しく見ていく。

　小説の地の文テクストは、登場人物の立場から登場人物の動作や考えや感情を描写する文脈や場面描写や人物描写、事情説明などさまざまな文脈の入り混じるテクストである。受身構文タイプの割合にもそうした特徴が表われており、有情有情受身構文と非情一項受身構文がほぼ同じ割合で表われているのが目に付く。また、有情者の心理・生理的状態を述べる有情非情受身構文の割合が比較的高いのも特徴である。

表1:各テクストにおける4大分類の割合

小説の会話文テクスト		
受身文タイプ	用例数	割合
有情主語有情行為者	1099	79.5%
有情主語非情行為者	72	5.2%
非情主語一項	199	14.4%
非情主語非情行為者	12	0.9%
TOTAL	1382	100.0%

報道文テクスト		
受身文タイプ	用例数	割合
有情主語有情行為者	108	23.1%
有情主語非情行為者	15	3.2%
非情主語一項	331	70.9%
非情主語非情行為者	13	2.8%
TOTAL	467	100.0%

小説の地の文テクスト		
受身文タイプ	用例数	割合
有情主語有情行為者	346	43.8%
有情主語非情行為者	70	8.9%
非情主語一項	340	43.0%
非情主語非情行為者	34	4.3%
TOTAL	790	100.0%

評論文テクスト		
受身文タイプ	用例数	割合
有情主語有情行為者	49	7.9%
有情主語非情行為者	21	3.4%
非情主語一項	508	82.2%
非情主語非情行為者	40	6.5%
TOTAL	618	100.0%

グラフ1:各テクストにおける4大分類の割合(値は小数点以下を四捨五入している)

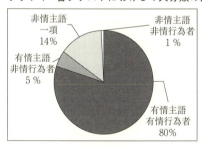

小説の会話文テクストにおける割合

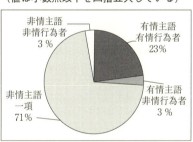

報道文テクストにおける割合

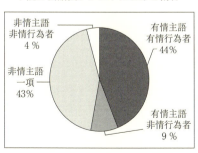

小説の地の文テクストにおける割合

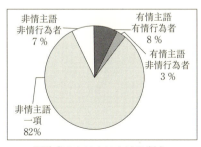

評論文テクストにおける割合

報道文テクストは、書き言葉の特徴を持つため、やはり非情主語の非情一項受身構文の割合が高い。一方で、有情者をめぐる事件の報道や、政治家や要人に関する報道も少なくないことから、有情有情受身構文も一定の割合で現れているのが特徴的である。

　最後に、評論文テクストであるが、このテクストは、非情一項受身構文の割合が圧倒的に高いのが特徴である。また、非情非情受身構文の割合も比較的高いが、これは、Ⅱ関係型の割合が高いためである。論理的な表現の多い文脈には、Ⅱ関係型の受身構文タイプがしばしば用いられるためだろう。

　以下、会話文テクストにおける受身構文のサブタイプの特徴を見ていくが、すべての受身構文タイプの割合は、本章の最後に表とグラフで示すことにする。

2　小説の会話文テクストにおける分布

　小説の会話文テクストにおいて、もっとも割合が高いのはAA相手への発話型である。動詞で言えば、「言われる」という動詞による受身構文がもっとも多くなっている。

（1）「［前略］父の会社の営業部にいる寺坂という人のこと。……このあいだ父から正式に、婚約をとりきめるからそのつもりでおれって、言われたの。だって、十も年が違うのよ」（青春の蹉跌）

（2）「さっき電車の中で喧嘩をしていたろう。あれはね、彼女が家からやかましく言われて、厭な男と結婚を迫られているからなんだ。［後略］」（金閣寺）

　ただし、会話文に表われるAA相手への発話型は、-トで導かれる引用節を伴う場合、その内容が命令や相手への非難を表わす内容など、要求的なものであることが多い。特に引用節内の述語が命令形の受身構文はAA相手への要求型にかなり近づいていると言える。

（3）「男の子に手紙もらったり、つきあってくれって言われたりしたでしょ」（女友達）

（4）「野口さんに無責任だって言われた。自分でもそう思う。今のままだと、また同じこと繰り返すと思う。だからちゃんとひとみのことを考えたいんだ」（砂の上の恋人たち）

次に、動作的な態度の動詞で構成される AA 評価動作的態度型が、ほぼ同じ割合で多くなっている。このタイプは、個人の有情者間の感情や評価といった態度的動作を含んだ対人関係を表わすタイプで、会話文テキストに非常に特徴的なタイプである。

（5）「［前略］電報打ったの、こんどがはじめてよ。小田さんに話したら笑われちゃった。」（恥の譜）

（6）課長は去年山林課においでになったばかりなので、ナメられたんですよ。いま資材課の伝票で見ましたが、市価の三倍で買わされていらっしゃいますね。（パニック）

なお、本研究では、より心理的な感情＝評価を表す AA 感情＝評価的態度型（「嫌われる」「愛される」etc.）と、より動作的な評価の態度を表わす AA 評価動作的態度型（「いじめられる」等）と、言語活動による評価的態度を表わす AA 表現的態度型（「叱られる」「怒られる」etc.）を別々のタイプとして立てたが、この3タイプの用例をあわせて AA 評価的態度型とすることも可能だろう。その場合、会話文テキストにおいては、頻度がもっとも高いタイプとなる。

第3位には、無変化動詞である接触動詞で構成される AA 接触型が上がっている。これも会話文テキストにきわめて特徴的である。

（7）「僕は、あいつらに三年の間、毎週一回ずつ殴られたんです。一回ぐらい殴ったっていいでしょう」（あすなろ）

（8）するとね、父親に抱かれて頬ずりされたとき、頬っぺたがチクチク痛かったようなことがあったようだ、ということを思い出したんだ。（樹々は緑か）

同じ接触動詞による受身構文でも、非情一項受身構文のⅠ無変化型は、いずれのテキストにおいても頻度が低いのに対し、有情者が主語に立つ AA 接触

型の頻度は非常に高くなっている。これは、先にAA接触型の説明でも述べたように、有情者に対する接触の行為は、何らかの感情＝評価的態度（愛情や怒りなど）を表わす手段となることが多いためだと考えられる。一方、変化（結果）を含意しない接触動詞は、結果に着目する非情一項受身構文の要素としてなじまないため、I無変化型の割合がすべてのテクストにおいて低いのだと考えられる。

　第4位はAA社会的変化型である。ここには、「逮捕される、離縁される」といった動詞のほか、社会的機関-ニ 位置変化 V-ラレル（留置所に入れられる）という構造で社会的な状態変化を表わす例も少なくない。

（9）　しかしおれたちは数カ月でペーから追いだされた身だからねえ。たぶん除名処分くらったときハタにも名前がでてたんじゃないか？（聖少女）
（10）　「あほ。こんな奴が兵隊にとられたら、日本もおしまいやな」（金閣寺）
（11）　娘の京子も、同じ土地で芸者に出ていたが、四年ほど前に落籍されて、小金井の方に囲われたという。（植物群）

　用例第5位には、AA生理的変化型が位置しているが、これは、ジャンルがフィクションであるため、「殺される」という動詞の用例が多いからである。

　第6位には、AAはた迷惑型が上がっている。AAはた迷惑型というタイプが、他の細かいサブタイプと同じレベルにあるかどうかは検討の余地があり、より細かいサブタイプを設けるならば、順位も変わってくるかもしれない。しかしながら、本研究の分類で、評論文及び新聞テクストではほとんど用例がなかったのに対し、会話文テクストでは高い割合で現れているとすれば、これは会話文テクストに特徴的な受身構文タイプであると言わなければならない。

　第7位にAA表現的態度型がある。1番多いのが「叱られる」で14例ある。表現的態度動詞は、言語活動によって感情＝評価的な態度を表わすことを表わす。このため、AA表現的態度型は、第1位のAA相手への発話型と第2位のAA評価動作的態度型とを合わせたような意味・構造を持っている。つまり、会話文テクストには、こうした発話や評価といった意味・構造を持つ受身構文が非常に顕著に表れていると言える。

(12) 「俺は、宇野はこないだろうと言ったんだ。そしたら安に馬鹿野郎とどなりつけられてよ」(冬の旅)

(13) このわたしだって、捜査の打ち切りを宣言しに行った時には、急にとびつかれてひどく首を絞められた。それまでにも、捜査が手ぬるいといって罵倒されたことは何度もあった。(エディプス)

第8位には、AA相手への要求型が位置している。特に、「頼まれる」という動詞による用例が25例と目立つ。

(14) 「いや、持主の人からたのまれて、今朝貼り出したばかりなんですよ。[後略]」(團欒)

また、会話文テクストには、他のテクストにはほとんど見られない、「やられる」という動詞による受身構文が目立つ。この「やられる」という動詞による受身構文は、有情有情受身構文の周辺に位置づけたが、動作主は自然現象でもあり得、また、物理的動作でも心理的変化でもあり得る事態である。これも、会話文に特徴的な受身構文である。

(15) 「あけてください。誰もいないのですか。早瀬がやられた。」(驢馬)

(16) 「もう三人もやられたが、あのくそ野郎は掛矢を持ってるからどうしようもねえ、くたびれるのを待つよりしようがねえんだ」(さぶ)

会話文テクストでは、やはり有情有情受身構文の割合が高くなっているが、非情一項受身構文も14%ほどの割合を示している。これは、非情一項受身構文のⅠ変化型とⅠ習慣的社会活動の割合が比較的高いためであることが分かる。会話文テクストには、次のようなⅠ変化型とⅠ習慣的社会活動の受身構文が現れている。

(17) 「ああ、それはね、つまり、今日の新聞をごらんになりましたかな。教育予算がまた削られましたよ。そういう事情なもんだから、個人賞より団体賞のほうが金が生きるだろうと思いましてな」(裸の王様)〈Ⅰ状態変化型〉

(18) 十年ほど前に、京橋のお店あてに、そのノートと写真の小包が送られて来て、差し出し人は葉ちゃんにきまっているのですが、その小包に

は、葉ちゃんの住所も、名前さえも書いていなかったんです。(人間失格)〈Ⅰ位置変化型〉

(19) 自由の女神のタイマツからアンパンのヘソにいたるまで、あらゆるものが盗まれてるんです。きのうなんぞ、台湾沖に発生した低気圧が盗まれましてね、とたんに天気がよくなりました」(プンとフン)〈Ⅰ所有変化型〉

(20) 「でもお医者様の解剖は禁じられてはいないのでしょう」
「そう、一応許されてはいるんです。けれどどんな無名の人の屍体でも家族と警察の許可がないかぎり出来ないのです」(花埋み)〈Ⅰ社会的約束型〉

以上、小説の会話文テクストにおける割合の上位に現れた受身構文タイプを概観した。

3 小説の地の文テクストにおける分布

小説の地の文のテクストは、話しことばに近い会話文テクストと書きことばである評論文・新聞テクストの特徴がまさに半々に現れている。しかし、サブタイプの割合を見れば分かるように、小説の地の文テクストでは、新聞や評論文といった書きことばのテクストに比べ、同じ非情主語の受身構文でも個別具体的な事態としての受身構文タイプが多い。

まず、もっとも特徴的なのが、Ⅰ存在様態受身型の割合が高いことである。これは、場面の情景を描写する文脈構造が多い小説の地の文で、知覚場面のモノのあり方を述べる文タイプの1つであるⅠ存在様態受身型が要請されるためと考えられる。逆に、他のテクストではこのⅠ存在様態受身型はほとんど見られない(波下線は存在場所)。

(21) 瞬間、ぎんは息を呑んだ。眼の前に木製の台があり、その上に黒い皮が敷かれている。(花埋み.地)

(22) 彼のうつむいた目が、それをとらえた。黒い岩肌の地面の上に、二つ

の物体が置かれていた。いつもの見なれた景色の中に、それは、よけいな邪魔物であった。(点と線. 地)

(23) みせへはいると、四十がらみの男が、灯を入れたはちけんを天床へ吊りあげているところだった。三間に五間くらいの土間に、飯台が二た側、おのおのの左右に作り付けの腰掛が据えられ、蒲で編んだ円座が二尺ほどの間隔をとって置いてある。客が多くてもぎっしり詰めず、ゆとりをおいて飲めるように按配してあるらしい。右手に竹で格子を組んだ板場、つきあたりにまたのれんが掛けてあり、これは浅黄に紺でと書いてあった。(さぶ. 地)

(24) そのほかのときには娯楽室の百二十畳の畳はむなしくひろがり、隅のほうに机がずらりと積み重ねられているばかりであった。(楡家. 地)

同じく場面描写の文脈構造で用いられると考えられるⅡ現象受身型も、他のテクストでは0.6%以下なのに対し、相対的に割合が高くなっている[1]。

(25) 夕焼はその色を濃くして、水の面も赤かった。港の中の海なので、波は静かだったが、それでも防波壁の下の水は小さく波立っていた。藻や木屑や塵芥が黒ずんで打寄せられ、たぶたぶと揺れていた。(植物群. 地)

(26) 蛍光燈に照らされた壁にはいずれも快適な室内用の小旋律がただよっていた。(裸の王様. 地)

また、登場人物の心理描写といった文脈構造の要素となるAI心理・生理的状態型の割合が2番目に高いのも特徴的である。

(27) 憤怒に似た感情が、彼の底から湧き上ってきたが、それはすぐに大気に蒸発し去って、あとには軀の中に異変の予感が残った。全身の細胞がいっせいに暴動を起す直前のような予感に捉えられた。(植物群. 地)

(28) 内儀はぎんの気勢におされて相槌をうつ。(花埋み. 地)

(29) しかし間もなく彼は、娘が箸もとらなければ眠りもしないという常ならない状態になったのに驚かされた。(華岡青洲. 地)

AI心理・生理的状態型とほとんど同数であるが、第1位は、非情一項受身構文のI位置変化型である。このI位置変化型も、参照時の場面で進行してい

る状況を描写する文脈構造によく用いられている。動作主を背景化しながら実体の位置変化を描写することで、場面の状況を細かく伝え、臨場感を持たせる効果があると考えられる（波下線は着点／起点場所）。

(30) かよの指図で二人の下男が荷物を運び込んだ。二人とも荻野の家の者だった。台所向きの小道具を除いて、箪笥、長持、鏡台といったぎんの身の廻りのものはすべて部屋へ持ち込まれた。(花埋み.地)

(31) 同時にBBCの試写室には、マーガレット王女はじめ、王室、政界、学界の大立物がつめかけ、マッカーサー君の世紀の大特種フィルムの試写を待っていた。現像が終わったフィルムは大至急で乾燥され、映写機にかけられ、第一回の試写がはじまった。(ブンとフン.地)

(32) 竈の火はとうにかきだされ、水をかけられて黒い焼木杭になった薪が、コンクリートの床の上でまだぶすぶすと煙をあげていた。(楡家.地)

Ⅰ位置変化型とした中には、Ⅰ存在様態受身型にかなり近い受身構文もあり、このために割合が多くなっている側面もある。

(33) いつみにいっても彼の紙は白く、絵具皿は乾き、筆もはじめにおかれた場所にきちんとそろえられたままだった。(裸の王様.地)

一方で、小説の地の文テキストには、他のテキストには現れないような、Ⅰ位置変化型の受身構文がある。次のように、動作主の身体部位や動作など、広義身体的所有物（分離不可能所有物）が主語に立つ受身構文である。

(34) 鮎太は身をもがいたが、冴子の二本の腕にこめられた力は意外に強いもので、それが身内に滲みるように快かった。冴子は執拗に鮎太の上半身を抱きすくめていたが、やがてくっくっと切れ切れに笑った。冴子の唇が鮎太の頬に捺された。(あすなろ.地)

(35) 門礼の後に立っていた加恵は、まさか自分にまで於継が気付くとは思わなかったので、彼女の視線がぴたりと自分の眉間に据えられたときは、小太刀の先を当てられたように緊張し身動きもできなかった。(華岡青洲.地)

(36) 手が（腕から）離される、顔が近づけられる、息が吹きかけられる、

〜のような言葉が教師の口から出される、雪枝の眼が自分に注がれる、経験／年齢が重ねられる、etc.

　こうした表現は、実験的な表現が生み出されやすい小説の地の文というテクストジャンルに特有の受身構文である。また、II 位置関係型も、他のテクストに比べ、相対的に割合が高いが、ここにも小説の地の文に特有の表現が見られる。(37) は通常の II 位置関係型で、こうした受身構文は他のテクストにも見られるが、(38) や (39) のように、有情者の身体的特徴がニ格ないしデ格の行為者として述べられる受身構文は、小説の地の文に特徴的な受身構文である。

(37)　俵瀬村の名主、荻野綾三郎の家はこの麦畑のほぼ中程にあった。正面に長屋門を持ち裏に白い蔵をもった豪壮な邸は、欅や棕櫚の樹木に黒々とおおわれて、堤の上から見ると平地の中の城のような構えを見せていた。(花埋み. 地)

(38)　白粉気のない薄桃色の顔はうぶ毛で覆われているようにみえた。(植物群. 地)

(39)　一方、隣にボアのショールに包まれて、しかし明らかに首をしゃっきりさせて乗っているその姉龍子のほうは、そんな職人の挨拶にはてんで気がつかないようだった。(楡家. 地)

　また、有情有情受身文の中では AA 相手への発話型(「言われる」etc.)、AA 評価動作的態度型(「からかわれる」etc.) に次いで、高い割合で AA 位置変化型が現れている。これも、小説の地の文に特有の受身構文の使用があるためと考えられる。次のような受身構文は、「わたしは〜された」というような会話文テクストの文脈構造には現れにくい受身構文だろう。有情者が主語に立っているが、モノ扱い的である。特に、主語に立つ有情者の特定性が低い(42)などは、モノ扱いとして I 位置変化型に分類してもいい受身構文である（波下線は着点／起点場所）。

(40)　栄二は仮牢に七日いたあと、石川島の「人足寄場」へ送られた。(さぶ. 地)

(41)　だから加恵は綿帽子を冠って見事な花嫁衣裳で平山まで窓をあけた

駕籠で運ばれると、ただ一人で家の中に上らなければならなかった。(華岡青洲.地)

(42) いつどんな怪我人や悪疾患者が担ぎこまれてくるか分らないが、血を見ても膿を見ても驚くようでは医者の妻は勤まらない。(華岡青洲.地)

以上、小説の地の文テクストにおける受身構文タイプの分布の特徴を概観した。

4 報道文テクストにおける分布

報道文テクストは、客観的な事実報告を主な内容とするため、個別一回的な事態の発生を表わす、非情一項受身構文のⅠ変化型の割合が圧倒的に高くなっている。一方で、評論文テクスト同様、不特定一般の人々の社会的な習慣を表わすⅠ習慣的社会活動型の割合もかなり高い。しかしながら、Ⅰ習慣的社会活動型のサブタイプの割合を見てみると、報道文テクストと評論文テクストの間にはいくつかの違いが見られる。

まず、報道文テクストの受身構文タイプの中で圧倒的に多いサブタイプは、Ⅰ実行型である。このタイプは、評論文テクストでも4番目に多いタイプとなっているが、報道文テクストにおいては、その占める割合が圧倒的である。また、同じⅠ実行型でも、評論文テクストでは反復ないし超時の非アクチュアルなアスペクトで現れた例が少なくないのに対し(半数以上)、報道文テクストではほとんどが個別具体的な時間と場所を持ったアクチュアルな事態として述べられている。また、報道文テクストでは、主語に立つ名詞句も、会議や祭り、催しといった行事名詞が多い。

(43) 一方、内閣総辞職のための臨時閣議は、4日午後7時から開かれた。(毎日4月5日)〈報道文テクスト〉

(44) そして、日本で事前の"根まわし"が行われるのは、全員一致方式を取るからだ——とされる。(ゆとり)〈評論文テクスト〉

報道文テクストで次に多いのが、Ⅰ社会的思考型である。これは、報道文テ

クストに非常に特徴的な「動詞節-ト 見られる」という受身構文が多いためである。この「動詞節-ト 見られる」は、他のテクストにはほとんど現れない[2]。

(45) 今後、軍・司法などの実権を握る保守派の抵抗が予想されるものの、米国との関係改善などイランの対外融和政策に弾みがつき、民主化が一層、進むものとみられる。(毎日2月20日)

(46) 13日午前11時50分ごろ、東京都立川市柴崎町3のアパート「福寿荘」を解体中に1階2号室から白骨化した男性の遺体が見つかった。死後5、6年は経過しているとみられる。(毎日3月14日)

(47) インタファクス通信によると、ロシア南部チェチェン共和国の首都グロズヌイ北東部で3日夜、イスラム武装勢力が連邦軍部隊を攻撃、激しい戦闘になった。詳しい状況は不明。連邦軍は2月初めにグロズヌイを制圧、武装勢力が市内に潜入しゲリラ戦を展開したとみられる。(毎日4月5日)

報道文テクストでは、有情者をめぐる社会的な出来事(事件、選挙、会談など)の報道も少なくない。このため、AA 社会的変化型が第3位を占めている。次のような例がある。

(48) 宋氏は昨年7月、国民党に反旗を翻して総統選出馬を宣言し、11月に除名された。(毎日2月20日)

(49) 成功を疑わず、カネで身動きが取れなくなったSOCOG。今年に入り、4人の幹部が引責解任された。その後も2幹部が民間企業に引き抜かれ、退職。(毎日3月14日)

(50) 父親の坂本卓也(20)、母親の理佐(23)両被告が傷害致死容疑で逮捕された。(毎日5月25日)

次いで、I 位置変化型の割合が高くなっている。ここには、通常の位置変化を表わす受身構文よりも、抽象的な位置変化を表わす受身構文が少なくない。特に、言語や態度といった心理動詞の代わりとして、「言語活動／態度-ガ 位置変化 V-ラレル」という受身構文が少なからず見られる(波下線は着点／起

点場所)。

(51) 西部開発には今年だけでも387億人民元（約5000億円）の資金が投入される予定だが、国土の57％もの面積を占める地域全体の開発には西側の資本や技術が不可欠だ。（毎日3月14日）

(52) 生後間もない赤ちゃんを抱えた若い夫婦は孤立し、うっ屈した感情は「密室」の中で夜泣きをする子に向けられた。（毎日5月25日）

第5位のI所有変化型には、贈与や売買に関わる動詞が多い。

(53) 佐藤次高・東京大大学院人文社会系研究科教授と長田重一・大阪大大学院医学系研究科教授には、恩賜賞も贈られる。また、長谷川博・東邦大理学部助教授には日本学士院エジンバラ公賞が贈られる。（毎日3月14日）

(54) 一方、出遅れていた鉄鋼などは軒並み買われ、「将来性」の情報通信に代わって、「実績」の主力株が相場を下支えした。（毎日4月5日）

第6位にはI状態変化型が上がっている。報道文テキストにおけるI状態変化型は、モノやコトの社会的状態変化である場合が多い。

(55) これによって、都銀主要行はみずほ、住友・さくら銀行、東京三菱銀行との「四大勢力」に再編されることになる。（毎日3月14日）

(56) 88年の米パンナム機爆破事件の容疑者引き渡し拒否を機に科された対リビア国連制裁は、昨年4月に凍結された。（毎日4月5日）

(57) 2001年4月から、郵便貯金と年金積立金（国民年金・厚生年金）の大蔵省資金運用部に対する預託義務が廃止されて自主運用に切り替わり、公庫・公団などの財投機関は資金を金融市場から直接調達する必要に迫られる。（毎日5月25日）

第7位のI社会的言語活動型には、「-ト　される／言われる」という受身構文が多い。

(58) 幹事長が確実視される野中氏と、綿貫、村岡両氏との間には昨年以来、微妙な空気があるとされてきた。（毎日4月5日）

(59) 金大中大統領も支持を表明し、自民連の連立解消宣言やハンナラ党分

裂にも影響を与えたと言われるほどの力を発揮した。(毎日3月14日)

　第8位にⅠ社会的関心型が上がっているが、これは報道文テキストに特徴的な受身構文タイプである。Ⅰ社会的関心型は、要求的態度動詞の一部と思考動詞の一部で構成されるのだが、要求的態度動詞による受身構文では、非常に間接的な当為のモダリティーの意味が読み取れる((60))。また、思考動詞による受身構文の一部には、間接的な推量の意味も読み取れなくない((61)(62))。こうした受身構文は、ともすれば書き手の主観が表れやすいモダリティー表現を避けるための表現として用いられていると考えられる。

(60)　要員不足の解消が困難な中で、内部規定の運用もできる限り透明化を図り、被害者の理解を得られる運用をすることが強く求められる。(毎日2月20日)

(61)　北朝鮮が過去の調査結果を覆す結論を出すのは容易でなく、拉致問題解決には曲折が予想される。(毎日3月14日)

(62)　解散・総選挙になれば、政治空白による景気や為替への影響も懸念される。(毎日4月5日)

　順位はそれほど高くないが、AI不可避型の「～せざるをえない」という意味を表す受身構文の割合も、他のテキストに比べて高い。この種の受身構文は、意味・構造的に上のⅠ社会的関心型に近いタイプであり[3]、これも報道文テキストに特徴的な受身構文タイプと言える。「～せざるをえない」というモダリティ表現に近づいている(波下線は不可避である動作)。

(63)　「森首相」への流れが一気に固まったことで、加藤派は加藤前幹事長の政権取りに向け、戦略の立て直しを迫られている。(毎日4月5日)

(64)　銀行と取引先企業との持ち合い株売却も進んだ。保有株の時価評価の本格導入を前に、株式市況に左右されない財務体質への転換を迫られているため、売り切り額は15行合計で2兆4806億円。(毎日5月25日)

　また、他のテキストにはほとんど用例がないⅠ表示型も数例見られる。

(65)　またカルマパ17世の自作の詩が披露され、詩の中でカルマパ17世は、「雪と美しい調べの国」チベットが「赤い中国によって破壊された」と、

その悲しみをつづっている。(毎日2月20日)

以上、報道文テクストにおいて、上位を占めたサブタイプと、報道文テクストに特徴的に現れているいくつかのサブタイプについて概観した。

5 評論文テクストにおける分布

評論文テクストにおける4大分類の割合は、非情一項受身構文が圧倒的多数を占めている。また、他のテクストに比べ、非情非情受身構文の割合が高いのも特徴的である。特に、生産性(動詞の種類)がそれほど高くないⅠ超時型やⅡ関係型の割合が高いのが、評論文テクストの特徴である。このように、評論文テクストには、個別具体的ではない、非アクチュアルな受身構文タイプが多く現れている。これは、受身構文に限らず、通常の文(他動詞文、自動詞文)でもおそらく同じ傾向が現れるだろう。評論文テクストの構造的特徴が、こうした文タイプを要素として要求していると考えられる。

評論文テクストにおいて、もっとも多く現れたサブタイプは、Ⅰ存在確認型である。Ⅰ存在確認型の中でも、具体的な動作主が想定できず、個別具体的ではない非アクチュアルなアスペクトの受身構文タイプの割合が非常に高い(波下線は存在場所)。

(66) 日本にも、不要な差をつけて割りを食う人たちのやる気をわざわざなくさせるような愚行が、ずいぶんみられる。(ゆとり)

(67) もちろん、抽象された理論と現実の社会の諸現象の間には、相当なずれがみられるのであり、これらの理論が西欧社会にそのままあてはめられるというものではない。(タテ社会)

(68) ここにも、中国料理が日本料理のそれとではパターンがかなり違う点がみられるのである。(たべもの)

次いで多いのが、Ⅰ社会的言語活動型である。ここには、報道文テクスト同様、「節-ト 言われる/される」による受身構文が多く含まれる。この構文は、書きことばテクストで多用されるタイプと言える。伝聞のモダリティーにも近づ

いているのだろう。

(69) いま、若い男女が昔に比べて大きく変わってきたことが問題になっています。男性が女性化したり、女性が男性化したともいわれますが、要するに男女差が小さくなってきたのです。(記憶)

(70) たとえばわずか二十年前、日本製品は「安かろう悪かろう」の典型とされていた。(ゆとり)

第3位にⅠ状態変化型が上がっているが、ここには、次のような受身構文がある。

(71) 肉を焼いたときにしたたり落ちた汁をベースにしたソースであるが、これが、インスタント的な食品に加工されて多く売られている。(たべもの)

(72) 西欧社会というものが、先進国というラベルのもとに驚くほど単純化され、西欧の諸社会に内在する複雑性を実態として把握する立場になかったという、比較社会学的考察に大きな弱点をもっていたということも指摘できよう。(タテ社会)

(73) 西欧では極右・極左による暴力的政権掌握は見られなかったが、経済苦境や失業や内閣の不安定から、伝統的な議会民主制の権威は失われようとしていた。(二十世紀)

Ⅰ実行型が4位に上がっているが、先に述べたように、評論文テクストの場合、これも反復ないし超時のテンス・アスペクトの用例が多くなっている（半数以上）。

(74) できるものも麦が主であるから、動物性の食品は、生存上欠かすことができない、そのため、牧畜が広く行われたのである。(たべもの)

(75) 資格の差別は理性的なものであるから、それを越えるために感情的なアプローチが行なわれる。(タテ社会)

第5位にⅠ社会的意義づけ型が上がっているのは、評論文テクストに特徴的である。これは、ほとんど使用動詞による受身構文で、1つの作品（『化学とんち問答』）の用例数が非常に多くなっているため（21例）、上位に位置して

いる。しかし、これをかんがみても、やはり他のテクストに比べ、使用動詞による受身構文が多いのは、評論文テクストの特徴と言える。

(76) ドライアイスはそのままでも冷却剤として使われるが、アルコールやエーテルの中に投入すると、気化熱のためさらに冷えて、−100℃という低温が得られる。そこで、寒剤としても使われる。(化学)

(77) ここで資格とよぶものは、普通使われている意味より、ずっと広く、社会的個人の一定の属性をあらわすものである。(タテ社会)

第7位にⅠ社会的思考型があるが、報道文テクストに頻繁に現れる「見られる」による用例は1例もなく、「思われる、考えられる」による例が目立つ。

(78) 日本からみれば、たったこれだけと思われる量が、アメリカでは一つの食品の量としては大きいものなのである。(たべもの)

(79) 男性的と女性的な性格の差は、きわめて大きいと考えられていたのに、それも社会(環境)によってつくられたものであるということになると、性格差の多くを生まれつきとするようなとらえ方はきわめて疑問です。(記憶)

さらに、評論文テクストでは、超時的事態であるⅠ特徴規定型の割合も、他のテクストに比べれば、非常に高い。

(80) すなわち、後者では、たとえば、十七世紀のイギリスの社会構造とか、日本農村の社会構造などというように使われ、その時代、あるいはその社会の全体像、重なりあっている諸要素の仕組み、制度化された組みたて、というような意味をもっている。(タテ社会)

(81) [前略]大部分のアメリカでは、加工された食品を家庭でそのまま皿の上にのせるようなことはほとんどない。(たべもの)

(82) また液体の状態では、分子同士の間は固体のように固定されてはいないが、しかし分子間のすき間はだいたい固体と同じようである。(化学)

同じく超時的な事態であるⅡ論理的関係型も上位に位置している。これも評論文テクストに特徴的である。

(83) みかけ上日本の「力強さ」と思われるもののなかに、じつは相手のエ

ラーで点数をかせいだ部分 が、意外に多く 含まれている にちがいない。(ゆとり)

(84) 集団 が 資格の共通性 によって 構成されている 場合には、その同質性 によって、何らの方法を加えなくとも、集団 が 構成されうる ものであり、それ自体明確な排他性をもちうるものである。(タテ社会)

(85) 日本の料理 が 包丁 で 代表される 海岸文化的料理であるのに対して、ヨーロッパをはじめとする料理 は、煮込み料理 に 代表される といってもよい。(たべもの)

さらに、同じ超時的事態であるⅡ影響関係型、Ⅰ限定型[4]も、生産性の低い受身構文タイプであるにも関わらず、評論文テクストでの頻度は低くない。

(86) では、なぜ 人の性格 が たべもの に 支配される のであろうか。(たべもの)

(87) 他方、年功序列制について、ふつう人びとが抱くイメージは、企業内の昇進とそれに伴う昇給と が、ただ年功だけできまり、勤勉・能力や実績 にはまったく 左右されない ――ということである。(ゆとり)

(88) いまのところは欧米諸国と日本にかぎられた 現象 にすぎないとはいえ、「豊かな社会」の到来は、二十世紀後半に起きた人類史的な大事件だろう。(ゆとり)

6 まとめ

本章では、小説の会話文、小説の地の文、報道文、評論文という4つのテクストジャンルにおける受身構文タイプの分布を概観した。本章で述べた重要な点をまとめると次のようになる。

まず、小説の会話文で最も高い頻度を見せたのは、動詞「言われる」に代表されるAA相手への発話型であった。また、対人関係における感情＝評価的な態度を表わす受身構文タイプも多く現れた。その他には、接触動詞による有情有情受身構文タイプが多く現れたのが特徴的であるが、これは、接触動詞の表わす動作が、感情＝評価的態度を表わす手段となることが多いためと考えら

れる。さらに、報道文や評論文といった書き言葉のテクストにはほとんど現れないAAはた迷惑型が高い頻度で現れるのもこのテクストの特徴である。

小説の地の文では、他のテクストではほとんど現れない、存在様態を表わすタイプ（I存在様受身型）と自然現象を表わすタイプ（II現象受身型）が特徴的に現れる。有情者の心理的状態を表わす有情非情受身構文が最も高い頻度で現れるのも特徴的である。また、I位置変化型やII位置関係型などでは、小説の地の文にのみ用いられる、特徴的な受身構文が見られる。

報道文テクストでは、特定の具体的な時間と場所において行事が催行されることを表わすI実行型が、他のタイプに大きく差をつけて高い頻度で現れる。また、I社会的思考型の推定的判断を表わす「〜と見られる」という受身構文タイプ、及び、「作用N-ガ 求められる／予想される／注目される」などのI社会的関心型が特徴的に現れる。

評論文テクストでは、「AにBが見られる」というI存在確認型が非常に高い頻度で現れる。また、論理的関係を表わす受身構文タイプや、形容詞相当のI特徴規定型が他のテクストに比べて多く現れるのも特徴的である。さらに、同じI社会的思考型でも、報道文テクストとは異なり、「〜と思われる」という受身構文タイプが多く現れる。

注
1）なお、I存在様態受身型とII現象受身型は、いずれも金水（1991）で古代語に存在した非情の受身とされる受身構文タイプである。
2）志波（2013）も参照。
3）例えば、動作性名詞が主語に立って、「党本部の対応が求められる」であればI社会的関心型であるし、動作性名詞の動作主である有情者が主語に立って、「党本部は対応を求められる」であればAI不可避型である。この不可避のタイプは、AA要求的態度型にも意味・構造的に近いが、行為者が想定できない点でI社会的関心型に近く、意味的にもI社会的関心型に近い。
4）ただし、I限定型は常に超時的事態であるわけではない。一方で、基本的に、行為者を想定できない受身構文であり、テンスを持たないことも多いので、暫定的にI超時型に含めている。

6 まとめ

表 2 : 小説の会話文テキストにおける全サブタイプの割合

小説の会話文における受身文 TOTAL			1382	100.0%

有情主語有情行為者受身文					
受身文タイプ	用例数	割合	下位受身文タイプ	用例数	割合
AA 変化型 (AA 変化)	247	17.9%	AA 位置変化	46	3.3%
			AA 随伴	20	1.4%
			AA 生理的変化	75	5.4%
			AA 社会的変化	77	5.6%
			AA 強制使役	29	2.1%
AA 無変化型 (AA 無変化)	113	8.2%	AA 接触	88	6.4%
			AA 催促	25	1.8%
AA 認識型 (AA 認識)	43	3.1%	AA 知覚	20	1.4%
			AA 思考	23	1.7%
AA 態度型 (AA 態度)	304	22.0%	AA 感情=評価	40	2.9%
			AA 判断	11	0.8%
			AA 表現的態度	66	4.8%
			AA 呼称	12	0.9%
			AA 評価動作的態度	157	11.4%
			AA 接近	18	1.3%
AA 相手の受身型 (AA 相手)	246	17.8%	AA 譲渡	8	0.6%
			AA 相手への動作	4	0.3%
			AA 相手への発話	159	11.5%
			AA 相手への提示	8	0.6%
			AA 相手への要求	60	4.3%
			AA 相手への態度	7	0.5%
AA 持ち主の受身型 (AA 持ち主)	45	3.3%	AA 奪取	37	2.7%
			AA 所有物の変化	8	0.6%
AA はた迷惑型 (AA 迷惑)	74	5.4%	AA はた迷惑	74	5.4%
その他	27	2.0%	やられる	26	1.9%
			有情有情その他	1	0.1%
TOTAL	1099	79.5%			

第6章 テクスト別 受身構文タイプの分布

有情主語非情行為者受身文					
受身文タイプ	用例数	割合	下位受身文タイプ	用例数	割合
AI状態型 (AI状態)	72	5.2%	AI心理・生理的状態型	64	4.6%
			AI不可避型	1	0.1%
			AI陥る型	7	0.5%
その他	0	0.0%	有情非情その他	0	0.0%
TOTAL	72	5.2%			

非情主語一項受身文					
受身文タイプ	用例数	割合	下位受身文タイプ	用例数	割合
I変化型(I変化)	90	6.5%	I状態変化	32	2.3%
			I位置変化	17	1.2%
			I所有変化	15	1.1%
			I結果	17	1.2%
			I表示	1	0.1%
			I実行	8	0.6%
I無変化型(I無変化)	1	0.1%	I無変化	1	0.1%
I認識型 (I認識)	15	1.1%	I知覚	0	0.0%
			I思考	3	0.2%
			I発見	5	0.4%
			I発話(言語活動)	7	0.5%
I態度型 (I態度)	6	0.4%	I判断	3	0.2%
			I意義づけ	2	0.1%
			I要求	0	0.0%
			I表現	1	0.1%
I存在型 (I存在)	17	1.2%	I存在様態受身	13	0.9%
			I抽象的存在	2	0.1%
			I抽象的所有	0	0.0%
			I存在確認	2	0.1%
I習慣的社会活動型 (I社会)	56	4.1%	I社会的思考	14	1.0%
			I社会的言語活動	8	0.6%
			I社会的呼称	1	0.1%

6 まとめ

受身文タイプ		用例数	割合	下位受身文タイプ	用例数	割合
				I社会的評価	7	0.5%
				I社会的関心	0	0.0%
				I社会的約束型	23	1.7%
				I社会的意義づけ	3	0.2%
I超時型（I超時）		14	1.0%	I特徴規定型	11	0.8%
				I論理的操作型	0	0.0%
				I限定型	3	0.2%
その他		0	0.0%	非情一項その他	0	0.0%
TOTAL		199	14.4%			

非情主語非情行為者受身文						
受身文タイプ		用例数	割合	下位受身文タイプ	用例数	割合
II現象受身型（II現象）		6	0.4%	II現象受身型	6	0.4%
II関係型（II関係）		4	0.3%	II位置関係型	1	0.1%
				II論理的関係型	2	0.1%
				II影響関係型	1	0.1%
その他		2	0.1%	非情非情その他	2	0.1%
TOTAL		12	0.9%			

表3：小説の地の文テクストにおける全サブタイプの割合

小説の地の文における受身文 TOTAL				790	100.0%

有情主語有情行為者受身文					
受身文タイプ	用例数	割合	下位受身文タイプ	用例数	割合
AA 変化型	90	11.4%	AA 位置変化	31	3.9%
（AA 変化）			AA 随伴	11	1.4%
			AA 生理的変化	16	2.0%
			AA 社会的変化	19	2.4%
			AA 強制使役	13	1.6%
AA 無変化型	42	5.3%	AA 接触	30	3.8%
（AA 無変化）			AA 催促	12	1.5%
AA 認識型	27	3.4%	AA 知覚	13	1.6%
（AA 認識）			AA 思考	14	1.8%
AA 態度型	72	9.1%	AA 感情＝評価	8	1.0%
（AA 態度）			AA 判断	4	0.5%
			AA 表現的態度	11	1.4%
			AA 呼称	0	0.0%
			AA 評価動作的態度	39	4.9%
			AA 接近型	10	1.3%
AA 相手の受身型	94	11.9%	AA 譲渡	12	1.5%
（AA 相手）			AA 相手への動作	11	1.4%
			AA 相手への発話	44	5.6%
			AA 相手への提示	4	0.5%
			AA 相手への要求	23	2.9%
			AA 相手への態度	0	0.0%
AA 持ち主の受身型	11	1.4%	AA 奪取	7	0.9%
（AA 持ち主）			AA 所有物の変化	4	0.5%
AA はた迷惑型（AA 迷惑）	10	1.3%	AA はた迷惑	10	1.3%
その他	0	0.0%	やられる	0	0.0%
			有情有情その他	0	0.0%
TOTAL	346	43.8%			

有情主語非情行為者受身文					
受身文タイプ	用例数	割合	下位受身文タイプ	用例数	割合
AI 状態型	70	8.9%	AI 心理・生理的状態型	61	7.7%
			AI 不可避型	2	0.3%
			AI 陥る型	7	0.9%
その他	0	0.0%	有情非情その他	0	0.0%
TOTAL	70	8.9%			

非情主語一項受身文					
受身文タイプ	用例数	割合	下位受身文タイプ	用例数	割合
I 変化型	162	20.5%	I 状態変化	47	5.9%
(I 変化)			I 位置変化	62	7.8%
			I 所有変化	12	1.5%
			I 結果	16	2.0%
			I 表示	3	0.4%
			I 実行	22	2.8%
I 無変化型（I 無変化）	2	0.3%	I 無変化	2	0.3%
I 認識型	30	3.8%	I 知覚	4	0.5%
(I 認識)			I 思考	9	1.1%
			I 発見	8	1.0%
			I 発話（言語活動）	9	1.1%
I 態度型	3	0.4%	I 判断	0	0.0%
(I 態度)			I 意義づけ	0	0.0%
			I 要求	0	0.4%
			I 表現	3	0.4%
I 存在型	73	9.2%	I 存在様態受身	57	7.2%
(I 存在)			I 抽象的存在	11	1.4%
			I 抽象的所有	0	0.0%
			I 存在確認	5	0.6%
I 社会的習慣型	48	6.1%	I 社会的思考	8	1.0%
(I 社会)			I 社会的言語活動	10	1.3%
			I 社会的呼称	17	2.2%

386　第6章　テクスト別　受身構文タイプの分布

			Ⅰ社会的評価	5	0.6%
			Ⅰ社会的関心	0	0.0%
			Ⅰ社会的約束型	5	0.6%
			Ⅰ社会的意義づけ	3	0.4%
Ⅰ超時型	22	2.8%	Ⅰ特徴規定型	21	2.7%
（Ⅰ超時）			Ⅰ論理的操作型	0	0.0%
			Ⅰ限定型	1	0.1%
その他	0	0.0%	非情一項その他	0	0.0%
TOTAL	340	43.0%			

非情主語非情行為者受身文					
受身文タイプ	用例数	割合	下位受身文タイプ	用例数	割合
Ⅱ現象受身型（Ⅱ現象）	14	1.8%	Ⅱ現象受身型	14	1.8%
Ⅱ関係型	15	1.9%	Ⅱ位置関係型	10	1.3%
（Ⅱ関係）			Ⅱ論理的関係型	5	0.6%
			Ⅱ影響関係型	0	0.0%
その他	5	0.6%	非情非情その他	5	0.6%
TOTAL	34	4.3%			

6 まとめ

表4：報道文テクストにおける全サブタイプの割合

報道文における受身文 TOTAL				467	100.0%
有情主語有情行為者受身文					
受身文タイプ	用例数	割合	下位受身文タイプ	用例数	割合
AA 変化型 (AA 変化)	57	12.2%	AA 位置変化	10	2.1%
			AA 随伴	8	1.7%
			AA 生理的変化	4	0.9%
			AA 社会的変化	33	7.1%
			AA 強制使役	2	0.4%
AA 無変化 (AA 無変化)	9	1.9%	AA 接触	7	1.5%
			AA 催促	2	0.4%
AA 認識型 (AA 認識)	3	0.6%	AA 知覚	0	0.0%
			AA 思考	3	0.6%
AA 態度型 (AA 態度)	18	3.9%	AA 感情＝評価	3	0.6%
			AA 判断	4	0.9%
			AA 表現的態度	3	0.6%
			AA 呼称	0	0.0%
			AA 評価動作的態度	6	1.3%
			AA 接近	2	0.4%
AA 相手の受身型 (AA 相手)	16	3.4%	AA 譲渡	0	0.0%
			AA 相手への動作	2	0.4%
			AA 相手への発話	8	1.7%
			AA 相手への提示	0	0.0%
			AA 相手への要求	6	1.3%
			AA 相手への態度	0	0.0%
AA 持ち主の受身 (AA 持ち主)	0	0.0%	AA 奪取	0	0.0%
			AA 所有物の変化型	0	0.0%
被はた迷惑型（AA 迷惑）	4	0.9%	AA はた迷惑型	4	0.9%
その他	1	0.2%	やられる	0	0.0%
			有情有情その他	1	0.2%
TOTAL	108	23.1%			

第6章 テクスト別 受身構文タイプの分布

有情主語非情行為者受身文					
受身文タイプ	用例数	割合	下位受身文タイプ	用例数	割合
AI状態型 (AI心理)	15	3.2%	AI心理・生理的状態型	3	0.6%
			AI不可避型	6	1.3%
			AI陥る型	6	1.3%
その他	0	0.0%	有情非情その他	0	0.0%
TOTAL	15	3.2%			

非情主語一項受身文					
受身文タイプ	用例数	割合	下位受身文タイプ	用例数	割合
I変化型 (I変化)	171	36.6%	I状態変化	28	6.0%
			I位置変化	30	6.4%
			I所有変化	29	6.2%
			I結果	7	1.5%
			I表示	6	1.3%
			I実行	71	15.2%
I無変化型（I無変化）	1	0.2%	I無変化	1	0.2%
I認識型 (I認識)	18	3.9%	I知覚	1	0.2%
			I思考	7	1.5%
			I発見	1	0.2%
			I発話（言語活動）	9	1.9%
I態度型 (I態度)	16	3.4%	I判断	5	1.1%
			I意義づけ	9	1.9%
			I要求	2	0.4%
			I表現	0	0.0%
I存在型 (I存在)	26	5.6%	I存在様態受身	15	3.2%
			I抽象的存在	4	0.9%
			I抽象的所有	0	0.0%
			I存在確認	7	1.5%
I社会的習慣型 (I社会)	97	20.8%	I社会的思考	47	10.1%
			I社会的言語活動	22	4.7%
			I社会的呼称	7	1.5%

			下位受身文タイプ	用例数	割合
			Ⅰ社会的評価	4	0.9%
			Ⅰ社会的関心	16	3.4%
			Ⅰ社会的約束型	0	0.0%
			Ⅰ社会的意義づけ	1	0.2%
Ⅰ超型 (Ⅰ超時)	2	0.4%	Ⅰ特徴規定型	0	0.0%
			Ⅰ論理的操作型	0	0.0%
			Ⅰ限定型	2	0.4%
その他	0	0.0%	非情一項その他	0	0.0%
TOTAL	331	70.9%			

非情主語非情行為者受身文					
受身文タイプ	用例数	割合	下位受身文タイプ	用例数	割合
Ⅱ現象受身型（Ⅱ現象）	3	0.6%	Ⅱ現象受身型	3	0.6%
Ⅱ関係型（Ⅱ関係）	10	2.1%	Ⅱ位置関係型	0	0.0%
			Ⅱ論理的関係型	6	1.3%
			Ⅱ影響関係型	4	0.9%
その他	0	0.0%	非情非情その他	0	0.0%
TOTAL	13	2.8%			

表5:評論文テクストにおける全サブタイプの割合

評論文における受身文 TOTAL				618	100.0%
有情主語有情行為者受身文					
受身文タイプ	用例数	割合	下位受身文タイプ	用例数	割合
AA 変化型 (AA 変化)	18	2.9%	AA 位置変化	6	1.0%
			AA 随伴	0	0.0%
			AA 生理的変化	1	0.2%
			AA 社会的変化	9	1.5%
			AA 強制使役	2	0.3%
AA 動作型 (AA 無変化)	3	0.5%	AA 接触	2	0.3%
			AA 催促	1	0.2%
AA 認識活動型 (AA 認識)	0	0.0%	AA 知覚	0	0.0%
			AA 思考	0	0.0%
AA 態度型 (AA 態度)	16	2.6%	AA 感情=評価	1	0.2%
			AA 判断	0	0.0%
			AA 表現的態度	7	1.1%
			AA 呼称	0	0.0%
			AA 評価動作的態度	7	1.1%
			AA 接近	1	0.2%
AA 相手の受身型 (AA 相手)	8	1.3%	AA 譲渡	1	0.2%
			AA 相手への動作	2	0.3%
			AA 相手への発話	2	0.3%
			AA 相手への提示	1	0.2%
			AA 相手への要求	1	0.2%
			AA 相手への態度	1	0.2%
AA 持ち主の受身型 (AA 持ち主)	3	0.5%	AA 奪取	3	0.5%
			AA 所有物の変化	0	0.0%
AA はた迷惑型 (AA 迷惑)	0	0.0%	AA はた迷惑	0	0.0%
その他	1	0.2%	やられる	0	0.0%
			その他	1	0.2%
TOTAL	49	7.9%			

6 まとめ

有情主語非情行為者受身文							
受身文タイプ	用例数	割合	下位受身文タイプ	用例数	割合
AI 状態型 (AI 状態)	21	3.4%	AI 心理・生理的状態型	7	1.1%
			AI 不可避型	11	1.8%
			AI 陥る型	3	0.5%
その他	0	0.0%	有情非情その他	0	0.0%
TOTAL	21	3.4%			

非情主語一項受身文					
受身文タイプ	用例数	割合	下位受身文タイプ	用例数	割合
I 変化型 (I 変化)	184	29.8%	I 状態変化	45	7.3%
			I 位置変化	35	5.7%
			I 所有変化	18	2.9%
			I 結果	42	6.8%
			I 表示	0	0.0%
			I 実行	44	7.1%
I 無変化型 (I 無変化)	0	0.0%	I 無変化	0	0.0%
I 認識型 (I 認識)	10	1.6%	I 知覚	4	0.6%
			I 思考	2	0.3%
			I 発見	2	0.3%
			I 発話（言語活動）	2	0.3%
I 態度型 (I 態度)	6	1.0%	I 判断	1	0.2%
			I 意義づけ	1	0.2%
			I 要求	0	0.0%
			I 表現	4	0.6%
I 存在型 (I 存在)	79	12.8%	I 存在様態受身	5	0.8%
			I 抽象的存在	7	1.1%
			I 抽象的所有	6	1.0%
			I 存在確認	61	9.9%
I 社会的習慣型 (I 社会)	177	28.6%	I 社会的思考	38	6.1%
			I 社会的言語活動	47	7.6%
			I 社会的呼称	29	4.7%

第 6 章　テクスト別　受身構文タイプの分布

			Ⅰ社会的評価	12	1.9%
			Ⅰ社会的関心	4	0.6%
			Ⅰ社会的約束型	5	0.8%
			Ⅰ社会的意義づけ	42	6.8%
Ⅰ超時型	49	7.9%	Ⅰ特徴規定型	30	4.9%
（Ⅰ超時）			Ⅰ論理的操作型	5	0.8%
			Ⅰ限定型	14	2.3%
その他	3	0.5%	非情一項その他	3	0.5%
TOTAL	508	82.2%			

非情主語非情行為者受身文					
受身文タイプ	用例数	割合	下位受身文タイプ	用例数	割合
Ⅱ現象受身型（Ⅱ現象）	1	0.2%	Ⅱ現象受身型	1	0.2%
Ⅱ関係型（Ⅱ関係）	37	6.0%	Ⅱ位置関係型	2	0.3%
			Ⅱ論理的関係型	20	3.2%
			Ⅱ影響関係型	15	2.4%
その他	2	0.3%	非情非情その他	2	0.3%
TOTAL	40	6.5%			

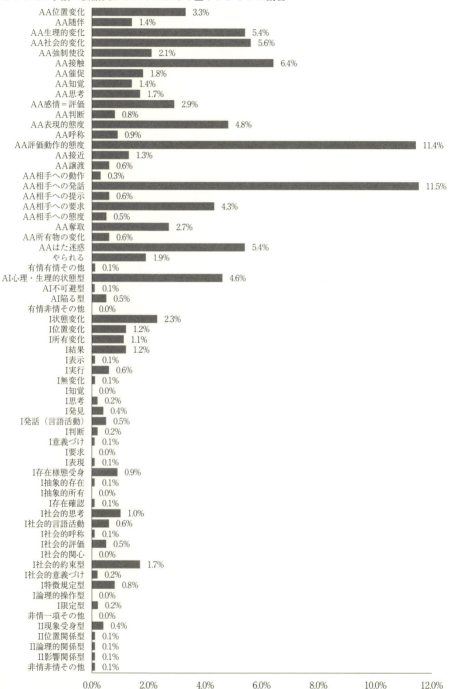

グラフ2：小説の会話文テキストにおける全サブタイプの割合

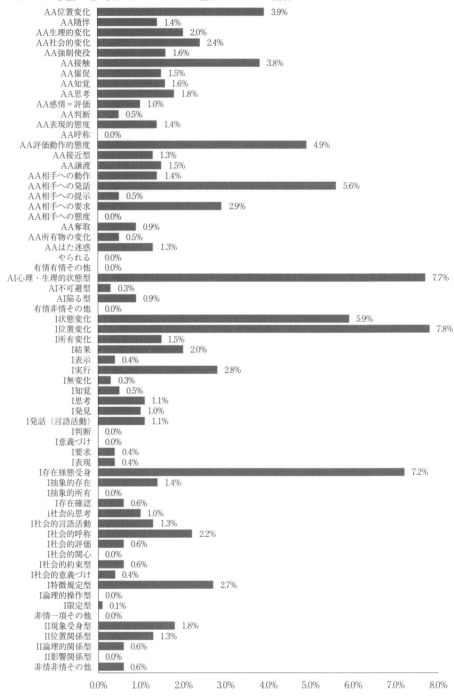

グラフ3：小説の地の文テクストにおける全サブタイプの割合

グラフ4：報道文テクストにおける全サブタイプの割合

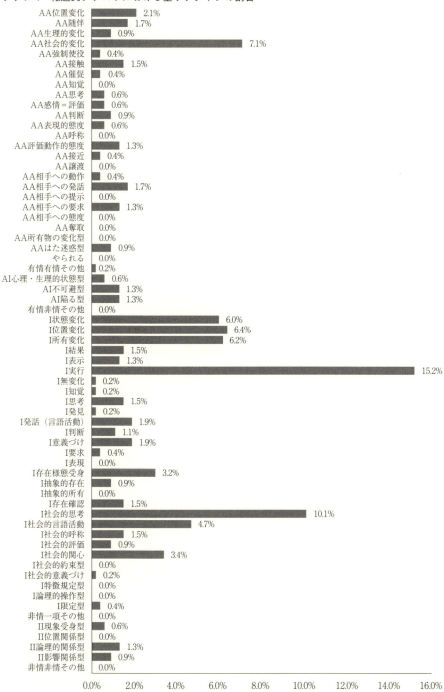

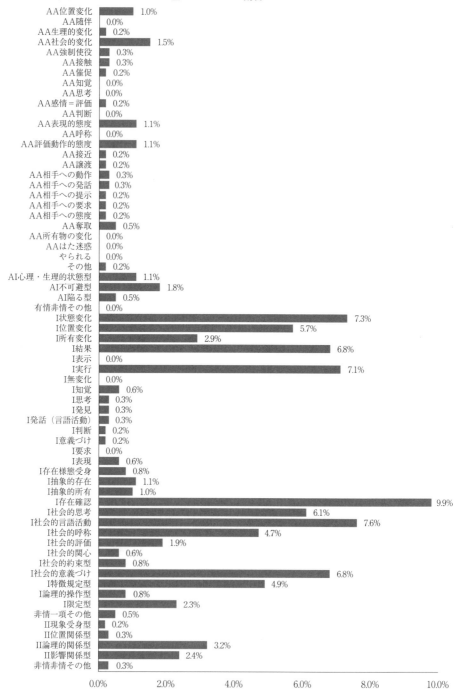

グラフ5：評論文テクストにおける全サブタイプの割合

結――今後の課題

　本研究は、受身構文という構文論的な問題を、動詞のカテゴリカルな意味にまで踏み込んで考察し、記述した。単語のカテゴリカルな意味とは、単語が持つ語彙的な意味の中の、文法的な振る舞いに関わる、あるグループに共通の意味特徴のことである。この意味で、本研究の記述は語彙論の問題に踏み込んでいるとは言え、やはり構文論としての記述であると考える。

　Goldberg (1995) が「構文」の概念を提唱して以来、「構文」という発想が日本語文法の記述においても積極的に語られるようになってきた。一方で、「構文（構造）」を語る上で必要不可欠な、「要素」と「（統合的）体系」という概念が置き去りにされている感がある。文の構造にとっての要素とは、単語のカテゴリカルな意味であり、構造の意味と構成要素の意味とのダイナミックな相互交渉の結果、全体としての統合的体系の意味がもたらされるのである。

　そして、文（＝統合的体系）の最終的な意味は、決してその都度の偶然の文脈によってもたらされるものではない。文の直接的な構成要素は単語であるが、動詞や名詞のカテゴリカルな意味と意味役割、文内での機能（主語、述語など）、格体制に加え、語順、情報構造（主題の有無）、修飾語の有無、外部構造（複文など）、連文構造、より大きな文脈構造など、その文を取り巻くさまざまな要因が最終的な文の意味を決定している。受身文に限らず、いかなる文法記述においても、こうした視角を持って言語現象を解釈しなければならないと考える。

　もっとも、本研究の記述の方法論はいまだ確立しているとは言えず、多くの問題点を抱える発展途上の段階である。特に、受身構文タイプの立て方、取り出し方についても、検討の余地が残されている。例えば、非情一項受身文では、

心理動詞の受身構文の多くが個別一回的な出来事としてではなく、不特定多数の動作主による習慣的な事態として述べられるため、心理動詞のいくつかのタイプでは個別一回的なレベルの受身構文を立てずに、習慣的社会活動型としてのみタイプを立てている。だが、このような立て方は、能動文との比較の上でも非常に分かりにくいタイプ分けになっていると自覚している。習慣的な社会活動として述べられることが多いとはいえ、まずは個別一回的なレベルのタイプと並べて、心理動詞の受身構文タイプを立てるべきだったかもしれない。また、タイプとしての生産性（タイプ頻度）もしくは用例の頻度（トークン頻度）が低く、うまく一般化できていないものもある。よって、読者が本研究の分析の妥当性を検証できるように、より多くの、様々なパターンの用例を挙げるように配慮したつもりである。本著に挙げた用例を検討することで、新たな問題点が見つかり、議論が発展していくことで、この研究自体がより完成度の高いものへ改善されていけばと考えている。

　以下、現時点で筆者が認識している今後の課題をまとめる。

　まず1点目として、本研究では、動詞のカテゴリカルな意味と結合価をもとに、細かいサブタイプを立てることで、受身構文の間の相互関係を詳細に考察することができた。これにより、従来の研究で単発的にその存在が指摘されてきた受身構文のタイプについて、他の受身構文との関係を明らかにし、パラディグマティックな体系に位置づけることができたと考える。

　例えば、接触動詞による受身構文は、主語が有情者であるか、非情物であるかでその頻度が大きく異なる。有情主語の有情有情受身構文では、接触動詞による構文タイプは動作主の感情＝評価的態度を表す手段として、もしくは何らかの変化へ導く手段としてかなりの割合で用いられる（「叩かれる」「抱かれる」など）。一方、無変化動詞である接触動詞は、対象の変化後の結果を含意しないため、非情主語の非情一項受身構文にはほとんど用いられない。このことから、自然現象を表す非情主語非情行為者受身文（「木が風に吹かれてゆれる」）などに用いられる「打たれる」「叩かれる」などの接触動詞は、有情主語有情行為者受身文と派生関係にあると考えられる。実際、自然勢は有情行為者

と同じようにエネルギーを持った存在として見なされることが多く、また、「木の葉が雨に打たれて濡れている」などの受身構文では、非情行為者が背景化されることもないことから、構造的にも有情有情受身文に近いと考えられる。

一方で、この自然現象を表わす非情非情受身文は、本研究で非情一項受身文として位置付けている存在様態の受身構文（「窓辺に花が飾られている」）とともに、近世以前に存在した非情主語の受身構文タイプの代表的なタイプである。いずれも金水（1991）で叙景文と呼ばれている受身構文タイプである。よって、この2つの構文タイプが現代日本語の中でまったく異なる受身構文タイプとして位置付けられ、かつ相互の関係も遠いものとして位置付けられていることをどのように説明するのか、今後の課題として残された。

2点目として、本研究では細かいサブタイプを立てることにより、受身構文の異なるテクストジャンルにおける分布を詳細に示すことができた。それぞれのテクストによって、どのような受身構文が現れるかは、非常に異なっており、受身構文の現れ方にはそのテクストの特徴を見て取ることができた。

しかしながら、テクストの文脈構造とその要素となる構文タイプとの関係については、詳しく議論することはできなかった。本研究では、小説の会話文、小説の地の文、報道文、評論文という4つのテクストジャンルを扱ったが、それぞれのテクストにはそのテクスト特有の文体があり、文脈構造（パターン）がある。この文脈構造には、その構造にふさわしい構文タイプが要素として選ばれているのである。では、その文脈構造とは具体的にはどのようなものなのか、どのような構文タイプを構成要素とし、構成要素としてのそれぞれの文はどのように関係し合っているのか。この点について、本研究では議論を深めることができなかった。今後、体系、構造、要素という概念が浸透することで、文脈の構造とその構成要素としての文（構文タイプ）についての議論が深まって行けばと思う。

3点目として、能動構文の記述の問題がある。受身構文には、その文法的な性質上、常に対応する能動文の問題が絡んでいる。能動文、特に他動詞構文においても同様の記述的研究がなされれば、構文タイプの非対称性といった体系

の違いが明らかになるだろう。例えば、ある動詞タイプは圧倒的に受身構文として用いられることの方が多い、といったことが、他動詞構文と比較することで明らかになる。他動詞構文タイプのテクストジャンルにおける分布も、受身構文タイプのそれと比較する上で興味深い課題である。

　4点目として、本研究は受身文のタイプをくまなく記述し、その体系を明らかにすることを第一の目的としたため、従来の研究で言われてきた受身文の意味や機能の問題について、それぞれの受身構文タイプとの関係を詳しく議論することができなかった。特に、志波（2005）で述べたような、受身文の受影の意味や有情者に視点を置くという機能については、議論を詰めることができていない。受影の意味の表れは、主語の有情者性が第一義的に問題となる。このとき、有情者の所有物としての非情物が主語に立つ受身文（益岡1991aの潜在的受影者のいる受身文）をどのように扱うかということが問題になるのだが、この点について本研究は立場を徹底させることができなかった。つまり、「あんたの人形はみんなに褒められるよ」という受身文を有情有情受身文とするのか、非情一項受身文とするのか、という問題である。このタイプの受身文は、その意味・機能は典型的な有情有情受身文に近いのだが、実際の主語は非情物であるので、数値として割合を出す場合に有情有情受身文の中に非情主語の受身文があるという矛盾をはらむことになり、その構造上の形式を優先するのか、意味・機能の近さを優先するのかということについて、議論を詰めることができなかった。今後の課題としたい。

　5点目として、本研究では、動詞の結合価と語彙的な意味に基づいた細かいサブタイプを立てることで、各テクストジャンルに特徴的な受身構文タイプをより具体的にとらえることができたと思う。現代日本語における本研究の記述は、今後、時代をさかのぼって、それぞれの時代の共時態の受身構文体系を把握する上での基盤となる資料であると考える。例えば、近代に入り、欧文翻訳の影響で、それまでの日本語にはほとんど存在しなかったとされる非情主語の受身構文タイプが日本語の受身構文体系に定着したと言われるが（金水1991、岡部（近刊）、韓2010）、この過程はどのようなものであったのか。また、有情

主語の受身構文においても、古代日本語でははた迷惑の受身や持ち主の受身の類型は、現代日本語ほどには発達していなかったことが知られている（堀口1983、1990、川村2009）。こうした受身構文の発達のプロセスについても、動詞の語彙的な意味と主語・行為者の有情・非情の別を中心とした構造パターンによる詳細な調査が待たれる。

　最後に、本研究の記述の理論的方法論となった奥田靖雄の構造理論について簡単に触れたい。奥田の研究は、アスペクトやモダリティに関するものは学界でもそれなりの評価を受けている。これに対し、彼の構造理論の具体的資料である連語論は、格助詞の意味・用法の研究とは読まれても、意味を持った構造的タイプの相互交渉の体系（ネットワーク）として読まれることはほとんどない。本研究は、近年日本語文法の記述において関心の高まる「構文（構造）」という問題について、奥田の構造理論を紹介しながら、受身文を「構文」として具体的記述を行った。本著の記述により、言語にとって体系（統合的な体系とパラディグマティックな体系）とは何か、構造（構文）、要素とは何かという問題関心が高まり、文が持つ意味と構造との関係がより明らかにされていくことを切に願う。

用例抽出資料

作品は、著者名、著者生年、作品名、作品の出版年の順に示し、著者生年順に挙げる。当該作品名を、本研究の用例に付する際に略称で示した場合は、その略称を墨付き括弧内に示す。

小説の会話文テクスト

1） CD-ROM 版新潮文庫の 100 冊より[1]

竹山道雄（1903 生）『ビルマの竪琴』（1947）／山本周五郎（1903 生）『さぶ1』（1963）【さぶ】／石川達三（1905 生）『青春の蹉跌』（1968）／井上 靖（1907 生）『あすなろ物語』（1953）【あすなろ】／太宰 治（1909 生）『人間失格』（1948）／大岡昇平（1909 生）『野火』（1951）／松本清張（1909 生）『点と線』（1957）／福永武彦（1918 生）『草の花』（1954）／水上 勉（1919 生）『越前竹人形・雁の寺』（「越前竹人形」「雁の寺」所収）（1961）／吉行淳之介（1924 生）『砂の上の植物群』（「砂の上の植物群」「樹々は緑か」所収）（1964）【植物群】／三島由紀夫（1925 生）『金閣寺』（1956）／立原正秋（1926 生）『冬の旅』（1969）／北 杜夫（1927 生）『楡家の人びと』（1964）【楡家】／開高 健（1930 生）『パニック・裸の王様』（「パニック」「巨人と玩具」「裸の王様」「流亡記」所収）（1957）／三浦哲郎（1931 生）『忍ぶ川』（「帰郷」「幻燈畫集」「初夜」「恥の譜」「忍ぶ川」「團欒」「驢馬」所収）（1960）／有吉佐和子（1931 生）『華岡青洲の妻』（1966）／渡辺淳一（1933 生）『花埋み』（1970）／井上ひさし（1934 生）『ブンとフン』（1970）／筒井康隆（1934 生）『エディプスの恋人』（1981）【エディプス】／大江健三郎（1935 生）『死者の奢り・飼育』（「死者の奢り」「飼育」「人間の羊」「戦いの今日」「他人の足」「不意の啞」所収）（1957）／倉橋由美子（1935 生）『聖少女』（1965）／椎名 誠（1944 生）『新橋烏森口青春編』（1985）【新橋烏森口】／沢木耕太郎（1947 生）『一瞬の夏』（1981）

2） シナリオ

山田洋次・朝間義隆(1931 生・1940 生)・朝間義隆「シナリオ たそがれ清兵衛」2003 年月刊『シナリオ』1 シナリオ作家協会【たそがれ清兵衛】／村上 修（1951 生）『1000 マイルも離れて・さわこの恋』1995 年月刊『シナリオ』6 シナリオ作家協会【1000 マイル】／伴 一彦（1954 生）『砂の上の恋人たち』1999 年 関西テレビ http://www.plala.or.jp/ban/

3）手作業による収集

　　森　瑤子（1940生）『結婚式』（1985）新潮社／宮本　輝（1947生）『ドナウの旅人（上巻）』（1985）新潮社【ドナウ】／林真理子（1954生）『胡桃の家』（「胡桃の家」「玉呑み人形」「女友だち」「シガレット・ライフ」所収）（1986）新潮社【シガレット】／辻　仁成（1959生）『冷静と情熱のあいだ Blue』（1999）角川書店【冷静と情熱】／鷺沢　萌（1968生）『帰れぬ人びと』（1989雑誌『文学界』文芸春秋・初出）

小説の地の文テクスト
CD-ROM版新潮文庫の100冊より

　　山本周五郎（1903生）『さぶ1』（1963）【さぶ.地】／井上　靖（1907生）『あすなろ物語』（1953）【あすなろ.地】／松本清張（1909生）『点と線』（1957）【点と線.地】／吉行淳之介（1924生）『砂の上の植物群』（1964）【植物群.地】／北　杜夫（1927生）『楡家の人びと』（1964）【楡家.地】／開高　健（1930生）『裸の王様』（1957）【裸の王様.地】／有吉佐和子（1931生）『華岡青洲の妻』（1966）【華岡青洲.地】／渡辺淳一（1933生）『花埋み』（1970）【花埋み.地】／井上ひさし（1934生）『ブンとフン』（1970）【ブンとフン.地】

《追加データ》（＋をつけた統計の対象外の作品、上記作品についても、101例以降の用例は統計の対象としていないため、＋をつけている）

　　井伏鱒二（1898生）『黒い雨』（1965）／竹山道雄（1903生）『ビルマの竪琴』（1947）／山本周五郎（1903生）『さぶ1』（1963）【さぶ】／石川達三（1905生）『青春の蹉跌』（1968）／太宰　治（1909生）『人間失格』（1948）／大岡昇平（1909生）『野火』（1951）／新田次郎（1912生）『孤高の人』（1969）／福永武彦（1918生）『草の花』（1954）／水上　勉（1919）『越前竹人形・雁の寺』（「越前竹人形」「雁の寺」所収）（1961）／阿川弘之（1920生）『山本五十六』（1973）／三浦綾子（1922生）『塩狩峠』（1968）／池波正太郎（1923生）『剣客商売』（1972）／安部公房（1924生）『砂の女』（1962）／三島由紀夫（1925生）『金閣寺』（1956）／立原正秋（1926生）『冬の旅』（1969）／吉村　昭（1927生）『戦艦武蔵』（1966）／開高　健（1930生）『パニック・裸の王様』（「パニック」「巨人と玩具」「流亡記」）（1957）／野坂昭如（1930生）『アメリカひじき・火垂るの墓』（「アメリカひじき」「プアボーイ」「ラ・クンバルシータ」「火垂るの墓」「死児を育てる」「焼土層」所収）（1968）／三浦哲郎（1931生）『忍ぶ川』（「帰郷」「幻燈畫集」「初夜」「恥の譜」「忍ぶ川」「團欒」「驢馬」所収）（1960）／曽野綾子（1931生）『太郎物語』（1978）／筒井康隆（1934生）『エディプスの恋人』（1981）【エ

ディプス】/大江健三郎(1935生)『死者の奢り・飼育』(「死者の奢り」「飼育」「人間の羊」「戦いの今日」「他人の足」「不意の唖」所収)(1957)/倉橋由美子(1935生)『聖少女』(1965)/椎名 誠(1944生)『新橋烏森口青春編』(1985)【新橋烏森口】/沢木耕太郎(1947生)『一瞬の夏』(1981)/村上春樹(1949生)『世界の終わりとハードボイルド・ワンダーランド』(1985)【世界の終わり】

評論文テクスト

日本語教育支援システム研究会(CASTEL/J) CD-ROMより、すべて講談社刊行
今津 晃(1917生)『二十世紀の世界』(1974)【二十世紀】/米山正信(1918生)『化学とんち問答——一休さんに挑戦!』(1991)【化学】/千葉康則(1925生)『記憶の大脳生理学——もの憶えをよくするために』(1991)【記憶】/中根千枝(1926生)『タテ社会の人間関係——単一社会の理論』(1967)【タテ社会】/河野友美(1929生)『たべものと日本人』(1975)【たべもの】/飯田経夫(1932生)『「ゆとり」とは何か——成熟社会を生きる』(1982)【ゆとり】

《追加データ》(+をつけた統計の対象外の作品、上記作品についても、115例以降の用例は統計の対象としていないため、+をつけている)

会田雄次(1916生)『日本人の意識構造』(1972)/吉野裕子(1916生)『日本人の死生観』(1982)/野元菊雄(1922生)『敬語を使いこなす』(1987)/中根千枝(1926生)『タテ社会の力学』(1978)/都筑卓司(1928生)『時間の不思議』(1991)/鷹羽狩行(1930生)『俳句のたのしさ』(1976)/加藤秀俊(1930生)『パチンコと日本人』(1984)/山田雄一(1930生)『稟議と根回し』(1985)/山折哲雄(1931生)『神と仏』(1983)/黒井千次(1932生)『働くということ』(1982)/吉岡郁夫(1932生)『人体の不思議』(1986)/品川嘉也(1932生)『全能型勉強法の進め』(1987)/中村希明(1932生)『酒飲みの心理学』(1990)『犯罪の心理学』(1990)/飛鳥井雅道(1934生)『近代の潮流』(1976)/中原秀臣・佐川峻(1945生・1944生)『進化論が変わる』(1991)/吉田寿三郎(生年不詳)『高齢化社会』(1981)/井上忠司(生年不詳)『まなざしの人間関係』(1982)/平野仁啓(生年不詳)『日本の神々』(1985)

新聞テクスト

『CD-毎日新聞2000データ集』

注

1)このうち、椎名 誠『新橋烏森口青春編』(1985)のみエッセイである。

参考文献

天野みどり（2001）「無生物主語のニ受身構文―意味的関係の想定が必要な文」『国語学』52 巻 2 号：1-15.

李　京保（2007）「『〜テアル』文の構造及び意味用法」『東京外国語大学　日本研究教育年報』11：1-19.

井上和子（1972a）「変形文法と日本語その 4」『英語教育』20 巻 11 号：70-74.

井上和子（1972b）「変形文法と日本語その 5」『英語教育』20 巻 12 号：70-75.

伊藤健人（2008）『イメージ・スキーマに基づく格パターン構文―日本語の構文モデルとして』ひつじ書房.

石綿敏雄（1999）『現代言語理論と格』ひつじ書房.

大江三郎（1975）『日英語の比較研究―主観性をめぐって』南雲堂.

岡田正美（1900）『日本文法文章法大要』吉川半七（復刻：北原保雄・古田東朔（編）『日本文法研究書大成』第 8 回　勉誠社 2001）.

岡部嘉幸（近刊）「いわゆる『非情の受身』の諸類型」尾上圭介（編）（近刊）.

奥田靖雄（1960）「を格のかたちをとる名詞と動詞とのくみあわせ」言語学研究会（編）『日本語文法・連語論（資料編）』（1983 発行）むぎ書房.

奥田靖雄（1962）「に格の名詞と動詞のくみあわせ」言語学研究会にて報告（言語学研究会編 1983：281-323 に所収）.

奥田靖雄（1968-72）「を格の名詞と動詞のくみあわせ」『教育国語』12、13、15、20、21、23、25、26、28 号（再録：言語学研究会編 1983、本著のページ数はこの 1983 を採用）.

奥田靖雄（1976）「言語の単位としての連語」『教育国語』45：2-13（再録：奥田 1996）.

奥田靖雄（1979）「意味と機能」『教育国語』58（再録：奥田 1996、本著のページ数はこの 1996 を採用）.

奥田靖雄（1980-81）「言語の体系性」『教育国語』63、64、65、66 号（再録：奥田 1996、本著のページ数はこの 1996 を採用）.

奥田靖雄（1983）『日本語文法・連語論（資料編）』言語学研究会（編）むぎ書房.

奥田靖雄（1986）「現実・可能・必然（上）」言語学研究会（編）『ことばの科学』むぎ書房：181-212.

奥田靖雄（1996）『ことばの研究・序説』むぎ書房.

奥津敬一郎（1983）「何故受身か？―＜視点＞からのケース・スタディ―」『国語学』132 集 65-80.
奥津敬一郎（1985）「日本語と英語の受身構文―『坊ちゃん』の分析―」『日本語学』4 巻 7 号：105-115.
奥津敬一郎（1992）「日本語の受身構文と視点」『日本語学』11 巻 9 号：4-11.
尾谷昌則・二枝美津子（2011）『構文ネットワークと文法―認知文法論のアプローチ』研究社.
尾上圭介（1998a）「文法を考える 5 出来文（1）」『日本語学』17 巻 7 号：76-83.
尾上圭介（1998b）「文法を考える 6 出来文（2）」『日本語学』17 巻 10 号：90-97.
尾上圭介（1999）「文法を考える 7 出来文（3）」『日本語学』18 巻 1 号：86-93.
河上誓作他訳（2001）『Adele E. Goldberg 著　構文文法論―英語構文への認知的アプローチ』研究社出版.
川村　大（1993）「ラル形式の機能と用法」『国語研究』（松村明先生喜寿記念会編）明治書院：714-730.
川村　大（2003）「受身構文の学説史から―被影響の有無をめぐる議論について」『月刊言語』Vol.32-No.4：42-49.
川村　大（2004）「受身・自発・可能・尊敬―動詞ラレル形の世界―」尾上圭介（編）『朝倉日本語講座　文法Ⅱ』朝倉書店：105-127.
川村　大（2012）『ラル形述語文の研究』くろしお出版.
川村　大（近刊）「受身構文をめぐる学説史―受身の「意味」を問う観点から―」尾上圭介（編）『ラレル文の研究』くろしお出版.
木下正俊（1972）『萬葉集語法の研究』塙書房.
金　英南（2005）「日本語のラレテイルについて」東京外国語大学修士論文.
金水　敏（1991）「受動文の歴史についての一考察」『国語学』164 集：1-14.
金水　敏（1992a）「場面と視点―受身構文を中心に」『日本語学』11 巻 9 号：12-19.
金水　敏（1992b）「欧文翻訳と受動文―江戸時代を中心に―」文化言語学編集委員会（編）『文化言語学―その提言と建設―』三省堂：547-562.
金水　敏（1993）「受動文の固有・非固有性について」『近代語研究』第九集：473-508.
金水　敏（2002）「日本語の受動文および関連する現象」日本言語学会夏期講座　日本語文法上級　講義資料.
工藤　浩（1985）「日本語の文の時間表現」『言語生活』403：48-56.
工藤　浩（1989）「現代日本語の文の叙法性　序章」『東京外国語大学論集』39：14-33.

工藤真由美（1990）「現代日本語の受動文」『ことばの科学 4』むぎ書房：47-102.
工藤真由美（1991）「アスペクトとヴォイス」鈴木重幸他　科学研究費報告書『現代日本語のテンス・アスペクト・ヴォイスについての総合的研究』：5-39.
工藤真由美（1995）『アスペクト・テンス体系とテクスト―現代日本語の時間の表現―』ひつじ書房.
久野　暲（1978）『談話の文法』大修館書店.
久野　暲（1983）『新日本文法研究』大修館書店.
久野　暲（1986）「受身構文の意味―黒田説の再批判」『日本語学』5 巻 2 号：70-87.
黒田成幸（1985）「受身についての久野説を改釈する――つの反批判―」『日本語学』4 巻 10 号：69-77.
江田すみれ（2013）『「ている」「ていた」「ていない」のアスペクト―異なるジャンルのテクストにおける使用状況とその用法―』くろしお出版.
小泉　保（2007）『日本語の格と文型―結合価理論にもとづく新提案』大修館書店.
国立国語研究所（1951）『現代語の助詞・助動詞―用法と実例―』秀英出版.
小杉商一（1979）「非情の受身について」『田辺博士古希記念助詞助動詞論叢』桜楓社：473-488.
近藤泰弘（2000）『日本語記述文法の理論』ひつじ書房.
志波彩子（1999）『スペイン語における再帰動詞の自動詞化について―日本語の有対動詞の意味特徴をヒントに―』東京外国語大学卒業論文.
志波彩子（2003）「日西受身表現の意味機能（1）―主語と動作主の現れ方をめぐって―」『スペイン語学研究』18：61-85.
志波彩子（2004）「現代日本語の受身構文の意味・機能―受影性と自然(じねん)性―」東京外国語大学大学院修士論文.
志波彩子（2005）「2 つの受身　―被動者主役化と脱他動化―」『日本語文法』5 巻 2 号：196-212.
志波彩子（2006）「会話文テキストにおける受身構文の行為者の現れ方について―構造的タイプとの関係で―」『東京外国語大学　日本研究教育年報』10：1-24.
志波彩子（2009）「認識動詞の非情主語受身構文―「見られる」「思われる」「言われる」「呼ばれる」を中心に―」日本課程・留学生課共編『東京外国語大学　日本研究教育年報』13：1-24.
志波彩子（2009）「現代日本語の受身構文の体系―構文タイプの記述から―」東京

外国語大学大学院地域文化研究科博士論文 (http://repository.tufs.ac.jp//handle/10108/56741).

志波彩子 (2010)「非情行為者受身構文の類型に関する一考察」(研究ノート) 峰岸真琴、稗田乃、早津恵美子、川口裕司 (編)『コーパスに基づく言語学教育研究報告』5、東京外国語大学：193-224.

志波彩子 (2012a)「4 つのテクストにおける受身文タイプの分布」川口裕司ほか (編)『コーパスに基づく言語学教育研究報告 9–フィールド調査、言語コーパス、言語情報学Ⅳ』、東京外国語大学：233-294.

志波彩子 (2012b)『コーパスに基づく日本語受動文の実態：コーパスに基づく言語学教育研究資料 5』東京外国語大学大学院総合国際学研究院、グローバル COE プログラム「コーパスに基づく言語学教育研究拠点」.

志波彩子 (2013)「「ト見ラレル」の推定性をめぐって―ラシイ、ヨウダ、(シ) ソウダ、ダロウとの比較も含め―」『日本語文法』13 巻 2 号：122-138.

柴谷方良 (1978)『日本語の分析』大修館書店.

柴谷方良 (1997a)「迷惑受身の意味論」川端善明・仁田義雄 (編)『日本語文法体系と方法』ひつじ書房：1-22.

柴谷方良 (1997b)「言語の機能と構造と類型」『言語研究』112 号：1-32.

柴谷方良 (2000)「ヴォイス」『日本語の文法 I　文の骨格』岩波書店：119-186.

渋谷勝己 (1993)「日本語可能表現の諸相と発展」『大阪大学文学部紀要』第 33 巻第 1 分冊.

清水慶子 (1980)「非情の受身の一考察」『成蹊国文』　第十四号：46-52.

須賀一好・早津恵美子 (編) (1995)『動詞の自他』ひつじ書房.

杉本　武 (1999)「「雨に降られる」再考」『文藝言語研究. 言語篇』：49-62.

鈴木重幸 (1972)『日本語文法・形態論』むぎ書房.

鈴木康之 (2004)「奥田靖雄の連語論」『国文学解釈と鑑賞』69 巻 1 号：152-161.

須田義治 (2005)「連語論と動詞の意味的な分類」『国文学解釈と鑑賞』70 巻 7 号：121-129.

砂川有里子 (1984)「〈に受身構文〉と〈によって受身構文〉」『日本語学』3 巻 7 号：76-87.

高瀬匡雄 (2004)「奥田靖雄の言語理論　文献の紹介を中心に」『国文学解釈と鑑賞』69 巻 1 号：142-151.

高橋太郎 (1975)「文中にあらわれる所属関係の種々相」『国語学』103 集：1-17.

高橋太郎 (1985)「現代日本語のヴォイスについて」『日本語学』4 巻 4 号：4-23.

高見健一 (1995)『機能構文論による日英語比較―受身構文、後置文の分析』くろ

しお出版.

高見健一・久野　暲（2000）「日本語の被害受身構文と非能格性　上・中・下」『月刊言語』Vol.29、No.8-10：80-91、80-94、70-88.

茶谷恭代（2003）「現代日本語の副詞の研究―「よほど」の意味と用法について―」東京外国語大学大学院修士論文.

茶谷恭代（2005）「副詞「よほど」の意味と用法」東京外国語大学『言語・地域文化研究』第 11 号：103-124.

張　麟声（1997）「受動文における動作主明示・不明示・の構文的規則について」『日本語学』16 巻 2 号：70-78.

辻　幸夫編（2002）『認知言語学キーワード事典』研究社.

坪井栄治郎（2002a）「受影性と受身」西村義樹（編）『シリーズ認知言語学 2　認知言語学Ⅰ：事象構造』東京大学出版会：63-86.

坪井栄治郎（2002b）「力動性（force dynamics）」辻幸夫（編）（2002）：251.

坪井栄治郎（2003a）「受影性と他動性」文法学研究会 2002 年度連続公開講義　第 8 回講義資料（1 月 11 日）.

坪井栄治郎（2003b）「受影性と他動性」『月刊言語』Vol.32-No.4：50-55.

寺村秀夫（1978）『日本語の文法（上）』国立国語研究所.

寺村秀夫（1982）『日本語のシンタクスと意味Ⅰ』くろしお出版.

仁田義雄（1980）『語彙論的統語論』明治書院.

仁田義雄（1982）「再帰動詞、再帰用法―Lecxico-Syntax の姿勢から―」『日本語教育』47 号：79-90.

仁田義雄（1986）「格体制と動詞のタイプ」『ソフトウェア文書のための日本語処理の研究-7』（再録：仁田 2010、183-335）.

仁田義雄（1991）「ヴォイス的表現と自己制御性」仁田義雄（編）『日本語のヴォイスと他動性』くろしお出版.

仁田義雄（2010）『仁田義雄日本語文法著作選第 3 巻　語彙論的統語論の観点から』ひつじ書房.

日本語記述文法研究会（編）（2009）『現代日本語文法 2：第 3 部格と構文、第 4 部ヴォイス』くろしお出版.

野田尚史（1997）「日本語とスペイン語のボイス」『日本語とスペイン語（2）―日本語と外国語の対照研究Ⅴ』　国立国語研究所：83-113.

野村剛史（1982）「自動・他動・受身動詞について」『日本語・日本文化』11　大阪外国語大学留学生別科・日本語学科（再録：須賀・早津（編）1995：137-150）.

野村剛史（1994）「上代語のリ・タリについて」『国語国文』第63巻1号：28-50.
野村剛史（2003）「存在の様態―シテイルについて―」『国語国文』第72巻9号：1-20.
早津恵美子（1987a）『他動詞と自動詞の対応について』東京外国語大学大学院外国語学研究科修士論文.
早津恵美子（1987b）「対応する他動詞のある自動詞の意味的・統語的特長」『言語学研究』6号、京都大学言語学研究会：79-109.
早津恵美子（1990）「有対他動詞の受身表現について―無対他動詞の受身表現との比較を中心に―」『日本語学』9巻5号：67-83.
早津恵美子（2000）「現代日本語のヴォイスをめぐって」『日本語学』19巻5号：16-27.
早津恵美子（2004）「動詞分類と動詞文のタイプ」『国文学解釈と鑑賞』69巻1号：84-98.
早津恵美子（2008）「人名詞と動詞とのくみあわせ（試論）―連語のタイプとその体系―」『語学研究所論集』第13号　東京外国語大学：43-76.
韓　静妍（2010）「近代以降の日本語における非情の受身の発達」『日本語の研究』6巻4号：47-62.
許　明子（2004）『日本語と韓国語の受身構文の対照研究』ひつじ書房.
堀口和吉（1982）「日本語の受身表現」『日本語・日本文化』11号　大阪外国語大学研究留学生別科：65-89.
堀口和吉（1990）「競合の受身」山辺道34：31-40.
益岡隆志（1982）「日本語受動文の意味分析」『言語研究』82：48-64（再録：「受動表現の意味分析」益岡1987）.
益岡隆志（1987）『命題の文法―日本語文法序説―』くろしお出版.
益岡隆志（1991a）「受動表現と主観性」仁田義雄（編）『日本語のヴォイスと他動性』くろしお出版：105-121.
益岡隆志（1991b）『モダリティの文法』くろしお出版.
益岡隆志（2000）「第5章　叙述の類型から見た受動文」『日本語文法の諸相』くろしお出版：55-69.
松下大三郎（1928）『改撰標準日本文法』紀元社（訂正版：中文館書店1930、同復刻：徳田政信編『改撰標準日本文法』勉誠社1974、同訂正再版：1978）.
松下大三郎（1930）『標準日本口語法』中文館書店（復刻：白帝社1961、増補校訂版：徳田政信編『増補校訂標準日本口語法』勉誠社1977、同修訂版：1989）.
三浦法子（1973）「平安末期の受身表現についての一考察」『岡大国語国文論稿』1：

129-143.
三矢重松（1908）『高等日本文法』明治書院.
宮島達夫（1972）『動詞の意味・用法の記述的研究』秀英出版.
宮島達夫（2005）「連語論の位置づけ」『国文学解釈と鑑賞』70巻7号：6-33.
村上三寿（1986）「うけみ構造の文」言語学研究会（編）『ことばの科学1』むぎ書房：7-87.
村上三寿（1997）「うけみ構造の文の意味的なタイプ」『ことばの科学8』むぎ書房：103-149.
森山卓郎（1988）『日本語動詞述語文の研究』明治書院.
ヤコブセン、ウェスリー M.（1989）「他動性とプロトタイプ論」『日本語の新展開』くろしお出版（再録：須賀・早津（編）1995：166-178）.
山田孝雄（1908）『日本文法論』寳文館.
Biber, D., S. Johansson, G. Leech, S. Conrad, and E. Finegan. 1999 *The Longman grammar of spoken and written English*. London：Longman.
Croft, William. 1991 *Syntactic Categories and Grammatical Relations：The Cognitive Organization of Information*. Chicago, Chicago University Press.
Goldberg, A. E. 1995 *Constructions：A Construction Grammar Approach to Argument Structure*. Chicago, University of Chicago Press.（河上誓作他訳 2001『構文文法論—英語構文への認知的アプローチ』研究社出版）
Halliday, M. A. K. 1970 Language Structure and Language Function. In J. Lyons (ed.) *New Horizons in Linguistics*, 140-165. Great Britain, Penguin Books.
Hopper, Paul J. and Thompson, Sandra A. 1980 Transitivity in grammar and discourse. In *Language* 56：251-299.
Jacobsen, Wesley M. 1991 *The Transitive Structure of Events in Japanese*（Studies in Japanese Linguistics 1）. Tokyo, Kurosio.
Keenan, Edward. L. 1985 Passive in the world's languages. In T. Shopen (ed.) *Language typology and syntactic description, Vol*.1：*Clause structure*, 243-281. Cambridge, Cambridge University Press.
Kemmer, Suzanne 1993 *The Middle Voice*. Amsterdam, Amsterdam and Philadelphia, John Benjamins. Typological Studies in Language 23.
Kuno, Susumu. 1990 Passivization and Thematization. In Kamada, Osamu & Wesley M. Jacobsen (eds.), *On Japanese and How to Teach It：Honor*

to *Seiichi Makino*, 43-66. Tokyo: The Japan Times.
Kuno, S. & E. Kaburaki. 1977 Empathy and Syntax. In *Linguistic Inquiry* 8, 627-672.
Kuroda, Shige-Yuki 1979 On Japanese Passives. In Bedell, G. et al (eds.) *Explorations in Linguistics : Papers in Honor of Kazuko Inoue*, 305-347. Tokyo, Kenkyusha. (Reprinted : *Japanese Syntax and Semantics : collected papers*, Kluwer Academic Publishers. 1992)
Levin, Beth 1993 *English Verb Classes and Alternations : A Preliminary Investigation*. Chicago, The University of Chicago Press.
Mathesius, V. 1928 On linguistic characterology with illustrations from Modern English. Republished in : J. Vachek (ed.) (1964) *A Prague School Reader in Linguistics*, 59-67. Bloomington: Indiana University Press.
Perlmutter, D. 1971 *Deep and Surface Structure Constraints in Syntax*. New York: Holt, Rinehart and Winston.
Shiba, Ayako 2011 Changes in the Meaning and Construction of Polysemous Words: The case of *mieru* and *mirareru*. In Kawaguchi, Yuji et al (eds.) *Corpus-based Analysis and Diachronic Linguistics*. 243-264. Amsterdam and Philadelphia, John Benjamins.
Shibatani, M. 1985 Passive and related constructions : A prototype analysis. In *Language* 61-4, 821-848.
Svartvik, J. 1966 *On voice in the English verb*. The Hague: Mouton.
Tesnière, Lucien 1965 *Éléments de syntaxe structurale; préface de Jean Fourquet*, 2e ed., rev. et corr. Paris: Klincksieck.
Tsuboi, Eijiro 2000 Cognitive Models in Transitive Construal in Japanese Adversative Passive. In Foolen, A. & van der Leek, F. (eds.) *Constructions in Cognitibe Linguistics*, 283-300. Amsterdam and Philadelphia, John Benjamins.

語彙索引

あ

愛される	88, 89, 144, 288, 365
あおられる	78, 333, 335
あがめられる	290
諦めさせられる	159
諦められる	88
開けられる	173
あげられる（挙げられる）	263, 321, 322
あざむかれる	98
あしらわれる	101, 313
預けられる	109, 185, 186
遊ばされる	143
与えられる	109, 110, 111, 112, 184, 185, 186, 244, 255, 256
あたためられる	173
頭を下げられる	114
扱われる	98, 101, 103, 104, 145, 266, 309, 310, 311, 332
あっけにとられる	153
圧倒される	153, 154, 157
圧迫される	153, 323
集められる	179
あてがわれる	110, 185, 187, 188
あてはめられる	98, 233, 309, 322
あてられる	112, 113, 153, 179, 309, 311, 338
侮られる	95
あびせられる	95, 114
あぶられる	335
甘やかされる	98
怪しまれる	88, 288
操られる	98, 99, 102
危ぶまれる	292, 299
荒らされる	173
表わされる	195, 196, 198, 228, 239, 240, 243, 254, 314
洗われる	159, 335, 336, 337
歩かされる	143
歩き回られる	137
暗記される	138
暗殺される	63
暗示される	120, 122, 194, 195, 197, 199, 243
案じられる	221, 266
案内される	61, 62, 63, 120, 143, 199

い

言い表される	240
言いくるめられる	98, 145
言いつけられる	124, 236
言い古される	281
言い負かされる	66
行かされる	71, 72
活けられる	244, 246
意見される	117
意識される	214, 218, 219, 266, 270, 271, 272, 328
維持される	207
いじめられる	86, 98, 365
いじられる	74
忙しくさせられる	151
委託される	124, 125, 237
いたずらされる	129
いたぶられる	98
いためつけられる	338

語彙	頁
異端視される	289
一蹴される	78, 102
一本とられる	66, 69
意図される	304, 319
威張られる	138
いびられる	98
いらいらさせられる	153, 330
いられる	137
入れられる	54, 57, 66, 68, 179, 320
容れられる	237, 329
彩られる	317
言われる	79, 95, 96, 109, 115, 116, 117, 118, 119, 128, 225, 226, 227, 266, 278, 279, 281, 282, 283, 284, 285, 286, 287, 288, 290, 331, 364, 365, 371, 375, 377, 379
引責解任される	373
引率される	61
引用される	279, 280

う

語彙	頁
植えられる	171, 178, 179, 247
うかがわれる	262, 263
浮き彫りにされる	253, 347
受け継がれる	333, 339, 344, 351, 352, 353, 354
受け止められる	290
受け取られる	131, 185, 270, 273, 326
受け渡される	109, 185, 186
うごきまわられる	137
胡散臭がられる	98
失われる	176, 177, 377
疑われる	86, 88, 89, 92, 288
撃たれる（射たれる）	75, 76, 77, 134, 155, 167
打たれる	153, 154, 157, 158, 209, 210, 211, 333, 335, 337
歌われる	209, 210
打ち明けられる	115
打ち上げられる	179, 211
打ち切られる	206
打ち出される	189, 191
打ち負かされる	66
打ち寄せられる	335, 369
移される	57, 112, 179, 180
（病気を）うつされる	65
映される	195, 240
映し出される	194, 195, 198, 251, 254
訴えられる	93, 119, 225, 279
疎まれる	88, 288
促される	77, 78
うなされる	153
奪われる	131, 132, 133, 158, 185, 187, 188
生み出される	189, 191
埋められる	57, 179, 180, 330
裏打ちされる	318
裏切られる	98, 99
恨まれる	88, 288
売られる	109, 110, 185, 315

え

語彙	頁
影響される	355, 357
描かれる	195, 196, 240, 241, 242, 243, 249
抉られる	196
選ばれる	66, 68, 98, 233, 234, 292, 309
延期される	327
演じられる	203, 327
演奏される	200, 209

お

語彙	頁
追いかけられる	86, 105, 107
追い込まれる	60, 105, 160, 161, 162
追い出される	57, 58, 366
追い立てられる	57, 60
追い使われる	98
追い抜かれる	66, 70, 105
追い回される	105
覆い隠される	341
仰せつけられる	124

覆われる　　335, 336, 340, 341, 342, 343, 371
おかされる　　　　　　　　　　151, 152
置かれる　　　　60, 149, 160, 161, 162, 179,
　　　　　182, 244, 246, 248, 251, 252, 326, 369
置き忘れられる　　　　　　　　　　317
送られる
　　　　　57, 61, 62, 178, 179, 181, 184, 367, 371
贈られる　　　　　　　109, 110, 185, 374
送り込まれる　　　　　　　　59, 180, 181
起こされる　　　　　63, 64, 65, 167, 209
怠られる　　　　　　　　　　　　　270
行われる　　　　　　　　　　　　　202,
　　　　　　203, 204, 205, 208, 265, 315, 372, 377
怒られる　　　　　　　　　　93, 95, 365
押さえつけられる　　　　　　　　74, 100
押さえられる　　　　　　　　74, 209, 212
抑えられる　　　　　　　　316, 323, 324
おさめられる　　　　　　　　　　57, 59
押される(捺される)　　　　　　　　74,
　　　　　　76, 77, 172, 209, 210, 212, 337, 338, 370
推される　　　　　　　　98, 101, 233, 309
圧される　　　　　　　　　　153, 157, 369
教えられる　　　115, 116, 120, 121, 123, 166
おじぎされる　　　　　　　　　　　129
押し込められる　　　　　　　　　　 57
押し付けられる　　　　　　　　　　112
押し流される　　　　　　　　　179, 338
押し曲げられる　　　　　　　　　　174
恐れられる　　　　　　　　　　　　 88
襲われる　　　　　　　　105, 106, 151, 152
おだてられる　　　　　　　　　　　 78
おっぽり出される　　　　　　　　　 68
落とされる　　　　　　　　　　　　174
脅される　　　　　　　　　　　　　 98
踊られる　　　　　　　　　　　　　209
驚かされる　　　　　　　　　　157, 369
脅かされる　　　　　　　　　　　　103
思い知らされる　　　　　　84, 85, 144, 167
思い出させられる　　　　　　　　　159

重石される　　　　　　　　　　　　113
思わされる　　　　　　　　　　　　166
思われる　　　　　　　　　86, 88, 89, 90, 91,
　　　　　　144, 145, 218, 228, 231, 232, 265, 266,
　　　　　　270, 272, 273, 274, 290, 332, 378, 380
重んじられる　　　　　　　　　 88, 288
折られる　　　　　　　　　　134, 140, 173
織り込まれる　　　　　　　　　　　 69
折りたたまれる　　　　　　　　 171, 174
降ろされる　　　　　　　　　　　　 57
負わされる　　　　　　110, 163, 164, 185, 188
追われる　　　　　　　　　　　　　 70,
　　　　　　　105, 108, 149, 151, 152, 154, 158, 168

か

解決される　　　　　　　　　　　　176
開催される　　　　　　　　　　　　202
解される　　　　　　　　　　218, 270, 273
開始される　　　　　　　　　202, 206, 208
解釈される　　　　　　　　　　　　230
改修される　　　　　　　　　　　　174
改正される　　　　　　　　　　　　176
解任される　　　　　　　　　　　　 66
開発される　　　　　　　　　　189, 190
解放される　　　　　　　　　　 66, 162
解剖される　　　　　　　　　　　　 63
返される　　　　　　　　　　　109, 185
かえりみられる　　　　　　　　218, 270
掲げられる　　　　　　　　　　　　179
書かれる　　　　　　　　　　179, 189, 190,
　　　　　　191, 240, 249, 282, 319, 326, 330, 331
嗅がれる　　　　　　　　　　　　　215
かきだされる　　　　　　　　　　　370
書き立てられる　　　　　　　　　　138
限られる　　　　　　　　316, 322, 323, 324, 379
隠される　　　　　　122, 179, 248, 252, 319, 346
拡充される　　　　　　　　　185, 324, 325
隔絶される　　　　　　　　　　358, 359
拡大される　　　　　　　　　　324, 325

確認される	218, 219, 246, 266, 270, 299	感覚される	214, 215
確立される	204, 205	監禁される	57
かけられる	112, 113, 179, 247, 370	歓迎される	98
加工される	178, 319, 377, 378	還元される	169, 185, 186
囲まれる	105, 106, 107, 108, 316, 333, 335, 337, 339, 340, 341, 342, 343, 358	勧告される	124, 125, 166, 237
		観察される	81, 213, 214, 215, 328
囲われる	67, 340, 366	感じさせられる	122, 166
重ねられる	172, 371	癇癪を起される	137
貸される	109, 185	干渉される	109, 129, 130
かしずかれる	129	感じられる	214, 215, 216, 217, 258, 260, 261
科せられる	110, 185, 188		
数えられる	98, 101, 233, 309	完成される	189, 190
勝たされる	66	観測される	275
形作られる	347	感づかれる	81
固められる	177, 318	勘当される	66, 71

き

語られる	225, 279	記憶される	228, 230
語り継がれる	279, 280, 281, 282	企画される	189
勝たれる	130	聞かされる	115
担がれる	60	聞かれる（訊かれる）	
担ぎ込まれる	57, 59, 179, 372		81, 82, 109, 115, 116, 214, 217, 227, 264
活用される	313	刻まれる	189, 190, 250, 252, 253, 254
悲しまされる	98	築かれる	189
噛まれる	74	傷つけられる	56, 63
かまわれる	98, 129	規制される	305
からかわれる	86, 93, 94, 95, 268, 371	着せられる	112
絡まれる	98	帰せられる	262, 263
からみつかれる	74	期待される	124, 237, 266, 292, 294, 296, 297, 298, 302, 303, 304, 319
駆られる	153, 154, 158, 168		
狩り出される	143	気づかされる	166
借りられる	131, 185	気づかれる	81, 83, 84, 92, 144, 214, 218, 219
可愛がられる	98		
買わされる	71	気に入られる	88, 288
交わされる	204	義務付けられる	236, 238, 305
買われる	131, 185, 187, 353, 374	決められる	98, 233, 309
飼われる	326	疑問視される	292, 294, 298
考えさせられる	166	虐殺される	63
考えられる	84, 86, 91, 145, 218, 219, 220, 222, 230, 231, 232, 266, 270, 271, 272, 273, 274, 278, 328, 332, 378	吸収される	

	179, 180, 181, 182, 352, 353, 355
牛耳られる	102
吸着される	179
供給される	110, 185
凝縮される	349, 350, 360
強制される	124, 237, 326
強調される	225, 226, 279, 282
協力される	129
許可される	124, 236, 305
切られる	63, 134
嫌われる	86, 88, 269, 288, 365
切り詰められる	174
切り離される	320
記録される	360
議論される	225, 279, 281
気を取られる	153
禁止される	
	124, 236, 266, 304, 305, 306, 307
禁じられる	124, 127, 236, 239, 305, 307

く

空輸される	180
区切られる	340, 341, 342
具現される	349
崩される	173
具体化される	349, 350
砕かれる	173, 178
口答えされる	119
嘴を入れられる	114
口を出される	96, 114
口を挟まれる	114
口説かれる	78, 93
口説き落される	98
配られる	109, 179, 185, 330
工夫される	318
区別される	276
組み込まれる	181
組み立てられる	347, 357
繰り返される	206, 281

繰り広げられる	204, 208
苦しめられる	153
加えられる	113, 114, 320
食われる	63, 64

け

敬遠される	98
計画される	189, 191, 192
掲載される	180
継承される	352, 354
形成される	189, 191, 192, 193, 253, 347
軽蔑される	88, 288
敬礼される	98
KOされる	69
気圧される	153, 154, 157, 168
ケガをさせられる	63
撃墜される	57
消される	173, 175, 359
けしかけられる	78
削られる	173, 367
決意させられる	128
結実される	349, 360
結成される	189, 190
蹴っ飛ばされる	75
気取られる	82
懸念される	292, 297, 302, 375
けむたがられる	139
蹴られる	74
研究される	84, 218, 219
検査される	84, 214, 215
検証される	213, 218
限定される	323, 324
減点される	66, 69
検討される	218, 270

こ

考案される	189
合意される	189
公開される	199

強姦される	63	逆らわれる	109, 129
考察される	218, 220, 270	裂かれる	134
構成される	316, 333, 339, 344, 347, 348	先立たれる	138
講ぜられる	204, 207	探られる	84, 218
交通整理される	204	叫ばれる	266, 279
購入される	131, 185, 187	叫び声をあげられる	137
公認される	276	さけられる	105, 107
公表される	199	支えられる	74, 355, 356, 357, 360
考慮される	218, 266, 270	ささげられる	109, 185
凍らされる	152	刺される	74
誤解される	84, 85, 218, 270	差し入れされる	110
こき使われる	98	指し示される	120
告白される	115	差し出される	112, 113, 123
ご馳走される	129	授けられる	109, 185
小突かれる	74, 75, 213	さすられる	74
固定される	179, 180, 378	させられる	68, 72
断られる	124, 237	誘われる	78, 79, 80, 128
拒まれる	93	定められる	233, 305, 307, 309, 311
こびられる	129	察知される	218, 270
誤魔化される	98	さとられる	84
困らされる	153	差別される	98
込められる	172, 183, 253, 346, 370	さまたげられる	358
雇用される	66	左右される	316, 333, 339, 355, 358, 379
殺される	55, 56, 63, 64, 366	さらされる	160, 161, 335, 336
壊される	100, 134, 173, 178	さらわれる	61
請われる	124, 126, 238	される	70, 97, 98, 100, 103, 228, 229, 233, 234, 235, 236, 282, 283, 284, 291, 309, 311, 313, 329, 374, 377

さ

		触られる	74, 75, 209
再開される	202, 204	酸化される	175
再建される	204		

し

再選される	66		
催促される	78		
さいなまれる	153	強いられる	163, 164
再任される	66	しかめられる	172
細分化される	317	叱られる	86, 93, 94, 268, 365, 366
再編される	374	敷かれる	179, 183, 368
採用される	66, 98, 233, 234, 235, 309	敷き詰められる	250
さえぎられる（遮られる）	316, 342	直伝される	281
探される	84, 218	識別される	214, 246, 261

仕切られる	316, 318, 340, 341	樹立される	204
仕組まれる	319	掌握される	355, 356
刺激される	151	上映される	200
自殺される	137	紹介される	120, 121, 199
指示される	120, 121, 123, 124, 237	称される	96, 286
支持される	355, 356	使用される	233, 236, 309, 311, 312, 313, 329
従われる	130	招待される	78
親しまれる	288	象徴される	197, 316, 333, 339, 344, 349, 360
慕われる	88		
しつけられる	64, 128	承認される	66, 98, 233, 235, 309
実行される	204	証明される	218, 219, 266, 270
実施される	202, 203	除外される	321
実証される	218, 270	嘱託される	124, 127, 237
指定される	233, 234, 309	所蔵される	248, 330
指摘される	120, 123, 225, 227, 279, 282	女中よばわりされる	135, 140
指導される	120	除名される	373
死なれる	138	背負われる	60
支配される	153, 355, 357, 379	知らされる	115, 116, 225, 279
縛られる	63, 134, 153, 157, 168, 173	焦らされる	153
しめあげられる	63	調べられる	84, 85, 218
指名される	66, 68, 78, 98, 103	知られる	81, 84, 91, 144, 218, 219, 221, 222, 270, 271, 276, 277, 291, 331
示される	120, 121, 122, 193, 194, 195, 197, 198, 199, 200, 242, 254, 351		
		しりぞけられる	179, 180
絞められる	74	記される	179, 249
閉められる	173	診察される	84
釈放される	66, 67	信じられる	89, 265, 266, 270, 271, 272, 274, 331
遮断される	154, 168, 359		
邪魔される	98, 358	新設される	189
集計される	220	心配させられる	98
重視される	88, 288	心配される	84, 218, 270, 292, 294, 297, 302
収縮される	175	信頼される	288
収納される	179		
襲名される	352	**す**	
集約される	349, 360		
収容される	57, 180	吸い込まれる	180, 360
重要視される	266, 289	推測される	218, 270, 275
終了される	206	据えられる	183, 248, 369, 370
出版される	189	スカウトされる	98
出品される	179	好かれる	144, 288

語彙索引 419

救われる	63, 98, 153, 155	疎外される	319
巣食われる	151, 152	束縛される	153
図示される	194	そしられる	93
勧められる	124, 126, 237	注がれる	112, 182, 183, 371
進められる	204, 208, 315	そそのかされる	73, 78
すっ飛ばされる	167	育てられる	64, 175
捨てられる	98, 135, 140	備えられる	179
吸われる	74, 180	そむかれる	129
		染められる	173
		そろえられる	370

せ

制限される	305, 307, 323, 324, 325	尊敬される	88, 288
制作される	189	尊重される	90, 288, 289
製造される	189		
制定される	189		

た

制度化される	319, 378	退学させられる	66, 67, 72
整理される	319	体現される	349, 350, 360
せがまれる	80, 124, 125, 165, 237, 238	大事にされる	86
せきたてられる	78	台所をされる	138
施行される	202, 204	代表される	197, 316, 349, 350, 360, 379
説教される	93, 94	逮捕される	55, 66, 67, 366, 373
設置される	182	倒される	173
設定される	191	(火が)たかれる	209, 210
説得される	93	抱かれる	74, 365
説明される	225, 251, 279, 282, 283	抱き起される	63
設立される	189, 190	託される	110, 185
迫られる	105, 108, 124,	たくわえられる	179
	150, 153, 158, 163, 164, 165, 237, 375	足される	320
責められる	93, 94, 95	出される	57, 58,
世話される	98		59, 70, 111, 179, 181, 189, 209, 226, 371
宣言される	192	確かめられる	218, 270, 272
選出される	66	出し抜かれる	66, 98
占領される	355, 356	助け出される	57
洗練される	316, 318	助けられる	98
		尋ねられる(訊ねられる)	115, 116
		称えられる(讃えられる)	288, 290

そ

		湛えられる	250
造営される	189	叩かれる	54, 56, 73, 74, 75, 76, 77,
創設される	189		149, 209, 210, 212, 213, 265, 335, 338
相談される	115, 120	叩きこまれる	123, 252
想定される	233, 234, 293, 303, 309, 319		

叩きのめされる	64	追突される	74
立たされる	60, 160	追放される	66
畳まれる	173	通告される	225, 279
畳み込まれる	252	通達される	225, 279
達成される	204, 205	つかまれる	74, 75, 209, 212, 213
たてつかれる	129	疲れさせられる	151, 168
盾にとられる	138	突かれる	74, 209, 212
建てられる	171, 189	使われる	233, 234, 236, 266,
例えられる	98, 103, 233, 309, 310		268, 309, 310, 311, 312, 329, 332, 378
頼まれる	80,	つきおとされる	162
	109, 124, 126, 149, 168, 236, 238, 367	付き添われる	61, 62, 143
束ねられる	173, 174	突き倒される	63
食べられる	63	突き飛ばされる	74
だまされる	98, 99, 104	つきまとわれる	153, 158
試される	300	つくされる	129
保たれる	208	作らされる	71
たらいまわしにされる	142	つくられる（作られる，造られる）	
短縮される	176		189, 191, 249, 253, 317, 318
単純化される	377	つくり変えられる	169, 175
断絶される	358	つけ狙われる	105, 106
		つけ回される	105
ち		つけられる	105, 146, 179, 183, 209
		告げられる	115
近づけられる	172, 370	伝えられる	225, 279, 281, 282, 284
ちくられる	141	突っ返される	110
縮められる	173	続けられる	205
血塗られる	319	つっこまれる	112
チヤホヤされる	98	つっつかれる	74, 75
注意される	93, 94	包まれる	
中止される	206		335, 336, 340, 341, 342, 343, 359, 371
抽象化される	178, 319	唾を吐きかけられる	114
中断される	206	潰される	173
注目される	266, 288, 292, 293,	つまされる	153
	295, 296, 300, 301, 302, 329, 332, 380	積まれる	179
調査される	84, 218	積み重ねられる	252, 369
喋喋される	279, 280	罪に問われる	96
		強められる	336
つ		貫かれる	252
		つられる	153
追加される	66, 68		
ついてこられる	105		

つり出される	57, 60
連れ込まれる	61
連れて行かれる	55, 61, 62
連れてこられる	61
連れ戻される	61
連れられる	60, 61

て

提供される	110, 185, 186
抵抗される	129
提示される	120, 194, 199, 200
手入れされる	317
適用される	324, 325
デジタル化される	174
テストされる	84, 218
手伝わされる	128
照らされ	334, 335, 369
手渡される	110
手をあげられる	74
手を合わされる	100
展開される	204
点検される	214, 215, 216
展示される	201
伝承される	280
伝達される	225, 279

と

問い直される	292, 299, 331
動員される	69
同化される	169, 175
凍結される	374
統合される	318
踏襲される	352
尊ばれる	288
投入される	374
登用される	66
登録される	98, 233, 234, 309
討論される	225, 226
通される	57, 62
咎められる	94
解かれる	66, 176
説き伏せられる	98, 145
閉ざされる	155, 318, 337
閉じ込められる	57, 58, 179, 336
閉じられる	174
ドタキャンされる	99
とっちめられる	100
届けられる	179
怒鳴られる	93
怒鳴りつけられる	95, 367
飛ばされる	336
止められる	57, 124, 125, 126, 179, 236
灯される	209
伴われる	61
捉えられる	153, 154, 218, 270, 274, 278, 369
とられる(盗られる, 取られる)	131, 132, 133, 158, 159, 185, 204, 366
囚われる	153, 168
取り上げられる	131, 132, 233, 309
取り返される	131, 185
取り囲まれる	105, 106, 342
取交される	204, 205
取り調べられる	84, 85
とりつかれる	129, 130
取り残される	57, 58, 143, 162
取り巻かれる	105, 106, 107
取り戻される	131, 185, 186, 187, 326
問われる	165, 266, 292, 294, 296, 297, 298, 299, 300, 329, 331

な

内緒にされる	146
内蔵される	346
直される	68
流される	153, 338
眺められる	214
泣かれる	136

語彙索引

薙ぎ倒される	171
慰められる	98
殴られる	74, 365
投げ入れられる	69
投げ込まれる	57, 58, 179
投げられる	109, 112, 113
なされる	204, 205, 315
成しとげられる	202, 204, 205
なぞらえられる	98, 233, 309
なつかれる	129, 130
名づけられる	96, 286
なでられる	74
なぶられる	335
なめられる(ナメられる)	98, 365
悩まされる	149, 153, 154
鳴らされる	209, 210
並べられる	179
なられる	137
慣れ親しまれる	90

に

握られる	74, 209, 212, 213
憎まれる	88, 89, 288
逃げられる	136
入社させられる	66
睨まれる	81, 215
認識される	85, 214, 218, 270, 290, 328
認定される	68, 234, 235

ぬ

抜かれる	66, 70, 105
盗まれる	131, 132, 185, 187, 309, 353, 368
濡らされる	173
塗られる	112, 174, 183, 319
塗りつぶされる	282, 337
濡れ衣を着せられる	100

ね

狙われる	105, 107, 145

念をおされる	116

の

残される	57, 179, 182, 250, 251, 255, 330
乗せられる	57
覗かれる	81, 320
のそのそされる	137
望まれる	7, 124, 163, 164, 165, 168, 288, 292, 319, 329
伸ばされる	173
述べられる	225, 279
のりつけられる	137
のろけられる	139

は

把握される	218, 270
配される	248
廃止される	175, 305, 306, 374
入られる	137
化かされる	98
吐きかけられる	114
拍手される	129
励まされる	93
派遣される	69
運ばれる	55, 57, 179, 184, 372
挟まれる	106, 108, 340, 341, 342, 343, 344
始められる	206
外される	71
裸にされる	63, 64
果たされる	204
働かされる	55, 143
発揮される	176, 177
発見される	214, 223, 224, 257, 258, 259, 260
抜擢される	66
発表される	194, 199, 200, 201
罵倒される	367
話される	139, 172, 225, 279
離される	172, 370

話しかけられる	115
跳ね返される	179
跳ねられる	74, 75
はぶかれる	176
はむかわれる	129
はめられる	98, 99, 112
ばら撒かれる	179, 181, 226, 250
貼られる	112, 179
払われる	109, 185
反映される	349, 350
反省される	218, 270
反対される	129, 130
判断される	230

ひ

引いて行かれる	61
比較される	276
惹かれる(引かれる)	153, 154, 157, 168, 187, 190, 209, 320
弾かれる	209
率いられる	61, 355, 356
引き起こされる, 惹き起こされる	204, 209
引き継がれる	352, 354, 355
引き取られる	186, 326
轢き逃げされる	139
引き抜かれる	373
引き回される	61
引き渡される	109, 185
尾行される	105
ひたされる	335, 336
ひっくり返される	63, 64
びっくりさせられる	153, 154
引っ張られる	74, 209, 210
引っ張り出される	57
否定される	88
人質に取られる	100
非難される	93, 94
批判される	77, 93, 94

秘められる	346
冷やされる	173
評価される	85, 89, 288, 289
表現される	195, 196, 198, 228, 239, 240, 243, 254, 314
表示される	171, 194, 249
描写される	195, 240, 242
表彰される	98
平等化される	173
開かされる	63
開かれる	171, 173, 174, 188, 189, 201, 202, 203, 207, 255, 256, 319, 372
披露される	199, 201, 375
広げられる	173
拾わされる	71

ふ

封切られる	199
封じ込められる	347
封入される	249
吹かれる	335, 359
吹きかけられる	172, 370
吹き消される	359
吹き飛ばされる	338
服従される	129
含まれる	246, 316, 333, 339, 344, 345, 346, 379
膨らまされる	173
袋叩きにされる	64
侮辱される	93
伏せられる	173
ぶたれる	74, 75
ぶっかけられる	113
ぶつけられる	112
踏まれる	209, 210
踏みつけられる	74, 75
振られる	98, 99, 173
降られる	335, 359
振り返られる	84

振り分けられる	320, 321		**ま**	
ふるまわれる	110, 185			
触れられる	78, 209, 212	マークされる		105
分割される	320	負かされる		66, 69
分散される	320, 321	任される		
分析される	84, 218, 270		124, 125, 126, 236, 237, 238, 239, 329	
分類される	316, 320, 321	巻かれる		340
		巻き上げられる		131, 132, 185
へ		巻き込まれる		160, 161
		幕が閉じられる		206, 207
隔てられる(距てられる)	358	負けられる		130
		曲げられる		172, 173
ほ		待たされる		105
		待たれる		105, 292
包囲される	106, 108, 340, 343	待ち受けられる		105
放映される	199	間違えられる		98, 101, 233, 309
報告される	214, 225, 279, 280, 327	待ち伏せされる		105
忙殺される	151	抹消される		175
放射される	179	惑わされる		98, 145
放送される	199, 200	学ばせられる		166
放っておかれる	98	招かれる		78
葬られる	249	真似られる		195
訪問される	105	真似をされる		138
放り出される	57, 59	守られる		102,
放り投げられる	57		104, 146, 207, 266, 304, 305, 308, 309	
保管される	248	迷わされる		154
干される	173	まわされる		173
ほじくり返される	94	舞われる		209
保証される	308			
舗装される	319		**み**	
ほだされる	153			
没収される	132	見出される		223
ほどこされる	112, 113	見入られる		81
褒められる	93, 94, 268	見送られる		105, 107, 146, 206
掘られる	173	見落とされる		218, 270, 272
掘り出される	57	磨かれる		171, 173
惚れられる	88, 89	味方される		129
本命視される	290	見込まれる		88, 292, 297
翻弄される	98, 99	見透かされる		84
		見捨てられる		88, 98, 103, 288

語彙索引　425

見せられる	109, 120, 121, 122, 201	目をかけられる	88, 89
魅せられる	154	目をさまされる	167
みそめられる	88	免職させられる	66
満たされる	153, 159, 317		

も

見立てられる	98, 233, 309	設けられる	189, 249
導かれる	61, 62	目撃される	81
見つけられる	81	もぐりこまれる	74
みつめられる	215	もたらされる	182
認められる	66, 81, 85, 91, 92, 214, 215, 218, 231, 232, 235, 258, 260, 261, 266, 270, 271, 305, 306, 328	用いられる	233, 309, 312, 332
		持ち込まれる	179, 370
見直される	292, 299	持ちだされる	226
見なされる（見做される）	91, 228, 230, 232	もてはやされる	90, 288, 289
見抜かれる	84	戻される	109, 174, 185
見放される	98, 99	求められる	78, 79, 124, 127, 163, 164, 165, 168, 228, 236, 237, 238, 239, 262, 263, 292, 295, 296, 299, 300, 304, 319, 331, 332, 375, 380
見舞われる	105, 108, 153, 158		
耳打ちされる	225		
見破られる	84		
診られる	84	催される	202, 203
見られる	80, 81, 82, 89, 92, 214, 215, 216, 217, 244, 246, 248, 251, 252, 258, 259, 260, 261, 269, 274, 275, 276, 288, 290, 291, 314, 328, 373, 376, 380	盛られる	179, 180, 248
		もらわれる	131, 185
		盛り込まれる	181
魅了される	153, 157		

む

や

		焼かれる	134, 140, 173, 178
迎えられる	105, 106	約束させられる	128
向けられる	112, 183, 374	約束される	127, 303, 305, 319
無視される	102	やさしくされる	129
結ばれる	189, 191, 318	雇われる	66
結び付けられる	320, 321, 332	破られる	134, 173
		辞めさせられる	66, 72
		やられる	140, 141, 142, 152, 153, 168, 367
		やりこめられる	98
		やり過ごされる	105

め

ゆ

明示される	194		
命じられる	124, 236, 326		
命令される	124, 126, 236		
恵まれる	109, 185, 316, 319	歪められる	172, 175
メッキされる	175	輸出される	179
目にさらされる	82	ゆすられる	173

語彙索引

譲られる　　　　　　　　　　109, 185
譲り受けられる　　　　　131, 185, 353
揺られる　　　　　　　63, 151, 153, 168
許される
　　　124, 125, 128, 129, 147, 228, 236, 237,
　　　239, 256, 268, 305, 306, 307, 308, 368

よ

用意される　　　　　　255, 256, 304, 319
要求される　　124, 126, 168, 236, 237, 238,
　　　239, 268, 292, 299, 300, 303, 304, 331
要請される　　　　　　124, 125, 165, 236
容認される　　　　　　　　　　236, 329
余儀なくされる　　　　149, 162, 163, 164
抑圧される　　　　　　　　　　　　323
抑制される　　　　　　　　　　323, 324
よけられる　　　　　　　　　　　　105
汚される　　　　　　137, 173, 175, 178, 330
寄せられる　　　　　　　　　　109, 185
予想される　　218, 270, 292, 294, 295, 296,
　　　297, 298, 300, 302, 303, 329, 375, 380
予定される　　　　　　　　202, 203, 320
呼ばれる
　　　　78, 79, 86, 96, 97, 266, 269, 286, 287
よびおこされる　　　　　　　　160, 192
呼びつけられる　　　　　　　　　　79
読まれる
　　　85, 135, 139, 214, 215, 221, 269, 314
喜ばれる　　　　　　　　　　　　　88

ら

落籍される　　　　　　　　　66, 67, 366
拉致される　　　　　　　　　　　　61

り

離縁される　　　　　　　　　　66, 366
理解される　　84, 218, 219, 266, 270, 271, 273
陸封される　　　　　　　　　　　　167
留置される　　　　　　　　　　　　57
利用される　　98, 233, 309, 312, 329, 332

れ

レッテルを張られる　　　　　　　　292
連行される　　　　　　　　　　　　61
連想される　　　　　　　　218, 270, 273

ろ

露呈される　　　　　　　　　　　　198
論議される　　　　　　　　　225, 278, 279
論じられる　　　　　　　　　　225, 279
論ぜられる　　　　　　　　　　280, 285

わ

分けられる　　　　　　　　316, 320, 321
わざわいされる　　　　　　　　152, 153
忘れられる　　　　　　　146, 218, 270, 271
渡される　　　　　　109, 110, 171, 185, 188
割られる　　　　　　　　　　131, 173, 174
笑われる　　　　　　　　86, 98, 99, 268, 365

あとがき

　本著は、日本学術振興会の科学研究費補助金・研究成果公開促進費・学術図書（課題番号 265077）の交付を得て、出版されました。本著の出版にあたり、関係者のみなさまに多大なご尽力をいただきました。特に、本著の出版の契機を作っていただき、博士論文執筆のときから大変に細やかなご指導をいただいてきた早津恵美子先生に心からお礼を申し上げます。そして、私の博士論文を和泉書院にご紹介いただいた藤田保幸先生と和泉書院の編集長、廣橋研三様に心から感謝の意を申し上げます。本当にありがとうございました。

　本研究は、2006 年ごろにその構想ができ始めたと記憶しています。その前年の 2005 年に、学会誌『日本語文法』に「2つの受身」を発表しました。当初は、この 2 つの受身、すなわち被動者を主役化する受身文タイプと行為者を背景化する脱他動化の受身文タイプという大きな柱を軸に、受影性と視点をめぐって受身文について博士論文を書こうと考えていました。しかし、その後、東京外国語大学のゆもとしょうなん先生や工藤浩先生、早津恵美子先生らの奥田靖雄の言語論をめぐる議論に触れる中で、奥田の「体系・構造・要素」という概念を学び、その具体的資料である連語論をベースに、受身文を記述してみようと思い立ちました。

　一方で、テクストジャンルにおける割合を出すことは当初の目的にはなかったため、本研究でもあまり深い考察ができていません。しかし、近年、テクストジャンルと文法との関係に少しずつ関心が寄せられ始めています。テクストの構造とは、文の構造に比してまたさらに複雑なものですが、テクストないし文脈にもやはり構造があり、その構造パターンにふさわしい文タイプが要素として選ばれているのです。報道文や評論文、小説の状況描写などは、特に特徴

的な文脈構造のパターンがあると考えられます。こうした着想は、本研究のはじめにはまったくなかったもので、研究が進むにつれて得られたものです。今後、文脈構造と文タイプの研究が進んで行くことを切に望みます。

また、日本語の受身構文を記述する上で、その歴史的な特徴は無視できない課題です。特に、近世以前には日本語にほとんど存在しなかったとされる非情一項受身文（益岡 1982 の降格受動文）がどのように（どのようなタイプから）日本語の受身文体系に定着していったのかは、早急に調査したい課題です。私は、日本語の受身文体系に非情主語の受身文が存在しなかったのは、他言語が動作主背景化の非情主語受身文を発達させた領域に、日本語のラレルは自発・可能用法を発達させたからだと考えています。つまり、「本が読まれる」というのは中立的視点で「本が（多くの人に）読まれている」という意味にはならなかった。代わりに、動作主寄りの視点で「（動作主が意図していないのに自然に）本が読まれる（読めてしまう）」（自発）という意味になり、また否定では、動作主が意図しても当然然るべき事態が起きない（実現系不可能）、という意味・用法を発達させたのだろうと考えています（岡田 1900）。そして、近代以降、非情主語受身文がラレルの体系に定着したのは、そのころすでにラレルが受身専用の形式になりつつあったからだと推測しています。このことについては、資料を見ながら、いずれ明らかにしていきたいと思います。

博論を執筆中であった 2007 年に長女が生まれ、2009 年に博論を提出、その翌年の 2010 年には次女が生まれました。そして、次女がようやく 1 歳になり、育児に情熱を注いできたがこれからは仕事に専念しようと意気込んだ矢先に、三女の妊娠を知り、目の前が真っ暗になりました。2012 年に三女が生まれ、非常勤の仕事もすべて失いました。夜泣きと授乳に追われながら上二人の世話をする日々に、机に向かう体力・気力はまったく残らず、地を這うような日々でした。自分が再び研究者として歩き出せるのか、希望が持てず、焦りと不安ばかりがつのりました。

しかし、三女が 9 か月になるころ、国立国語研究所のプロジェクト研究員の

仕事をいただき、研究の仕事を再開することができました。しかもこのプロジェクトを通して、多くの著名な、また若手の優秀な研究者の方々とお知り合いになることができ、大変に貴重な人脈を得ました。さらに、これまでずっとあきらめてきましたが、長年の夢であった日西対照研究を目指せるところまでたどりつくことができました。地を這う生活からここまでの大きな転換に、自分の強運を恐ろしくすら感じています。そして、私がスペイン語に出会う機会を与えてくれた両親と祖父母に、今更ながら深く感謝しています。

　こうして再び前を向いて、希望を持って好きな研究の仕事をつづけられることになりましたが、これはひとえに家族の支えがあってこそのものです。これまでもこれからも、自分の道を強い意志で、時には周りを顧みずに進んでしまう私のことを応援し、支えてくれている主人とその両親、実母に心から感謝しています。本当にありがとうございます。そして、毎日喧嘩しながらも、その成長と笑顔で私を励まし、癒してくれる三人の娘たちに本著を捧げたいと思います。

　「この道より我を生かす道なし、この道を歩く」

2014 年 12 月吉日

志 波 彩 子

■ 著者紹介

志波 彩子（しば あやこ）

東京都立三田高等学校卒業、東京外国語大学外国語学部日本語学科卒業後、国際協力事業団（当時、JICA）により日本語教師としてブラジルに赴任。帰国後、東京外国語大学大学院博士後期課程を修了。東京外国語大学非常勤講師、東京外国語大学グローバルCOE研究員を経て、現在、国立国語研究所非常勤研究員。博士（学術）。三児の母。

研究叢書 454

現代日本語の受身構文タイプとテクストジャンル

2015年2月25日　初版第一刷発行

著　者　　志　波　彩　子
発行者　　廣　橋　研　三
〒543-0037　大阪市天王寺区上之宮町7-6
発行所　　有限会社　和　泉　書　院
電話 06-6771-1467
振替 00970-8-15043
印刷・製本　亜細亜印刷

© Ayako Shiba 2015 Printed in Japan
本書の無断複製・転載・複写を禁じます

ISBN978-4-7576-0734-7 C3381